Research Report on the Annual Development of
Real Estate Industry in Shaanxi Province

陕西省房地产业发展研究报告

（2017）

西安建筑科技大学丝绸之路住房研究所
陕西省房地产业发展研究中心 著

中国建筑工业出版社

图书在版编目(CIP)数据

陕西省房地产业发展研究报告. 2017/西安建筑科技大学丝绸之路住房研究所，陕西省房地产业发展研究中心著. —北京：中国建筑工业出版社，2018.6
ISBN 978-7-112-22142-4

Ⅰ.①陕… Ⅱ.①西…②陕… Ⅲ.①房地产业-经济发展-研究报告-陕西-2017 Ⅳ.①F299.274.1

中国版本图书馆 CIP 数据核字(2018)第 084907 号

本书是西安建筑科技大学丝绸之路住房研究所和陕西省房地产业发展研究中心接受陕西省住房和城乡建设厅委托开展的课题研究成果。该成果每年出版一本报告，本书为 2017 年度报告，专题研究了陕西省房地产业长效机制、陕西省住房租赁市场发展对策、陕西省绿色建筑发展对策、陕西省成品住房发展对策、陕西省智慧社区发展对策，同时持续追踪陕西省房地产市场动态、深入解析陕西省房地产市场行情，为构建陕西房地产业长效机制、提升陕西住房品质、优化陕西房地产市场结构提供借鉴参考。

责任编辑：高延伟　张　晶　周方圆
责任校对：姜小莲

陕西省房地产业发展研究报告(2017)
西安建筑科技大学丝绸之路住房研究所
陕西省房地产业发展研究中心　著
*
中国建筑工业出版社出版、发行（北京海淀三里河路 9 号）
各地新华书店、建筑书店经销
北京科地亚盟排版公司制版
廊坊市海涛印刷有限公司印刷
*
开本：787×1092 毫米　1/16　印张：20¾　字数：317 千字
2018 年 7 月第一版　　2018 年 7 月第一次印刷
定价：**68.00** 元
ISBN 978-7-112-22142-4
(31996)

编委会

前　言

房地产业是一个具有高度综合性和关联性的行业，也是国民经济发展和民生保障的重要领域，实现房地产业的可持续发展是建设“美丽中国”、共建美好新生活、奋力谱写陕西追赶超越新篇章的重要抓手。

党的十八大以来，党中央、国务院高度关注房地产业的发展，要求各地牢固树立并切实贯彻创新、协调、绿色、开放、共享的发展理念，充分发挥市场配置资源的决定性作用和更好发挥政府作用，把保持房地产平稳健康发展作为当前的重要任务。2016 年中央经济工作会议明确指出，要坚持“房子是用来住的、不是用来炒的”的定位，综合运用金融、土地、财税、投资、立法等手段，加快研究建立符合国情、适应市场规律的基础性制度和长效机制，既抑制房地产泡沫，又防止出现大起大落。党的十九大会议上，习近平总书记明确指出“坚持房子是用来住的，不是用来炒的定位，加快建立多主体供给、多渠道保障、租购并举的住房制度，让全体人民住有所居”，提出了我国住房发展的新目标，明确了完善住房制度的新手段，开启了“居住”时代的新篇章，为房地产业的发展提出了新方向、新路径、新要求、新任务。

新目标开启新征程，新使命召唤新作为。近年来，陕西省严格落实“五个扎实”的发展要求，认真贯彻落实党中央、国务院有关构建房地产业长效机制的一系列重大决策部署，全面落实“培育新动能、构筑新高地、激发新活力、共建新生活、彰显新形象”的五新战略，以“构建符合省情、适应市场规律的房地产基础性制度和长效机制”为目标，坚持“房子是用来住的、不是用来炒的”定位，紧盯房地产业面临的突出问题和薄弱环节，深挖根源，整合资源，综合施策，努力提品质、去库存、优结构，积极探索建立房地产业健康发展的长效机制，加快建立多主体供给、多渠道保障、租购并举的住房制度，为共建新生活、彰显新形象、建设富裕和谐美丽陕西、实现陕西省“追赶超越”奋斗目标作出贡献。

2017年是房地产业进入长效机制新时代的关键一年，非常有必要对陕西省房地产业发展做一次全面梳理，发掘陕西省房地产业发展取得的成绩与亮点，查找、反思存在的问题和不足，继而更好地促进陕西省房地产业长效机制的探索与实践。因此，《陕西省房地产业发展研究报告（2017）》坚持问题导向，紧盯前沿热点，聚焦实现房地产业可持续发展的陕西方案，专题研究陕西省房地产业长效机制、陕西省住房租赁市场发展对策、陕西省绿色建筑发展对策、陕西省成品住房发展对策、陕西省智慧社区发展对策，同时持续追踪陕西省房地产市场动态、深入解析陕西省房地产市场行情，为构建陕西房地产业长效机制、提升陕西住房品质、优化陕西房地产市场结构提供借鉴参考。

第一部分是陕西省房地产业长效机制研究。本部分系统剖析陕西省土地市场、房地产交易市场和住房品质的发展现状，挖掘造成现存问题的深层次原因；比较研究全国各地构建房地产业长效机制的相关政策与经验做法，从土地供应、住房供应、住房品质、户籍、金融、财税等方面构建符合陕西省省情的房地产市场长效机制，并提出相应的实施措施与政策建议。

第二部分是陕西省住房租赁市场发展对策研究。本部分深入分析陕西省租赁型住房供应端和需求端发展现状，总结陕西省住房租赁市场存在的不足与原因；比较研究国内外先进地区的住房租赁市场的培育政策，提出了推进陕西省租赁市场发展的对策建议。

第三部分是陕西省绿色建筑发展对策研究。本部分在回顾国内绿色建筑总体发展的背景下，深入剖析陕西省绿色建筑的发展现状，挖掘陕西省绿色建筑发展存在的问题及根源；聚焦陕西省绿色建筑的“绿建不绿”问题，比较研究国内绿色建筑发展的相关政策与典型案例，梳理、借鉴其他省市绿色建筑发展经验，提出了“抓标准、重监督、提品质”的政策建议，以促进陕西省绿色建筑的高品质发展。

第四部分是陕西省成品住房发展对策研究。本部分在界定成品住房内涵与研究意义的基础上，调查分析陕西省成品住房的政策现状与市场现状，着重剖析陕西省成品住房发展中存在的问题与原因；利用实证研究的方法，对高、中、低三档成品住房装修标准进行经济效益测算，并从消费者视角与全社会发展视角对成品住房发展进行费用效果分析，剖析成品住房发展的经济效益、环境效益与社会效益；比较研究先进地区成品住房发展的相关政策与典型案例，提出将供应端作为切入点，完善相关标准，明确质量责任，创新装修模式的对策建议。

第五部分是陕西省智慧社区发展对策研究。本部分在充分调研陕西省智慧社区发展现状的基础上，总结陕西省智慧社区发展的主要阶段、发展模式、主要特征，挖掘陕西省智慧社区发展面临的关键问题与根本原因；比较研究国内外先进地区的相关政策与典型案例，提出有效促进陕西省智慧社区发展的对策建议。

第六部分是2017年陕西省房地产市场运行分析。本部分详细剖析2017年陕西省各地市房地产市场的月度、季度、年度的供需情况、现存问题及下一步任务与措施，具体包括陕西省2017年2月、4月、5月、7月、8月、10月、11月房地产市场运行现状分析，2017年第一季度、2017年上半年、2017年第三季度及2017年全年陕西省房地产市场运行分析报告。

第七部分是2017年陕西省房地产市场资讯。本部分详细盘点分析2017年各月度的全国房地产市场重要资讯、陕西省各地市（区）房地产市场重要资讯，并详细剖析2017年全国两会和十九大中与房地产市场相关的内容，其涵盖土地、金融、税收、户籍政策、市场调控等各方面资讯信息。

本研究报告是基于陕西省住房和城乡建设厅房地产信息管理系统、国家统计局、陕西省统计局公布的相关数据进行数据挖掘、统计与分析后而得，数据权威、资料丰富、统计科学、分析详实，同时通过专业的统计分析模型，对房地产市场运行现状进行科学统计与剖析，对房地产业长效机制、住房租赁市场、绿色建筑、成品住房及智慧社区等进行探索与研究。作为陕西省住房和城乡住房建设厅咨询项目的部分内容，我们立志将从2017年起，把每年陕西省房地产业发展领域的最新研究成果编著成书，以《陕西省房地产业发展研究报告（2017）》年度发布形式向社会及时汇报，期待各界领导和朋友能够继续关心我们的发展，并对我们的工作提出宝贵建议。

目　录

01 专题研究：陕西省房地产业长效机制研究

为了稳定房地产市场，回归住房的居住属性，2016 年中央经济工作会议明确提出“加快研究建立符合国情，适应市场规律的房地产平稳健康发展长效机制”。基于新形势，课题组深入西安、渭南、铜川、安康和汉中 5 市，对其土地市场、房地产市场和住房品质进行了调研，分别召开了各市政府有关部门及西安市房地产企业座谈会，并进行问卷调查、实地考察部分楼盘及数据整理，形成此研究报告，建立符合陕西省省情的房地产业长效机制。

一、陕西省房地产业发展现状剖析

（一）陕西省土地市场现状剖析

1. 土地市场供求结构性矛盾突出

陕西省土地市场 2011～2015 年总体呈现供大于求的现状。由图 1-1-1 可以看出，2011～2015 年陕西省土地流拍率都为正值，说明土地市场供大于求。2013 年土地流拍率值最小为 12.15%，2011 年流拍率值最大为 67.10%，5 年间陕西省土地流拍率在 2011 年、2012 年、2015 年都超过了 50%，说明陕西省土地供大于求的现象严重。

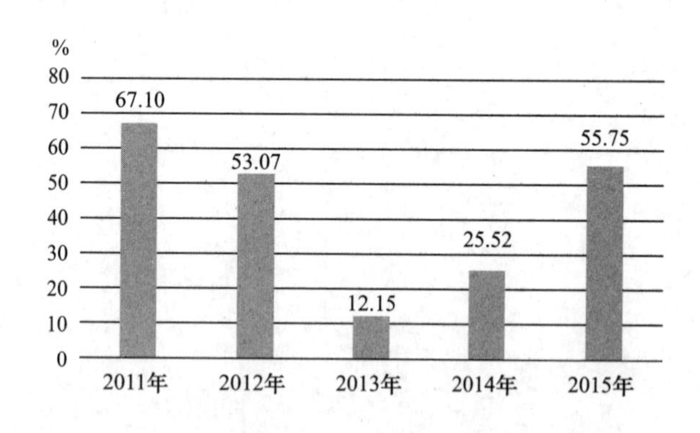

图 1-1-1　陕西省 2011～2015 年土地流拍率情况

（1）陕西省住宅土地供应总体呈现供大于求

由图 1-1-2 可知 2011～2015 年陕西省住宅土地市场整体呈现供大于求的现状。2011～2015 年 5 年间，住宅土地流拍率在 2011 年、2012 年、2014 年、2015 年都出现了正值，土地流拍率最大值达到了 52.37%，最

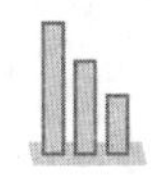

小流拍率为 6.54%，其中两年流拍率在 38%左右，仅在 2013 年出现次负值，说明陕西省住宅土地供应基本处于供大于求的状态。

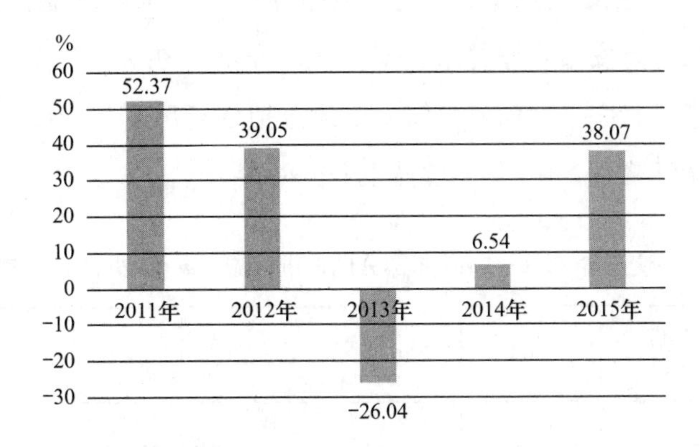

图 1-1-2　陕西省 2011～2015 年住宅土地流拍率情况

（2）陕西省商办土地供应一直呈现供大于求

由图 1-1-3 可知 2011～2015 年陕西省商办土地市场长期处于供大于求的状态。2011～2015 年 5 年间陕西省商办土地流拍率一直为正值，说明 5 年间土地一直供大于求，其中土地流拍率在最大值的时候达到了 80.715，土地流拍率最小值也达到了 43.24%，陕西省商办土地市场供大于求的现象很严重。

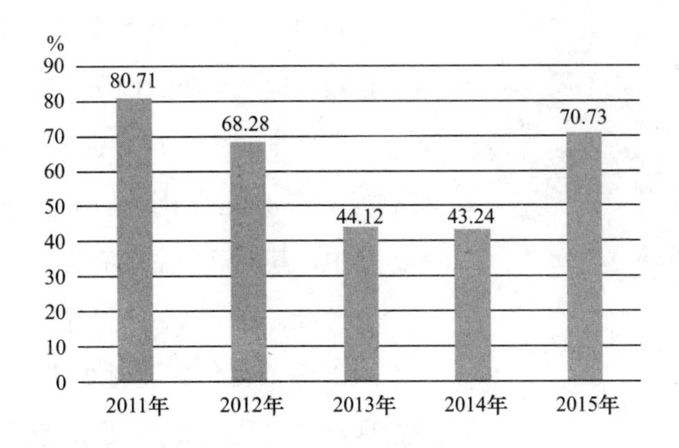

图 1-1-3　陕西省 2011～2015 年商办土地流拍率情况

（3）陕西省各区域土地供应整体呈现供大于求

由表 1-1-1 可知 2011～2015 年陕西省各区域流拍率呈现整体供大于

求状态。2011～2015年5年期间，除2014年的西安、渭南、汉中、宝鸡，2014年的铜川、汉中和2015年的铜川，其他各区域在5年间土地流拍率都处于正值，呈现出土地供应整体供大于求的现状。其中咸阳市、渭南市、延安市、榆林市、安康市、商洛市在2011～2015年都呈现供大于求的状态。陕西省整体的土地流拍率经历了从2011年至2014年逐年略微下降到2015年又骤然上升的阶段。

陕西省2011～2015年部分地市土地流拍率情况（%）　表1-1-1

城市＼年份	2011	2012	2013	2014	2015
西安	67.10	53.07	12.15	25.52	55.75
铜川	48.21	20.42	−4.58	20.44	53.39
宝鸡	64.14	70.84	14.70	−22.05	−86.79
咸阳	77.05	34.68	−38.80	6.68	31.16
渭南	58.96	81.14	45.98	4.20	34.89
延安	60.59	42.49	−5.30	44.87	34.68
汉中	78.88	58.30	56.21	27.84	87.49
榆林	78.84	49.94	−11.57	−40.08	44.17
安康	75.19	51.52	24.38	77.63	75.75
商洛	37.53	43.31	1.00	7.80	56.38

2. 拿地资金与金融资本关系密切

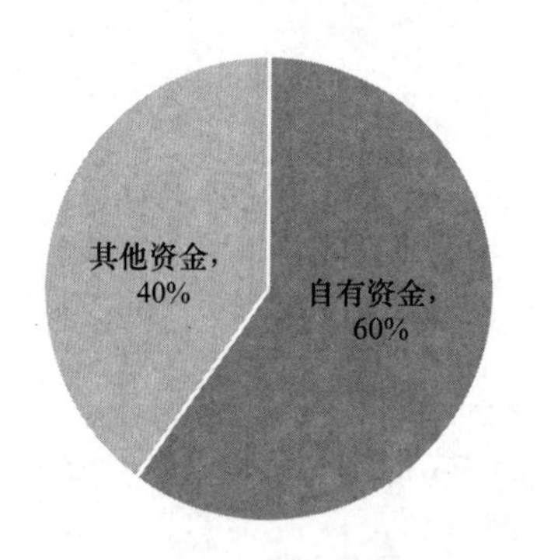

图1-1-4　开发商拿地资金来源占比

通过对西安市龙湖、高科、荣民、恒大等十余家房地产企业的调研发现，房地产企业拿地资金来源中，自有资金占比为60%，其他资金来源的占比40%，如图1-1-4所示。其中，其他资金主要有银行贷款、信托资金、融资、公司债、险资等。

通常房企在付完土地的首付款、签订完土地出让合同之后，便拿到银行抵押贷款或发出信托产品、资管项目进行募资，或者通过机构融资、向母公司借款等多种方式筹集资金，也有企业与保险公司合作拿地，其他资金来源方式如下：

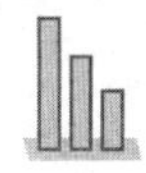

(1) 银行贷款

虽然银行贷款不能用来拿地，但是有些银行推出了“土地过桥贷”——房地产企业使用过桥资金补交土地款，再用土地使用证申请银行贷款用于偿还过桥资金。或是银行资金通过产业基金、银行和房企共同组建一家有限合伙企业运作拿地款基金的形式进入土地市场。而银行的资金端则可通过发售理财产品解决，这些资金再作为基金“优先一劣后”结构化分层中的优先级以控制理财产品风险。

银行还可通过信托发放贷款。银行的理财资金等可通过信托产品设立的SPV给项目公司发放信托贷款或委托贷款，到期后由开发商或关联方偿还本金及利息，实现退出，一般在项目还未取得“四证之前”就发放，即所谓“夹层”贷款。

除了上述较常规的变通方式，还有一种融资手段：发放永续债。银行资金进入的方式，是借某个通道，比如基金子公司，使资金进入某特设的项目资管计划，再进入这家房企的“项目公司”，即作为项目公司永续债。永续债本身期限为永续或极长，为了让购买房企永续债对于银行而言效果等同于贷款，银行会在利率上“动手脚”，比如约定每年递增的利率，或前2年利率为一般定期贷款利率，到了第3年突然加码，倒逼企业因无法承受利率而只能像还贷一样到期还债。

为了逃避资金用途限制方面的监管，合同还会约定项目公司的借款用途为归还股东借款，即将永续债用于偿还其在母公司的债务。而事实上，项目公司借母公司的资金本身就是主要用于拿地。

(2) 公司债

各类资金也可以通过购买企业债的方式进入房企，并最终流向土地市场。虽然募集说明书上写的用途大多是用于偿还借款、调整债务结构和补充流动资金，但资金到账后，内部调整一下，就可以挪用去买地。

(3) 保险资金

2016年，新的《保险资金运用管理暂行办法》规定，保险资金可以拿出最多30%的资金投入投资权益类资产与不动产。之后，越来越多的房企开始与保险公司合作拿地，也有险资拿地，后期引入房企的情况。

（4）基金

不少第三方理财机构发起了规模总计超过千亿元的房地产基金，这些房地产基金的投资策略侧重于项目拿地开发融资，房地产基金更希望通过收购房地产公司旗下成熟商业地产进行长期持有经营，获取稳健的租金回报。房地产开发商获取的资金，一部分偿还银行贷款改善财务状况，另一部分则继续拿地扩大业务版图。

开发商拿地资金来源非全是自有资金，会使土地市场出现各类高杠杆现象，进而推高地价、房价，不利用房地产市场的健康长期发展。从企业经营角度看，也易出现高价拿地后的各类资金链断裂等问题。

3. 深层次原因分析

（1）陕西省土地供应结构失衡

陕西省国有建设用地包括商服用地、工矿仓储用地、住房用地、公共管理与服务用地、交通运输用地、水域及水利设施用地和特殊用地。其中房地产用地包括商服用地和住房用地，2011～2015 年陕西省国有建设用地中房地产用地计划供应情况见表 1-1-2 和图 1-1-5。

陕西省 2011～2015 年房地产用地供应计划　　　　表 1-1-2

指标 \ 年份		2011	2012	2013	2014	2015
房地产用地（万 m^2）	商服用地（万 m^2）	3624.1	3002.89	2484.3	2034.89	2549.55
	住房用地（万 m^2）	6288.06	5901.1	4272	3583.21	4114.05
	合计（万 m^2）	9912.16	8903.99	6756.3	5618.1	6663.6
国有建设用地供地总量（万 m^2）		35957.5	30359.13	25383.31	18387.81	20378.02
房地产用地占供地总量占比（%）		27.57	29.33	26.62	30.55	32.70

由图 1-1-5 可知，2011～2015 年陕西省房地产用地占国有建设用地占比均大于 25%，并呈现逐年上升的明显趋势。2013 年房地产用地占比值最小为 26.62%，2015 年房地产用地占比最大为 32.7%，均超过了国有建设用地中房地产用地占 25%的要求，可知从土地供应结构来说陕西省房地产用地供应占比略微偏大，造成陕西省土地供应出现供大于求的现象。国有建设用地供应结构失衡的最根本原因是政府土地供应计划不合理，政府部门为了获得业绩从而通过土地市场和房地长市场来获益，制定了不符合该区域的供地计划。

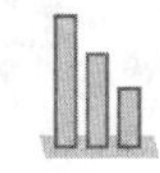

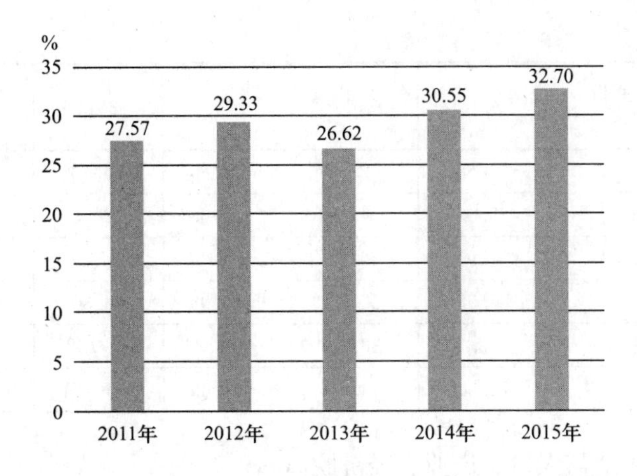

图 1-1-5　陕西省 2011～2015 年房地产用地占比情况

（2）陕西省土地交易市场不规范

由表 1-1-3 可以看出，2011～2015 年每年都有负流拍率值出现，说明当年该城市实际供应的土地超过了该城市计划供应的土地，并且负流拍率绝对值略高，最低负值流拍率为－20.075，最大负值流拍率达到了－216.55，反映出实际土地供应与计划土地供应产生很大的偏差。我国现行土地供给制度是计划供给制度，陕西省各区域大量土地流拍率负值的出现说明许多区域在超出计划供地。政府不按计划供地可以反映出土地市场交易不规范的现象，混乱的土地交易市场造成政府制定土地供应计划时没有合理依据和存在投机想法，从而产生了不合理的供地计划，造成了土地流拍率无法维持在－10％～＋10％的基本平衡水平，出现了严重的供大于求现象。凌乱的土地流拍率现象反映出陕西省土地供应计划的不合理和土地交易市场的不规范。

陕西省 2011～2015 年部分地市住宅土地流拍率（％）　表 1-1-3

年份 城市	2011	2012	2013	2014	2015
西安	31.43	3.21	10.56	10.49	46.45
铜川	62.53	41.56	－57.51	48.35	－199.39
宝鸡	62.07	10.47	－108.24	－66.68	－51.61
咸阳	39.68	77.88	30.74	8.78	28.01

续表

年份 城市	2011	2012	2013	2014	2015
渭南	59.58	−20.07	−85.89	20.40	7.07
延安	35.03	−44.24	−56.68	12.75	66.69
汉中	71.95	36.80	−216.50	−174.51	20.75
榆林	67.58	32.50	−19.03	68.30	69.65
安康	−43.45	33.42	−104.86	−7.68	59.00
商洛	24.92	13.71	−41.09	−40.71	−32.49

（3）土地与人口、产业、经济脱离

1）住宅土地计划供应面积与人口脱离

运用住宅土地计划供应面积与住宅土地合理供应面积两个指标，衡量陕西省土地计划供应与人口的关系，其中，住宅土地合理供应面积是城镇常住人口增加值与城镇居民人均建筑面积的乘积，相关数据如表 1-1-4 所示。

2011～2016 年陕西省土地与人口相关指标分析　　表 1-1-4

年份 指标	2011	2012	2013	2014	2015	2016
住宅土地计划供应面积（万 m^2）	3348.09	3256.62	2080.65	1898.40	2161.81	—
城镇居民人均建筑面积（m^2）	22.00	22.06	29.95	30.60	31.30	32.60
城镇常住人口（万人）	1770.25	1877.30	1931.15	1984.58	2045.12	2109.90
城镇常住人口增加值（万人）	64.39	107.05	53.85	53.43	60.54	64.78
住宅土地合理供应面积（万 m^2）	1416.58	2361.52	1612.81	1634.96	1894.90	2111.83

数据来源：住宅土地计划供应面积来自国土资源局，城镇居民人均居住面积来自陕西省统计年鉴，城镇常住人口来自陕西省统计局。

由图 1-1-6 可知，2012～2015 年期间，陕西省住宅土地计划供应面积与合理供应面积变化趋势相同，且差值逐渐减小。但是住宅计划供应面积始终高于合理供应面积，总体上呈现出住宅计划供应面积与人口脱离的现象。

2）商办土地计划供应面积与第二、三产业脱离

运用商办土地计划供应面积与第二、三产业值增加值两个指标，衡量陕西省商办土地计划供应与产业的关系，相关数据整理如表 1-1-5 所示。

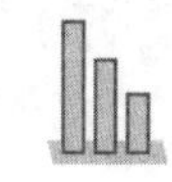

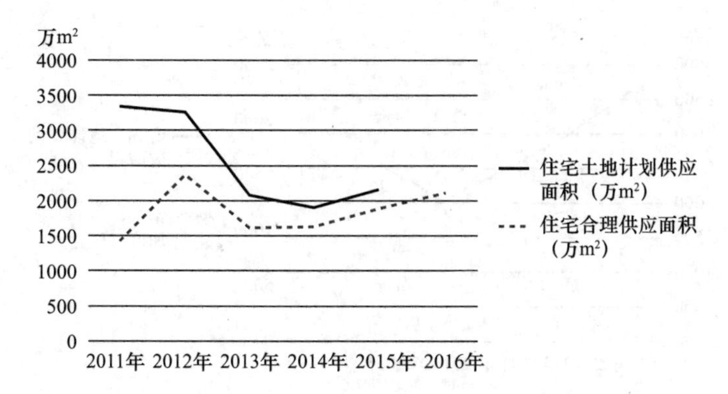

图 1-1-6　陕西省住宅土地计划供应面积与应增供应面积

2011～2016 年陕西省土地产业相关指标分析　　　表 1-1-5

指标＼年份	2011	2012	2013	2014	2015	2016
商办土地计划供应面积（万 m²）	3624.10	3002.89	2484.60	2034.89	2549.55	—
第二产业增加值（亿元）	1432.74	1239.15	836.22	778.14	−329.48	30.58
第三产业增加值（亿元）	704.58	671.47	601.92	827.70	906.88	738.57
第二、三产业值增加值（亿元）	2137.32	1910.62	1438.14	1605.84	577.40	769.15

数据来源：土地计划供应面积来自《2011-2016 年陕西省国有土地供应计划汇总表》，第二、三产业增加值来自陕西省 2011～2016 年统计公报。

由图 1-1-7 可知，2011～2016 年期间，第二、三产业值增加值呈波动降低的态势，由 2011 年的 2137.32 亿元降低至 2015 年的 577.40 亿元；商办土地计划供应面积在 2011～2014 年呈直线降低的态势，由 2011 年的 3624.10 万 m^2 降低至 2014 年的 2034.89 万 m^2，在 2015 年回升为 2549.55 万 m^2。在 2011～2013 年期间，商办土地计划供应面积与第二、三产业值增加值变化趋势相同，但是在 2014 年、2015 年，第二、三产业值增加值分别是增加、降低，而商办土地计划供应面积则对应地降低、增加，表现出商办土地计划供应面积与产业脱离。

3）商办土地计划供应面积与经济脱离

运用商办土地计划供应面积与地区生产总值增加值两个指标，衡量陕西省商办土地计划供应与经济的关系，相关数据整理如表 1-1-6 所示。

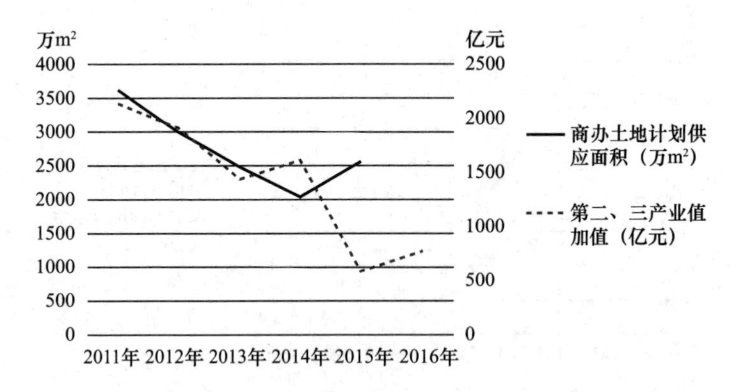

图 1-1-7　陕西省商办土地计划供应面积与第二、三产业值增加值

2011～2016 年陕西省土地计划供应面积与经济相关指标分析　表 1-1-6

指标＼年份	2011	2012	2013	2014	2015	2016
商办土地计划供应面积（万 m²）	3624.10	3002.89	2484.60	2034.89	2549.55	—
地区生产总值（亿元）	12512.30	14453.68	16205.45	17689.94	18021.86	19165.39
地区生产总值增加值（亿元）	2490.77	1941.38	1751.77	1484.45	331.90	1143.59

数据来源：土地计划供应面积来自《2011-2016 年陕西省国有土地供应计划汇总表》，地区生产总值来自陕西省 2011～2016 年统计公报。

由图 1-1-8 可知，地区生产总值增加值在 2011～2015 年呈降低的态势，由 2011 年的 2490.77 亿元降低至 2015 年的 331.90 亿元，在 2016 年时上升为 1143.59 亿元；商办土地计划供应面积在 2011～2014 年呈直线降低的态势，由 2011 年的 3624.10 万 m² 降低至 2014 年的 2034.89 万 m²，在 2015 年回升为 2549.55 万 m²。2011～2014 年期间，地区生产总值增加值降低，土地计划供应面积减少，两者变化趋势相同，但在 2015 年地区生产总值增加值降低，而商办土地计划供应面积增加。

（4）地方政府对土地财政的依赖强烈

分税制改革后，地方政府财力日益拮据，土地出让收入成为地方财政收入的重要来源。地方政府在政治压力下，大力发展对城市规模和人口集聚水平较低的制造业，为吸引企业入驻而进行大量与制造业相关的

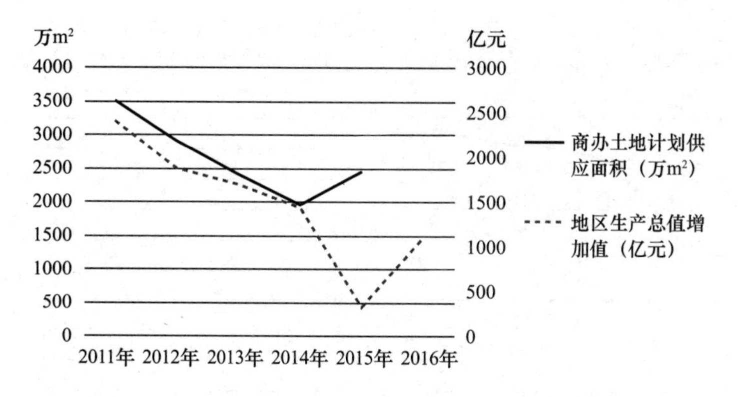

图 1-1-8　陕西省商办土地计划供应面积与地区生产总值

基础设施建设，政府大量的基础设施投资对地方财政提出了较高的要求，在分税制改革的背景下，地方政府只能通过利用土地市场的独家垄断权极力谋求土地财政，因此会造成地方政府大量进行土地出让，造成了土地市场供大于求的现象。

（5）土拍市场监管力度弱，资金监管体系不完善

一是由于土拍市场监管力度弱，虽政策规定开发商拿地必须全部为自有资金，不得为银行贷款、公司债券等资金，但是开发商在拿地时，仍可有近 40％的非自有资金。另一方面是由于资金监管法律体系不完善，政策规定落实不到位。

（二）陕西省房地产交易市场现状剖析

1. 陕西省房地产交易市场供给现状总结

（1）房地产开发投资额总量稳步上涨

2011～2016 年间，陕西省房地产开发投资额总体呈快速上涨后平稳微升趋势，由 2011 年的 1349.91 亿元快速上涨至 2013 年的 2544.6 亿元，之后平稳增加至 2016 年的 2798.4 亿元；其次，陕西省房地产开发投资额占 GDP 的比重维持在 10.79％～15.70％，占固定资产投资的比重维持在 13.45％～15.70％，从房地产开发投资额占固定资产总投资比重不超过 25％及房地产开发投资额占 GDP 比重不超过 1/6 来看，陕西省房地产投资保持在合理范围之内，没有过多占用社会资源，如图 1-1-9 所示。

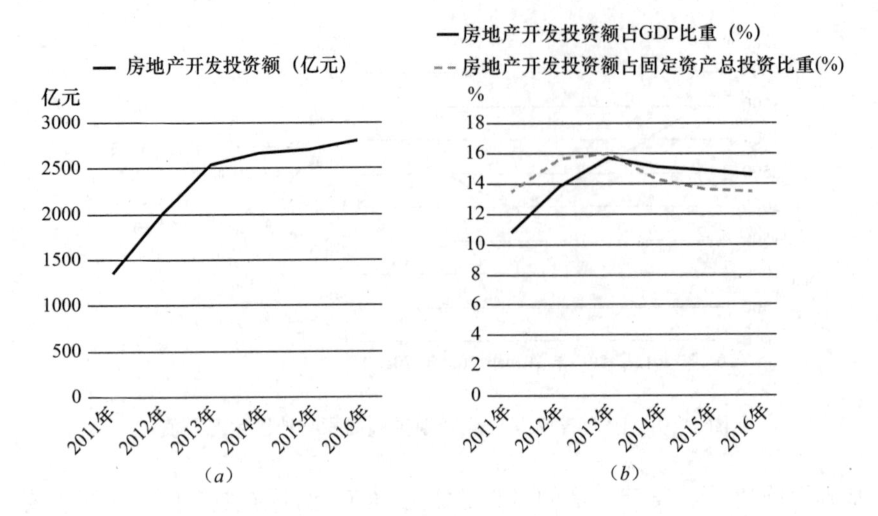

图 1-1-9　2011～2016 年陕西省市场投资总量相关指标

（*a*）房地产开发投资额；（*b*）占 GDP 与固定资产总投资比重

（2）房地产施竣工面积总体上涨，新开工面积总体小幅下降，增长率波动较大

2011～2016 年间，陕西省新建商品房施工、竣工面积呈总体上涨，新开工面积呈总体小幅降低趋势。其中，商品房竣工面积、施工面积分别由 2011 年的 1759.1 万 m^2、9983.6 万 m^2 增长至 2016 年的 3041.2 万 m^2、15600.3 万 m^2，新开工面积由 2011 年的 3321 万 m^2 小幅降低至 2016 年的 3252.0 万 m^2；其次，陕西省新建商品房施工面积竣工面积、新开工面积的增长率也表现出很大的波动性，具体见图 1-1-10 和图 1-1-11。

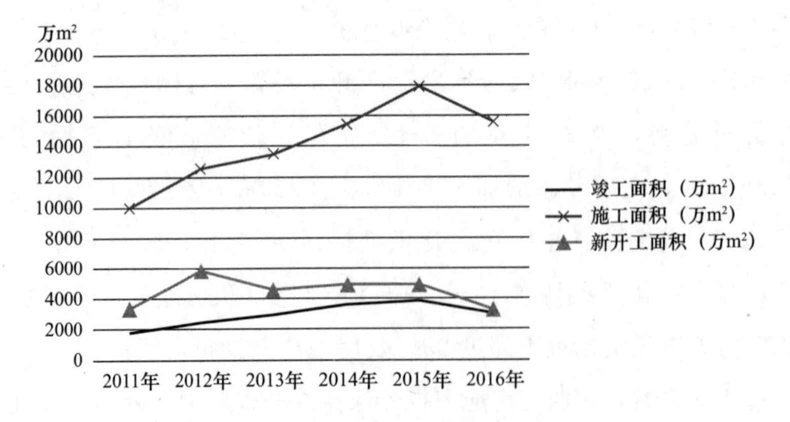

图 1-1-10　2011～2016 年陕西省新建商品房供给量相关指标

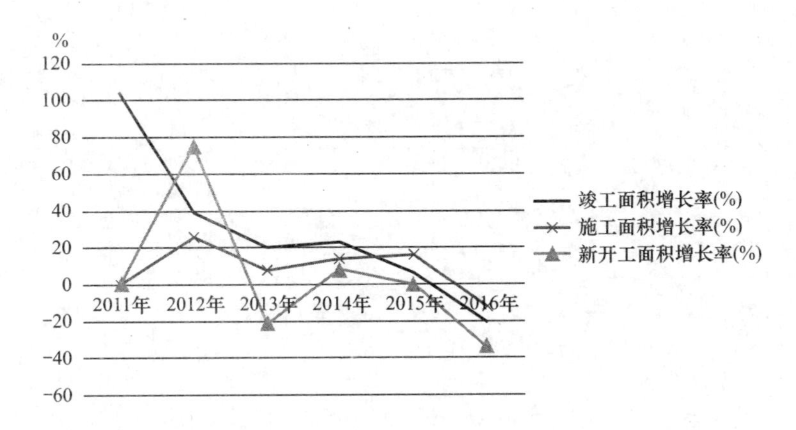

图 1-1-11　2011～2016 年陕西省新建商品房供给量相关指标增长率

(3) 新建商品房供给类型以住宅为主，占比量近九成

2011～2016 年间，陕西省新建商品房供给类型主要以住宅为主，新建住宅竣工面积和施工面积均占整个市场供应总量的九成左右。其中，住宅竣工面积占总面积的比例在 85.46％～92.67％变动，住宅施工面积占总面积的比例在 89.46％～92.53％变动，商办施工面积和竣工面积占总面积的比例均相对较低，总体表明住宅在新建商品房市场的供应中占据绝对地位，具体见图 1-1-12 和图 1-1-13。

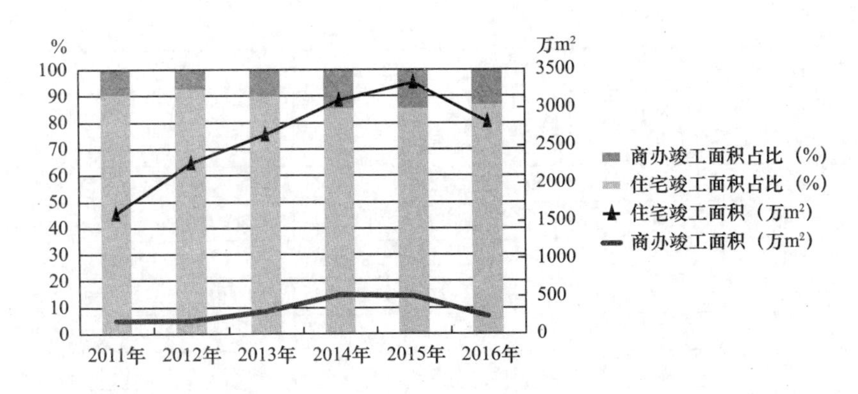

图 1-1-12　2011～2016 年陕西省新建住宅和商办的竣工面积及其占比

(4) 供给区域以西安为主，占比量近五成

2011～2016 年间，整个陕西省的新建商品房供给区域明显地呈现出西安市“一家独大”的局面，占比量达到五成左右。其中，累计住

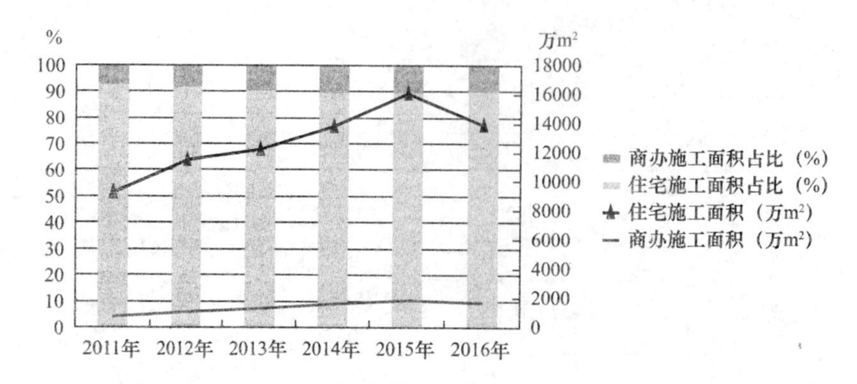

图 1-1-13　2011～2016 年陕西省新建住宅和商办的施工面积及其占比

宅、商办施工面积排名前 3 的是西安、咸阳和宝鸡，西安住宅施工面积占比由 2011 年的 69.81%降低至 2016 年的 55.47%，商办施工面积占比由 2011 年的 69.81%降低至 2016 年的 55.47%；累计住宅竣工面积排名前三的是西安、咸阳和渭南，累计商办竣工面积排名前三的是西安、咸阳和汉中，西安住宅竣工面积占比由 2011 年的 44.08%增长至 2016 年的 59.46%，商办竣工面积占比由 2011 年的 46.36%降低至 2016 年的 40.60%，整个区域供给以西安为主。具体见表 1-1-7～表 1-1-10。

2011～2016 年陕西省各市（区）新建住宅施工面积（万 m²）及占陕西省比值（%）

表 1-1-7

城市（区）＼年份	2011		2012		2013		2014		2015		2016	
	施工面积	占比	施工面积	占比	施工面积	占比	施工面积	占比	施工面积	占比	施工面积	占比
西安	6434	69.81	5588	51.80	6168	54.66	7069	51.69	7676	48.21	7721	55.47
宝鸡	411	4.46	803	7.44	811	7.18	1101	8.05	1075	6.75	789	5.67
咸阳	587	6.36	798	7.40	1223	10.84	1297	9.48	1760	11.06	1535	11.03
铜川	418	4.54	702	6.50	594	5.26	603	4.41	473	2.97	343	2.46
渭南	275	2.99	182	1.68	825	7.31	861	6.29	1108	6.96	672	4.83
延安	165	1.79	418	3.88	547	4.85	772	5.64	772	4.85	449	3.23
榆林	79	0.86	360	3.33	301	2.67	355	2.59	415	2.61	325	2.34
汉中	419	4.54	871	8.08	95	0.85	868	6.34	734	4.61	629	4.52
安康	262	2.85	672	6.23	423	3.75	519	3.79	1001	6.29	777	5.59
商洛	41	0.44	161	1.49	98	0.87	80	0.59	91	0.57	28	0.20
杨凌	67	0.73	188	1.75	129	1.14	103	0.75	100	0.63	69	0.50
韩城	58	0.63	44	0.41	70	0.62	49	0.36	59	0.37	42	0.30
西咸新区	0	0.00	0	0.00	0	0.00	0	0.00	657	4.13	540	3.88

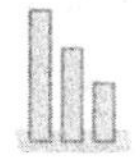

2011～2016 年陕西省各市（区）新建商办施工面积（万 m²）及占陕西省比值（%）

表 1-1-8

年份 / 城市（区）	2011		2012		2013		2014		2015		2016	
	施工面积	占比	施工面积	占比	施工面积	占比	施工面积	占比	施工面积	占比	施工面积	占比
西安	476	63.83	519	52.92	766	59.94	905.9	57.98	1022	55.53	7721	34.87
宝鸡	42	5.67	42.33	4.32	93	7.28	115.7	7.40	203	11.03	789	12.69
咸阳	60.3	8.09	93.58	9.54	107	8.37	155.7	9.97	204.4	11.11	1535	8.31
铜川	10.5	1.41	14.51	1.48	12	0.94	56.43	3.61	83.6	4.54	343	7.22
渭南	46	6.17	162.2	16.54	27	2.11	62.86	4.02	69	3.75	672	6.13
延安	14.2	1.90	8.49	0.87	15	1.17	10.24	0.66	7.6	0.41	449	7.02
榆林	12.8	1.72	24.23	2.47	47	3.68	34.29	2.19	11.4	0.62	325	0.68
汉中	35.7	4.79	47.62	4.86	78	6.10	86.57	5.54	138.6	7.53	629	10.97
安康	28.9	3.87	39.47	4.02	110	8.61	123.3	7.89	6.1	0.33	777	1.90
商洛	14.6	1.96	18.1	1.85	12	0.94	0	0.00	0	0.00	28	0.00
杨凌	0	0.00	8.23	0.84	7	0.55	9.64	0.62	13.6	0.74	69	0.58
韩城	4.4	0.58	2.89	0.29	4	0.31	1.8	0.12	3.2	0.17	42	0.12
西咸新区	0	0.00	0	0.00	0	0.00	0	0.00	78	4.24	540	9.53

2011～2016 年陕西省各市（区）新建住宅竣工面积（万 m²）及占陕西省比值（%）

表 1-1-9

年份 / 城市（区）	2011		2012		2013		2014		2015		2016	
	竣工面积	占比	竣工面积	占比	竣工面积	占比	竣工面积	占比	竣工面积	占比	竣工面积	占比
西安	712	45.07	872	31.26	1036	39.80	1222	39.85	1708	51.86	1668	59.46
宝鸡	25	1.59	59	2.10	37	1.40	160	5.23	150	4.55	124	4.40
咸阳	206	13.01	257	9.20	411	15.78	450	14.67	366	11.12	426	15.18
铜川	89	5.65	141	5.04	102	3.92	130	4.24	67	2.03	47	1.67
渭南	127	8.05	757	27.13	261	10.01	187	6.09	129	3.91	129	4.61
延安	106	6.69	113	4.06	87	3.35	158	5.16	260	7.90	59	2.10
榆林	62	3.95	75	2.70	121	4.66	193.8	6.32	52	1.58	41	1.46
汉中	138	8.73	203	7.28	262	10.07	308	10.04	220	6.67	140	4.99
安康	44	2.77	111	3.98	76	2.92	106	3.45	115	3.48	84	2.99
商洛	41	2.59	140	5.01	110	4.21	98	3.21	82	2.49	28	1.00
杨凌	20	1.24	40	1.45	48	1.83	30	0.97	82	2.49	21	0.75
韩城	11	0.67	22	0.79	53	2.04	24	0.78	34	1.02	21	0.75
西咸新区	0	0.00	0	0.00	0	0.00	0	0.00	30	0.90	18	0.64

2011～2016 年陕西省各市（区）新建商办竣工面积（万 m^2）及占陕西省比值（%）

表 1-1-10

城市（区）\年份	2011		2012		2013		2014		2015		2016	
	竣工面积	占比	竣工面积	占比	竣工面积	占比	竣工面积	占比	竣工面积	占比	竣工面积	占比
西安	79	31.09	99	31.32	174	43.33	392.7	61.18	383.2	68.40	96	40.60
宝鸡	4	1.63	2	0.63	0.55	0.14	16.4	2.55	7.5	1.34	5.74	2.43
咸阳	46	18.28	35.54	11.25	39.1	9.74	32.8	5.11	33.6	6.00	38	16.07
铜川	89	35.10	140.6	44.49	102	25.40	130	20.25	67	11.96	5	2.11
渭南	16	6.41	6.96	2.20	22.8	5.69	15.9	2.48	9.9	1.77	14.1	5.96
延安	1.86	0.73	4.39	1.39	1.28	0.32	2	0.31	9.7	1.73	20	8.46
榆林	5.73	2.26	2.78	0.88	33.6	8.38	24.2	3.77	4.7	0.84	15	6.34
汉中	8.1	3.19	4.57	1.45	14.8	3.68	21.3	3.32	35.7	6.37	32	13.53
安康	0.8	0.31	1.7	0.54	0.91	0.23	5.6	0.87	8.5	1.52	1.2	0.51
商洛	0	0.00	18.1	5.73	12.4	3.10	0	0.00	0	0.00	0	0.00
杨凌	2.55	1.00	0.41	0.13	0	0.00	1	0.16	0.4	0.07	0	0.00
韩城	0	0.00	0	0.00	0	0.00	0	0.00	0	0.00	3.4	1.44
西咸新区	0	0.00	0	0.00	0	0.00	0	0.00	0	0.00	6	2.54

2. 陕西省房地产交易市场需求现状总结

（1）新建商品房销售面积波动上涨，二手商品房成交量稳健上升

2011～2016 年间，陕西省新建商品房销售面积呈波动式上涨的趋势，由 2011 年的 2710.4 万 m^2 增长至 2016 年的 4454.90 万 m^2，总体增长 64.36%，销售面积增长率也呈波动变化趋势；2014 年到 2016 年间，陕西省二手商品房成交量呈稳健上升趋势，由 2014 年的 521.38 万 m^2 上涨到 2016 年的 744.78 万 m^2，具体见图 1-1-14 和图 1-1-15。

（2）商品房销售类型以住宅为主，占比近九成

2011～2016 年间，陕西省商品房销售类型主要以住宅为主，新建住宅销售面积和二手住宅成交量均占整个市场需求总量的九成左右，在商品房市场的需求中占据绝对地位。其中，新建住宅销售面积占总面积的比重在 2011～2016 年基本保持稳定，在 88.74%～90.40%变动，商办所占比例相对较小，仅维持在 9.6%～11.26%；从二手成交量占总成交量的比重来看，住宅也一直维持在较高的态势。各项趋势表明商品房需求市场以住宅为主，具体见图 1-1-16 和图 1-1-17。

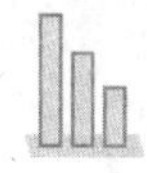

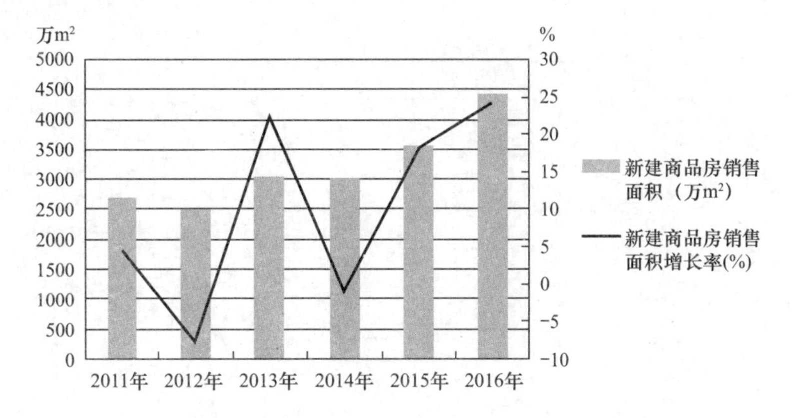

图 1-1-14　2011～2016 年陕西省新建商品房销售面积和增长率

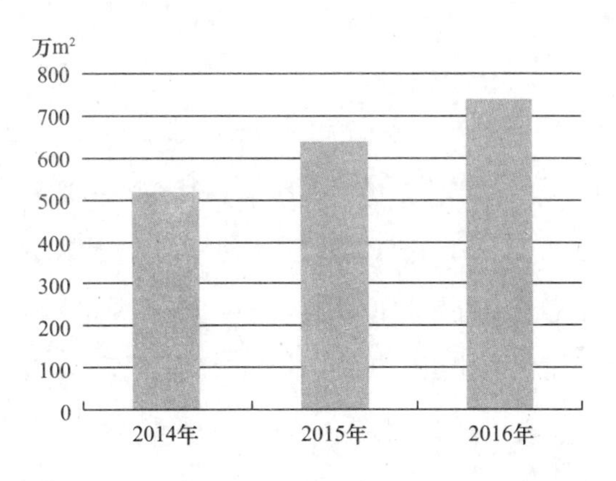

图 1-1-15　2014～2016 年陕西省二手商品房成交量

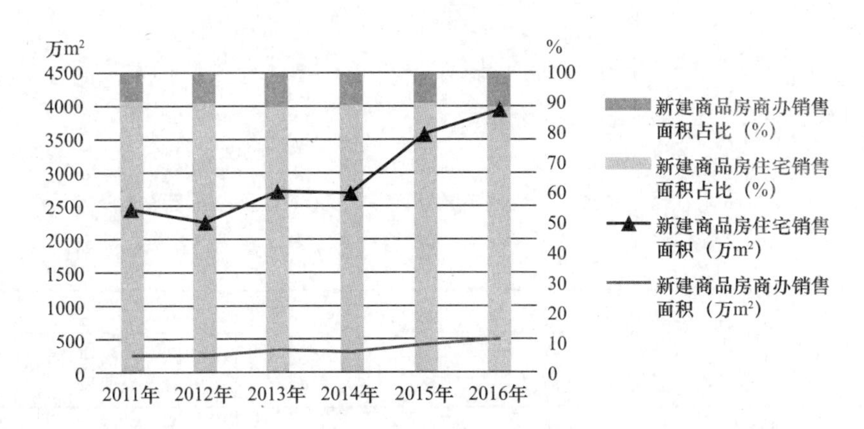

图 1-1-16　2011～2016 年陕西省新建商品房需求类型结构相关指标

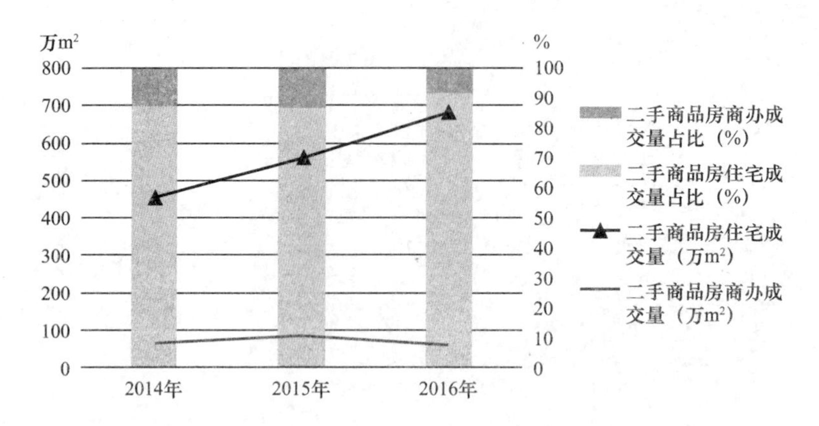

图 1-1-17　2011～2016 年陕西省二手商品房需求类型结构相关指标

（3）商品房销售区域以西安为主，新建占比超五成，二手占比近六成

2011～2016 年间，整个陕西省对商品房需求量明显地呈现出区域不均衡态势，西安对新建商品房的需求量占比达到五成左右，对二手商品房的需求占比更是达到六成，表现出西安市“一家独大”的局面。其中，累计新建住宅、商办销售面积排名前三的是西安、咸阳和宝鸡，西安新建住宅销售面积占比由 2011 年的 49.35％增至 2016 年的 55.61％，新建商办销售面积占比由 2011 年的 68.23％降低至 2016 年的 66.08％；累计二手住宅成交量排名前三的是西安、宝鸡和咸阳，累计二手商办成交量排名前三的是西安、咸阳和汉中，西安二手住宅成交量占比由 2014 年的 46.21％增加至 2016 年的 64.78％，二手商办成交量占比由 2014 年的 61.66％增加至 2016 年的 64.66％，需求主体以西安为主。具体见表 1-1-11～表 1-1-14。

2011～2016 年陕西省各地市新建住宅销售面积（万 m²）及占陕西省比值（%）

表 1-1-11

城市＼年份	2011		2012		2013		2014		2015		2016	
	销售面积	占比	销售面积	占比	销售面积	占比	销售面积	占比	销售面积	占比	销售面积	占比
西安	1193	49.35	1171	52.64	1443	53.50	1522	56.75	1775	56.97	2199	55.61
宝鸡	269	11.15	252	11.33	258	9.55	243	9.07	266	8.54	280	7.08

续表

城市＼年份	2011		2012		2013		2014		2015		2016	
	销售面积	占比	销售面积	占比	销售面积	占比	销售面积	占比	销售面积	占比	销售面积	占比
咸阳	306	12.67	169	7.61	257	9.52	270	10.06	314	10.08	375	9.49
铜川	60	2.49	59	2.64	52	1.92	52	1.94	54	1.73	46	1.15
渭南	135	5.60	110	4.96	141	5.23	142	5.30	190	6.08	211	5.34
延安	60	2.47	95	4.25	57	2.12	60	2.24	77	2.48	135	3.41
榆林	42	1.72	59	2.66	77	2.84	67	2.49	56	1.79	181	4.58
汉中	179	7.39	155	6.97	215	7.96	164	6.12	197	6.32	238	6.01
安康	73	3.01	51	2.28	84	3.13	81	3.04	128	4.10	142	3.58
商洛	41	1.69	54	2.44	36	1.33	39	1.46	19	0.62	84	2.13
杨凌	41	1.69	28	1.25	40	1.49	17	0.65	28	0.90	42	1.07
韩城	19	0.77	22	0.98	38	1.40	23	0.87	12	0.39	22	0.56

2011～2016 年陕西省各地市新建商办销售面积（万 m²）及占陕西省比值（%）

表 1-1-12

城市＼年份	2011		2012		2013		2014		2015		2016	
	销售面积	占比	销售面积	占比	销售面积	占比	销售面积	占比	销售面积	占比	销售面积	占比
西安	283	68.23	254.4	80.05	270	78.53	200.3	80.68	198.2	69.65	330	66.08
宝鸡	28.7	6.92	21.98	6.92	20.7	6.04	5.63	2.27	15.87	5.58	22.1	4.41
咸阳	36.9	8.89	13.69	4.31	16.7	4.85	13.54	5.45	22.15	7.79	33.2	6.65
铜川	4.5	1.08	3.11	0.98	4.03	1.17	4.77	1.92	2.17	0.76	5.4	1.08
渭南	18.5	4.46	16.24	5.11	18.8	5.48	8.85	3.57	16.55	5.82	34.2	6.83
延安	3.2	0.77	1.61	0.51	0.11	0.03	0.46	0.19	4.09	1.44	9.08	1.82
榆林	4.8	1.16	0.86	0.27	1.73	0.50	1.29	0.52	0.83	0.29	11.3	2.26
汉中	25.1	6.05	5.38	1.69	6	1.75	3.65	1.47	4.78	1.68	27.5	5.50
安康	8	1.93	0.25	0.08	5.14	1.50	8.12	3.27	19.54	6.87	16.7	3.34
商洛	0.5	0.12	0	0.00	0	0.00	0	0.00	0	0.00	0.42	0.08
杨凌	0.7	0.17	0.3	0.09	0.5	0.15	1.66	0.67	0.35	0.12	8.67	1.73
韩城	0.9	0.22	0	0.00	0	0.00	0	0.00	0	0.00	1.09	0.22

2014～2016 年陕西省各地市二手住宅成交量（万 m²）及占陕西省比值（%）

表 1-1-13

城市 \ 年份	2014		2015		2016	
	成交量	占比	成交量	占比	成交量	占比
西安	208.1	46.21	279.1	41.73	443.41	64.78
宝鸡	59.1	13.12	58.43	8.74	61.98	9.05
咸阳	21.45	4.76	38.17	5.71	43.83	6.40
铜川	6.49	1.44	10.38	1.55	7.57	1.11
渭南	23.69	5.26	26.74	4.00	23.51	3.43
延安	24.66	5.48	27.79	4.16	11.76	1.72
榆林	29.27	6.50	28.86	4.31	25.3	3.70
汉中	31.4	6.97	32	4.78	32	4.67
安康	22.65	5.03	35.37	5.29	25.31	3.70
商洛	16.63	3.69	7.69	1.15	1.17	0.17
杨凌	1.78	0.40	87.5	13.08	2.14	0.31
韩城	5.1	1.13	36.8	5.50	6.54	0.96

2014～2016 年陕西省各地市二手商办成交量（万 m²）及占陕西省比值（%）

表 1-1-14

城市 \ 年份	2014		2015		2016	
	成交量	占比	成交量	占比	成交量	占比
西安	38.47	61.66	41.78	48.40	39.18	64.66
宝鸡	4.86	7.79	4.11	4.76	4.96	8.19
咸阳	1.88	3.01	21.49	24.89	2.28	3.76
铜川	3	4.81	1.31	1.52	0.19	0.31
渭南	0	0.00	5.54	6.42	2.36	3.90
延安	1.44	2.31	2.54	2.94	2.06	3.40
榆林	2.6	4.17	2.46	2.85	1.91	3.15
汉中	6.51	10.43	4.76	5.51	6.98	11.52
安康	3.63	5.82	1.1	1.27	0.36	0.59
商洛	0	0.00	0.36	0.42	0.02	0.03
杨凌	0	0.00	0.64	0.74	0	0.00
韩城	0	0.00	0.24	0.28	0.29	0.48

3. 陕西省房地产市场价格现状总结

据陕西省住房和城乡建设厅所提供相关数据，2011～2016 年，从陕西省销售均价来看，住宅呈先升后降的趋势，商办呈“阶跃”型增长

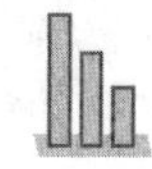

的趋势，住宅销售均价由 2011 年的 4998 元/m^2 增长至 2013 年的 5510 元/m^2，再降到 2016 年的 5237 元/m^2；商办销售均价由 2011 年的 6602.68 元/m^2 增长至 2015 年的 9115.91 元/m^2，其中 2012～2013 年增长幅度十分明显，由 6614.09 元/m^2 增长至 8330.41 元/m^2，虽然之后有所降低，但下降幅度不大，见图 1-1-18。

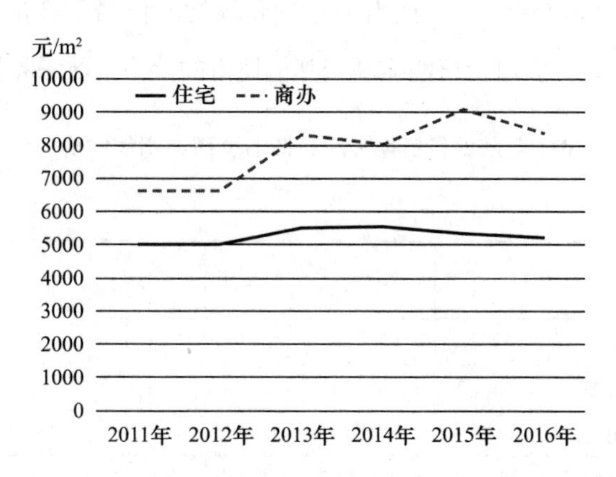

图 1-1-18　2011～2016 年陕西省新建商品房需求类型结构相关指标

由陕西省二手房交易价格来看，2016～2017 年上半年，陕西省二手房销售价格整体呈稳步增长的态势，由 2016 年一季度的 4503 元/m^2 增加至 2017 年第二季度的 5514.67 元/m^2，其中 2017 年一季度至二季度增速较快，2016 年第四季度至 2017 年第一季度虽有所降低，但幅度极小，见图 1-1-19。

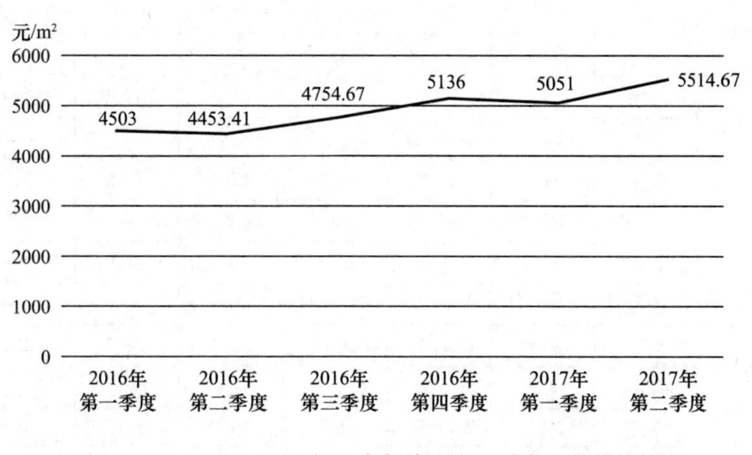

图 1-1-19　2016～2017 年上半年陕西省二手房交易价格情况

从区域来看，2011～2016年，各地市的住宅、商办销售均价均表现出一定的差异性。从住宅销售均价来看，排名前3的分别是西安、榆林和安康，且各市价格差异较大，西安市价格明显高于其他地市。从商办销售均价来看，排名前3的分别是西安、榆林和延安，且各市均价的波动幅度均较大。由表1-1-15、表1-1-16可知。2016～2017上半年，陕西省不同区域二手住宅销售均价及其走势表现出一定的差异性，排名前3的分别是西安、榆林和汉中，且西安市价格明显高于其他地市的价格，区域差异明显。

2011～2016年陕西省各地市新建住宅及商办销售均价（元/m²）

表1-1-15

城市 \ 年份		2011	2012	2013	2014	2015	2016
西安	住宅	6828	6997	6675	6889	6860	6783
	商办	12660.09	11254.48	10614.08	14990.99	—	—
宝鸡	住宅	3668	3717	3766	3815	3502	3349
	商办	4364.04	2962.42	6273.07	6347.45	—	—
咸阳	住宅	3893	4193	4562	4376	3237	3529
	商办	6817.85	6682.18	7238.76	8488.91	—	—
铜川	住宅	3300	3300	3250	3250	2952	2959
	商办	5581.95	3195.92	6467.72	6116.97	—	—
渭南	住宅	3837	3825	3720	3659	2824	2949
	商办	5409.12	8300.64	11622.16	8463.12	5409.12	—
延安	住宅	4224	4098	4151	4130	3733	3591
	商办	8942.44	5370.52	12581.99	7366.62	—	—
榆林	住宅	5500	6200	6400	6150	5305	4511
	商办	7639.66	9153.42	6263.89	11673.72	—	—
汉中	住宅	3896	3760	3730	3701	3006	3091
	商办	6850.19	6947.27	6611.29	7310.46	—	—
安康	住宅	4416	4448	4496	4305	4308	3438
	商办	5308.59	4615.63	12030.59	8547.01	—	—
商洛	住宅	3750	3750	3800	3800	3116	3259
	商办	5895.13	4918.59	2948.93	5587.37	—	—
杨凌	住宅	3500	3715	3555	3455	3017	3207
	商办	3160.40	13100.83	10511.39	—	—	—
韩城	住宅	3960	3900	3830	3600	3210	3194
	商办	—	2867.219	6800.99	3252.75	—	—

2016～2017 年上半年陕西省二手房交易价格分析（元/m²）　表 1-1-16

城市＼年份	2016 年一季度	2016 年二季度	2016 年三季度	2016 年四季度	2017 年一季度	2017 年二季度
西安	5402.94	5663.72	5819.00	6021.00	6054.33	6628.67
宝鸡	3057.77	3109.24	2504.67	2444.33	2537.33	2605.33
咸阳	2283.95	2435.9	2989.33	3149.00	3237.00	3572.67
铜川	2153.96	2349.43	2488.33	3024.33	2549.33	2488.67
渭南	2111.29	2184.47	2071.33	2403.33	2448.00	2460.33
延安	2450.33	2570.62	2633.00	2844.67	3057.33	2903.00
榆林	1950.72	2017.54	4622.33	4638.00	4559.33	4282.33
汉中	4330.54	4315.92	1891.67	1964.33	2063.67	2068.67
安康	2040.33	2400.96	2848.33	2597.33	2605.00	2820.33
商洛	1891.89	1724.14	1927.33	716.67	0.00	613.67
杨凌	2727.27	2962.96	2902.00	1940.33	0.00	0.00
韩城	2039.47	1976.05	2086.33	2224.67	2169.67	2294.33

从房价收入比指标来看，陕西省 2012～2015 年房价收入比呈现下降趋势，其中，2013 年房价收入比最大，为 7.22，2015 年房价收入比最小，为 6.33。西安市 2011～2015 年的房价收入比波动变化。其中，2014 年房价收入比最大，为 8.63，2013 年房价收入比最小，为 6.74。2011～2015 年西安市房价收入比具体见图 1-1-20。

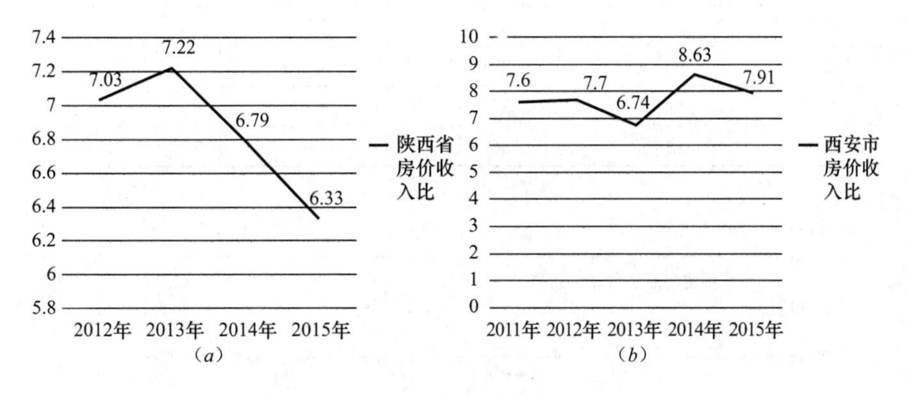

图 1-1-20　2012～2015 年陕西省及西安市房价收入比

（*a*）陕西省；（*b*）西安市

一般来说，房价收入比在 4～6 之间较合理，相比之下，陕西的房价收入比较为合理，而西安市 2014 年和 2015 年的房价收入比分别是 8.63 和 7.91，房价收入比略高。一般认为，若房价收入比高于合理的取值范围，则认为其房价偏高，房地产可能存在泡沫。

4. 陕西省房地产市场供需结构分析

（1）市场发展不均衡问题比较突出

从2017年上半年各地市住宅销售价格来看，西安、咸阳、杨凌、汉中、韩城5个城市新建住房销售价格环比有小幅上涨，其余7个设区市均环比下降。从西安市来看，2017年1～6月西安市新建住房销售价格逐月上涨，尤其是从3月开始，房价增速幅度较大。6月份房价是上半年来最高的，为7441元/m²，可以看出，热门城市房价上涨过快，其他城市房价较为平稳，如表1-1-17、图1-1-21所示。

2017年6月陕西省各地市新建商品住房平均价格及涨幅情况　表1-1-17

城市	价格位次	平均价格（元/m²）	同比涨幅（%）	环比涨幅（%）
西安	1	7441	8.50	1.90
榆林	2	4547	−8.09	−4.62
咸阳	3	4167	10.91	0.75
安康	4	3737	3.83	−2.50
杨凌	5	3730	18.15	11.14
宝鸡	6	3691	8.30	−2.64
延安	7	3644	−2.57	−3.20
汉中	8	3403	13.93	2.59
渭南	9	3396	17.10	−1.70
韩城	10	3315	−2.90	8.26
铜川	11	3152	3.99	−0.57
商洛	12	2893	−6.19	−0.14

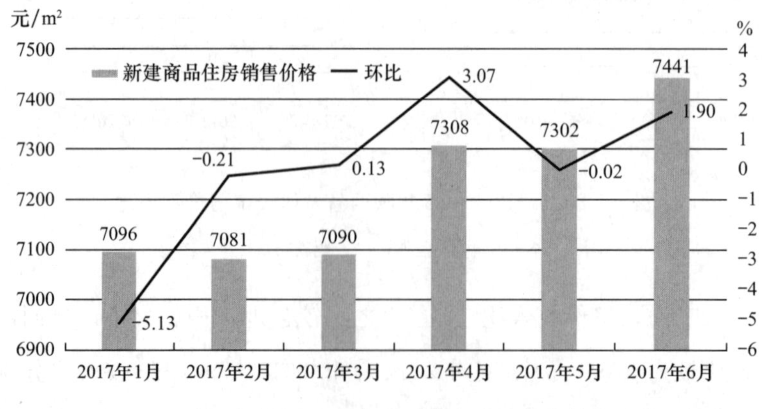

图1-1-21　2017年1～6月西安市商品住房当月销售价格及增速情况

从房地产市场供给和需求来看，陕西省房地产交易市场供给和需求都呈现出西安市“一家独大”的局面。从供给角度来看，新建商品房施竣工面积占比都达到近五成；从需求角度来看，新建商品房销售面积占比超五成，二手成交量占比近6成，表现出明显的区域发展不均衡现象。

（2）陕西省各城市供需不平衡

本书选择待售面积、去化周期这两个指标，衡量房地产市场商品房供需现状。据陕西省住房和城乡建设厅和统计局所提供相关数据，现将陕西省2011～2016年的各指标的相关数据整理如表1-1-18所示。

2011～2016年陕西省新建商品房供需结构指标分析　表1-1-18

年份 指标	2011	2012	2013	2014	2015	2016
住宅待售面积（万 m^2）	2424.6	3549.1	3786.4	4473.9	4524.47	4048.4
住宅去化周期（月）	11.88	18.94	16.73	19.8	15.15	12.28

数据来源：陕西省住房和城乡建设厅《2011-2016年陕西省12月房地产市场运行情况》。

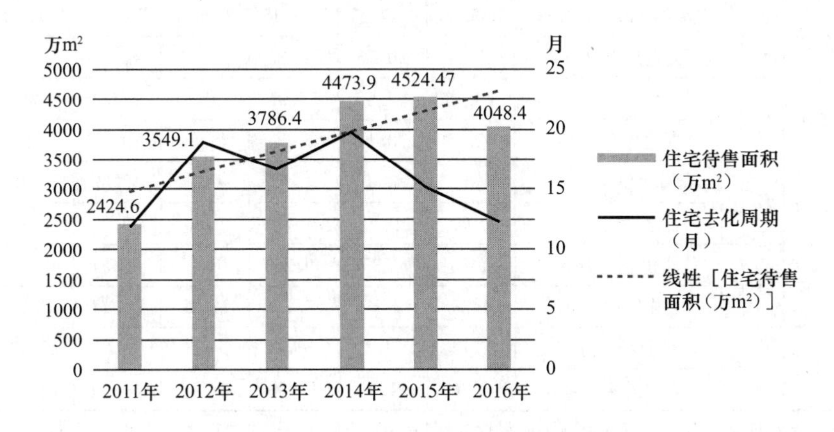

图1-1-22　2011～2016年陕西省商品房待售面积及去化周期

由图1-1-22可知，2011～2015年，陕西省商品房待售面积呈快速增长的趋势，2016年商品房待售面积大幅度下降，去化周期呈波动式增长的趋势，到2016年去化周期大幅度下降。总的来说，2011～2015年陕西省商品房市场处于供需不平衡的状态，该种状态在2014年尤为明显，2016年情况好转，基本上供需平衡。

2011～2016 年陕西省各地市住宅待售面积及去化周期情况

表 1-1-19

面积 \ 年份			2011	2012	2013	2014	2015	2016
西安	住宅	待售面积（万 m^2）	1266.89	1677.61	2001.73	2337.83	2238.22	1643.9
		去化周期（月）	12.74	17.19	16.65	18.43	15.13	8.97
宝鸡	住宅	待售面积（万 m^2）	541.9	922.11	362.29	258.9	214.25	435.72
		去化周期（月）	24.13	43.90	16.87	12.77	9.66	18.68
咸阳	住宅	待售面积（万 m^2）	306.34	169.3	256.81	269.81	314	521.46
		去化周期（月）	5.50	19.28	20.39	21.00	19.61	16.86
铜川	住宅	待售面积（万 m^2）	85.01	107.34	115.86	111.08	78.11	67.2
		去化周期（月）	16.93	21.89	26.80	25.60	17.38	17.66
渭南	住宅	待售面积（万 m^2）	72.33	74.1	106.7	245.9	216.4	295.5
		去化周期（月）	6.41	8.06	9.08	20.75	13.70	17.04
延安	住宅	待售面积（万 m^2）	17.45	41.68	57.58	67.18	95.8	133
		去化周期（月）	3.51	5.28	12.08	13.39	14.90	11.84
榆林	住宅	待售面积（万 m^2）	50.36	57.05	191.51	392.96	421	351.51
		去化周期（月）	14.51	11.56	29.96	70.67	90.46	23.36
汉中	住宅	待售面积（万 m^2）	163.86	265.66	326.15	339.47	280.13	283.69
		去化周期（月）	11.01	20.56	18.23	24.81	17.07	14.31
安康	住宅	待售面积（万 m^2）	75.58	55.56	57.91	105.51	213.4	168.4
		去化周期（月）	12.48	13.14	8.24	15.54	20.04	14.28
商洛	住宅	待售面积（万 m^2）	0	6.45	14.1	29.4	48.69	71.39
		去化周期（月）	0.00	1.43	4.70	9.00	30.23	10.17
杨凌	住宅	待售面积（万 m^2）	4.56	6.35	9.25	18.01	56.54	46.95
		去化周期（月）	1.34	2.75	2.77	12.49	24.18	13.25
韩城	住宅	待售面积（万 m^2）	2.74	21.5	55.4	49	49.09	29.63
		去化周期（月）	1.76	11.89	17.59	25.13	49.09	16.15

数据来源：陕西省住房和城乡建设厅《2011-2016 年陕西省 12 月房地产市场运行情况》。

由表 1-1-19 可知，从待售面积来看，2011～2016 年，西安住宅待售面积呈先稳步增长后大幅下降的趋势，由 2011 年的 1266.89 万 m^2 稳步增长至 2014 年的 2337.83 万 m^2，之后又降低至 2016 年的 1643.9 万 m^2；宝鸡住宅待售面积先增后减，由 2011 年的 541.9 万 m^2 快速增长至 2012 年的 922.11 万 m^2，之后快速降低至 2013 年的 362.29 万 m^2，之后降幅趋缓，达到 2015 年的 214.25 万 m^2，同比降

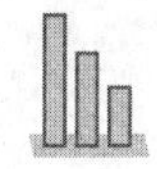

低 60.64%，之后快速增长至 2016 年的 435.72 万 m^2，渭南、延安和汉中与其变动趋势一样；咸阳住宅待售面积快速上涨，由 2011 年的 140.38 万 m^2 增长至 2016 年的 521.46 万 m^2。2016 年大多数城市的住宅待售面积快速降低，但咸阳和宝鸡的待售面积仍在增加。

由表 1-1-19 可知，从去化周期来看，2011～2016 年，陕西省各区域中住宅去化周期及其走势表现出一定的差异性，陕西省住宅供需区域结构处于供需不平衡的状态，至 2016 年末，部分城市面临较大的去库存压力，而部分城市去库存压力相对较小，其中库存去化周期在 20 个月以上的有榆林，在 12 个月以下的是西安、延安和商洛，基本上供需平衡，其他城市都是供需不平衡的。

（3）商业办公楼库存压力持续增大

现阶段来看，陕西省商品房去化压力有效缓解，但房地产市场住房品质问题日渐突出，商业办公楼库存压力仍然存在。本书从待售面积和去化周期两个指标分析陕西省商业办公楼库存情况。

由图 1-1-23 可知，从累计待售面积上来看，2017 年上半年陕西省商业办公楼累计待售面积持续增长，其中 3 月份陕西省商业办公楼累计待售面积为 3804.93 万 m^2，同比增幅最大，增幅为 79.21%。截至 6 月份，陕西省商业办公楼累计待售面积达 4192.12 万 m^2，同比增加 51.40%。

图 1-1-23　2017 年 1～6 月陕西省商业办公楼累计待售面积情况

由图 1-1-24 可知，从各地市来看，6 月份陕西省商品房累计待售面积为 7798.58 万 m^2。其中，陕西省商业办公楼累计待售面积占陕西省商品房累计待售面积高达53.75%，除韩城市以外，其余城市商业办公楼待售面积均超过该地市商品房待售面积的30%，西安市商业办公楼待售面积为2766.05万m^2，占该市商品房待售面积的65.11%，为12个城市中占比最大者。

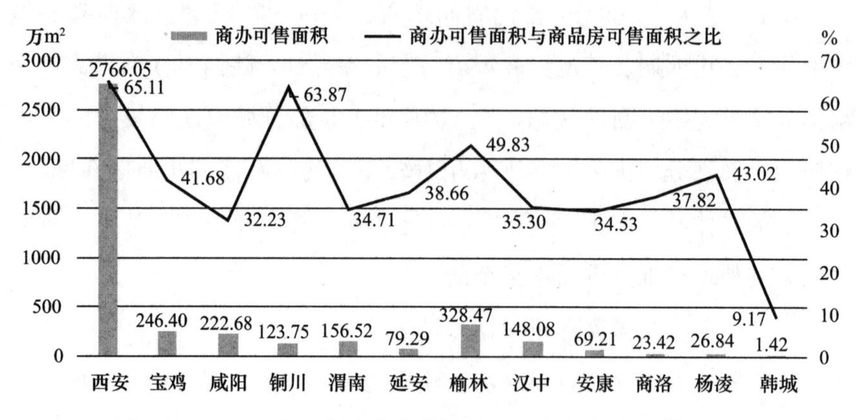

图1-1-24　2017年6月商办待售面积及与商品房待售面积之比

由图1-1-25可知，从去化周期上来看，6月份陕西省商业办公楼去化周期为98.65个月，较2016年年底增加21.94个月，去化压力进一步增加。从各地市来看，多数城市去化压力持续增加，陕西省12个城市中去化周期低于12个月的城市只有韩城市，去化周期为10.59个月；去化周期最大的是榆林市，为378.64个月。商办去库存压力持续增大。

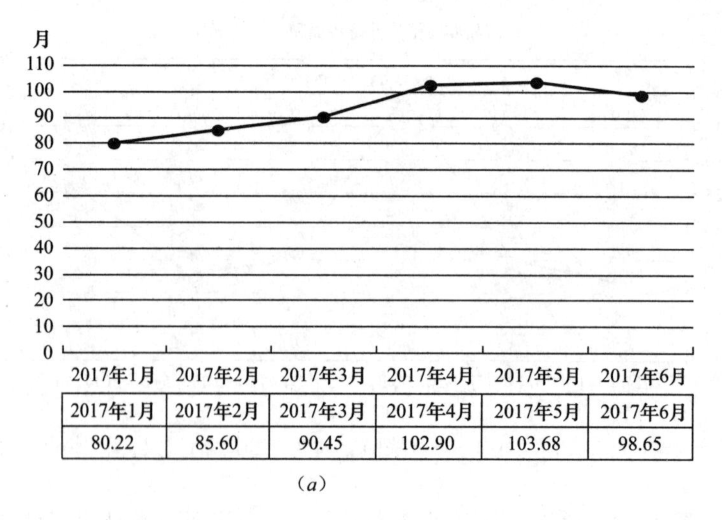

2017年1月	2017年2月	2017年3月	2017年4月	2017年5月	2017年6月
80.22	85.60	90.45	102.90	103.68	98.65

（*a*）

图1-1-25　陕西省及各市商办去化周期

（*a*）陕西省

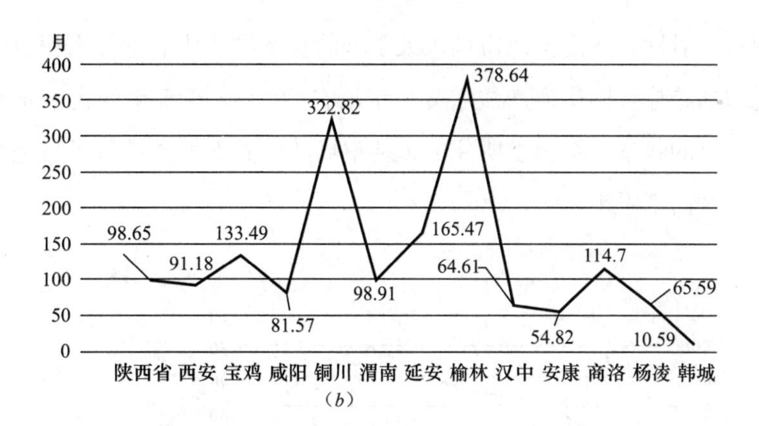

图 1-1-25 陕西省及各市商办去化周期（续）

（b）陕西省各地市

5. 深层次原因分析

（1）土地市场决定了房地产交易市场的供需不平衡

从土地成交面积与待售面积来看，如图 1-1-26 所示，2013 年以前，住宅土地成交面积一直呈现上涨趋势，2014 年以后逐渐降低。由于房地产交易市场相较于土地市场的相对滞后性，2013 年以前住宅土地面积的大量供应导致了 2013 以后住宅待售面积的大幅增加。该现象表明住宅土地市场供应量过大导致了房地产住宅交易市场的供需不平衡。

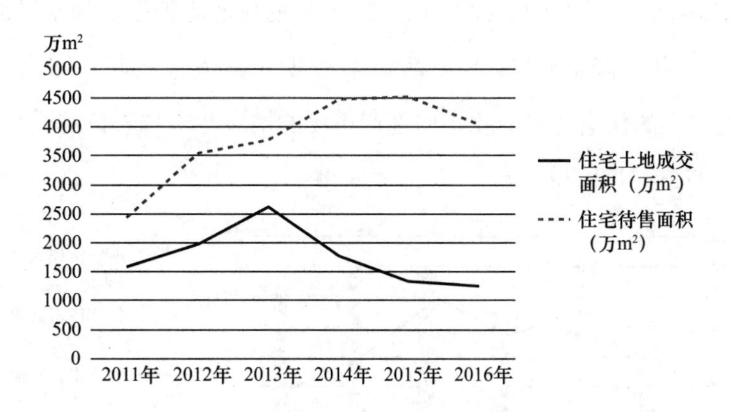

图 1-1-26 2011～2016 年住宅土地成交面积及住宅待售面积

从住宅土地流拍率与房地产交易市场来看，如图 1-1-27 所示，除 2013 年以外，住宅土地的流拍率均为正值，即 2011～2015 年住宅土地市场大体表现为供大于求的状态。由于房地产交易市场相较于土地市场

的相对滞后性，住宅土地市场供大于求的状态导致住宅待售面积也一直呈现增加趋势，即房地产住宅交易市场在 2011～2015 年间也基本呈现供大于求的状态。综上表明住宅土地市场的供需不平衡导致了住宅交易市场的供需不平衡。

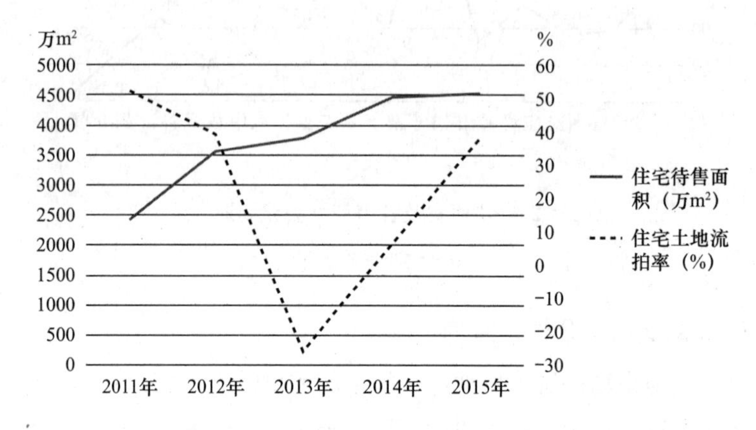

图 1-1-27　2011～2016 年住宅土地流拍率及住宅待售面积

（2）房地产市场供应与人口、产业和经济脱钩

从住宅来看，2011～2016 年陕西省城镇常住人口逐步增加，由 2011 年的 1770.25 万人增加到 2016 年的 2109.9 万人，人口变化是与房地产市场的需求符合的，而 2011～2015 年的住宅待售面积却是增加的，只在 2016 年时降低到 4048.4 万 m^2，表明虽然人口增长，需求增加，但仍有较多的住宅待售面积，房地产市场的供应并未与人口的变化紧密联系，如图 1-1-28 所示。

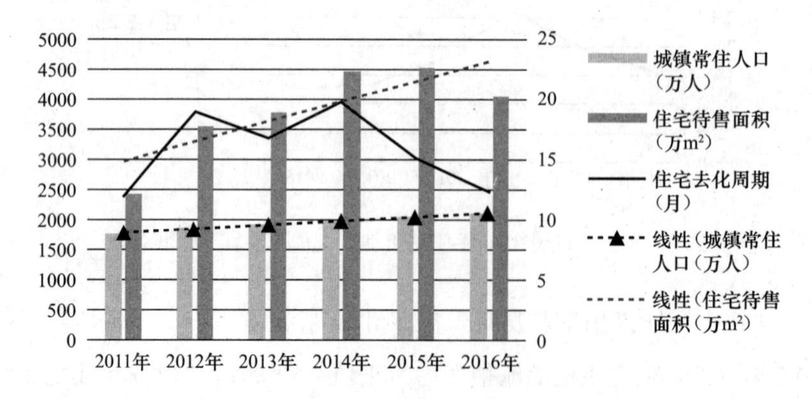

图 1-1-28　2011～2016 年陕西省城镇常住人口及住宅待售面积和去化周期

从商业办公楼来看，2011～2016 年陕西省地区生产总值逐年增加，由 2011 年的 12512.3 亿元增加到 2016 年的 19165.39 亿元。2011～2016 年的第三产业增加值逐年增加，第二产业增加值是先增后降的。商业办公楼的需求是与产业、经济的发展息息相关的，而随着地区生产总值的增加和二、三产业的发展，商业办公楼的库存总量和去化周期却是持续增大的，到 2016 年陕西省商业办公楼的待售面积是 3194.46 万 m^2，去化周期是 76.71 个月，到 2017 年 6 月份陕西省商业办公楼去化周期为 98.65 个月，较 2016 年年底增加 21.94 个月，去化压力进一步增加。商办市场供大于求的问题日益显著，商办市场发展与产业和经济脱钩，如图 1-1-29 所示。

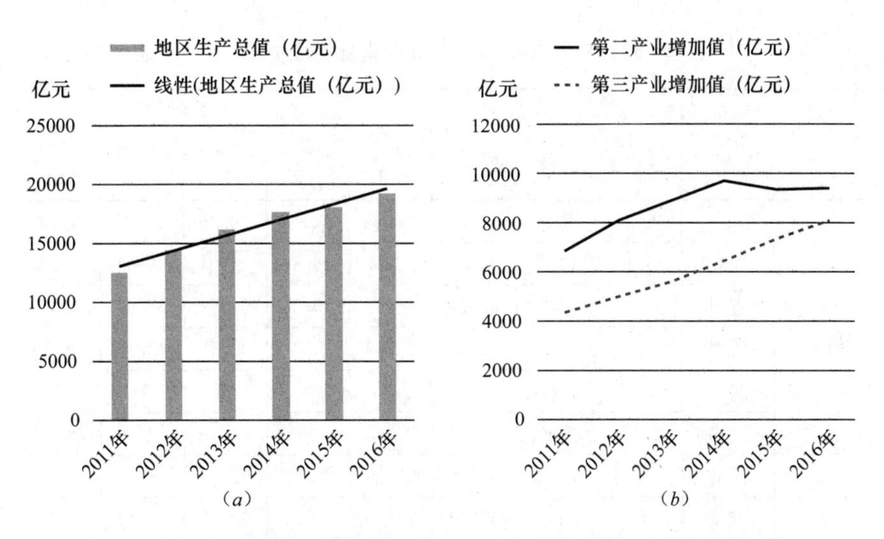

图 1-1-29　2011～2016 年陕西省地区生产总值及二、三产业增加值

（*a*）地区生产总值；（*b*）第二、三产业增加值

综上所述，陕西省房地产市场发展与人口、产业和经济的变化并未紧密联系，存在脱钩现象。

（三）陕西省住房品质现状剖析

1. 陕西省住房品质现存问题

（1）住区规划设计品质偏低

本书选取容积率、绿地率指标对住区规划设计进行分析。2008 年

《陕西省城市规划管理技术规定》中明确，新区高层住宅容积率应在3.5以下，新区建设绿地率不应低于30％，而据抽样调查，陕西省住区容积率偏高，绿化率偏低且超规建设现象严重。高密度的居住空间导致城市缺乏天际线，环境问题突出，热岛效应加剧，业主生活舒适度下降。

从陕西省来看，关中地区容积率数值明显高于陕南和陕北地区，关中地区绿地率情况优于陕南和陕北地区。其中西安、铜川、咸阳、宝鸡容积率在3.5以上的占比较多，分别为26％、44.83％、48％、27.45％。铜川、商洛、延安绿地率在30％以下的占比较多，分别为10.34％、29.27％、16％。

陕西省部分市区住区规划指标构成情况　　　　表 1-1-20

地区＼规划指标		容积率（％）				绿地率（％）			
		1及以下	1～2	2～3.5	3.5以上	30％以下	30％～40％	40％～50％	50％及以上
陕西省		2.59	12.96	60	24.44	7.33	48.35	37.18	7.14
关中	西安	5.5	14.5	54	26	6.8	51.94	33.01	8.25
	铜川	0	3.45	51.72	44.83	10.34	58.62	27.59	3.45
	渭南	0	6.25	72.92	20.83	4.17	39.58	43.75	12.50
	咸阳	0	16	36	48	2	38	54	6
	宝鸡	3.92	15.69	52.94	27.45	3.92	25.49	56.86	13.73
陕南	商洛	0	7.32	68.29	24.39	29.27	51.22	19.51	0
	安康	0	20.69	65.52	13.79	6.9	62.07	24.14	6.9
	汉中	0	7.84	86.27	5.88	0	54.9	41.18	3.92
陕北	延安	4	20	68	8	16	52	28	4
	榆林	0	18.75	81.25	0	0	56.25	43.75	0

从不同城市对比来看，西安市容积率和绿地率构成情况均较差。其中，西安市住区容积率在3.5以上的占比较多，达到26％，上海、郑州、合肥、广州住区容积率在3.5以上的比例均小于西安市；西安市绿地率在30％以上的占比为93.2％，上海、郑州、合肥、成都、广州绿地率在30％以上的占比分别为99％、98.98％、98.99％、95.45％、98.53％，均大于西安市（图1-1-30）。

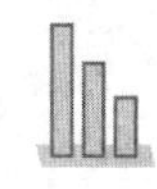

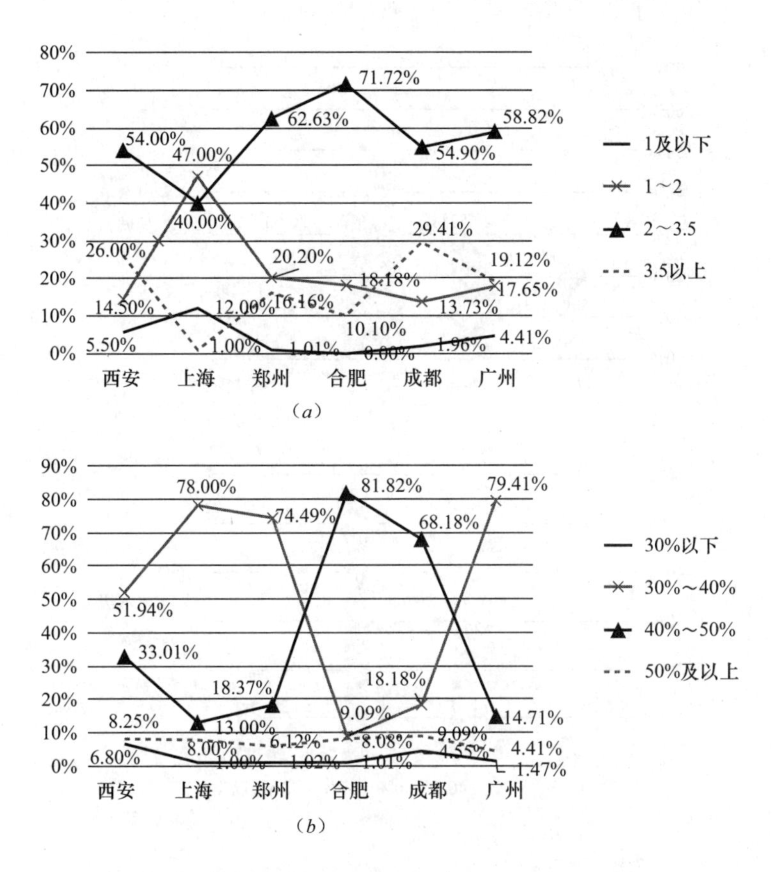

图 1-1-30 西安市和其他部分城市绿地率构成情况

（a）容积率；（b）绿地率

从西安市不同区域来看，市本级住区容积率和绿地率构成情况均差于县城。其中，市本级住区容积率在 2～3.5 和 3.5 以上的占比均大于县城，市本级住区容积率在 1 及以下和 1～2 之间的占比均小于县城。市本级住区绿地率在 30％～40％之间占比较大，为 49.43％，县城住区绿地率在 40％～50％之间占比较大，为 53.33％，且市本级住区容积率在 30％以下的占比大于县城（图 1-1-31）。

从二手房和新建商品住宅来看，二手房容积率和绿地率构成情况均差于新建商品住宅，其中二手房容积率在 3.5 以上的占比为 27.45％，而新建商品住宅容积率在 3.5 以上的占比为 24.52％，二手房绿地率在 30％以下的占比为 6.45％，而新建商品住宅绿地率在 30％以下的占比为 7.84％（图 1-1-32）。

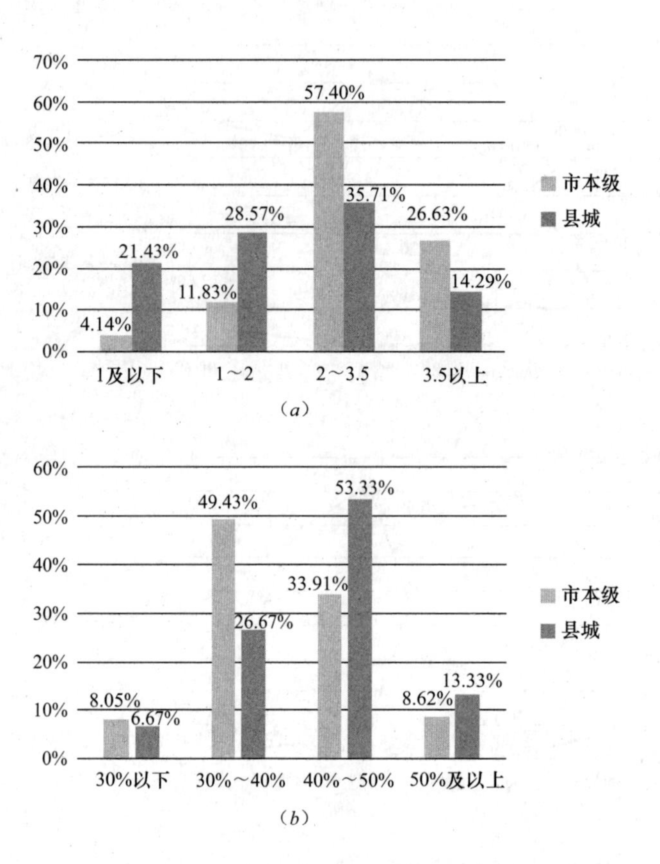

图 1-1-31　西安市本级和县城容积率和绿地率构成情况

（a）容积率；（b）绿地率

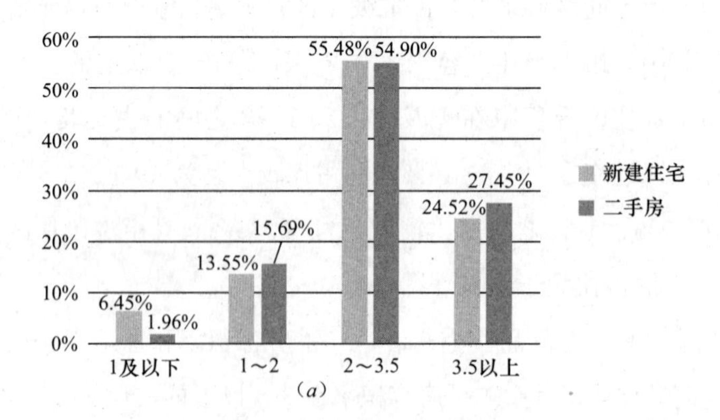

图 1-1-32　西安市新建住宅和二手房容积率和绿地率构成情况

（a）容积率

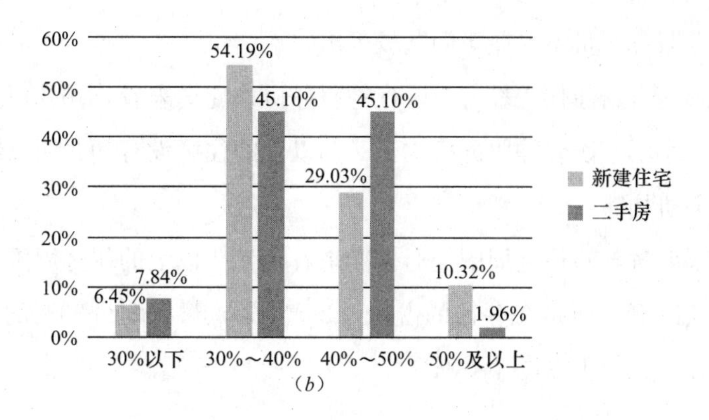

图 1-1-32　西安市新建住宅和二手房容积率和绿地率构成情况（续）

（b）绿地率

（2）基础配套和公共配套不完善

从陕西省住区居民采暖情况来看，由小区或市政集中供暖比例较小，仍有 13.1％的住区无取暖设备，其次，部分老旧小区，住户之间供暖管道采用串联道路，取暖效果较差。

从车位配比情况来看，陕西省将近一半住区车位配比小于 1∶0.8，同时通过对宝鸡市深入调研，发现所有新建住宅小区均存在停车问题，由于地下车位价格高，导致地下车库空置率较高，机动车与非机动车大都停在小区地上空间，严重影响小区整体环境（图 1-1-33）。

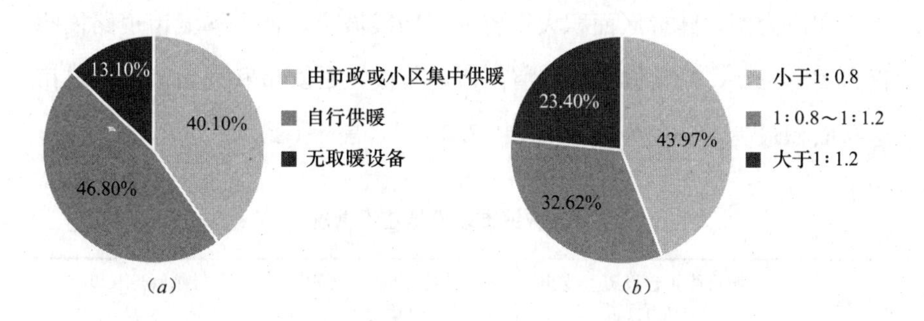

图 1-1-33　陕西省城镇居民采暖情况和车位配比情况

（a）采暖情况；（b）车位配比

从社区养老机构来看，2015 年，西安市每千名老年人拥有的社区养老机构床位 35 张，低于发达国家每千名老人拥有 50～70 张床位的数值，养老床位严重不足，且在西安市现有社区中，养老服务设施不完备、养老服务人员不专业等问题较突出。

从陕西省新建住宅教育、医疗等服务机构配套来看，40%以上的住区没有中小学、医院等服务机构，30%以上的住区没有幼儿园、综合商场等服务机构。

从陕西省新建住宅周围交通情况来看，45%以上的住区周围公交线路在4条以下，4～6条住区的占比为25.33%，只有大约29%的住区公交线路在6条以上（图1-1-34）。

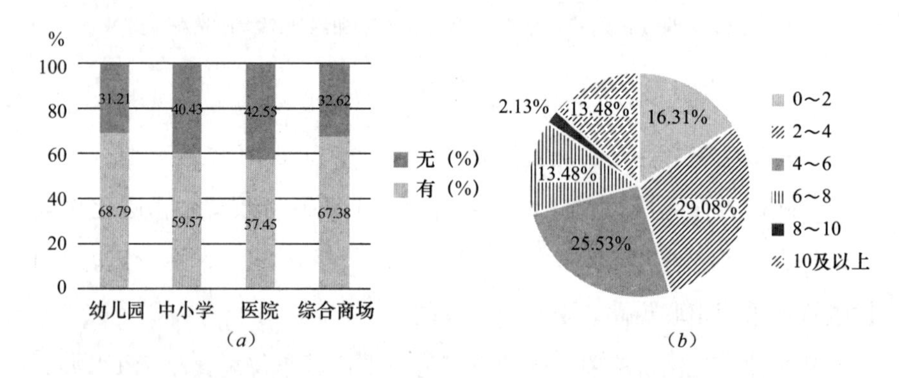

图1-1-34 陕西省新建住宅公共配套情况和周围公交线路情况

(a) 公共配套；(b) 周围公交线路

从陕西省市政设施建设情况来看，陕西省人均城市道路面积较少，以西安市为例，建成区面积大于省内三四线城市，但人均城市道路面积仅为12.47m²，低于榆林市和渭南市，其次，延安市和商洛市人均城市道路面积最少，分别为2.96m²和3.34m²（表1-1-21）。

陕西省城镇市政设施建设情况　　表1-1-21

地区	城市维护建设资金支出（万元）	人均城市道路面积（m^2）	排水管道长度（km）
陕西省	5887764	10.58	8022
西安市	4896817	12.47	4688
宝鸡市	33092	9.42	597
咸阳市	33165	10.59	379
铜川市	208847	5.92	360
渭南市	14533	15.98	710

续表

地区	城市维护建设资金支出（万元）	人均城市道路面积（m^2）	排水管道长度（km）
延安市	37931	2.96	98
榆林市	160371	17.81	678
汉中市	154847	5.37	160
安康市	298161	5.31	216
商洛市	50000	3.34	136

（3）成品住房和智慧社区发展缓慢

截至 2015 年底陕西省成品住房仅占新建商品住房总量的 5%。2017 年《陕西省城镇住房发展“十三五”规划》中指出：推进成品住房建设工作，鼓励和倡导以供地及在建商品住房项目提高成品住房建设占比，新供地中成品住房占比逐步达到 100%。但通过对省内在售和待售商品住房抽样调查，陕西省住宅市场仍然以毛坯房为主，截至 2017 年 9 月，陕西省在售的 900 余个楼盘中，有 72 个楼盘全部为成品住房项目，占比为 8%；西安市 411 个在售楼盘中，有 47 个楼盘全部为成品住房项目，占比为 11.41%（图 1-1-35）。而北京、上海、广州等一线发达城市，成品住房已经占到市场 80%以上，不少大中城市也在不断提高成品住房的比例，相较于一线发达城市，陕西省成品住房数量少，成品住房的覆盖率也有很大的上升空间。

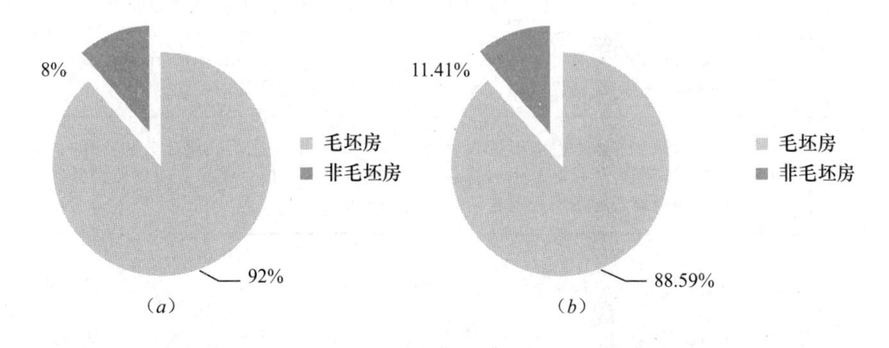

图 1-1-35　陕西省及西安市成品住房占比图

（a）陕西省；（b）西安市

目前我国智慧社区建设主要集中在深圳、上海、广州、北京等沿海城市、直辖市和各省级中心城市等。对于陕西省而言，现有的智慧社区仅是试点项目，数量较少，各地市多数项目仍处于规划之中，尚未建成使用。并且陕西省智慧社区区域发展不均衡，试点项目主要集中在西安市的主要社区，覆盖面较窄。此外，陕西省智慧社区的运营仅实现了智慧物业、智慧政务中较为简单的功能，对于云计算、大数据、物联网等技术运用较少，智能化水平较低（表 1-1-22）。

陕西省部分地市智慧社区建设情况　　　　表 1-1-22

地区	年份	建设情况
西安	2013	西安市临潼区骊山新家园入选全国智慧社区试点项目，成为西安市首个智慧社区。骊山新家园智慧社区建设公共集成服务体系，以居民为中心的“智慧临潼民生空间服务应用”提高智慧临潼服务之窗、政务服务中心、政府服务热线等多渠道联动的集成服务能力
	2016	由陕西广电网络精心打造的首个广电智慧社区示范服务中心在西安兴善寺东街省委南院住宅区开业试运行。包括广电业务、社会缴费、快递寄存、旅游家政、爱车养护等 13 项便民服务
	2017	5 月 18 日，经过前期紧张筹备，西安分公司雁塔公司新西钢智慧社区正式开业
宝鸡	2014	宝鸡市东岭村与宝鸡广电网络公司携手打造“智慧东岭”社区高清互动电视门户，开设了“社会主义核心价值观”“社区文化”“政务便民”“村务信息”“办事指南”等栏目。截至目前，宝鸡市已在金台区三迪社区、东岭社区和高新区千河镇李家堡村等地建成“智慧社区”电视门户 30 余个，覆盖人口超过 10 万人
咸阳	2015	咸阳市启动智慧社区建设项目，该项目由陕西网络科技集团主办，以基层政务服务和居民物业服务为切入点，计划在咸阳打造一个基于移动互联网的 O2O 生活圈、商业圈，让智慧生活的理念在咸阳乃至陕西陕西省逐步实现
安康	2017	安康市启动“智慧社区”建设试点工作，建设标准化中心社区 16 个，其中中心城区 3 个，高新区、恒口示范区、瀛湖生态旅游区及 10 县区各 1 个
汉中	2017	汉中市西乡县组织企业投资 3000 万元，与深圳、南京等高科技公司合作打造智慧城市和智慧社区，引入智慧门禁主机系统、社区 WiFi、视频监控系统、健康养老服务和微商圈服务系统，使 1.5 万名居民受益

（4）绿色建筑发展不平衡

从城市分布情况来看，绿色建筑区域发展不平衡。2016 年陕西省共计申报绿色建筑评价标识 195 个，申报项目数量排名前 3 位的城市（区）分别是西安市、西咸新区、咸阳市；按申报面积排名前 3 位的城市为西安市、西咸新区、延安市。西安市绿色建筑项目申报数量占到陕

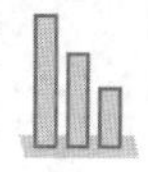

西省总量的84.33%，渭南、铜川、杨凌示范区、韩城、神木、府谷等市（县）全年没有申报绿色建筑项目。

从住房类型来看，保障性住房绿色建筑发展缓慢。2014年陕西省提出在新开工保障房项目中逐步发展绿色建筑，到2016年陕西省160个绿色建筑设计标识项目中，仅包含西安市的4个保障房项目和汉中市的1个保障房项目，项目数量少，总建筑面积少。

从申报绿色建筑评价标识来看，高星级标识数量较少。2016年陕西省有一星级178个，二星级16个，三星级1个。2017年一季度陕西省绿色建筑一星级项目36个、建筑面积333.51万m^2，二星级项目3个、建筑面积33.22万m^2，三星级项目1个、建筑面积1.11万m^2（图1-1-36）。

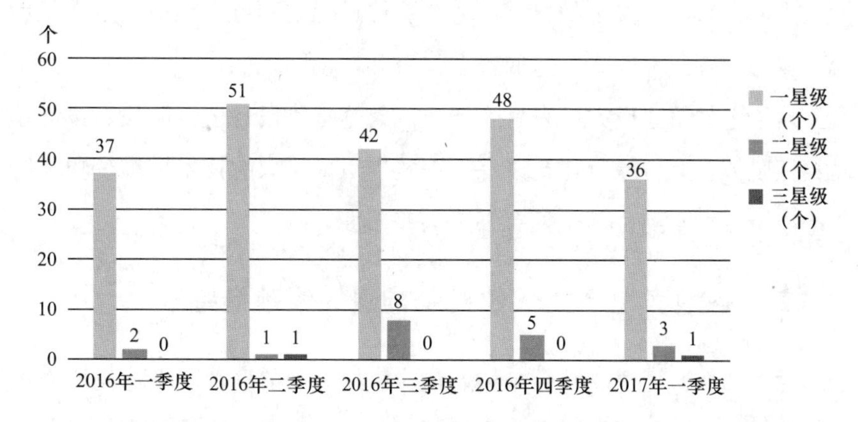

图1-1-36 陕西省2016～2017年各季度申报绿色建筑评价标识数量情况

2. 深层次原因分析

（1）政策支持不足

政策支持不足导致不同区域住房配套差异较大。由于政府并未真正落实人口达到一定规模配备一定数量的公共配套，导致不同地段、不同开发商建设的居住区教育、医疗、商业等配套差异较大，如西安市佳信置业开发商建设的朝阳小区，周边没有幼儿园、中小学，综合商场数量较少，医疗设施不完善，居住区空置率在50%以上，难以满足住区居民所需；而由西安市融创开发建设的融创天朗南长安街壹号，周边配套齐全，小区内配备有1所中小学，自建30万m^2商业，自带湖心运动公园，全部为精装修住房，2017年上半年销售面积居西安市第2。

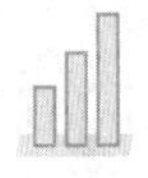

（2）市场监管不严

房地产市场监管不严导致低品质住房在市场的流通。从商品住宅建设方面来看，市场中违法违规建设项目仍有发生，部分项目由于开发商资金链断裂，履约能力发生变化，使得工程竣工期延长或无法竣工，让购房者蒙受巨大损失。

从商品住宅预售方面来看，未取得预售证违法销售项目普遍存在，如西安绿地、万科、中登地产、雅荷地产、荣民地产等开发的普通商品住房、城中村改造和单位集资建房均有此问题存在。

从成品住房建设方面来看，部分项目未能严格落实用地规划，新建住宅仍以毛坯房为主，毛坯房进行二次装修时会破坏原有房屋框架结构，进而带来房屋安全隐患，同时，装修过程中不可避免地产生大量粉尘、噪声和刺激性气味，造成资源浪费和环境问题。

从绿色建筑建设方面来看，绿色建筑施工阶段、运营阶段、设计阶段相互脱节，取得绿色建筑设计标识的项目，采取的技术措施变更、降低标准、落实不到位等现象有一定的普遍性。

二、各地房地产业长效机制构建的经验借鉴

为了加快研究建立符合国情、适应市场规律的房地产平稳健康发展的长效机制，全国各地进行了积极探索。从土地供应、租赁市场、共有产权住房、人才安居等方面形成制度化安排，稳定房地产市场。

（一）加强住房用地供应管理

为加强和改进住房用地供应管理，改善住房供求关系，稳定市场预期，促进房地产市场平稳健康发展，2017 年 4 月住房城乡建设部、国土部发布《关于加强近期住房及用地供应管理和调控有关工作的通知》，提出住房供求矛盾突出、房价上涨压力大的城市要合理增加住宅用地，特别是普通商品住房用地供应规模，去库存任务重的城市要减少以至暂停住宅用地供应，且超大、特大城市和其他住房供求矛盾突出的热点城市，要增加公租房、共有产权房供应；2017 年 8 月国土资源部、住房城乡建设部发布《利用集体建设用地建设租赁试点方案》，在北京、杭

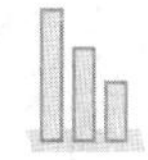

州等13个城市开展试点，提出农村集体土地可直接进入市场，村镇集体经济组织通过自行开发运营、联营和入股等方式建设集体租赁住房，有助于平抑高租金、高房价，对房地产市场降温起到积极作用；厦门、武汉等多个城市相继出台了未来5年的供地计划，多数提出在增加住房用地供应量的同时，进一步加快租赁市场的培育和推进保障房工程建设，进而完善住房供应结构，促进长效机制的落地。

（二）建立购租并举住房制度

为解决新市民住房问题，推进新型城镇化建设，实现全面建成小康社会住有所居目标，中央不断完善住房租赁制度建设，加快构建房地产长效机制。2017年7月住房城乡建设部等九部委联合下发《关于在人口净流入的大中城市加快发展住房租赁市场的通知》，选取广州、深圳、南京等12个城市作为首批试点，各地政府积极响应，大力推行住房租赁市场。广州和南京明确将“租购同权”写入试点方案；郑州等城市提出允许承租人在居住地落户，其子女享有就近入学等公共服务权益；上海市首批公开出让两块土体采取“只租不售”模式；厦门提出要扶持国有企业做大做强住房租赁业务；武汉、成都积极推进“互联网＋租赁”服务；杭州和深圳等均提出向住房租赁企业提供金融服务。从各地试点实施方案看，均着力加强承租人权益保障，且部分城市着力于发展国有住房租赁平台、降低租赁住房税费、扩大租赁住房房源和建立市场监管体系，房地产长期以来“轻租重售”的局面将逐步改变。

（三）推行共有产权住房政策

为深化住房供给侧结构性改革，完善住房供应体系，满足基本住房需求，各地市纷纷推行共有产权住房。早在2014年，住房城乡建设部等六部委就出台了《关于试点城市发展共有产权性质政策性商品住房的指导意见》，近期北京市拟推出《北京市共有产权住房管理暂行办法》，明确提出共有产权住房属于产权类住房，可以按照相关规定办理落户、入学等事宜，即共有产权房和一般商品房同权，且首次明确了配售人群比例，即满足在本区工作的非本市户籍家庭住房需求的房源应不少于

30%，强调了“新北京人”的同权意义；广东省也跟进探索建立共有产权房制度，根据定价标准及个人出资数额，确定个人和政府或者个人和有关单位持有住房产权的相应比例。

（四）实施人才安居新政

为缓解高房价对新兴人才带来的经济压力，防范高房价对优秀人才的挤出效应，增强对人才的吸引力，2017 年 8 月份开始各地市因城施策，推出了一系列人才安居新政。成都发布《关于创新要素供给培育产业生态提升国家中心城市产业能级的人才安居工程的实施细则》，提供人才公寓，租住由政府提供的人才公寓满 5 年后可申请按入住时的市场价格购买；南京市发布《人才安居办法》，符合条件的大学毕业生和园区内新就业人员分别享受共有产权房、人才公寓、公共租赁住房、购房补贴和租赁补贴 5 种待遇；长沙市发布《长沙市人才购房及购房补贴实施办法（试行）》，规定在长沙工作、具有专科以上学历或技师及以上职业资格的人才，首套购房不受户籍、个税和社保存缴的限制；武汉市争取让大学毕业生以低于市场 20%买到房，同时鼓励企业探索用互联网思维开发人才住房。

三、陕西省房地产业长效机制探索与实践

（一）陕西省房地产业长效机制构建

以“回归住房的居住属性，达到住房的供需结构性均衡，实现住有所居、居有所宜”为根本目的，从土地、金融、财税、户籍、购租并举等方面采取长效机制，形成制度化的安排，系统地做好房地产的调控，具体见图 1-2-1。

长效机制的基本原则为：从需求端的单一调控政策转变为供需两端协同调控政策，加强用地规划、土地供应管理，将构建“购租并举”的土地供应制度与构建“购租并举”的住房市场相结合，并统筹金融、财税、户籍等诸多保障政策，多视角、多举措、多维度确保住房制度的长效机制。

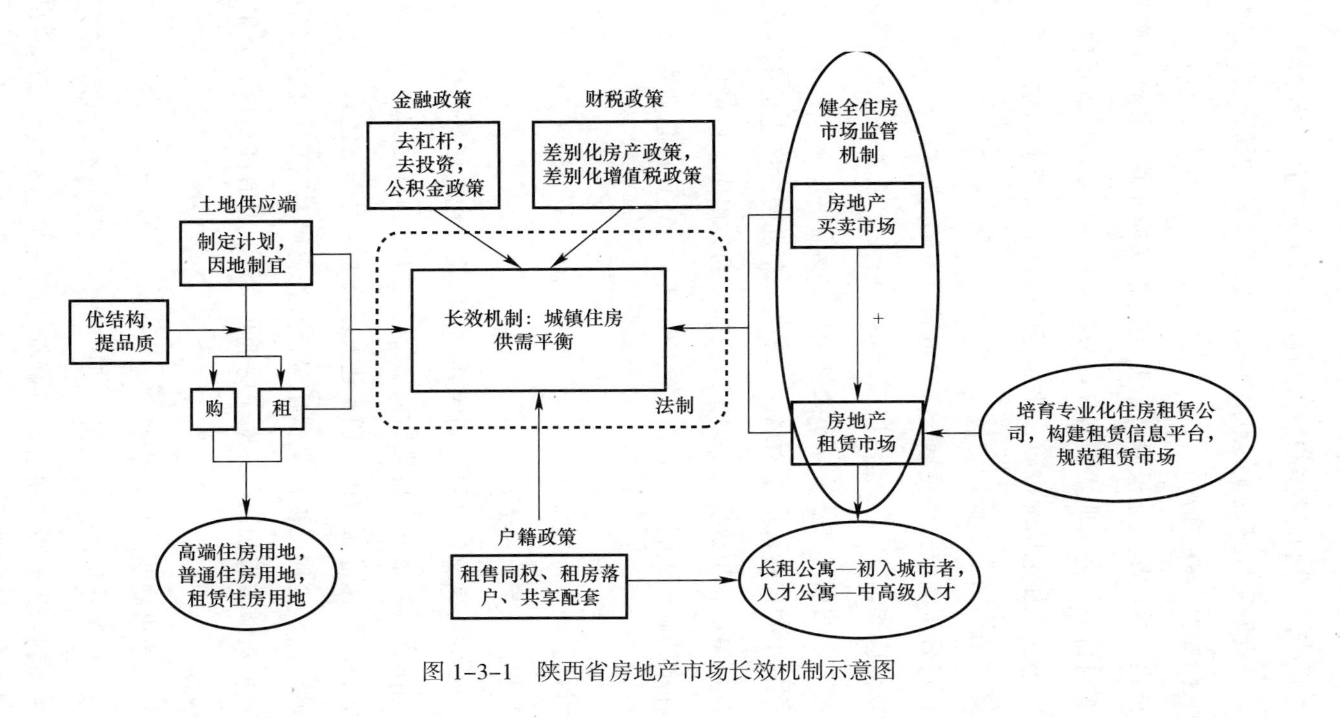

图 1-3-1　陕西省房地产市场长效机制示意图

长效机制的具体内容为：

（1）长效机制一：土地供应，优结构、提品质

土地供应端，抛开过去的一刀切政策。因地制宜，结合城市人口、产业实际情况制定详细的土地供给计划，供大于求的城市要减少供地，供小于求的加大土地供应。

土地供应端，从土地根源上就开始完善供应结构、提高住房品质。比如要有自持型住宅用地，助力长租公寓落地，还要增加满足中低收入人群的中小面积住宅用地供应；比如充分结合市场需求，规定高品质容积率、绿地率等用地要求。

（2）长效机制二：多类型、多渠道满足市场需求

需求供应端，除了要建可以流通的普通住宅之外，还要有流通滞缓、满足需求的保障性住宅，多类型满足市场需求。

除了科学管理住房买卖市场，还要培育和发展住房租赁市场，多渠道满足住房需求。租赁房源可以是政府建设的公租房，也可以是开发商建造的住宅持有出租的房子，商业性的租赁房，还可以是业主对外出租的房子。

适时推出公共产权制度，打通“租”与“买”市场之间的过渡渠道，满足居民逐步购房需求。

（3）长效机制三：针对不同人群，提供差异化的住房选择

给刚刚进入城市的人群提供长租公寓，让他们有落脚之地；为了吸纳中高级人才快速进入城市，还要建人才公寓；对于已经有一定居住年限的新城市人，给他们提供集资建房、安置房等共有产权性质的住宅，充分让他们对城市有归属感；对于中低收入者，要有廉租房、公租房等保障性住房。

（4）长效机制四：户籍政策

通过户籍等相关政策，以租售同权的方式，让每个人都能享受到城市权益和福利，进而吸引更多、更有价值的人才进入城市、落户城市，并产生城市归属感，有效繁荣住房租赁市场。

通过户籍等相关政策，使租房者落户，共享公共设施学校医院的配套，公共基础设施的配套，户籍管理的派出所、居委会的配套。

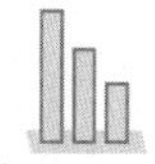

（5）长效机制五：金融政策

在金融政策上，去杠杆化，加强规范土地交易市场。对于任何开发商买土地的钱，必须使用自有资金。其次，严格监控房地产商开发过程中金融单位账户，控制不同账户贷款比例。

去投资化，强调住房回归居住属性。对于消费者买房融资，采取首套房为20％～30％的首付，第二套房为50％～60％的首付，第三套房，均为全首付。

针对不同人群，提供差别化公积金信贷政策，加大对租赁住房、首次购买普通住房、购买共有产权住房的支持力度，支持合理住房消费。如对于租赁住房、租房的公积金，应尽可能地提供给房客，公积金拿来付房租，房租抵扣个人所得税；对于共有产权房可以按市场价卖，卖的时候政府回购。

（6）长效机制六：财税政策

在财税政策上，形成高端有遏制、中端有鼓励、低端有保障的差别化房产税、增值税税率体系，遏制投资、优化资源。比如对于高端别墅的交易契税较普通住宅、保障房要高，且别墅再次交易时，采取交易税递增的方式；对于中端普通住宅，住房首套房，按揭贷款的钱，可以抵扣个人所得税；对于低端保障房，不仅不收税，政府还需出钱解决住房问题。

健全税收制度，推行房地产税政策。一是对整个社会存在的各种存量、增量都要收税；二是若物业价值上升，则根据升值的额度来收税；三是越高档的房子持有的成本越高；四是低端、中端和合理的住房需求，在房地产税里可以多渠道进行抵扣。

（二）陕西省房地产业长效机制建立拟采取措施

（1）严格规范土地市场

一是合理制定土地供应计划。按照“五类”调控目标，加强对住宅用地年度供应量的控制；根据商品住房库存消化周期，合理确定年度调控目标，适时调整住宅用地供应规模、结构和时序。对消化周期在18个月以上的区域减少供地；6～12个月的区域增加供地；6个月以下的区域，增加供地的同时，加快供地节奏。各市国土资源局依据住房现状调查、需求预测以及在建、在售住房规模等多方面因素，以及本市经济社会发展和资源、环境、人口等约束条件，制定住宅用地供应五年规划和三年滚动计划，经批准后向社会公布。在规划、计划实施期间，要逐年将规划、计划的相应指标按年度落实到具体地块，定期向社会公布。

二是规范土地交易市场。完善和细化土地使用权出让工作制度，着力解决国有建设用地出让中规避招拍挂、违反规定设置出让的问题，如可以建立公众投诉部门，个人或企业对某土地出让方式持怀疑态度时即可以进行查询或投诉；建立健全土地使用权出让信息公开制度，切实加强土地市场动态监测与监管工作，进一步提升土地出让公开透明度；强化土地出让后监管措施，对擅自改变土地用途、未按合同缴纳价款、未按合同约定开竣工的违规行为，各职能监管部门之间应采取有效措施，坚决纠正。

三是明确规定土地特征。在土地出让时严格规定土地出让用途和容积率等特征，并在土地出让后进行有效的监管，严厉禁止拿地一方在拿到土地后不按要求进行土地开发或通过各种方式改变土地用途、容积率等，加强对土地违规开发的打击力度。

（2）加强房地产市场监管

一是稳定商品房价格。开发企业应合理安排新建商品住房的销售节奏，同期房源应一次性向价格主管部门申报备案价格，且批次申报面积不宜低于3万m^2，不得通过分批申报价格变相涨价。领取预售许可证的项目应一次性公开全部房源，及时对外销售。开发企业领取预售许可证后不销售的，价格主管部门不接受上调价格的申报。

二是加强商品房广告管理。未取得商品房预售许可证的房地产项目，不得发布商品房预售广告。房地产广告的房源信息应当真实，面积应当表明建筑面积或者套内建筑面积。房地产广告不得含有升值或者投资回报的承诺。房地产广告不得含有违反国家有关价格管理的规定。房地产广告中的项目位置示意图，应当准确、清楚、比例恰当，不得对规划或者建设中的交通、商业、文化教育设施以及其他市政条件作误导宣传。

三是强化综合执法。严厉打击房地产市场违法违规行为，对涉嫌或参与炒卖房号、捂盘惜售等行为的开发企业及中介代理机构，一经查实，依法依规、严肃处理。打击不实炒作，加大对虚假信息的打击力度，对发布不实信息、恶意炒作、制造“恐慌”氛围的行为，依法处理、严厉打击。

（3）全面提高住房品质

一是提高住区规划标准，严格规划管控。借鉴上海市城市规划政策，新建住宅容积率不得超过2.5，绿地率应在35%以上，适当降低陕西省容积率标准，提高绿地率标准，并严格监控新建住区各指标落实情况。

二是进一步完善住区综合配套水平。对新建住区市政基础设施配套实行刚性约束，将具备条件的水、电、气、暖等基础设施纳入城市管网；对已建成小区，结合老旧小区改造、城市地下管廊建设，补齐短板。充分考虑设施资源服务半径，配套建设教育、社区养老、医疗卫生、文化服务等设施，打造方便快捷的生活圈。

三是加快推行成品住房建设，逐步形成成品住房的设计标准、装修标准、验收标准、质量评定标准、销售服务标准等全过程技术体系和管理体系，力争至2020年全面实现成品房交付。

（4）培育发展住房租赁市场

一是多渠道供应租赁住房。允许将商业用房、办公楼、写字楼等按规定改建为租赁住房，增加集体建设用地的租赁住房供应，规定部分出让土地须自持或配建一定比例的租赁型住房或采取“只租不售”模式，大力发展共有产权住房，明确政府和个人持有的产权份额，降低购房成本。

二是发展规模化租赁企业，增加住房租赁市场供应主体。积极组建国有住房租赁企业，并扶持国有企业做大做强住房租赁业务；鼓励房地产企业从传统的开发、销售向租售并举模式转变，大力发展机构化、专业化、规模化的住房租赁企业，定期对租赁企业培育数量进行量化考核，到2020年住房租赁经营试点企业达到50家。

三是规范租赁行为，健全租赁中介服务体系。通过开展培训机构，集中培育住房租赁人才建设，提高中介服务人员素质，注重服务人员道

德建设；打击非法中介等市场乱象，定期对房地产中介行业进行督查，提高违法违规成本，建立公开、透明、有序、高效的中介服务体系。

（5）创新购租同权管理机制

一是创新购租同权管理机制。借鉴北京、广州等租赁试点城市已出台的住房租赁政策，允许租住公租房的集体户籍人员将户口迁入所在城市。对租房居住且已备案居住3年以上的住户，结合户籍制度改革，制定适龄子女在租房所在区接受义务教育等享受公共服务权益的租房落户政策，明确非本地户籍承租人依法办理居住证的，可享受公积金、医疗、养老、就业等国家规定的基本公共服务，保证承租人与购房者享受平等的公共服务。

二是保障租赁人合法权益。规定出租人按月收取租金，鼓励签订长期租赁合同。确保租房合同期内不许随意涨租金，合同终止后3个工作日内房主应主动退回押金，出租期间不得采取暴力、威胁或者其他强制方式驱逐承租人，未经承租人同意不得擅自进入出租房等租赁人合法权益。

（6）完善房地产金融政策

一是加强房地产商资金监管。开发商拿地资金来源必须全部为自有资金，在报名拿地阶段就必须出具购地资金来源合规的承诺及有关证明材料，国土部门应联合金融监管部门对开发商提交的材料进行核查，一旦发现开发商的资金来源与申报不符或违反规定的，将取消其竞得资格，并将该房企列入土地市场诚信系统黑名单，5年内不得参加土地市场公开竞买。另外，要严格监控房地产商开发过程中金融单位账户，控制不同账户贷款比例。

二是提供差别化公积金信贷政策。对于住房租赁企业，支持其开展房地产投资信托基金（REITs）试点，鼓励符合条件的租赁企业发行债券、不动产证券化产品，充分利用社会资金，拓宽企业融资渠道。对于消费者买房融资，加大对租赁住房、首次购买普通住房、购买共有产权住房的支持力度，支持合理住房消费。对于租赁住房，可用公积金付房租，房租抵扣个人所得税；对于共有产权房可以按市场价卖，由政府回购。

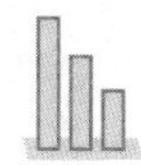

（7）推行差别化税收制度

一是对不同类型的住房实施差别化税收政策，形成高端有遏制、中端有鼓励、低端有保障的差别化税率体系。在需求侧，对于自住、投资、投机型的购房者适用差别化的税率，对自住者适当减免税费，对投资者适用正常税率，对投机者适用惩罚性的高税率。在供给侧，对于开发租赁住房、限价房的行为适用较低的税率，对于开发别墅等高档住宅的行为适用较高税率。在租赁市场上，适度降低或取消租金收入的所得税，鼓励更多企业或个人进入租赁市场。

二是开征房地产保有税。一方面通过增加住房持有成本，可抑制投资投机性炒房，并通过空置税打击过度浪费宝贵住宅资源的行为；另一方面通过全面实施不动产统一登记制度，将房地产税等财产行为税成为县（市）级主体税种，以增强市县政府履行事权和支出责任的保障能力，形成收入、支出、事权相互匹配的中央地方关系。

（8）健全房地产法律体系

一是加快出台《住房法》《住房租赁法》和《房产税法》，构建支持“住”强保护和抑制“炒”硬约束的法律机制。制定并实施《房产税收法》和《住房保障法》，将财税调节法制化，形成达到一定标准，启动相应程度税收负担或财政补贴的法律调节机制。出台《住房法》和《住房租赁法》，保障居民基本住房权。保护居民与法人依法建房、租房、购房权益，尤其保护租房相关各方的权益，形成法律保障机制。

二是完善修改相关配套法。应制定《住房土地供应法》，保证每年的土地供应，且政府要公布规划；修改《刑法》法律，明确界定炒房和炒地的程度，根据其程度确定违法或犯罪程度，分别给予罚款或者判刑，形成法律惩戒机制。

四、政策建议

（一）出台房地产市场发展意见，引导房地产健康发展

建议省政府结合《陕西省城镇住房发展“十三五”规划》《陕西省城镇住房保障“十三五”规划》和《关于加快培育和发展住房租赁市场的实

施意见》等政策意见，出台《住房管理条例》《关于建立和完善陕西省购租并举住房制度的实施意见》，指导购租并举工作，健全购租并举住房制度，建立房地产市场长效机制，推动房地产市场平稳健康发展。

（二）落实各级政府责任，建立联动机制

省政府统一协调，建立住房城乡建设、发改、公安、财政、国土、银行、税务、工商、证监会等部门联合协调工作机制，各部门按照职责分工，落实主体责任，健全信息沟通和工作协同机制，加快对陕西省房地产市场长效机制的建立。

（三）建立房地产发展考核机制，定期进行科学评价

依据陕西省房地产发展规划要求，各市因地制宜，加快研究编制房地产市场长效机制，建立房地产市场发展考核机制。加强对各市住房发展规划的督导检查，建立涵盖备案、定期评价、动态调整、绩效考察的督查检查机制，确保规划确定的各项目标任务取得成效。

（四）加强房地产市场政策宣传，培育良好氛围

各市在房地产市场长效机制推广的过程中，加大新闻媒体宣传力度，创造良好舆论环境，倡导科学合理的住房消费理念。广泛征求并充分考虑专家和公众的意见，完善信息公布制度，实现科学民主决策，培育良好氛围。

02 专题研究：陕西省住房租赁市场发展对策研究

建立购租并举住房制度，培育和发展住房租赁市场，是贯彻落实“房子是用来住的，不是用来炒的”这一定位的重要举措，是深化住房制度改革的重要内容，是解决新市民住房问题、加快推进新型城镇化、加快住房市场供给侧改革的重要方式，是实现城镇居民住有所居的重要途径。

为加快建立符合省情、适应市场规律的房地产市场平稳健康发展长效机制，进一步贯彻落实中央和省关于建立租购并举的住房制度的决策部署，我们就有关情况进行了调研，以实现住房平衡为核心，以维护社会公平为原则，提出健全完善租购并举住房制度、建立住房发展长效机制的工作思路，从而扩展陕西省住房租赁市场，实现“住有所居，居有所宜”，助力陕西省追赶超越。

一、基本现状及主要问题

目前陕西省基本形成了以政府为主提供基本保障、以市场为主满足多层次需求的住房供应体系。陕西省城镇居民住房条件明显改善，人均住房建筑面积由“十一五”末的28.04m^{2}增长至2015年底的31.58m^2，住房开发投资由2011年的1158.08亿元快速增长至2016年的2631.80亿元。

（一）基本现状

1. 租赁型住房供应端分析

租赁型住房主要分为公共租赁住房、个人出租住房、专营机构出租住房、职工公寓等类型。供应对象方面，前3种保障范围较广，最后一种限制性较强；住房品质方面，公租房保障基本生活需求，个人出租住房品质参差不齐，专营机构普遍品质较高，职工公寓品质波动较大。“十二五”期间，陕西省住房租赁比率波动上涨，但仍以购房为主，2015年末住房租赁比率为16.2%，较2011年末增加8.49个百分点（图2-1-1），另据中国房地产业协会认证市场数据显示，2015年末陕西省住房租赁总套数为62.65万套，总面积为5420.72万m^2，其中西安市各项均占比最大，租赁总套数为51.39万套，总面积为4395.79万m^2。

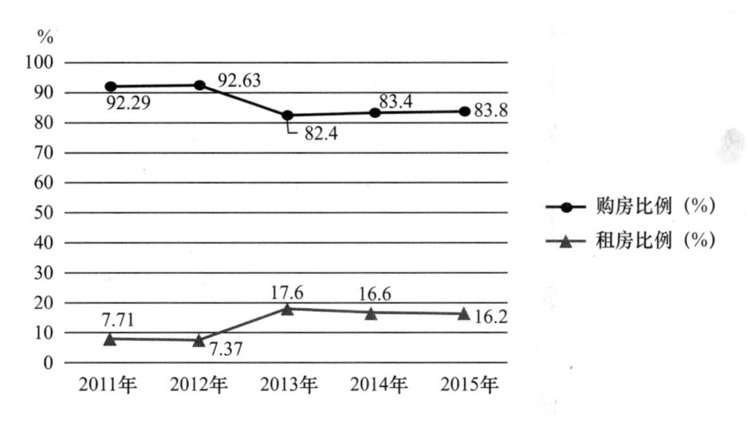

图 2-1-1 陕西省城镇居民租购房比例

数据来源：《2012-2016 年陕西省统计年鉴》

2. 租赁型住房需求端分析

需求主体大致可分为外来流动人口和本地常住人口两类，外来流动人口又可细分为本地城镇化人口、省内城镇人口流动、省际农村流动人口城镇化、省际城镇人口流动四类；本地常住人口又可分为本地无房户、棚改拆迁住户、新就业大学生三类。2016 年常住人口增长趋势为，西安常住人口增长为 12.65 万人，占陕西省总增量的 64%，其他地市中，榆林出现负增长情况，延安增量相比之下较多，为 2.15 万人，其余九地区平均增量为 0.79 万人。2016 年城镇新增就业人员趋势为，陕西省总量为 44.50 万人，西安为 12.92 万人，汉中、宝鸡、咸阳、渭南城镇新增就业人员数量也较多，平均数量为 6 万人左右。

3. 租赁型住房政策分析

国家层面：2015 年中央经济工作会议提出“建立购租并举的住房制度”；2016 年 6 月国务院办公厅发布《关于加快培育和发展住房租赁市场的若干意见》（国办发〔2016〕39 号）；2017 年 5 月住建部起草《住房租赁和销售管理条例（征求意见稿）》，7 月住建部等九部委联合发布《关于在人口净流入的大中城市加快发展住房租赁市场的通知》（建房〔2017〕153 号），10 月习近平总书记在“十九大”报告中提出，加快建立多主体供给、多渠道保障、租购并举的住房制度，让全体人民住有所居。至此，国家初步形成了以培育和发展住房租赁市场为重点、建立租购并举住房制度的政策框架。

地方层面：陕西省根据国家中央层面的政策文件指导，2016 年 12 月省政府出台了《关于加快培育和发展住房租赁市场的实施意见》《陕西省城镇住房发展“十三五”规划》《陕西省城镇住房保障“十三五”规划》等文件，以此紧跟时代步伐，加快培育陕西省住房租赁市场。

（二）主要问题

1. 住房租赁市场发展相对滞后

目前陕西省还没有住房租赁市场的法律法规或者规定规范约束租赁市场，管理机构和管理人员短缺，租赁房源单一。租赁市场上除少量单位或机构持有部分住房提供给本单位职工短期周转、租住以外，由于资金回流慢、周期长，企业进入租赁市场意愿不高，致使租房供应主体仍以个人出租主，规模化专业化的供应主体缺乏，租赁房源普遍呈现“小而散”的特征。

2. 住房租赁消费占比低

受传统思想、资产投资与公共服务政策（户籍、入学）等原因影响，陕西省住房消费呈现“轻租重购”的局面，住房消费仍以购房为主，租赁性住房消费占比较低。2015 年居民家庭租赁住房比率仅为 16.2%，反观发达国家，德国、日本租赁住房比例分别为 57%和 30%。与以出售为经营模式的新建住房相比，存量市场中的租赁住房品质普遍较低，居住环境和配套设施、公共服务水平较低，使购房和租房的居住品质和生活质量差异较大。

3. 住房租赁行为不规范

出租人随意收回租赁房屋、随意调整租金以及承租人破坏住房设施等问题普遍存在。中介服务从业人员素质参差不齐，整体质量有待提高。部分中介机构经营行为短期性严重以及缺乏信息的沟通与协作，致使行业恶性竞争时有发生，造成租赁市场无序化运作。

4. 租赁市场“租售不同权”

租赁住房者无法享受与当地户籍人口同等的义务教育、卫生等国家规定的基本公共服务，以及社会保险、就业、公积金等公共资源和服

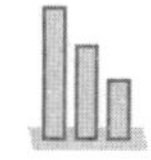

务，迫使住房租赁市场发展受到阻碍，两类住房市场无法实现协调发展是商品住房价格不断攀升的原因之一。

5. 公共租赁住房分配率低

由于选址偏远、区位条件较差、小区配套设施不健全、租金水平较高、后期运营管理水平较低等原因，导致公共租赁住房分配率较低。从总量上来看，截至 2016 年 5 月，陕西省公共租赁住房累计竣工 62.44 万套，累计分配 52.27 万套，占已竣工量的 83.7%，其中，市本级累计竣工 33.36 万套，分配率为 81.95%，县城累计竣工 21.91 万套，分配率为 85.08%，乡镇累计竣工 7.17 万套，分配率为 87.87%。从地区差异来看，榆林市、西安市、商洛市、汉中市公共租赁住房竣工 1 年以上未分配数量较多，其中榆林市公共租赁住房竣工 1 年以上未分配数量最多，为 1.22 万套，占陕西省竣工 1 年以上未分配总量的 37.32%，西安市公共租赁住房竣工 1 年以上未分配数量次之，为 0.61 万套，占陕西省竣工 1 年以上未分配总量的 18.63%。

二、政策借鉴

为规范构建租购并举的住房制度，抑制房价过快上涨，促进房地产市场平稳健康发展，近年来全国各地纷纷出台相关政策，从规划、建设、销售、信贷等全链条、各环节同时发力，使用限购、限贷、限价、限售、限商等行政手段，全面抑制房地产投机投资需求。如：2017 年两会提出持续进行棚户区改造，继续发展公租房，因地制宜提高货币化安置比例；北京市下发通知，完善商品房销售，实行差别化信贷，开启对商住房的限购，禁用“学区房”一词；广州市发布住房公积金新政，进一步提高住房首付比例；杭州市调整住房限购及销售监管措施，实行认房又认贷；南京市升级非本地户籍限购措施和增设本地户籍居民家庭限购措施（表 2-1-1）。

2017 年 7 月九部门联合下发《关于在人口净流入的大中城市加快发展住房租赁市场的通知》，9 个试点城市已先后发布了具体实施方案，各地多管齐下鼓励住房租赁市场发展，从着力加强承租人权益保障等方面制定了措施。随着租赁住房政策在各大试点城市落地，让住房回归居住属性这一主导方向将得到深入的落实，住房领域长期以来“轻租重售”的局面将得到改变。表 2-2-2 对发展住房租赁市场的主要理念、措施进行总结与梳理。

全国部分地区购房市场有关政策　　表 2-2-1

地区	出台时间	政策名称	主要内容
北京	2017.3	《关于完善商品住房销售和差别化信贷政策的通知》	最高贷款期限降至 25 年；首付比例增加至 60%，非普通自住房首付 80%；企业购买的住房 3 年以上才能交易
	2017.3	《关于规范商品房经营企业价格行为的提醒书》	禁止中介机构参与炒股
	2017.3	《关于进一步加强商业，办公类项目管理的公告》	开启对商住房的限购
上海	2016.11	《上海关于促进本地房地产市场平稳健康有序发展进一步完善差别化住房信贷政策的通知》	抑制购房需求，调整首付比例，商业贷款记录认贷范围扩大到全国范围
广州	2017.3	《广州市人民政府办公厅关于进一步完善我市房地产市场平稳健康发展政策的通知》	限购政策调整为广州本市户籍单身限购一套，非本市户籍社保要求由原本的 3 年调整为 5 年；同时执行“认房又认贷”
南京	2017.5	《进一步加强房地产市场调控的通知》	出台“限购”与“限贷”政策，稳定楼市，包括新购房取得不动产权证 3 年内不得转让
深圳	2016.10	《关于进一步促进我市房地产市场平稳健康发展的若干措施》	优化土地出让模式，加强资金管理；调整住房户型结构；完善限购政策；加强房地产项目销售价格管理；完善差别化住房信贷政策
郑州	2016.12	《郑州市人民政府办公厅关于进一步加强房地产调控工作的通知》	对本地非限购区域的社保证明及补缴后符合购房前 3 年内连续缴纳 24 个月条件的予以认可

全国部分地区租赁市场有关政策　　表 2-2-2

地区	出台时间	政策名称	政策内容
北京	2017.8	《关于加快发展和规范管理本市住房租赁市场的通知》	京籍集体户租公租房即可落户；京籍无房户可依租房所在地上学
上海	2017.7	《上海市住房发展“十三五”规划》	提供“租赁住房土地”，土地受让人所建房屋，只能出租，不得出售，并持续出租运营

续表

地区	出台时间	政策名称	政策内容
广州	2017.6	《广州市加快发展住房租赁市场工作方案》	赋予符合条件的承租人子女享有就近入学等公共服务权益，增加公积金对租房的支持力度
成都	2017.4	《成都市加快培育和发展住房租赁市场的若干措施》	组建国有住房租赁公司、扶持住房租赁企业、培育其他住房租赁主体，构建全市统一的住房租赁交易服务平台，降低税费鼓励个人出租，对个人出租住房的，由按照5%征收率减少为按1.5%计算缴纳增值税
杭州	2017.4	《杭州市住房保障和房产管理局2017年度工作计划》	宣布将与阿里巴巴、蚂蚁金服合作搭建全国首个智慧住房租赁平台，同时住房租赁交易信息平台在搭建过程中，囊括了评价体系和信用体系
郑州	2017.8	《郑州市加快培育和发展住房租赁市场试点工作实施方案》	提出要扩充租赁主体，发挥国有住房租赁企业的引导作用，预计2020年前，国有租赁平台企业持有的住房租赁房源将占全市增量的20%左右
南京	2017.8	《南京市住房租赁试点工作方案》	为新型租赁主体的培育设置了具体目标，允许商业用房改成租赁住房，土地年限不变，水、电、气按居民标准执行

（一）租赁房源供应方面

中央和地方从增量房、存量房等方面创造性地提出了多种举措，如：国土资源部会同住房城乡建设部下发《利用集体建设用地建设租赁住房试点方案》，允许试点城市利用集体建设用地建设租赁住房；上海提供“租赁住房土地”，土地受让人所建房屋，只租不售，并持续出租运营；南京允许商业用房改成租赁住房，土地年限不变，水、电、气按居民标准执行。

（二）培育住房租赁市场供应主体方面

大部分城市鼓励发展国有住房租赁企业，并积极引导房企从传统的开发、销售向租售并举模式转变。成都、沈阳、深圳、杭州等城市均要求到年底组建一定数量的国有住房租赁公司；厦门提出要扶持国有企业做大做强住房租赁业务；沈阳规定到2020年全市开展住房租赁业务的房地产开发企业要达到50家。

（三）租赁市场的后续保障方面

承租人赋权成为大部分城市制定租赁方案的主要方向。北京市提出京籍集体户租公租房可落户，京籍无房户可依租房所在地上学；广州和南京明确提出“租售同权”，其倡导房屋的租赁权等同于所有权，将承租人权利从落户、入学、逐步向医疗、就业、社保等更多社会福利领域扩展。

（四）住房租赁市场管理方面

大部分城市均搭建住房租赁交易平台，建立住房租赁信用管理体系。武汉和成都积极推进“互联网＋租赁”服务，保障住房租赁市场供需信息透明、交易规则透明、各方信用透明；杭州宣布将与阿里巴巴、蚂蚁金服合作搭建全国首个智慧住房租赁平台。

三、对策建议

（一）健全完善租购并举的住房制度，统筹规划与布局住房发展

1. 健全完善住房协调发展体系，推进租购并举住房制度。建立供需两端协同发展的住房供应机制，促进“租购并举”住房制度健康稳定发展。住房供应端：以“优结构、提品质”为原则，因地制宜，结合城市人口、产业实际情况制定科学的住房供给计划，合理提供高端住房、普通住房、租赁住房与保障房，实现高端有限制、中端有调节、低端有保障的住房供应结构。住房需求端：以“多渠道、多类型满足市场需求”为导向，在规范商品住房市场和购置型保障性住房管理的基础上，完善公共租赁住房供应与管理体系，大力培育和发展商品住房租赁市场；适时推广公共产权制度，打通“租”“购”之间的通道，从而建立市场配置与政府保障相协调、购房与租房并举的住房供应体系（图2-3-1）。

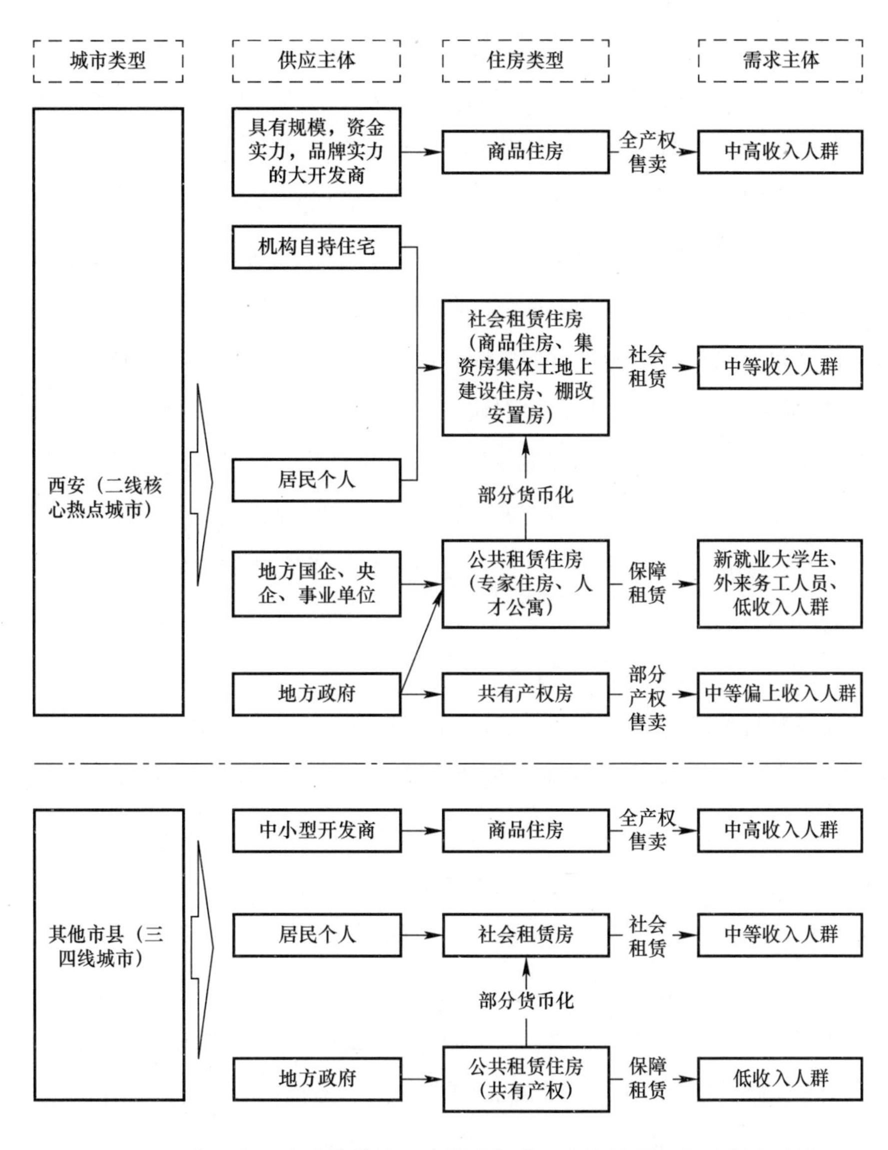

图 2-3-1　陕西省“多主体供给、多渠道保障、租购并举”住房制度设计

2. 统筹住房发展规划，合理布局住房建设。按照“规划可用，市县可控，实施可行”的原则，编制陕西省住房发展规划，合理布局市县商品房、保障性住房及租赁性住房，形成“规划有序、布局合理，层次分明、配套到位，服务完备”的住房供应体系。一要科学编制住房发展规划。要在符合陕西省城镇发展总体规划的基础上，编制出陕西省商品房、保障性住房和租赁性住房的发展规划。各市县应根据省级规划，编制符合各地区发展需求的住房规划，省级相关部门负责规划的审核和监

管，确保规划实施。二要合理布局住房建设。结合各地区住房供需状况，合理确定住房建设总量、空间布局和建设进度，引导土地、资金等资源合理配置，有序开展住房建设。

3. 加强规划管控，合理布局住房。严格规划管控，加大对规划实施的执法。严肃查处和纠正违反规划或擅自变更规划的行为，依法追究当事人的责任。厘清两个关系，暨政府与市场的关系，在商品房建设中应建立政府调控、市场主导的原则，应制定公正公平的市场规则，保证市场规则真正履行，逐步弱化限购等措施，让市场在资源配置中发挥决定性作用；建设行政主管部门与相关部门的关系。建设行政主管部门负责住房建设规划、设计、施工的组织实施及其监督管理，其他相关部门依照其职能负责住房规划、设计、建设的相关事宜的组织实施及其监督管理。

4. 完善住房公共服务配套，提升公共服务功能。按照公共配套服务设施配置要求、建设内容、建设标准进行配套设施建设。一是已建住房以问题为导向，重点填补配套设施缺口；新建住房以公共设施为先导，引导城市发展。二是充分考虑设施资源服务半径，配套建设教育、社区养老、医疗卫生、文化服务等设施，打造方便快捷的生活圈。三是推进社区网络共建共享和公平接入，实现社区公共区域有线和无线宽带网络全覆盖。力争在5年时间内，在陕西省建成分布合理、适度超前、设施配套、功能完善、管理有序、服务规范的公共配套服务设施网络。

5. 提高住房品质，推进成品房建设。一是提高住区规划标准，严格规划管控。适当降低陕西省容积率标准，提高绿地率标准，新建住宅容积率不得超过2.5，绿地率应在35%以上，并严格监控新建住区各指标落实情况。二是进一步完善住区综合配套水平。对新建住区市政基础设施配套实行刚性约束，将具备条件的水、电、气、暖等基础设施纳入城市管网；对已建成小区要加大资金投入，结合老旧小区改造、城市地下管廊建设，补齐短板。三是全面推行成品住房交付，逐步形成成品住房的设计标准、装修标准、验收标准、质量评定标准、销售服务标准等全过程技术体系和管理体系，力争至2020年新建住房中成品住房实现100%交付。

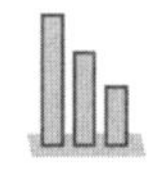

（二）优化住房供应，保障住房需求

以满足城镇居民住房需求为主要出发点，合理确定不同类型的住房供应数量，优化住房供需结构，保障住房供需基本均衡。当前，处理好住房供应与需求的关系应做好以下工作。

1. 保持房地产市场健康稳定发展（回归居住属性，遏制炒房）：一是保持房地产市场健康稳定发展，合理供应商品房。在充分发挥市场在资源配置中决定作用的前提下，要建立市场调控、政府调节、行业监管的运行机制。

2. 持续推进保障性安居工程建设（保持总量稳定，推行实物安置与货币化并举）。继续推进保障性住房建设，转变公租房保障方式，实物安置与租赁补贴并举。加快续建项目建设，完善配套设施，合理确定准入门槛，实施动态调整，优化分配程序，确保公平公正。加快推进城市棚户区（城中村）改造，因城施策推进货币化安置。

3. 改造提升老旧小区，提高老旧小区住房质量与品质，对于不宜改造的老旧小区可改建。

4. 盘活用好存量房。鼓励住房租赁企业将闲置的商品房、国有厂房、商业办公用房等，按规定改建为租赁住房，鼓励居民个人或中介机构将符合出租条件的闲置住房提供住房租赁市场满足增加租赁住房需求。

5. 适度建设增量房。试行通过集体土地建设租赁住房，探索政府主导建设的“先租后售”人才公寓模式以及共有产权住房模式，增加租赁住房供应。

（三）培育和发展住房租赁市场，鼓励租赁住房消费

1. 健全完善住房租赁市场的政策，培育和发展住房租赁市场。培育和发展住房租赁市场，是深化住房制度改革的重要内容，是实现城镇居民住有所居目标的重要途径。当前在培育和发展住房租赁市场中应着重做好：一是健全完善培育和发展住房租赁市场的政策，保障租购并举的住房制度落实。要形成培育市场供应主体、鼓励住房租赁消费、提供住房租赁政策支持、加强租赁住房监管等制度。

2. 创新租购同权机制，鼓励住房租赁消费。

3. 增加租赁住房供应，满足租赁市场需求。保障租赁住房供应。租赁住房供应主要应从以下几个方面保障：盘活用好存量房，即市场上已被购买或自建并取得所有权证书的房屋，透过政策引导，鼓励其将空置房提供市场租赁；改造改建老旧小区，在提升住区品质的同时，鼓励将空置房供应租房租赁市场；新建租赁型住房，通过商品房开发建设配建、大型企业新建、集体土地新建等增加租赁住房供应。

4. 加强租赁市场管理，保障承租人权益。明确出租人的义务，规范出租人行为。明确承租人权益，保障承租人享受户籍落户、就近入学，医疗卫生、从业就业、社会保障等公共服务和资源配置方面的基本权益；规范中介行为提高中介机构的诚信水平和服务质量；建立信息平台和交易平台，实现租赁信息及时、真实、有效发布，建立住房租赁市场信用体系，保障租赁市场健康发展。

（四）完善土地财税金融支持政策，激发租购并举动能

1. 在土地供应上：鼓励地方政府盘活城区存量土地，采用多种方式增加租赁住房用地有效供应。试行在集体土地上村镇集体经济组织自行开发运营或通过联营、入股等方式建设运营集体租赁住房。

2. 在税收政策上：适时制定出台房产税，保障住房的居住属性，遏制炒房行为；落实住房租赁税收优惠，引导租赁住房消费。结合个人所得税改革统筹研究承租住房租金支出扣除政策。

3. 在财政政策上：坚持省、市对公共租赁住房资金支持力度政策；通过发放租房补贴，鼓励新市民从市场租赁住房，并根据市场变动及时调整货币补贴金额；明确居民个人将空置住房提供的租赁市场的免收其交易过程中的信息发布、合同备案、交易等费用；落实提取住房公积金支付房租政策，简化办理手续。

4. 在金融支持上：鼓励金融机构按照依法合规、风险可控、商业可持续的原则，向住房租赁企业提供金融支持。支持符合条件的住房租赁企业发行债券、不动产证券化产品，稳步推进房地产投资信托基金（REITs）试点，充分利用社会资金，拓宽企业融资渠道；对于消费者

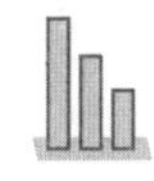

提供差别化信贷支持，加大对租赁住房、首次购买普通住房、购买共有产权住房的支持力度。

（五）强化市场监管，保障租购并举健康有序发展

1. 强化房地产市场监督管理。实现对房地产开发企业全过程动态监管，曝光房地产市场违法违规行为，加大处罚力度；建立企业经营行为评定体系，对于评级较高企业给予授牌、优先办理审批手续等支持政策，对于评级较低企业进行重点监管，限制其金融贷款等业务办理。

2. 加强住房租赁市场监管力度。建立住房城乡建设、公安、工商等多部门联合监管体制，充分发挥街道、乡镇等基层组织作用，充实力量，推行住房租赁网格化管理。建设住房租赁信息服务与监管平台，强化对住房租赁企业和中介机构的备案管理，提供房源信息发布、合同网签和登记备案等服务。加快建设住房租赁市场信用体系，促进住房租赁企业和中介机构依法诚信经营。

（六）建立住房诚信体系，完善社会监督功能

1. 建立住房市场信息系统。及时、准确、全面地采集住房市场中有关商品房、保障性住房和租赁住房的基础数据；建立房地产市场智能信息系统，在该系统中分别建立信息发布平台、交易平台和监管平台，实现三个平台数据互联互通；完善住房市场统计指标体系和信息发布制度，加快住房统计信息自动化建设步伐。

2. 建立房地产市场信用体系。加快建立政府、企业、社会共同参与的跨地区、跨部门、跨领域的住房事业信用评价机制，完善失信信息记录和披露制度；将信用记录纳入信用信息共享平台，建立住房租赁信用管理体系，实行“红名单”和“黑名单”类管理制度；加大对住房事业守信行为的激励机制，对诚实守信者实行优先办理、简化程序等绿色通道支持政策；加强对失信主体的惩戒机制，建立住房事业黑名单制度和市场退出机制。

03 专题研究：陕西省绿色建筑发展对策研究

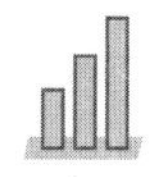

绿色建筑是指在建筑的全寿命周期内，最大限度地节约资源、保护环境和减少污染，为人们提供健康、适用和高效的使用空间，与自然和谐共生的建筑。十九大报告中提出实现“美丽中国”首先要推进绿色发展；2017年2月住房城乡建设部出台《建筑节能与绿色建筑发展“十三五”规划》，提出到2020年，城镇绿色建筑占新建建筑比重达到50％，绿色建材应用比例达到40％。绿色建筑的发展对转变城乡建设模式、破解能源资源瓶颈约束、改善群众生产生活条件、培育节能环保等战略性新兴产业，具有十分重要的意义。

为提高陕西省绿色建筑和建筑节能发展水平，2013年7月陕西省人民政府办公厅出台《陕西省绿色建筑行动实施方案》，2017年1月陕西省住房和城乡建设厅发布《陕西省建筑节能与绿色建筑“十三五”规划》。陕西省绿色建筑在项目数量和建筑面积方面取得了不错的成绩，但在调研中发现陕西省绿色建筑普遍存在“绿建不绿”的问题，造成了陕西省绿色建筑发展中“量”和“质”的不对等现象。对此，我们团队深入陕西省绿色建筑小区和相关部门进行了充分调研，提出了推动陕西省绿色建筑全面发展的“抓标准、重监督、提品质”的措施建议。

一、基本现状及主要问题

（一）陕西省绿色建筑发展政策现状分析

1992年巴西里约热内卢联合国环境与发展大会以来，中国政府相继颁布了若干相关纲要、导则和法规，大力推动绿色建筑的发展，2013年发展改革委、住房城乡建设部出台的《绿色建筑行动方案》将我国的绿色建筑发展带入了高潮，截至2016年9月，全国绿色建筑项目累计达到4515个，绿色建筑建筑面积累计达到52261万m^2。截至2017年11月我国已经出台了《绿色建筑评价标准》《绿色建筑后评估技术指南》《既有建筑绿色改造评价标准》等一系列绿色建筑标准文件，《绿色建筑行动实施方案》和《建筑节能与绿色建筑发展“十三五”规划》等众多绿色建筑推广政策文件（附录3-1）。2017年2月住房城乡建设部出台《建筑节能与绿色建筑发展“十三五”规划》，提出到2020年，城

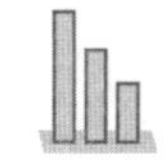

镇绿色建筑占新建建筑比重达到 50%，绿色建材应用比例达到 40%。

从 2013 年陕西省出台《陕西省绿色建筑行动实施方案》以来，陕西省绿色建筑发展进入全面发展阶段，陕西省各地区也将绿色建筑发展提上日程，部分地区更是出台了一系列适合本地区发展的绿色建筑相关政策，陕西省绿色建筑发展蒸蒸日上。截至 2017 年 11 月陕西省已经出台的绿色建筑相关标准有《居住建筑绿色设计标准》《公共建筑绿色设计标准》《绿色建筑施工图设计文件技术审查要点》《绿色保障性住房施工图设计文件技术审查要点》，形成了绿色建筑标准的初步模型；发布了《绿色建筑行动实施方案》《陕西省建筑节能与绿色建筑“十三五”规划》《陕西省民用建筑节能条例》《关于加强和规范绿色建筑管理工作的通知》（附录 3-1）等一系列相关促进绿色建筑发展的政策文件，推动了陕西省绿色建筑的快速稳步发展（图 3-1-1）。2017 年 1 月陕西省住房和城乡建设厅发布《陕西省建筑节能与绿色建筑“十三五”规划》（以下简称《规划》），《规划》明确了绿色建筑发展指导思想和发展原则，并提出到 2020 年，新建城镇建筑中绿色建筑占比达到 50%，绿色建材应用比例达到 40%，建设被动式低能耗建筑 20 万 m^2 的发展目标，并将每项目标具体到各个地市。

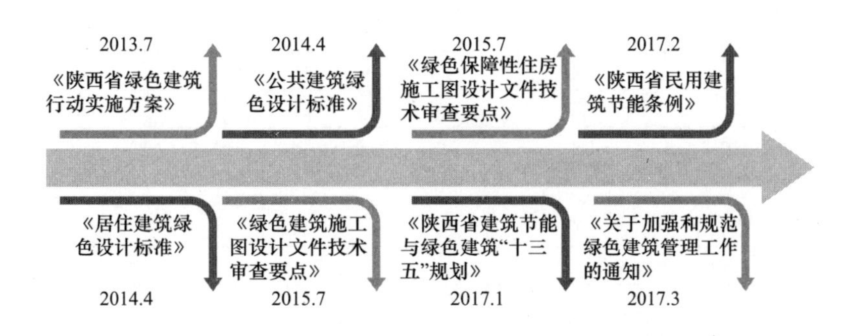

图 3-1-1　陕西省绿色建筑近几年政策分布图

2013 年 7 月陕西省人民政府办公厅发布《陕西省绿色建筑行动实施方案》（以下简称《方案》）之后，陕西省各地相继转发了该《方案》，西安市、汉中市、延安市、宝鸡市、咸阳市、商洛市出台了各市的《绿色建筑行动实施方案》，杨凌示范区也出台了《关于进一步加强绿色建筑管理工作的通知》。在此之后，为进一步推进绿色建筑健康发展，西安市、汉中市、宝鸡市和铜川等地区又发布了一系列绿色建筑相关政策文件（附录 3-1），制定了绿色建筑发展鼓励政策，将绿色建筑的推广进一步细化，形成了陕西省各地区绿色建筑同步发展的景象。

（二）陕西省绿色建筑发展市场现状分析

1. 陕西省绿色建筑总体发展状况

纵观全国 31 个省市，各省市绿色建筑都有所发展，且各省市绿色建筑发展速度呈现不同的发展态势（附录 3-2）。从项目数量来看，截至 2016 年 9 月各省市累计绿色建筑项目超过 200 个的有江苏、广东、上海、陕西、山东、湖北、浙江，其中陕西省位居全国第四。从建筑面积来看，截至 2016 年 9 月各省市累计绿色建筑建筑面积超过 2000 万 m^2 的有江苏、广东、山东、陕西、上海、浙江、湖北、北京，其中陕西省位居全国第四，如图 3-1-2。可以看出，陕西省绿色建筑发展态势很好，不论从项目数量还是建筑面积都排全国第四，绿色建筑推广取得了显著的成绩。

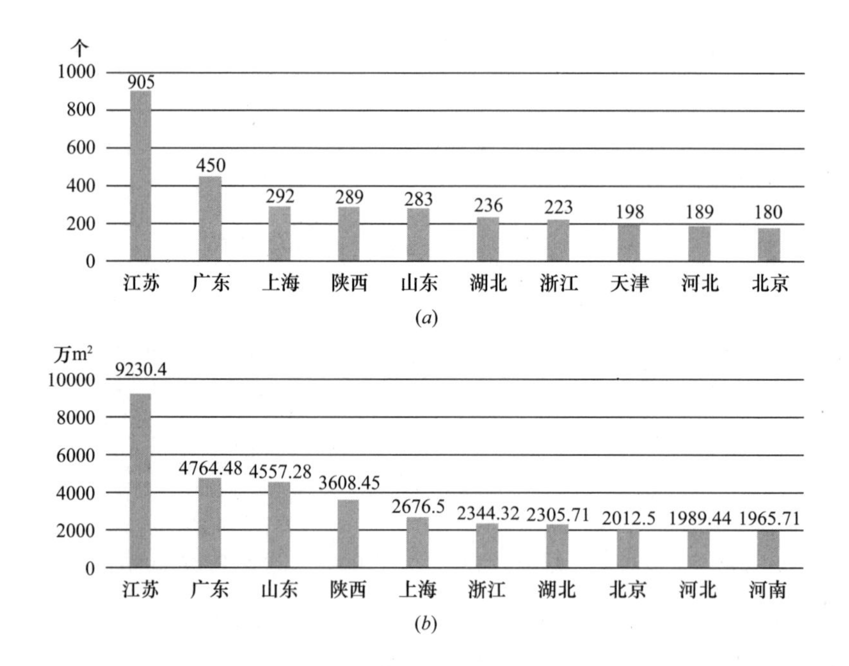

图 3-1-2　全国绿色建筑发展前 10 地区分布

（a）绿色建筑项目数量；（b）绿色建筑施工面积

2. 陕西省绿色建筑历年发展状况

陕西省绿色建筑在2008～2010年间发展为零，从2011年开始起步。2011年、2012年、2013年绿色建筑发展速度较缓慢，2014年开始快速发展，2015年达到峰值，2016年有所减缓。仅2015年陕西省通过审核的绿色建筑项目就有115个，占近6年全部绿色建筑数量的39.7%，建筑面积有1566.01万m^2，占近6年全部绿色建筑建筑面积的43%。截至2016年9月陕西省累计绿色建筑项目达到289个，累计绿色建筑建筑面积达到3608万m^2，排名居全国第4，成绩较为乐观（图3-1-3）。

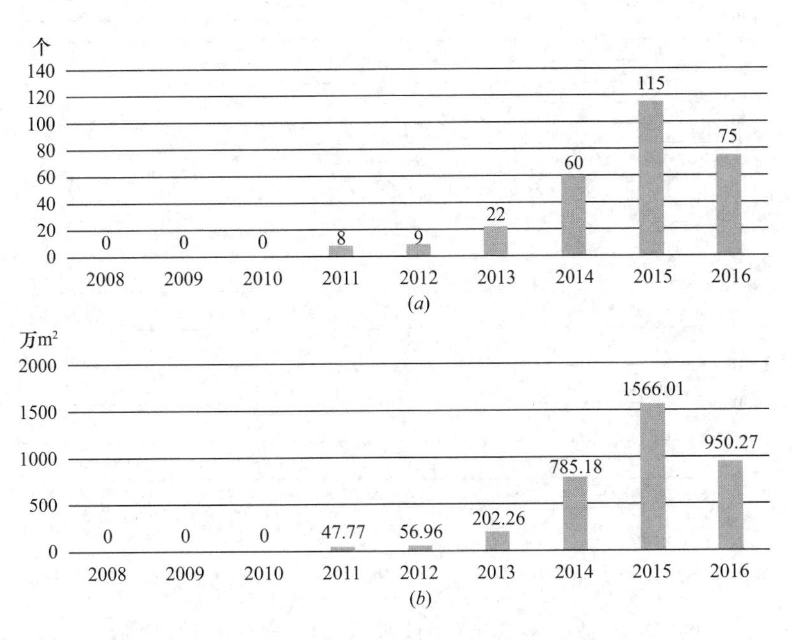

图3-1-3　2008～2016年陕西省绿色建筑发展状况

（*a*）绿色建筑项目数量；（*b*）绿色建筑建筑面积

3. 陕西省各区域绿色建筑发展现状

从陕西省各区域绿色建筑发展情况来描述陕西省绿色建筑发展现状，呈现以西安市为核心，其他地域零散分布的状况。图3-4可以看出，截至2016年9月，西安市绿色建筑项目为165个，占陕西省绿色建筑项目比例为57%，西安城郊绿色建筑项目66个，占陕西省绿色建筑项目比例为22.9%，整个西安市绿色建筑数量在陕西省占比达到近80%。相比较于西安市来说，陕西省其他地区绿色建筑发展较缓慢，截至2016年9月，铜川市和延安绿色建筑项目仅有1个，渭南和咸阳也仅有2个，榆林市、延安市和商洛市有3个，渭南市有4个，汉中市和西咸新区有8个，宝鸡市和咸阳市有9个，与西安市的165个相比，差距甚大（附录3-2）。可以看出，目前陕西省绿色建筑主要分布在西安市，其他地区绿色建筑发展较缓慢（图3-1-4）。

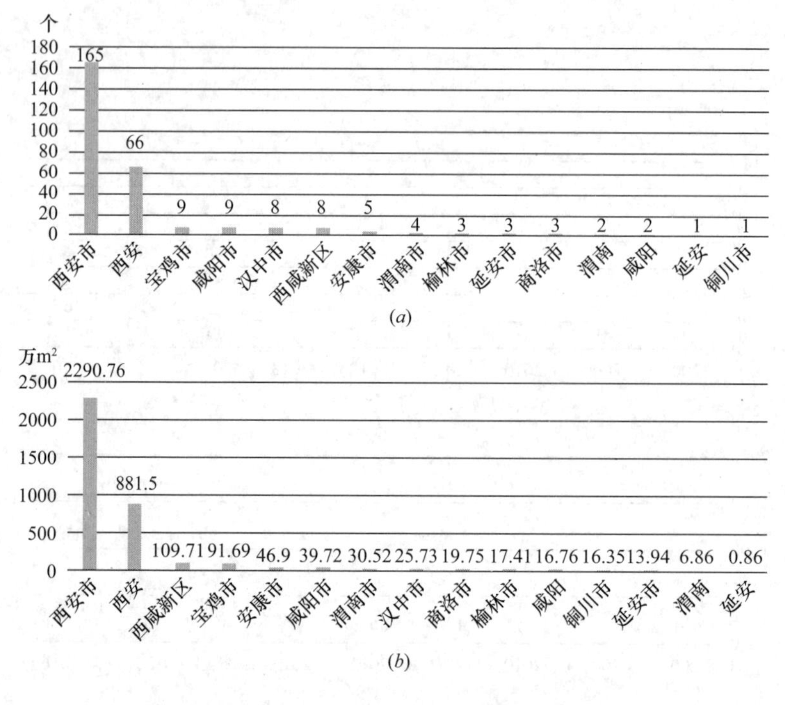

图3-1-4 截至2016年9月陕西省各区域绿色建筑发展现状

（*a*）绿色建筑项目数量；（*b*）绿色建筑建筑面积

4. 陕西省绿色建筑建筑类别分布

陕西省绿色建筑建筑类别主要集中在居住建筑和公共建筑，存在少量的工业绿色建筑，仅占全部绿色建筑数量的6%。分析陕西省绿色建筑项目数量，陕西省居住类绿色建筑和公共绿色建筑占总绿色建筑数量比例分别为44%和49%；分析陕西省绿色建筑建筑面积，陕西省居住类绿色建筑和公共绿色建筑占总绿色建筑建筑面积比例分别

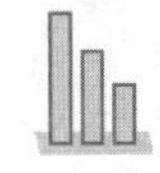

为 58％和 36％；工业类绿色建筑的项目数量和建筑面积占陕西省绿色建筑的比例均为 6％（图 3-1-5）。根据《陕西省绿色建筑行动实施方案》，从 2014 年 1 月 1 日起，凡政府投资建设的机关、学校、体育馆等建筑，省会城市保障性住房，以及单体建筑面积超过 2 万 m^2 的机场、车站、写字楼等大型公共建筑，全面执行绿色建筑标准。根据《陕西省民用建筑节能条例》，国家机关办公建筑和政府投资的学校、医院等公益性建筑；大型公共建筑；建筑面积 10 万 m^2 以上的居住小区；城市新区、绿色生态城区的民用建筑应当执行绿色建筑标准。由相关政策可知，目前陕西省绿色建筑相关规定主要集中在公共建筑、居住建筑，关于工业建筑的规定较少，因此陕西省绿色建筑的发展主要集中在居住建筑和公共建筑。

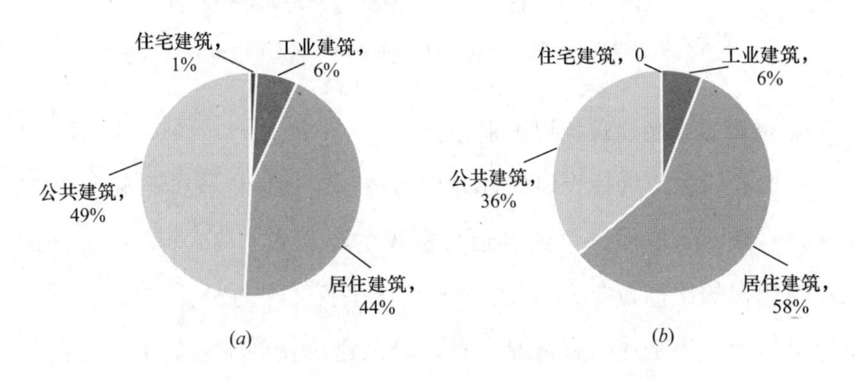

图 3-1-5　陕西省绿色建筑建筑类别分布情况

(*a*) 绿色建筑项目数（个）；(*b*) 绿色建筑建筑面积（万 m^2）

5. 陕西省绿色建筑星级标识分布

陕西省绿色建筑星级标识分布为一星级标识最多，二星级标识较少，三星级标识最少。分别从绿色建筑项目数量和绿色建筑建筑面积来衡量各星级绿色建筑的分布，一星级绿色建筑占所有绿色建筑的比例分别为 77％和 82％，二星级绿色建筑占所有绿色建筑的比例分别为 18％和 15％，分别少于全国平均水平 23 个百分点和 30 个百分点；三星级绿色建筑占所有绿色建筑的比例分别为 5％和 3％，分别少于全国平均水平 14 个百分点和 12 个百分点，可见目前陕西省绿色建筑主要为一星级绿色建筑，二星级和三星级绿色建筑较少。2017 年 3 月 1 日起，新建项目为《陕西省民用建筑节能条例》第三十七条规定的四类建筑以及列入各地绿色建筑标准实施区域的强制性项目，仅给予二、三星级绿色建筑资金奖补，自愿执行绿色建筑标准的一星级绿色建筑项目省上给予适当奖补。可见，从2017年开始标识为二、三星级的绿色建筑将更多（图3-1-6）。

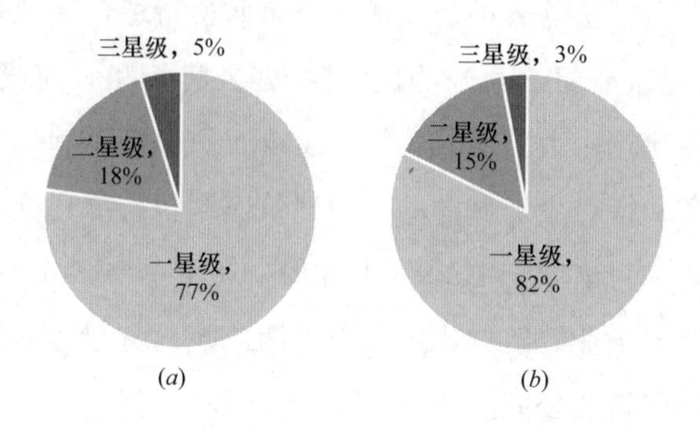

图3-1-6　陕西省绿色建筑标识星级分布情况

（a）绿色建筑项目数（个）；（b）绿色建筑建筑面积（万 m^2）

6. 陕西省绿色建筑标识类别分布

陕西省绿色建筑标识以设计标识为主，运行标识较少。截至2016年9月，陕西省取得绿色建筑运行标识的项目仅有10个，占全部绿色建筑标识的比例为3%，比全国平均水平低4个百分比（图3-1-7）。不论是从全国还是陕西省情况来看，绿色建筑发展主要集中在绿色建筑设计阶段，由于绿色建筑在运行阶段的相关法规较少、运行维护困难、物业绿色建筑意识薄弱等原因，目前绿色建筑在运行阶段节能效果不明显。

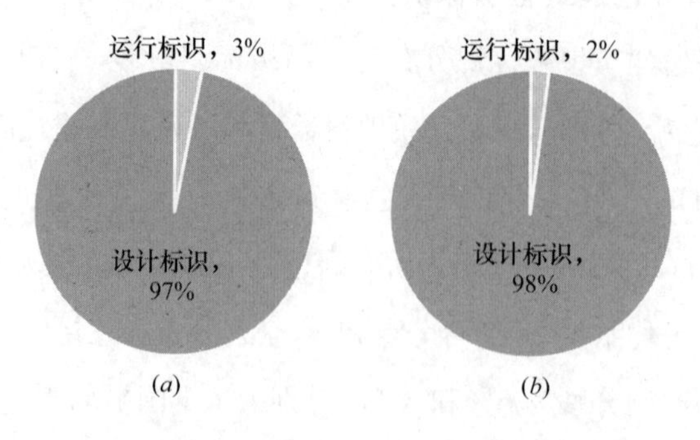

图3-1-7　陕西省绿色建筑标识类型分布

（a）绿色建筑项目数（个）；（b）绿色建筑建筑面积（万 m^2）

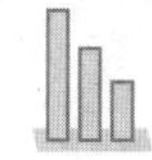

（三）陕西省绿色建筑发展存在的问题

1. “绿建不绿”现象普遍

在陕西省绿色建筑初步推广过程中存在一个普遍的现象，即“绿建不绿”。从绿色建筑项目数量和绿色建筑建筑面积来看，陕西省绿色建筑发展仅次于江苏、广东、上海，位居全国第四。陕西省绿色建筑虽然在数量上有一定的优势，但陕西省绿色建筑的整体质量却不高，存在施工过程中变更绿色设计、三星级绿色建筑偏少、绿色建筑运营不到位等情况。

（1）高星级绿色建筑标识较少

图 3-1-8 所示为全国绿色建筑项目数量前十的地区三星级绿色建筑占该地区全部绿色建筑的比例。从全国平均水平来看，三星级绿色建筑占全部绿色建筑的比例为 19%，陕西省三星级绿色建筑占全部绿色建筑的比例为 5%，在全国前十的地区中陕西省占比排名第十，低于全国平均水平 14 个百分点。可以看出，陕西省三星级绿色建筑数量较少，绿色建筑“绿”的程度不高，绿色建筑节地、节水、节材、节能和环境保护效果不明显。

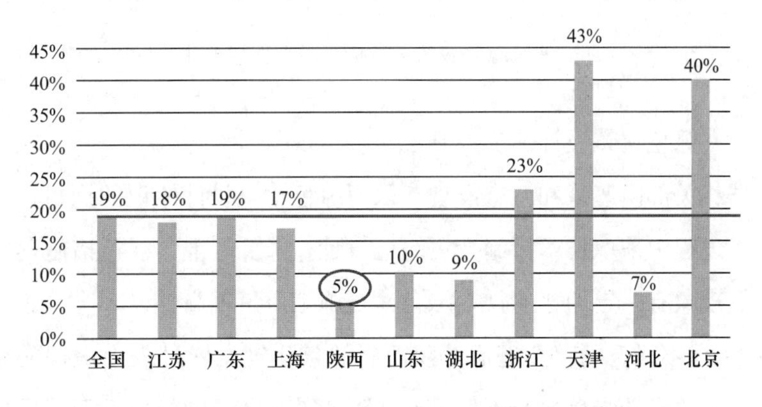

图 3-1-8　部分地区三星级绿色建筑占全部绿色建筑比例

（2）绿色建筑运行标识较少

图 3-1-9 所示为全国绿色建筑项目数量前十地区其绿色建筑运行标识占全部绿色建筑标识的比例。从全国平均水平来看，绿色建筑运行标

识占全部绿色建筑标识的比例为6%，陕西省绿色建筑运行标识占全部绿色建筑标识的比例为3%，在全国前十的地区中陕西省排名第九，低于全国平均水平3个百分点，低于全国最高水平北京市13个百分点。可以看出，除河北和北京外全国绿色建筑运行标识普遍较少，但陕西省更少，陕西省绿色建筑取得运行标识的项目只有10个，占全部标识的3%，其中居住建筑运行标识仅有3例。绿色建筑项目完工后，即使按照原绿色建筑设计通过验收，但在实际运营过程中依然存在绿色建筑不绿现状，许多绿色建筑小区物业由于维护费用较高或维护麻烦、维护人员绿建意识不足等各种原因，不按照设计运行绿色建筑设施，使得许多绿色建筑设备处于低负荷状态。

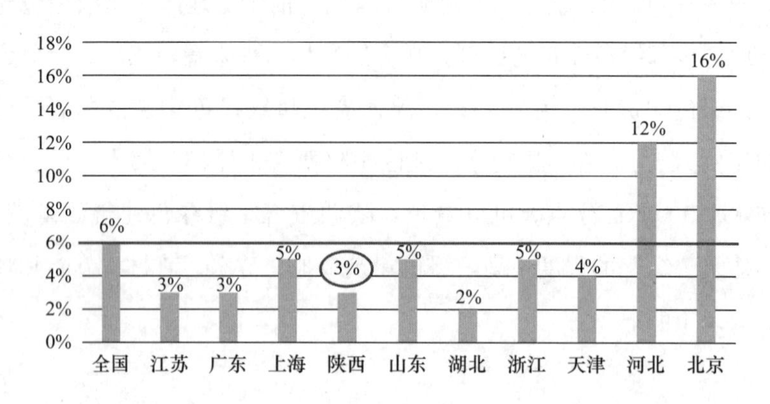

图3-1-9　部分地区绿色建筑运行标识占全部绿色建筑标识比例

（3）绿色建筑设计落实不到位

据相关部门座谈和调查发现，取得绿色建筑设计标识的项目，在工程施工过程中采取技术措施变更绿色设计、降低标准、绿色措施落实不到位等现象有一定的普遍性，绿色建筑施工质量不高。

“绿建不绿”的存在造成了陕西省绿色建筑发展过程中虚假的繁荣现象，低质量的绿色建筑不仅没有达到四节一环保的效果反而造成更多资源的浪费，失去了绿色建筑推广原始的意义。

2. 绿色建筑区域发展不均衡

陕西省绿色建筑发展存在严重的区域不均衡现象。目前，陕西省绿色建筑主要集中在西安市，截至2016年9月，西安市的绿色建筑占陕西

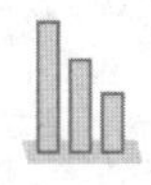

省比例达到了80%，超过了其他地区所有绿色建筑的总和，见表3-1-1。2016年，西安市绿色建筑项目申报数量占到陕西省总量的84.33%，其余地市数量较少；渭南、铜川、杨凌示范区、韩城、神木、府谷等市（县）全年没有申报绿色建筑项目。这种严重的区域失衡对绿色建筑的推广极其不利，并不能达到陕西省范围节地、节水、节材、节能和保护环境的效果。在调研过程中还发现，有些城市相关部门对绿色建筑关注度不够，对绿色建筑宣传、推广也不到位，各地方政府对绿色建筑的发展热情不高。

陕西省各地区绿色建筑发展状况　　表3-1-1

城市	绿色建筑项目		绿色建筑面积	
	数量（个）	占比（%）	数量（万 m^2）	占比（%）
西安市	231	79.93	3172.26	87.91
宝鸡市	8	2.77	109.71	3.04
咸阳市	9	3.11	91.69	2.54
汉中市	5	1.73	46.9	1.30
西咸新区	11	3.81	56.48	1.57
安康市	6	2.08	37.38	1.04
渭南市	8	2.77	25.73	0.71
榆林市	3	1.04	19.75	0.55
延安市	3	1.04	17.41	0.48
商洛市	1	0.35	16.35	0.45
铜川市	4	1.38	14.8	0.41

3. 绿色建筑相关标准、政策薄弱

目前，全国31个省市已经有25个省市结合各自地区经济社会发展水平、资源禀赋、气候条件和建筑特点建立了属于本地区的绿色建筑评价标准，但陕西省现在采用的依然是全国统一的《绿色建筑评价标准》GB/T 50378—2014，没有制定适应陕西省本省的绿色建筑评价标准。虽然陕西省绿色建筑发展程度不论从绿色建筑项目还是绿色建筑建筑面积来看都位居全国第四，但是陕西省在绿色建筑相关标准体系、发展规划和技术路线方面依然比较薄弱，目前发布的相关标准仅有《居住建筑绿色设计标准》《公共建筑绿色设计标准》《绿色建筑施工图设计文件技术审查要点》和《绿色保障性住房施工图设计文件技术审查要点》，在2013年7月陕西省人民政府办公厅发布《陕西省绿色建筑行动实施方案》之后，仅在2017年3月发布了一份关于加强和规范绿色建筑管理工作的通知，相关政府鼓励推广绿色建筑的政策文件较少。

4. 绿色建筑评审费用过高

在调研过程中有负责绿色建筑的相关部门反映，目前绿色建筑评审费用过高，绿色建筑评审失去了原有的意义，绿色建筑变成了评出来的而不是建出来的。绿色建筑评价申报费用包括注册费和评价费：注册费用于申报信息管理及申报材料形式审查；评价费用于专业评价和专家评审过程中实际产生的专家费、劳务费、会务费、材料费等，此外还会存在一些灰色费用。房地产开发商在项目决策时，担心支付高额评审费又评不上绿色建筑星级标识，所以对投资建设绿色建筑持保守态度。这个因素导致了许多潜在绿色建筑的减少，相关绿色建筑评价、审核部门应该扭转绿色建筑评审的重点，把关注点放在绿色建筑设计内容的评审上，减少评审费用对开发商造成的负担。

5. 绿色建筑实现途径单一

根据对绿色建筑小区的走访调查发现，目前绿色建筑技术应用主要集中在中水回用、太阳能、地源热泵等方面，而关于节材和对自然因素的利用则比较少，如建筑可以采用适应当地气候条件的平面形式及总体布局、可以根据自然通风的原理设置风冷系统，使建筑能够有效地利用夏季的主导风向等；对于一些细节的关注也比较少，如建筑小区中无障碍设施的建设、节水器具的使用等，根据抽样调查，只有5％的小区设有无障碍设施；甚至一些建筑项目中，仅为了单纯考虑某一项达到相关的环保标准，而堆砌一些实用价值不高的新技术。过度依赖设备与系统所带来的保证，忽视了对于自然因素的利用以及与环境的友好交互利用，直接导致建筑成本上升，难以形成市场效应。

6. 绿色建筑施工管理问题较多

由于绿色建筑是一个新兴的建筑理念，相关专业的绿色建筑技术人才培养的跟不上造成“理念先行，执行推后”的现象。执行力成为绿色建筑施工管理过程中所遇到的最大的问题，专业技术人才对于绿色建筑

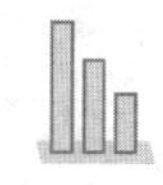

理念的认知度不高，造成施工过程中还按照传统的建筑方式进行施工，以及建筑材料的浪费和建筑效率的低下，而环保和最大化利用的目标也未能实现。绿色建筑施工中管理体系也比较落后，还没有形成适应绿色建筑施工体系的工程管理制度，产生管理脱节的现象。2013年发布的《陕西省绿色建筑实施行动方案》要求编制发布陕西省绿色建筑工程定额、造价标准和绿色建筑设计规范，目前陕西省绿色建筑工程定额、造价标准并没有形成，因此绿色建筑在全寿命周期管理中存在一定的障碍。

7. 居民和物业对绿色建筑认识不足

分析陕西省居民对绿色建筑了解情况，根据调研结果，陕西省居民对绿色建筑认识普遍相对不足。针对居民抽样问卷调查发现，75%的居民不了解绿色建筑，对绿色建筑有所了解的居民对绿色建筑的了解只停留在“绿色和环保”层面，缺乏对绿色建筑的深入了解。对取得绿色建筑设计标识的小区居民调查时发现，68%的居民并不了解自己所居住的小区属于绿色建筑小区，物业也没有对绿色建筑进行过任何宣传和普及。同取得绿色建筑标识的小区物业进行座谈时发现，95%的绿色建筑小区物业知道本小区获得了绿色建筑星级标识，但是当进一步深入了解时，大部分物业人员并不了解绿色建筑，对绿色建筑认识不到位。关于绿色建筑的宣传，很少有物业能够做到对小区居民进行相关知识的宣传，没有对居民发放绿色设施使用手册。陕西省缺乏积极的绿色建筑行动氛围，居民绿色建筑认知度不够，全民绿色消费理念不强。

8. 目标规划不合理

在调研中发现许多地方城乡建设规划局反映“十三五”规划中关于绿色建筑的目标任务不太合理，超过了当地的实际情况，实现目标任务难度较大。榆林市相关部门反映，《陕西省建筑节能与绿色建筑“十三五”规划》要求2020年城镇新建建筑中绿色建筑占比达到50%，绿色建材应用比例达到40%，这个要求相较于以往取得的成绩来说有点难。“十三五”规划制定过程中没有考虑到各地市住房发展具体情况，主观性地制定了各地市的发展目标，超出了某些地区的承受能力，使地方政府陷入既想要政绩又无发挥空间的矛盾中，这种现象可能会导致徒有绿色建筑项目个数和建筑面积政绩、实际绿色建筑并不节能的现象，使得地方绿色建筑发展达不到预期效果反而增加了全社会的资源浪费。

9. 绿色建筑推广困难

一方面，开发商认为绿色建筑增量成本较高，投入大而回报少，感受不到赢利点，因此从开发商角度来看，投资建设绿色建筑会有更多的考虑；另一方面，居民对绿色建筑缺乏认识，而且不能实际地感受到绿色建筑带来的价值，因此对绿色建筑的需求少，这样造成绿色建筑的供给端和需求端都缺乏积极性，绿色建筑发展缺乏动力。绿色建筑是个长期回报的投资，要想推动绿色建筑的发展必须依靠政府部门的正确引导和推广，通过强制性手段和奖励措施鼓励开发商进行绿色建筑投资。

二、政策借鉴及案例启示

（一）先进地区绿色建筑发展经验借鉴

1. 江苏省绿色建筑发展经验借鉴

目前，江苏节能建筑规模全国最大、星级绿色建筑数量全国最多、国家级可再生能源建筑应用示范项目数量全国最多、绿色生态城区和智慧城市覆盖区域全国最广。截至 2016 年 9 月，江苏省累计绿色建筑项目 905 个，是陕西省（289 个）的 3.13 倍，占全国总量的 20%；累计三星级绿色建筑项目 165 个，是陕西省（13 个）的 12.7 倍，占全国总量的 19.8%，江苏省绿色建筑发展速度与绿色建筑质量水平均远高于陕西省目前状态（图 3-2-1）。

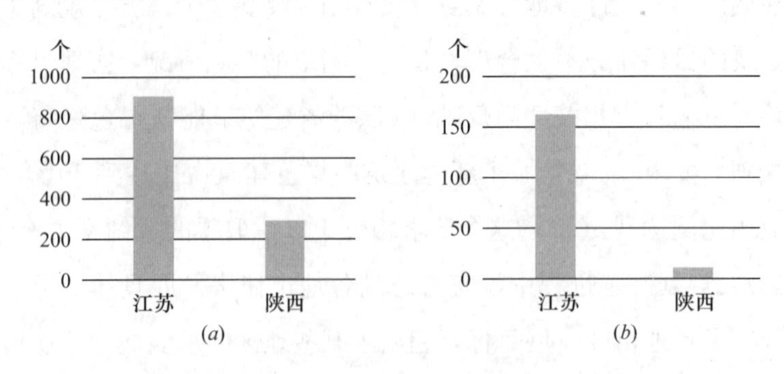

图 3-2-1　江苏省和陕西省绿色建筑现状对比

（a）绿色建筑项目数量；（b）三星级绿色建筑项目数量

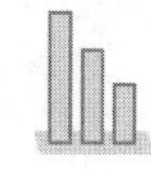

江苏省绿色建筑相关政策标准同绿色建筑发展一样位居全国前沿。《江苏省绿色建筑设计标准》中规定的168条“硬杠杠”具体地规定了达到一星级绿色建筑需要满足的标准，不需要通过具体计算得分来衡量标识星级，使得设计单位在绿色建筑设计时目标更加明确；《江苏省绿色建筑发展条例》指出新建民用建筑相关设计、运行必须采用一星级绿色建筑标准，使用国有资金投资或者国家融资的大型公共建筑，应当采用二星级以上绿色建筑标准，这些要求都高于国家和其他省市的要求，使得江苏省在绿色建筑的推广一直位于全国领头羊位置；《江苏省绿色建筑工程计价定额》是全国范围内第一部绿色建筑工程计价定额，该定额为江苏省绿色建筑的进一步发展提供了保障。

- 《江苏省绿色建筑设计标准》：168条“硬杠杠”具体的规定了达到一星级绿色建筑需要满足的标准。
- 《江苏省绿色建筑发展条例》：新建民用建筑相关设计、运行必须采用一星级绿色建筑标准，使用国有资金投资或国家融资的大型公共建筑，应当采用二星级以上绿色建筑标准。
- 《江苏省绿色建筑工程计价定额》：全国范围内第一部绿色建筑工程计价定额。

2017年5月江苏省绿色建筑性能设计分析云平台建成并通过鉴定。该平台借助“互联网＋”的先进理念，依托云计算的技术优势，为江苏省设计、咨询、图审等单位建立一个便捷、高效、专业的绿色建筑性能设计分析云服务平台，从而避免软硬件的重复建设，提高中小企业的市场活力和竞争力，为江苏省绿色建筑咨询服务行业提供支撑。通过为期半年的试运行，云平台取得了显著的成效。云平台可提供绿色建筑咨询、模拟计算、标识申报、材料选用、资料下载等服务内容，并支持计算电商化的服务模式，降低了企业的使用成本，提升了企业的工作效率，具有较强的实用性和可拓展性。

2. 北京市绿色建筑发展经验借鉴

截至2017年9月，北京市绿色建筑累计项目数量达到257个，其中三星级绿色建筑103个，占全部绿色建筑的40.1%，绿色运行标识35个，占全部绿色建筑标识的13.6%，都远高于全国平均水平，北京市绿色建筑发展在“量”和“质”两方面都取得了显著的成效（图3-2-2）。

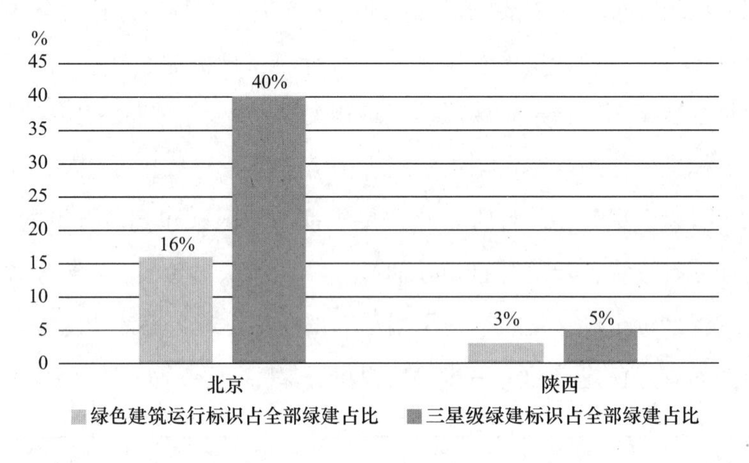

图3-2-2　北京市和陕西省绿色建筑现状对比

2013年5月北京市人民政府办公厅印发《发展绿色建筑推动生态城市建设实施方案的通知》，在全国率先开展新建建筑全面执行一星级绿色建筑标准，要求从6月1日起，北京新建建筑基本达到绿色建筑一星级及以上，并在全国率先将绿色生态指标纳入土地招拍挂出让，使北京市推行绿色建筑发展的力度走在了全国前列。2013年6月市住房城乡建设委、市发展改革委、市规划委等各部委联合发布《北京市绿色建筑行动实施方案》，鼓励政府投资的建筑、单体建筑面积超过2万m^2的大型公共建筑按照绿色建筑二星级及以上标准建设；积极引导房地产开发企业执行绿色建筑二星级及以上标准；强化绿色建筑评价标识管理，简化一星级绿色建筑设计标识评价程序，并研究简化相应的运行标识评价程序。2016年2月北京市住房和城乡建设委员会发布以“确保绿色效果、提升建筑品质”为基本原则的北京市新版《绿色建筑评价标准》，对绿色建筑的室外环境、能源利用、室内环境等方面提出了一些“硬指标”，要求必须做到，使得绿色建筑有了最基本的质量保证。北京市从2017年10月1日起实施绿色建筑全过程质量提升行动，新建政府投资公益性建筑和大型公共建筑将全面执行绿色建筑二星级及以上标准。

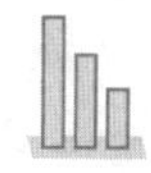

- 《发展绿色建筑推动生态城市建设实施方案的通知》：在全国率先开展新建建筑全面执行一星级绿色建筑标准，率先将绿色生态指标纳入土地招拍挂出让。
- 《北京市绿色建筑行动实施方案》：鼓励政府投资的建筑、单体建筑面积超过2万平方米的大型公共建筑按照绿色建筑二星级及以上标准建设。
- 《绿色建筑评价标准》：对绿色建筑的室外环境、能源利用、室内环境等方面提出了一些“硬指标”。

2014年6月北京市绿色建筑与技术推广管理室编制的《绿色建筑——北京在行动》电子期刊开始刊载，该电子期刊每季度对北京市绿色建筑发展现状、新出台的绿色建筑政策和标准、重大绿色建筑活动等相关绿色建筑事件进行解读、报道，为广大人民和该领域专家了解北京市绿色建筑发展情况提供了良好的渠道，推动了北京市绿色建筑的长效发展。

（二）案例分析与启示

1. 宝鸡市石鼓·天玺台

（1）项目概况

石鼓·天玺台位于宝鸡市渭滨区高新零路2号，占地276亩，分四期开发，总建筑面积52万m^2，绿化率35%，容积率2.84，停车位配比为1∶1.2，总户数3116户。石鼓·天玺台住宅项目一期1～3、5、6、22、23、25～32号楼，建筑面积32.65万m^2，2014年获得了绿色建筑三星级设计标识，石鼓·天玺台住宅项目三期13～20号楼2015年同样也获得了绿色建筑三星级设计标识（图3-2-3）。

石鼓·天玺台特建“石鼓·太阳市”大型商业综合体，结合城市带来机制的一站式餐饮、娱乐、休闲、购物体验。小区内部配套有国际双语幼儿园，高新一中直接入学名额等，周围设有社区医院、蔬菜超市等便民服务，做到不出小区即可满足业主各项生活需求。

（2）绿色建筑特征

石鼓·天玺台项目注重绿色、生态，打造了一个西北最大的绿色三

图 3-2-3　宝鸡市石鼓·天玺台

星综合示范项目。其建筑节能率达到 65.31%，100%住户使用地源热泵，一期住区绿化率达到将近 50%（图 3-2-4），非再生水利用率达到 11.52%，可循环建筑材料用量比达到 10.08%。

小区整体规划采取人车分流设计，极大满足了业主出行的便利性。全地下停车不但提高小区的安全系数，集约用地，同时增大了小区的绿化率。小区还提供有 24 小时热水，无限 WiFi 等。同时，为保证业主日后生活便利和舒适，项目开宝鸡市物业服务之先河，首家引进国际知名物业服务联盟——金钥匙国际联盟，为每一位业主提供“满意＋惊喜”的极致服务。

图 3-2-4　石鼓·天玺台小区绿化效果

小区采用了地源热泵系统、中水系统、户式新风系统、24 小时红外监控等众多高科技技术。中水处理系统用于小区道路冲洗、花草灌溉；太阳能光伏发电系统解决了小区外部照明；土壤源热泵系统保证夏天制冷、冬天有暖；房间的户式新风系统解决甲醛等有害气体对身体的危害（图 3-2-5）；断桥铝合金窗户起到了隔热、隔声、保温作用。这些绿色技术的应用不仅节能、保护环境，而且还为居民提供了一个宜居环境。

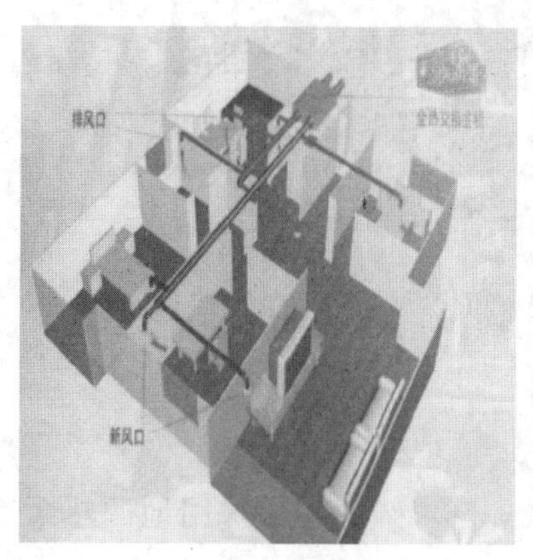

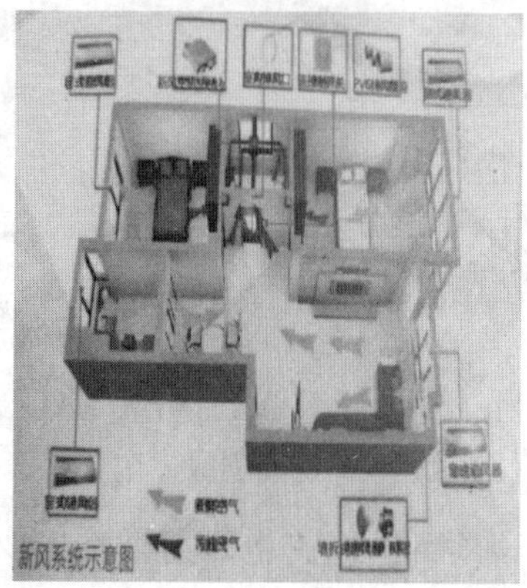

图 3-2-5　小区新风系统示意图

（3）案例启示

石鼓·天玺台作为西北地区第一个三星级绿色建筑设计标识项目，有许多值得借鉴的地方。

1）采用多种绿色节能技术。小区绿色建筑应用了地源热泵系统、中水系统、户式新风系统、太阳能光伏发电系统、断桥铝合金窗户等多种绿色相关技术。

2）注重人性化设计。小区提供 24 小时热水、无线 WiFi、亲情服务及齐全的基础设施配套，极大地方便了居民的生活。

2. 北京当代万国城项目

（1）项目概况

北京当代万国城位于东直门迎宾国道北侧，总用地面积：61800m^2，总建筑面积：221426m^2（其中地上 162931m^2，地下 58495m^2）。居住建筑面积 129654m^2，配套公建面积 33277m^2，总户数 644 户，总居住人口 1803 人，容积率 2.64，绿地率 34.2%，停车数量机动车 870 辆（其中地上 35 辆，地下 835 辆）。开发周期 3 年，2008 年 6 月建成投入运营，2013 年取得绿色建筑三星级运行标识（图 3-2-6）。

图 3-2-6　北京当代万国城

（2）绿色建筑特征

该项目建筑节能率达到 74.4％，56.1％的住户采用地源热泵，非传统水源利用率达到 30.07％，住区绿化率达到 36％，可再循环建筑材料用量比为 15.3％，室内空气污染浓度符合《民用建筑工程室内环境污染控制规范》GB 50325—2010，物业管理符合 ISO 14001 环境管理体系认证，获得 2015 年度全国绿色建筑创新奖二等奖。

节地与室外环境：小区设有地下 2 层停车库，建筑面积 58495m^2。地下建筑面积占建筑占地面积的 3.8 倍。地下空间的主要功能有商业用房、办公用房、设备用房、汽车库、自行车库、物业管理用房、垃圾房、人防等。地下车库设多个采光井，采光井外部设计有通风口。通过采用屋顶绿化、大面积景观水体等降低热岛效应。小区所有屋顶种植有本地耐寒植物，北部设置集中绿地供住户休闲娱乐用，透水地面面积比为 45.7％。

节能与能源利用：本项目合理利用场地的现有条件，建筑基本以南北向沿周边布置，每栋楼日照均满足要求。塔连板及塔楼与塔楼之间采用连廊相接的方式，体形系数为 0.19。住宅小区采用全置换式新风＋天棚辐射采暖（图 3-2-7）、制冷系统，能源方式为复合式能源系统，其中以绿色能源系统——地源热泵系统为主（图 3-2-8）。当代万国城的建筑节能率为 74.4％，在 2005 年时即已按照北京市最新节能标准 75％的要求设计实施。

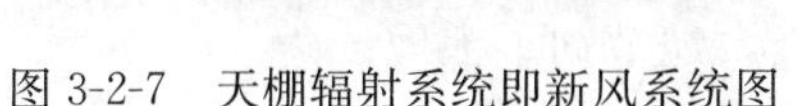

图 3-2-7　天棚辐射系统即新风系统图

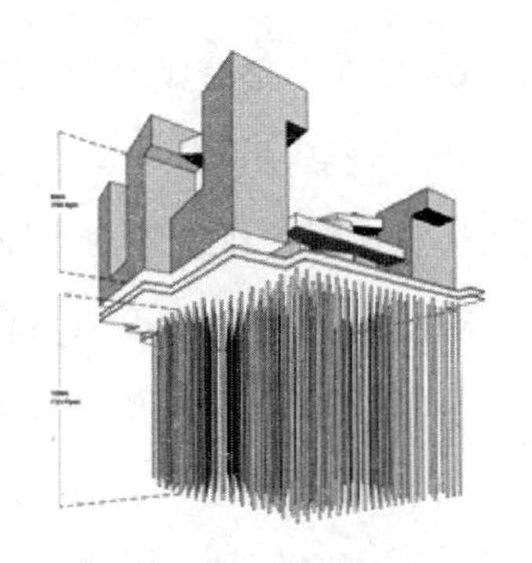

图 3-2-8　地源热泵系统

节水与水资源利用：项目设置中水回收系统及中水供水系统，供给住宅卫生间冲厕用水以及绿化、洗车、景观补水等。建设雨水收集回用系统，收集屋面和地面雨水，回用于绿化灌溉及景观补水，雨水小时处理能力为 $20m^3/h$。

节材与材料资源利用：当代万国城外立面简约统一，无凸出部分，屋顶处未设异型构件，外墙粘贴铝合板提高了外墙的保温性能，有利于节能。因当代万国城属框架—核心筒结构，高强度钢筋用量占总钢筋用量比例为 93%，远远超过 70%，可再循环材料比例占建筑材料总重量的 15.3%。

室内环境质量：该项目设计阶段即充分考虑到利用自然通风，建筑各户型布局和窗口位置的安排合理。通过 Fluent 软件进行模拟分析，室内形成贯穿式自然通风，无通风死角区域。当代万国城采用了可调式置换新风系统，输入的经集中处理的新风可以成功有效地置换污浊的空气。项目建筑东、西、南三个朝向的外窗采用特种不锈钢遮阳卷帘，夏季能有效阻隔阳光辐射且不影响室内采光。

（3）成本增量分析

当代万国城相比于北京市其他满足北京市节能规范的普通住宅来说，采用了一系列的绿色节能技术措施，从而增加了初期投资成本。增量成本主要包含高效外保温系统、自动外遮阳系统、全新风系统、可再生能源系统、雨中水回用系统、智能化系统等。不仅节能、节水，也为住户提供了优质的室内舒适度和智能化的居住体验。经过详细的统计计算，绿色建筑总增量成本为 7262 万元，单位增量成本为 386 元/m^2。

（4）案例启示

1）注重绿色建筑运营管理。取得 ISO 14001 环境管理体系认证的物业根据设备清单对所有设备设施编制设备维护保养计划，落实到责任人和具体维护保养时间进行设备保养，提高设备寿命。

2）积极开发地下空间。该项目地下建筑面积占建筑占地面积的 3.8 倍，并具备多种使用功能，极大地节约了土地。

三、对策建议

（一）全面推动绿色建筑发展量质齐升

进一步加大城镇新建建筑中绿色建筑标准强制执行力度。继续推动政府投资保障性住房、公益性建筑以及大型公共建筑等重点建筑全面执行绿色建筑标准，有条件地区适当提高政府投资公益性建筑、大型公共建筑、绿色生态城区及重点功能区内新建建筑中高性能绿色建筑建设比例。加强绿色建筑运营管理，推广绿色物业管理模式，确保各项绿色建筑技术措施发挥实际效果，激发绿色建筑的需求。加强绿色建筑评价标识项目质量事中事后监管。

（二）完善绿色建筑标准体系

要完善绿色建筑相关标准，科学合理地提高标准要求。根据建筑节能与绿色建筑发展需求，适时制修相关设计、施工、验收、检测、评价、改造等工程建设标准。健全绿色建筑评价标准体系，加快修订适合陕西省不同气候区、不同类型建筑的基于全寿命周期涵盖性能、经济、环境的绿色建筑综合评价标准；加快形成陕西省《绿色建筑施工定额》，为陕西省绿色建筑造价提供依据。引导企业制定更高要求的企业标准，增加标准供给，形成新时期建筑节能与绿色建筑标准体系。

（三）加强绿色建筑标准执行和监督力度

推行绿色建筑标准和节能评估审查制度，全面落实绿色建筑标准的

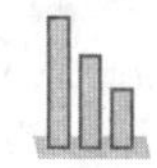

执行。严格要求必须执行绿色建筑标准的建筑项目，鼓励其他建筑项目执行更高星级绿色建筑标准，对已经取得绿色建筑设计标识和运行标识的项目进行不定期的监督检查，确保项目按照已取得绿色建筑星级设计标准进行施工和维护运行。

（四）积极引导绿色施工

加大对相关技术及管理人员培训力度，提高执行有关政策法规及技术标准能力。鼓励行业协会等对建筑节能设计施工、质量管理、节能量及绿色建筑效果评估、用能系统管理等相关从业人员进行职业资格认定。严厉禁止取得绿色建筑设计标识的项目在施工过程中通过项目变更更改绿色建筑设计，严格执行绿色建筑设计，加强施工过程中绿色施工的监督管理，项目验收时加强对相关绿色设计的检查、验收。

（五）加快绿色建筑相关技术研发推广

设立绿色建筑科技发展专项，加快绿色建筑关键技术研发，重点攻克既有建筑节能改造、可再生能源建筑应用、节水与水资源综合利用、绿色建材、废弃物资源化、环境质量控制、提高建筑物耐久性等方面的技术，加强绿色建筑技术标准规范研究，开展绿色建筑技术的集成示范。开展绿色建筑产业集聚示范区建设，推进产业链整体发展，促进新技术、新产品的标准化、工程化、产业化。

（六）大力发展绿色建材

因地制宜、就地取材，结合当地气候特点和资源禀赋，大力发展安全耐久、节能环保、施工便利的绿色建材。加快发展防火隔热性能好的建筑保温体系和材料，积极发展烧结空心制品、加气混凝土制品、多功能复合一体化墙体材料、一体化屋面、低辐射镀膜玻璃、断桥隔热门窗、遮阳系统等建材。引导高性能混凝土、高强钢的发展利用。大力发展预拌混凝土、预拌砂浆。建立绿色建材认证制度，编制绿色建材产品目录，引导规范市场消费。积极支持绿色建材产业发展，组织开展绿色建材产业化示范。

（七）强化市场机制创新

充分发挥市场配置资源的决定性作用，积极创新节能与绿色建筑市场运作机制，积极探索节能绿色市场化服务模式，鼓励咨询服务公司为建筑用户提供规划、设计、能耗模拟、用能系统调适、节能及绿色性能诊断、融资、建设、运营等“一站式”服务，提高服务水平。引导采用政府和社会资本合作（PPP）模式、特许经营等方式投资、运营建筑节能与绿色建筑项目。积极搭建市场服务平台，实现建筑领域节能和绿色建筑与金融机构、第三方服务机构的融资及技术能力的有效连接。

（八）加大政策激励

一是各地区积极争取财政支持，统筹利用好产业引导资金、节能专项资金、科技专项资金等支持政策，大力推进绿色建筑及相关产业发展，资金优先向工作任务完成情况好、积极性高、保障性住房及公益性行业推广比例高、地方财政安排资金情况好的地区倾斜。二是要研究制定税收方面的优惠政策，鼓励房地产开发商建设绿色建筑，引导消费者购买绿色住宅。改进和完善对绿色建筑的金融服务，金融机构可对购买绿色住宅的消费者在购房贷款利率上给予适当优惠。三是研究制定有利于绿色建筑发展的土地转让政策、容积率奖励政策措施，在土地招拍挂出让规划条件中，明确绿色建筑的建设用地比例。

（九）开展宣传教育

采用多种形式积极宣传绿色建筑法律法规、政策措施、典型案例、先进经验，加强舆论监督，营造开展绿色建筑行动的良好氛围。鼓励高等院校开设绿色建筑相关课程，加强相关学科建设。将绿色建筑行动作为全国节能宣传周、科技活动周、城市节水宣传周、全国低碳日、世界环境日、世界水日等活动的重要宣传内容，提高公众对绿色建筑的认知度，倡导绿色消费理念，普及节约知识，引导公众合理使用节能产品。

附录 3-1　国家及陕西省绿色建筑相关标准、政策

国家绿色建筑相关标准　　附表 3-1

标准	编号	时间
《绿色建筑评价标准》	GB/T 50378—2014	2014.4
《绿色工业建筑评价标准》	GB/T 50878—2013	2013.8
《绿色办公建筑评价标准》	GB/T 50908—2013	2013.9
《绿色商店建筑评价标准》	GB/T 51100—2015	2015.4
《既有建筑绿色改造评价标准》	GB/T 51141—2015	2015.12
《绿色医院建筑评价标准》	GB/T 51153—2015	2015.12
《绿色建筑评价技术细则》	—	2015.7
《绿色超高层建筑评价技术细则》	—	2012.5
《绿色工业建筑评价技术细则》	—	2015.2
《绿色数据中心评价技术细则》	—	2015.12

国家绿色建筑相关政策　　附表 3-2

时间	政策	发布者	主要内容
2013.1	《绿色建筑行动方案》	国家发展改革委、住房城乡建设部	绿色建筑行动方案指出了开展绿色建筑行动的重要意义，明确了“十二五”期间开展绿色建筑行动的指导思想、主要目标、基本原则、重点任务及保障措施
2015.10	《关于绿色建筑评价标识管理有关工作的通知》	住房城乡建设部	通知明确各评价机构可以以评价机构的名义对通过审定的项目进行公示、公告和颁发证书、标识，提出逐步推进绿色建筑评价向第三方评价方式转变，要求相关部门、单位严格执行《绿色建筑评价标准》
2016.12	《“十三五”节能减排综合工作方案》	国务院	提出编制绿色建筑建设标准，开展绿色生态城区建设示范，到2020年城镇绿色建筑面积占新建建筑面积比重提高到50%。实施绿色建筑全产业链发展计划，推行绿色施工方式，推广节能绿色建材、装配式。公共机构率先执行绿色建筑标准，新建建筑全部达到绿色建筑标准
2017.2	《绿色建筑后评估技术指南》	住房城乡建设部	该指南为绿色建筑实际运行效果的后评估提供技术指导，为绿色建筑全寿命周期的发展提供了有力支撑
2017.2	《建筑节能与绿色建筑发展“十三五”规划》	住房城乡建设部	提出到2020年，城镇绿色建筑占新建建筑比重达到50%，绿色建材应用比例达到40%。推进绿色建筑规模化发展，制定完善绿色规划、绿色设计、绿色施工、绿色运营等有关标准规范和评价体系

陕西省绿色建筑相关标准、政策 **附表 3-3**

时间	政策	发布者	主要内容
2013.7	《陕西省绿色建筑行动实施方案》	陕西省人民政府办公厅	该方案明确了大力促进城镇绿色建筑发展、加快推进保障性住房绿色建筑规模化发展、严格落实建筑节能强制性标准等主要任务，并细化了责任、分工
2014.4	《居住建筑绿色设计标准》	陕西省住房和城乡建设、省质量技术监督局	这是陕西省首次颁布的地方性居住绿色建筑设计标准，为绿色建筑的设计提供了可靠依据，推动了陕西省绿色建筑的进一步发展
2014.4	《公共建筑绿色设计标准》	陕西省住房和城乡建设、省质量技术监督局	这是陕西省首次颁布的地方性公共绿色建筑设计标准，为公共建筑的绿色建筑设计提供了可靠依据，为陕西省公共建筑全面推进绿色发展提供了技术支持
2015.7	《绿色建筑施工图设计文件技术审查要点》	陕西省住房和城乡建设部	文件详细规定了绿色建筑施工图设计技术审查要点，规范了绿色建筑设计工作，完善了绿色建筑设计文件审查体系
2015.7	《绿色保障性住房施工图设计文件技术审查要点》	陕西省住房和城乡建设部	该文件提出了保障性住房的绿色建筑设计文件技术审查要点，将保障性住房引入了绿色建筑的潮流，进一步推动了绿色建筑的发展
2017.1	《陕西省建筑节能与绿色建筑“十三五”规划》	陕西省住房和城乡建设厅	明确了绿色建筑发展指导思想和发展原则，并提出到2020年，新建城镇建筑中绿色建筑占比达到50%，绿色建材应用比例达到40%，建设被动式低能耗建筑20万m^2的发展目标，并将每项目标具体到各个地市
2017.2	《陕西省民用建筑节能条例》	陕西省人民政府办公厅	条例要求四类建筑工程项目应当执行执行绿色建筑标准，鼓励其他房地产开发项目执行绿色建筑标准；县级以上国土资源行政主管部门在国有土地出让或者划拨时，应当根据建设用地规划条件，公示绿色建筑等级、装配式建筑技术应用等要求；设区的市、县（市）人民政府应当编制并组织实施绿色建筑年度发展计划
2017.3	《关于加强和规范绿色建筑管理工作的通知》	陕西省住房和城乡建设厅和陕西省财政厅	要求四类建筑工程项目要严格执行绿色建筑标准，土地规划条件要明确采用的绿色建筑技术、等级水平等要求；提出加快建立完善绿色建筑设计与审查制度；加强对绿色建筑评价标识的管理；明确取得设计文件绿色建筑专项审查合格意见的，可认定为一星级绿色建筑

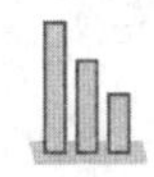

陕西省各区域绿色建筑相关政策　　附表 3-4

地区	日期	发布者	文件名
西安	2014.6	西安市人民政府办公厅	《西安市绿色建筑行动实施意见》
西安	2014.2	西安市城乡建设委员会	《西安市民用建筑节能条例》
汉中	2014.12	汉中市人民政府办公厅	《汉中市绿色建筑行动实施方案》
汉中	2016.8	汉中市城乡建设规划局	《汉中市绿色建筑行动方案实施管理细则》
延安	2014.11	延安市建筑节能与墙体材料改革领导小组	《延安市绿色建筑行动实施方案》
杨凌	2013.10	杨凌示范区规划建设局	《关于进一步加强绿色建筑管理工作的通知》
宝鸡	2017.5	宝鸡市城乡建设规划局	《宝鸡市开展绿色建材评价标识实施方案》
宝鸡	2014.4	宝鸡市人民政府办公厅	《宝鸡市绿色建筑行动实施方案》
铜川	2017.7	铜川市住房和城市建设局	《关于开展建筑节能与绿色建筑专项检查的通知》
咸阳	2014.6	咸阳市人民政府办公厅	《咸阳市绿色建筑行动实施方案》
商洛	2015.5	商洛市人民政府办公厅	《商洛市绿色建筑行动实施方案》

附录 3-2　全国及陕西省绿色建筑建筑面积和建筑数量

截至 2016 年 9 月全国各省市绿色建筑发展现状　　附表 3-5

地区	绿色建筑数量（个）	绿色建筑建筑面积（万 m^2）	地区	绿色建筑数量（个）	绿色建筑建筑面积（万 m^2）
江苏	905	9230.4	江西	83	985.54
广东	450	4764.48	山西	71	558.16
上海	292	2676.5	四川	60	870.21
陕西	289	3608.45	贵州	58	985.54
山东	283	4557.28	辽宁	57	626.69
湖北	236	2305.71	云南	41	658.05
浙江	223	2344.32	内蒙古	35	579.63
天津	198	1659.21	甘肃	35	267.84
河北	189	1989.44	黑龙江	26	426.63
北京	180	2012.5	海南	22	220.24
河南	123	1965.71	新疆	21	487.37
福建	116	1663.19	青海	19	198.54
湖南	108	1280.71	宁夏	15	145.71
安徽	95	1618.37	香港	15	133.98
广西	95	984.66	澳门	1	0
吉林	90	1102.32	西藏	0	0

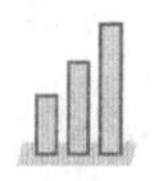

截至 2016 年 9 月陕西省各区域绿色建筑发展现状　　附表 3-6

绿色建筑项目数量（个）						
西安市	西安	宝鸡市	咸阳市	汉中市	西咸新区	安康市
165	66	9	9	8	8	5
榆林市	延安市	商洛市	渭南	咸阳	延安	铜川市
3	3	3	2	2	1	1

绿色建筑建筑面积（万 m^2）						
西安市	西安	西咸新区	宝鸡市	安康市	咸阳市	渭南市
2290.76	881.5	109.71	91.69	46.9	39.72	30.52
商洛市	榆林市	咸阳	铜川市	延安市	渭南	延安
19.75	17.41	16.76	16.35	13.94	6.86	0.86

04 专题研究：陕西省成品住房发展对策研究

推行成品住房开发建设是推进供给侧结构性改革、推进生态文明建设、顺应新时期住房新需求、满足人民对美好生活向往的重要内容，是避免二次装修资源浪费、节约社会成本、降低材料损耗率、节约能源、保障购房者权益的重要措施，对推进住宅产业现代化、促进房地产市场平稳健康发展具有重要意义。课题组对截至 2017 年 10 月份的陕西省 900 余个在售成品住房楼盘进行抽样调研，总结成品住房发展现状，挖掘现存问题与内在根源，剖析成品住房综合效益，并通过政策借鉴与案例启示提出对策建议。

一、概念界定及研究意义

（一）成品住房概念界定

成品住房概念界定：相对于毛坯房而言，成品住房是房屋竣工交付前，所有功能空间的固定面和管线全部粉刷或铺装完成，厨房和卫生间的基本设施全部安装到位，基本达到入住条件的住房。

（二）研究意义

成品住房将带动新产业集群的培育和住宅产业化全产业链的形成、有利于推进建设领域的“供给侧结构性改革”以及改善人居环境、降低资源消耗，是住宅建设发展的趋势。推进成品住房建设，实现住宅产业化，是建筑领域贯彻落实建设“美丽中国”的重要内容，对于实现建设和谐、宜居的中国特色住房体系具有重要意义。因此，发展成品住房将在四个方面产生重要意义。

一是成品住房的发展有利于推进建筑领域的“供给侧结构性改革”，满足人民对美好生活的向往。成品住房的发展使住房供给由传统的毛坯房向基本满足居住要求的成品住房转变，提高了住房供给的品质，使购房者获得更好的居住体验，推进建筑领域的“供给侧结构性改革”。通过成品住房建设的费用效果分析可得，相较于毛坯房，成品住房的规模效应十分明显，消费者不仅可以得到装修价格上的让利还可以享受专业化服务和装修质量保障，从而获得性价比更高的住房，以满足人民对美

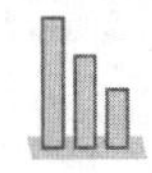

好生活的向往。

二是成品住房的发展有利于完善相关标准规范、实现装配式建筑建设目标，促进住宅产业现代化发展。成品住房建设将促进住宅部品部件模数化、标准化发展，有利于住宅产业设计、施工、验收、评价等规范标准及监管制度的完善。成品住房的发展将房地产业、建筑业、制造业、部品部件业和信息产业深度融合，从而实现住宅装修部品部件的工业化生产及“一体化”设计和施工，促进住宅产业化全产业链形成，推动住宅产业化的发展。成品住房发展有利于实现“力争用10年左右的时间，使装配式建筑占新建建筑的比例达到30％”的装配式建筑建设目标。

三是成品住房的发展有利于减少住宅装修垃圾、节约社会成本。相比于毛坯房的二次装修，成品住房每平方米减少约0.02m^2（虚方）建筑垃圾。根据《陕西省住建厅房地产市场月度分析报告》数据显示，2017年，陕西省累计竣工住宅面积3284万m^2，如果全部按照住户入住前进行装修，这些住宅装修后将产生建筑垃圾65.68万m^3，其清运费用高达4.66亿元人民币。陕西省城镇住房发展“十三五”规划中对住房供应年度计划量预测显示：2018～2020年新建商品住房面积达到1.6m^2，如果全部按照成品住房建设将减少建筑垃圾320万m^3，节省105.95亿元人民币，极大的缓解垃圾堆放压力。

四是成品住房的发展有利于降低材料损耗、节约能源消耗，促进住宅产业可持续发展。根据本研究表明，相比于毛坯房，成品住房可降低10％～15％装修材料损耗率，节约30％的用电量；其采用的工业化木作产品使每户房屋装修节省300kW·h耗电量，减少237kg碳排放。同时，成品住房的建设将有效地减少运输次数，提高运输效率，减少能源的消耗。因此，推行成品住房对维护生态平衡、提高能源、资源效用、促进住宅产业可持续发展具有重要的意义。

二、基本现状及问题

（一）政策现状及问题

当前，陕西省住房和城乡建设厅《陕西省住房城乡建设事业“十三五”规划》和《陕西省城镇住房发展“十三五”规划》中提及大力推进成品住房建设，鼓励和倡导已供地及在建商品住房项目提高成品住房建设占比，逐步扩大成品住房建设范围；《陕西省民用建筑节能条例》中第四十四条规定：县级以上人民政府应当按照绿色建筑发展要求，通过明确土地供应条件、财政引导等措施，推动装配式建筑工程示范和设计、生产、施工一体化的产业基地建设，逐步提高装配式建设水平。设区的市人民政府应当根据本行政区域内经济以及装配式建筑产业的发展状况，适时划定装配式建筑实施区域。鼓励新建建筑采用预制装配的方式进行建设。陕西省相比于浙江、河南、重庆等地的成品住房政策相对较少，主要存在以下问题：

一是缺乏明确的政策引导。《陕西省住房城乡建设事业“十三五”规划》和《陕西省城镇住房发展“十三五”规划》，中虽然提出了要推进成品住房建设工作，鼓励和倡导已供地及在建商品住房项目提高成品住房建设占比，但并没有明确指出陕西省成品住房重点发展的区域、预期达成的目标、具体实施步骤及政策支持程度，而浙江、河南、重庆、四川等地省政府、住房和城乡建设厅接连发文，大力推进住宅全装修和成品住房交付。

二是缺乏完善的规范标准。目前，成品住房发展较快省份关于成品住房建设具备完善的规范标准，如浙江省、重庆市等地在成品住宅开发建设时明确规定成品住房在各开发节点上要遵循装修设计标准、装修工程技术规程、装修工程质量验收规范等，这些标准为成品住房的装修质量提供了很好的保障，为发展成品住房奠定了扎实的基础，而陕西省缺乏成品住房设计、装修、验收标准及规范性的控制体系，特别是有关设计、材料、项目管理（监理）、维护等方面的质量要求、操作规范和控制程序。

三是缺乏健全的监管制度。成品住房以其省时省力的特点受到广大消费者的青睐，但在成品住房实际销售中，成品住房购房合同中的装修标准不明确，成品住房缺乏规范的买卖合同示范文本；现行成品住房的交易中，存在着质保期限过短、索赔细则不明确的问题。成品住房应该建立健全监管制度，制订规范的销售合同文本，不仅在总价的基础上列

明装修的价值，而且应在附件内明确各种装修材料的品牌名称、型号、生产厂家等内容。

（二）市场现状及问题

近年来，陕西省各大房地产企业纷纷以“精装房”名义开展“成品住房”项目的开发与销售，经调研，成品住房的装修开发模式归结有三种：一是房地产企业具有从装修设计、材料采购到装修实施一条龙服务产业链；二是房地产企业委托装修公司设计和装修，与材料、家电供应商达成战略合作；三是建筑产业工业化发展方向，施工企业整体负责，包括土建、设计、装修至材料（家电配套）供应，一条龙服务。

经调查，从需求端看，成品住房装修部分售价高于同等装修标准下毛坯房装修价格 20％～30％（表 4-2-1），成品住房更受西安市购房者青睐，西安市以外各地居民接受度不高；从供应端来看，陕西省成品住房在住房市场总量中占比较小，仅为 8％（图 4-2-1），成品住房开发建设企业集中于一线品牌房企，例如万达、万科、恒大等，房地产企业装修溢价高达 50％以上，企业积极性较高，但本土企业仍然处于观望状态。当前，成品住房市场主要存在以下问题：

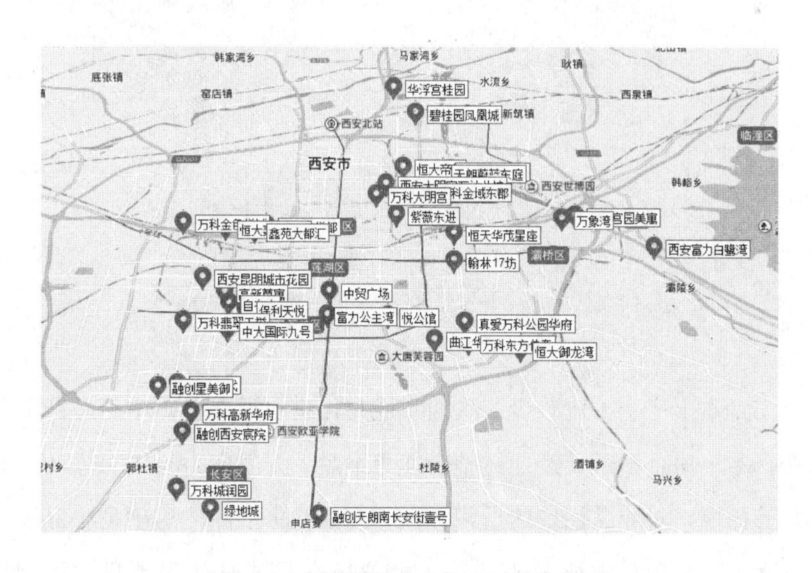

图 4-2-1　陕西省成品住房区域分布图

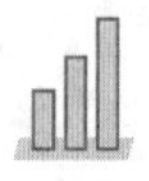

不同等级成品住房装修与毛坯房装修对比表　　　　表 4-2-1

装修价格 \ 装修等级		低档（元/m²）	中档（元/m²）	高档（元/m²）
房企成品住房	装修成本	500	1000	1314
	装修售价	1000	2000	3000
工程咨询公司估价		805	1580	2161.6

数据来源：万达公馆与万科城调研统计

一是发展规模有待提升。经统计，陕西省住宅市场仍然以毛坯房为主，截至 2017 年 9 月，陕西省在售的 900 余个楼盘中，有 72 个楼盘全部为成品住房项目，占比为 8%；西安市 411 个在售楼盘中，有 47 个楼盘全部为成品住房项目，占比为 11.41%（图 4-2-2）。而北京、上海、广州等一线发达城市，成品住房已经占到市场 80%以上，不少大中城市也在不断提高成品住房的比例，相较于一线发达城市，陕西省成品住房数量少，成品住房的覆盖率也有很大的上升空间。

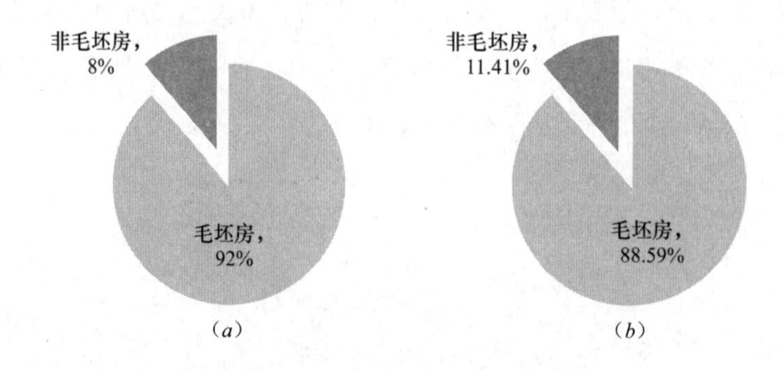

图 4-2-2　陕西省西安市成品住房占比图

(*a*) 陕西省；(*b*) 西安市

数据来源：《陕西省城镇住房品质提升研究》抽样调查结果

二是本土房企占比较少。陕西省成品住房建设企业集中于一线品牌房企，本土房企由于其产业链整合能力不足、开发能力有限、人才储备不足等原因，对成品住房建设积极性不高，在售成品住房项目中品牌房企开发建设的项目占比为 41.7%，西安市在售成品住房项目中品牌房企开发建设的项目占比为 59.1%（表 4-2-2）。

陕西省品牌房企成品住房占比表 **表 4-2-2**

地区	成品住房项目数量	品牌房企成品住房数量	占比（%）
西安市	44	26	59.1
咸阳	11	2	18.2
铜川市	2	0	0
渭南市	2	1	50
宝鸡市	4	1	25
延安市	2	0	0
商洛市	3	0	0
榆林市	0	0	0
安康市	1	0	0
汉中市	3	1	33.3

数据来源：《陕西省城镇住房品质提升研究》抽样调查结果

三是价格呈现区域性失衡。陕西省成品住房与毛坯住房之间的价格差异不均衡，西安市多数成品住房价格远高于毛坯房，购房门槛高，其余地市成品住房与毛坯房之间的价格差异稳定。西安市 74%的成品住房价格集中于 10000～15000 元/m^2 及 15000 元/m^2 以上；54%的毛坯房价格在 8000～15000 元/m^2，成品住房较毛坯房高出 2000～7000 元/m^2。汉中、咸阳、渭南、安康这四市的成品住房每平方米的价格比毛坯房高 1000 元左右。宝鸡、商洛、铜川、延安四市的成品住房和毛坯住房的价格差距不大（图 4-2-3、表 4-2-3）。

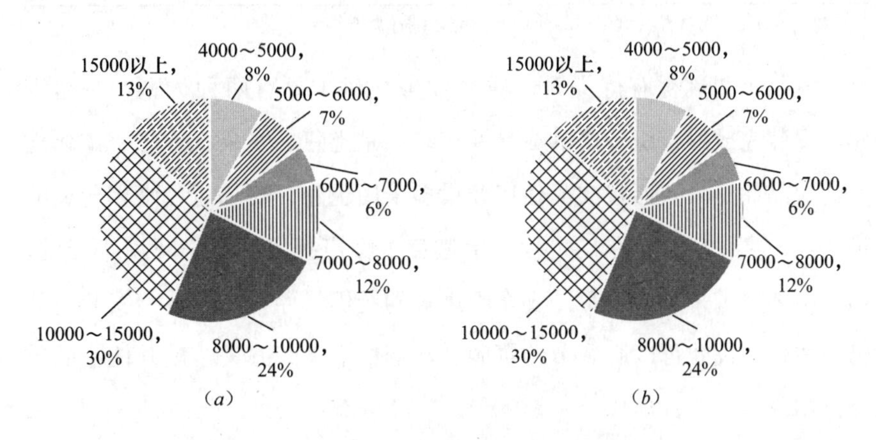

图 4-2-3　西安市成品住房和毛坯住房价格区间分布

（*a*）成品住房；（*b*）毛坯住房

陕西省成品住房与毛坯房价格对比表　　表 4-2-3

地区	成品住房价格（元/m^2）	毛坯房价格（元/m^2）
汉中市	5000～6000	3000～4000
咸阳市	4000～6000	3000～5000
渭南市	3000～5000	3000～4000
宝鸡市	4000～6000	4000～6000
商洛市	3000～4000	3000～4000
安康市	5500～6500	3500～5500
延安市	3000～3500	3000～4000
铜川市	3000～3500	2600～3500

数据来源：《陕西省城镇住房品质提升研究》抽样调查结果

四是住房品质参差不齐。陕西省成品住房与毛坯房的绿地率和容积率不达标程度相差不大，部分成品住房楼盘品质偏低。在西安市 47 个成品住房楼盘中，7 个成品住房楼盘的绿地率小于 30%，占比 14.9%，有 17 个楼盘的容积率超过 3.5，占比 36.2%，均不符合《城市居住区规划设计规范》的标准，住房品质参差不齐的现状有待改善（表 4-2-4）。

成品住房、毛坯房品质对比表　　表 4-2-4

指标项目	绿地率		容积率	
	≤30%	≥30%	≤3.5	≥3.5
成品住房	14.9%	15.1%	63.8%	36.2%
毛坯房	16.6%	13.4%	61.8%	38.2%

数据来源：《陕西省城镇住房品质提升研究》抽样调查结果

五是工艺流程有待提升。成品住房交付主要有两种类型，一是土建、安装完成后组织装修的成品住房；二是土建、安装、装修一体化建设的成品住房。陕西省成品住房建设多采用土建、安装与装修相分离的模式，该类住房虽然在一定程度上避免了噪声扰民、污染环境等问题，但二次装修带来资源浪费、安全隐患等问题仍然存在，土建、安装、装修一体化建设才可以起到节约资源、转变住宅生产方式、提升住宅品质的作用。

六是成本制约品质难升。据调研，陕西省大部分成品住房开发企业针对同种户型一般只提供一种精装修方案，只有极少部分企业可以提供

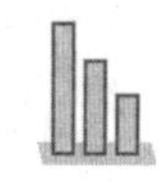

三种装修方案，由于菜单式装修考虑到的设计选项越多，物流成本、库存压力、施工难度越大，财务成本、资金成本也会随之升高，房地产开发企业的利润则会降低，所以成品住房开发企业没有动力推出“菜单式”装修模式。

七是成品住房概念模糊，居民误解程度较高。成品住房概念在居民之间的流行程度不高，绝大多数群众无法界定出成品住房与精装房之间的差异，常常误认为成品住房是高端豪宅；同时，居民也将装饰、装修这一组概念相误解，更是缺失了“轻装修、重装饰”的现代住房装饰装修理念，认为选择成品住房的同时也会丧失自定义住宅风格的机会，从而在心理上对成品住房形成抵制。

八是民调差异程度显著，企业诚信成为掣肘。根据调研数据，西安市有61%的居民愿意接受成品住房，除西安市之外的地市中，居民对成品住房的接受意愿普遍不高，仅占17%（图4-2-4）；城市生活节奏的快慢成为居民是否愿意接受成品住房的表层原因，而居民对房地产开发商的信任程度、对成品住房的理解程度则成为制约成品住房发展的根源性原因。

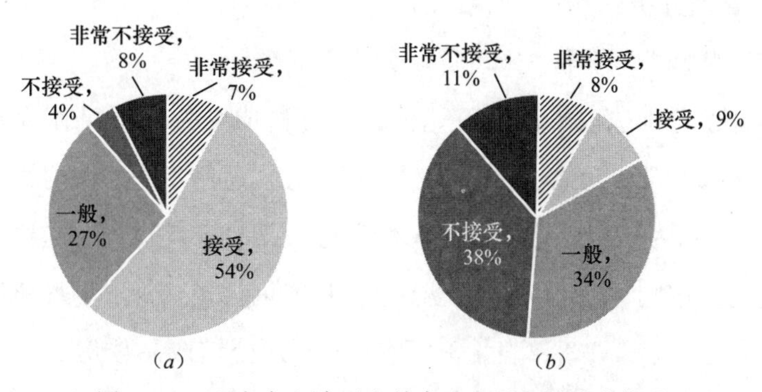

图4-2-4　西安市和陕西省其余地市居民接受度情况

（a）西安市；（b）其余地市

数据来源：《陕西省城镇住房品质提升研究》抽样调查结果

三、推行成品住房综合效益分析

为研究成品住房的综合效益，从消费者角度与政府角度，运用费用效果分析方法，以西安市万达、万科的成品住房项目为例进行成品住房综合效益分析。

（一）成品住房费用效果分析——消费者角度

费用效果分析是指费用采用货币计量，效果采用非货币计量的经济效果分析方法。消费者购买成品住房的费用为同一户型同等装修标准下多付出的费用；效果为成品住房带来的专业化服务与节省时间和精力。如表 4-3-1 所示，汇总了高、中、低三个装修标准的成品住房和同等装修标准下毛坯房的费用效果。

成品住房、毛坯房费用效果汇总表　　表 4-3-1

装修情况	高档装修标准装修费用（元/m^2）	中档装修标准装修费用（元/m^2）	低档装修标准装修费用（元/m^2）	效果
成品住房	2500	1042	539	① 提供专业化服务；② 节省时间精力
毛坯房	2161	1468	620	耗费时间和精力

数据来源：万达公馆、万科成品住房项目调研结果与多家工程咨询公司估价

1. 费用分析

（1）装修费用分析

本课题分别选取了西安万达公馆、万科成品住房项目作为典型案例，其装修标准分为高、中、低三个档，分别适用不同的购房人群，如表 4-3-2 所示为三套成品住房的基本情况以及购房者购买相同建筑面积的毛坯房，按同等标准装修，经多家工程咨询公司估价取平均值后的室内装修价格。表 4-3-3 和表 4-3-4 列出了万达公馆成品住房和万科成品住房具体的装修标准。

成品住房项目情况介绍及装修估价　　表 4-3-2

项目名称	建筑面积（m^2）	装修部分售价（元/m^2）	工程咨询公司估价（元/m^2）
万达公馆（高档）	230	2500	2161
万科（中档）	152	1042	1468
万科（中档）	87	539	620

数据来源：万达公馆、万科成品住房项目调查结果

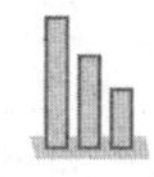

万达公馆成品住房装修标准　　表 4-3-3

序号	材料名称	规格型号	部位	选用品牌	厂家或产地
一	装面材料——墙砖、石材、地砖、地板类				
1	木地板		卧室、书房、更衣间	圣象、菲林格尔、德尔、升达、大自然	圣象
2	石材砖	600mm×600mm	户内地面多处	东鹏、冠军、亚细亚、嘉俊、鹰牌、能强	嘉俊
3	伯爵米黄石材	20mm 厚	地面、墙面	国产优质	国产优质
4	西班牙米黄石材	20mm 厚	地面、墙面	国产优质	国产优质
5	黑金花（大纹）	20mm 厚	地面、墙面	国产优质	国产优质
6	帝皇金石材	20mm 厚	地面、墙面	国产优质	国产优质
7	金粉世家	20mm 厚	地面、墙面	国产优质	国产优质
8	珊瑚红	20mm 厚	地面、墙面	国产优质	国产优质
9	深啡网	20mm 厚	地面、墙面	国产优质	国产优质
10	浅啡网	20mm 厚	地面、墙面	国产优质	国产优质
11	大花绿	20mm 厚	地面、墙面	国产优质	国产优质
12	月桂云灰	20mm 厚	地面、墙面	国产优质	国产优质
13	松香玉	20mm 厚	地面、墙面	国产优质	国产优质
二	吊顶				
1	9.5mm 厚石膏板	9.5mm 厚	吊顶	拉法基、可耐福、龙牌、杰科	杰科
2	12mm 厚石膏板	12mm 厚	吊顶	拉法基、可耐福、龙牌、杰科	杰科
3	龙骨	50/60	吊顶	拉法基、可耐福、龙牌、杰科	杰科
4	金箔		吊顶	国产优质	国产优质
三	门（不含五金及门锁）				
1	室内木门	800mm×2400mm	户内	国产优质	国产优质
2	工人房入户门	800mm×2400mm	工人房	美心、步阳、群升	
3	淋浴间玻璃门			南玻、耀皮、信义	耀皮
四	乳胶漆、壁纸、木饰面				
1	乳胶漆		墙、顶面	立邦	立邦
2	木饰面		墙面	国产优质	国产优质
3	壁纸墙面		墙面	国产优质	国产优质

续表

序号	材料名称	规格型号	部位	选用品牌	厂家或产地
五	洁具、给水排水				
1	PB 塑料管 *DN*15	*DN*15	卫生间、厨房	宝路七星、顾地、东泰	东泰
2	PB 塑料管 *DN*20	*DN*20	卫生间、厨房	宝路七星、顾地、东泰	东泰
3	PB 塑料管 *DN*25	DN25	卫生间、厨房	宝路七星、顾地、东泰	东泰
4	PB 热水塑料管 *DN*15		卫生间、厨房	宝路七星、顾地、东泰	东泰
六	镜子				
1	成品镜子		卫生间	国产优质	国产优质
七	灯具及光源				
1	T5 灯带，吸顶灯，筒灯，防雾筒灯			欧普、西顿、特优仕、皇宫、品上、嘉美、雷士、三雄极光、AD、新文行、VAS	欧普
八	开关插座				
1	电源插座，防水电源插座，单联开关，双联开关，单联双控开关			西门子、施耐德、西蒙、松下、ABB、TCL-罗格朗	西门子
2	电线	BV-2.5		上上、宝胜、中超、五彩、太阳、中利、新亚。	上上
3	电线管	KBG-20		上上、宝胜、中超、五彩、太阳、中利、新亚。	上上
九	五金及其他				
1	门锁，门合页门吸		室内门	海福乐、海蒂诗、瑞高、史丹利	史丹利
2	洗漱台			国产优质	国产优质
3	衣柜		更衣室	国产优质	国产优质
4	换气扇		卫生间	奥普、松下、三雄极光	奥普

数据来源：万达公馆成品住房项目调查结果

万科成品住房装修标准 **表 4-3-4**

材料名称	中档标准装修材料品牌	低档标准装修材料品牌
瓷砖	马可波罗	欧神诺
涂料	多乐士	三棵树

续表

材料名称	中档标准装修材料品牌	低档标准装修材料品牌
地板	圣象	
柜体	中意	
户内门	日门	欧派
淋浴屏	莎丽	福瑞
开关插座	西蒙	
灯具	欧普	
台盆	海尔	
五金	摩恩	
洁具	科勒	美标
浴霸	欧普	
燃气、烟机	方太	美的

数据来源：万达公馆、万科成品住房项目调查结果

所以成品住房与毛坯房装修费用对比情况汇总如表 4-3-5 所示。

成品住房装修售价与毛坯房装修费用对比表　　　表 4-3-5

项目名称	装修部分售价（元/m²）	工程咨询公司估价（元/m²）	成品住房装修部分价款－毛坯房装修估价差额（元）
万达公馆（高档）	2500	2016	339
万科（中档）	1024	1468	－444
万科（低档）	539	620	－81

数据来源：《陕西省城镇住房品质提升研究》调研结果

（2）税费分析（考虑契税为主）

按照 144m² 以上 3％的税率以及 90m² 以下 1％的税率计算，购房者购买成品住房相比于同等装修标准下毛坯房支付的税费差额如表 4-3-6 所示。

成品住房与毛坯房税费差额表　　　表 4-3-6

项目名称	成品住房－毛坯房税费差额（元/m²）
万达公馆（高档）	75
万科（中档）	－13
万科（低档）	－2.5

2. 效果分析

消费者购买成品住房的效果是得到专业化的服务以及节省时间和精

力；购买毛坯房，按照同等装修标准装修，由装饰装修公司全包，一般装修工期为6个月左右，耗费时间和精力。

3. 费用效果综合分析

（1）高档成品住房费效比分析——以万达公馆（高档）项目为例

万达公馆成品住房费用效果分析：

$$效果/费用=\frac{专业化服务、节省时间精力}{339元/m^2+75元/m^2}$$

结果表明，对比同等装修标准下毛坯房装修价格，成品住房装修价格高414元/m²，对于购买高端住宅的消费者若认可用414元/m²的代价得到专业化服务和节省时间精力，则愿意购买成品住房。经调研发现，在西安市经济较发达地区，消费者对于高端成品住宅的接受度相对较高。而陕西省其他地区成品住房的接受度较低，其原因也往往是成品住房的定位为高端住宅，而当地居民经济水平较低以及生活节奏较慢，所以其接受度相对较低。

（2）中档成品住房费效比分析——以万科（中档）项目为例

万科（中档）成品住房费用效果分析：

$$效果/费用=\frac{专业化服务、节省时间精力}{-457元/m^2}$$

结果表明，对比同等装修标准下的毛坯房装修价格，成品住房装修价格低457元/m²。成品住房装修材料集体采购、集体装修的规模效应已经十分明显。

（3）中档成品住房费效比分析——以万科（中档）项目为例

万科（低档）成品住房费用效果分析：

$$效果/费用=\frac{专业化服务、节省时间精力}{-83.5元/m^2}$$

结果表明，对比同等装修标准下毛坯房装修价格，成品住房装修价格低83.5元/m²，虽然两者装修价格差距不大，但成品住房却可以为消费者提供专业化的服务与节省时间精力，相对来说性价比更高。

（二）成品住房成本效果分析——政府角度

成本效果分析是指成本采用货币或非货币计量，效果采用货币或非

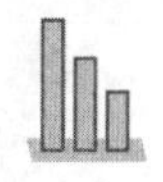

货币计量的经济效果分析方法。推行成品住房的效果是促进房地产业装修标准、制度完善，减少建筑垃圾，推进装配式建筑发展，降低房地产市场风险，有利于节能减排、节约社会资源。政府需要付出的成本为需要制定完善的技术标准、成立相应的管理部门、投入专业人力资源、给予激励扶持政策，见表 4-3-7。

推行成品住房成本效果分析表 **表 4-3-7**

效果	成本
① 促进房地产业装修标准、制度完善； ② 减少建筑垃圾； ③ 推进装配式建筑发展； ④ 降低房地产市场风险； ⑤ 有利于节能减排； ⑥ 节约社会资源	① 制定完善技术标准； ② 成立相应的管理部门； ③ 投入专业人力资源； ④ 给予激励扶持政策

1. 效果分析

（1）促进房地产业装修标准、制度的完善，进而保障购房者权益。成品住房竣工后会组织房地产企业相关人员对装修质量、室内空气检验验收，提供相关验收报告，而业主自行装修则无专业人员验收，很难保证装修质量合格；另外，成品住房验收合格后，业主若在质保期内出现保修范围内的问题可以找物业公司协调解决，而业主自行装修出现质量问题多数情况下只能自行解决。

（2）减少建筑垃圾。毛坯房二次装修产生的装修垃圾主要来源于：一是因个人喜好和家庭需求，住户在入住前对部分非承重构件和室内部分做法修改等产生的装修垃圾，此部分产生的垃圾量约占 30%；二是因户型设计缺陷，造成住户入住前对房屋的改造产生的装修垃圾，此部分产生的垃圾量约占 10%；三是因施工质量问题，住户不能及时识别和追责，导致装修期间造成的拆除修补产生的装修垃圾，此部分产生的垃圾约占 10%；四是因住户进行精装修期间直接产生的装修垃圾，此部分产生的建筑垃圾约占 50%。成品住房“一体化”设计施工的特点有效地减少住户精装期间直接产生的装修垃圾，另外可以避免不合理的室内设计以及住户对室内非承重构件的拆除现象造成的建筑垃圾。

根据《陕西省住建厅房地产市场月度分析报告》数据显示，2017年，陕西省累计竣工住宅面积3284万m^2，如果全部按照住户入住前进行装修，以每平方米产生建筑垃圾0.02m^3计算，这些住宅装修后将产生建筑垃圾65.68万m^3。其处理费用按照西安市建筑垃圾处理收费标准的平均值71元/m^3计算，65.68万m^3住宅装修建筑垃圾的清运费用高达4.66亿元人民币。陕西省城镇住房发展“十三五”规划中对住房供应年度计划量预测显示：2018～2020年新建商品住房面积达到1.6m^2，如果全部按照成品住房建设将减少建筑垃圾320万m^3，节省105.95亿元人民币，极大地缓解垃圾堆放压力。

（3）推进装配式建筑发展。一是成品住房作为装配式建筑的一部分，需要与主体结构、机电设备一体化设计和协同施工；二是利于推广集成卫生间和厨房、预制隔墙、主体结构与预制管线相分离的技术体系；三是利于装配式建筑项目采用“设计—采购—施工”（EPC）总承包或“设计—施工”（D-B）总承包等工程项目管理模式。

（4）降低房地产市场风险。一是成品住房销售可以改变由于部分开发商资金链断裂、“跑路”及不良贷款等问题，降低房地产市场金融风险；二是成品住房销售改善预售制度下房地产市场准入门槛低、资质低、信誉不良等问题，有效提升市场集中度与成熟度。

（5）有利于节能减排。相对于传统的装修，成品住宅装修在建筑材料的生产阶段、建筑材料的运输阶段、现场施工阶段和后期试用阶段四个阶段具有节能减排的优势。

从建筑材料生产阶段，根据住房和城乡建设部住宅产业化促进中心对国内装修企业的调研，私人定制一套全木作产品，生产过程中需要消耗1000kW·h左右的电，如果工厂化批量生产则节省30％即300kW·h电。一度电的碳排放量大约是0.79kg，一户房屋省300kW·h电，在整个生产期就能减少237kg碳排放；从现场施工来看，工厂化装修的施工作业方式减少了很多现场施工过程中电锯、电焊等工艺，这样也能节约30％的耗电量。

从建材运输过程来看，普通的个人装修队伍装修一套房大概需要运输40次，而采用整体住宅精装修的房屋大概需要运输2次。忽略运输

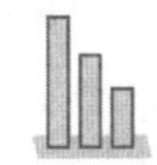

车辆的差别，建筑装修材料采用集成运输将会大大降低能源消耗。

从后期的使用中看，成品住宅一般会使用新风系统（如万达公馆），新风系统通过安装风机与排风口相连，使室内外空气进行良好的循环，减少了空调的使用，达到节能减排的效果。

（6）节约社会资源。以西安市某小区内建筑面积为 100m² 的毛坯房装修过程中拆墙和水电改造为例分析其拆改费用（表 4-3-8），如拆除一堵 14.09m² 的墙以及拆除预埋管及电线，其拆改费用约为 976.57 元；而成品住房一体化设计、施工就可以避免拆改造成的经济浪费，如表 4-3-9 所示，成品住房装修材料损耗率低于毛坯房装修材料损耗率 10%～15%，从而达到节约装修材料的效果。

毛坯房拆墙、水电改造费用汇总表　　表 4-3-8

序号	拆改项目	工程量	单位	总费用（元）
1	砸墙	14.09m²	30 元/m²	422.7
2	砸墙所需物业管理费	—	—	500
3	拆除预埋管	3.5m	6.24 元/m	21.84
4	拆除电线	11.2m	2.86 元/m	32.03
合计		976.57		

数据来源：《陕西省城镇住房品质提升研究》调研结果

成品住房装修材料损耗率与毛坯房装修材料损耗率对比表　表 4-3-9

序号	装饰装修主要材料	精装房主要材料损耗率	毛坯房主要材料损耗率
1	木地板	10%	10%～15%
2	石材砖	10%	10%～15%
3	地砖	10%	常规镶贴 10%～15% 菱形镶贴 20%～30%
4	石材	10%	常规镶贴 5%～15%
5	吊顶扣板	5%	5%～10%
6	乳胶漆	5%	5%～20%
7	壁纸	5%	5%～20%
8	各类管材	5%	5%～15%
9	强弱电线	5%	5%～15%

数据来源：《陕西省城镇住房品质提升研究》调研结果

2. 成本分析

（1）制定完善技术标准。成品住房建设需要相应的设计、技术、验收以及售后服务等技术标准作为基础，为成品住房建设的各个环节提供依据。

（2）成立相关管理部门。各地区成品住房开发建设目标，建设比例，成品住房设计、施工、验收等环节，设计文件中是否做到土建与装修设计一体化，以及建筑设计与装修设计施工图纸审查都需要成品住房管理部门的管理与监督。

（3）投入专门人力资源。成品住房建设需要投入相关专业人才进行成品住房技术标准的编制，制定成品住房评价体系，对成品住房发展规划提出建设性意见。

（4）给予激励扶持政策。政府相关部门需要整合相关财政资金和政策资源，给予激励和扶持，如开通为成品住房开发建设的绿色通道，优先为成品住房项目配备公共基础设施等。

四、政策借鉴及案例启示

（一）政策借鉴

1. 一线城市政策借鉴

早在2006年，深圳被确定为首个国家住宅产业化综合试点城市，深圳也曾经“立志”在2010年年底前让毛坯房从市场消失；北京市于2015年在保障房建设中率先全面推行全装修成品住房；2016年上海市建委提出成品住房建设比例。

据中国精装产业联盟秘书长陈忠莉介绍，“在出台精装修政策较早的深圳、上海和江苏等省市，目前新建住宅精装修的比例已经高达60%以上。”北京、上海、广州、深圳等一线城市中，装修房项目几乎是以每年10%的速度增长，广州、杭州80%以上的新项目都为装修房，上海为60%，北京也达到了50%，全国装修房交房比例在逐年上升。

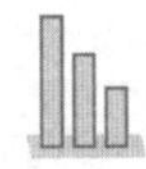

2008 年深圳发布的《关于推进住宅产业化行动方案》提出成品住房建设目标：2010 年前深圳销售住宅实现 100%一次性装修

2016 年 11 月，上海市住建委提出了成品住房建设比例：

从 2017 年 1 月 1 日起，上海市外环内新建商品住宅、公共租赁住房均将 100%全装修，其他地区也将达到 50%；奉贤、金山、崇明维持目前 30%的全装修比例，至 2020 年达到 50%；公租房、廉租房实施全装修比例应达到 100%

2015 年 5 月 1 日起，北京市保障房建设投资中心新建、收购的保障房项目，率先全面推行全装修成品交房，其亮点在于：

一是自住房装修标准不低于公租房。2015 年 10 月 30 日起，北京市公共租赁住房、经济适用住房、限价商品住房、棚户区改造安置房及自住型商品住房全面实施全装修成品交房，自住房装修标准不低于公租房。

二是装修菜单需在项目处公示。市住建委要求，开发建设单位应在项目摇号前，将装修菜单内容进行公示，并在项目现场配备样板间。样板间应向全体购房人开放，并保留至交房后 6 个月，其使用的材料、部品、设备等应与购房合同约定一致，方便购房人直观了解装修内容，加强对装修标准的比照监督

2. 浙江省政策借鉴

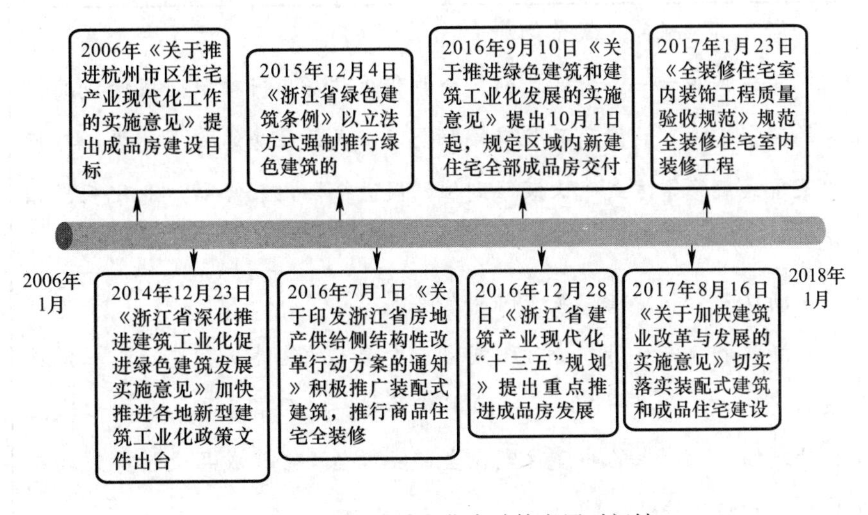

图 4-4-1　浙江省成品住房政策发展时间轴

浙江省成品住房政策推动力度大，如图 4-4-1 所示为浙江省成品住房政策发展时间轴。从 2006 年浙江省提出杭州市新建商品住宅中全装修住房建设目标，经过 6 年的发展，毛坯房依旧是杭州市商品房市场的主流。据 2013 年的相关数据统计，杭州在建、在售的商品房开发项目中，全部或部分为全装修的，所占的比例不到 20%。

2008 年杭州市成品住房建设目标： 2006 年，杭州市政府转发的《关于推进杭州市区住宅产业现代化工作的实施意见》中，明确提出，2008 年起，杭州新建商品住宅中，全装修房的比例要占到 50%以上

浙江省在推进建筑产业化和绿色建筑的进程中不断鼓励成品住房建设，是全国首个以立法的形式推动绿色建筑的省份。2014 年，浙江省人民政府办公厅再一次推动建筑工业化促进绿色建筑发展，加快推动了各地新型建筑工业化政策文件的出台。目前，陕西省已有杭州、宁波、绍兴、金华、舟山、台州、丽水等地制定出台了相应文件；2016 年以立法条例的形式推行绿色建筑，鼓励商品住房按照全装修交房；浙江省各地要根据绿色建筑专项规划，落实装配式建筑实施比例和住宅全装修实施范围等要求，列出年度实施项目清单，并向社会公布。

浙江省《绿色建筑条例》： 其中第四十一条规定，新建公共租赁住房应当按照全装修成品住房的要求建设。鼓励商品住房按照全装修成品住房的要求建设，推行以菜单式装修等方式一次装修到位，促进个性化装修和产业化装修相统一
浙江省全装修住宅实施时间及范围： 浙江省人民政府办公厅印发《关于推进绿色建筑和建筑工业化发展的实施意见》提出 2016 年 10 月 1 号起，陕西省各市、县中心城区出让或划拨土地上的新建住宅，全部实行全装修和成品交付，鼓励在建住宅积极实施全装修

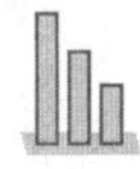

3. 河南省政策借鉴

河南省成品住房政策起步虽晚但是政策推进力度大（图 4-4-2），相关标准逐步完善，成品住房发展速度快。2001 年河南省首个成品住房项目——正宏国际公寓的建设揭开了河南省成品住房建设的序幕。经过十几年的发展，河南省成品住房的数量少之又少，据河南成品住房网站的行业动态显示，2013 年河南省几乎没有全装修住宅交付使用。

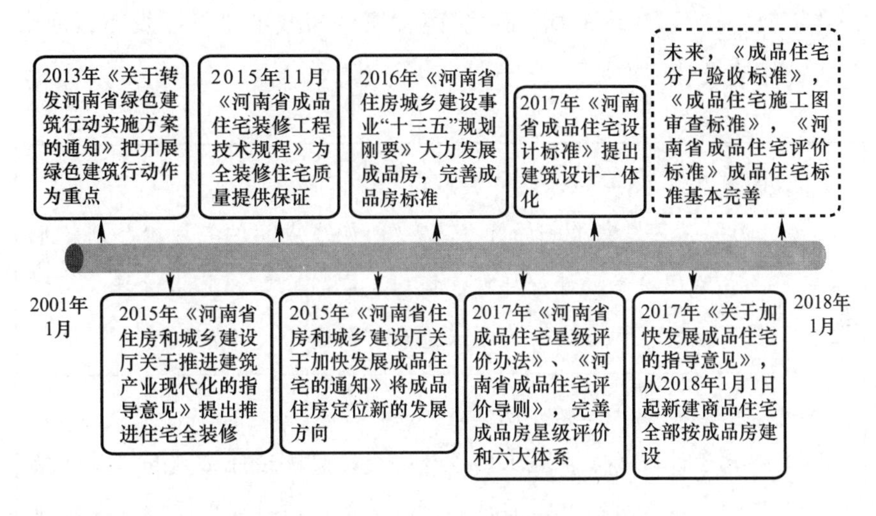

图 4-4-2　河南省成品住宅政策发展时间轴

关于成品住房的相关政策研究也比较晚，2013 年，关于绿色建筑行动方案的实施为成品住房的发展提供了一个契机，一些品牌地产商也开始在河南市场进行尝试成品住房的建设交付，从销售情况来看，成品住房还是被河南省的消费者所认可的。2014 年，河南省住房和城乡建设厅开始着手成品住房方面的政策研究工作，在充分的调研以及听取社会各界多方意见的基础上，住房和城乡建设厅发布《关于推进建筑产业现代化的指导意见》，明确提出要推行住宅全装修。

> 河南省住房和城乡建设厅发布《关于推进建筑产业现代化的指导意见》：
>
> 要推行住宅全装修，制定住宅全装修质量技术标准，强化对全装修住宅建设过程的质量监管；国家强制推行的绿色建筑和保障性住房项目实施一次性装修到位，逐步扩大全装修住宅的比例和范围

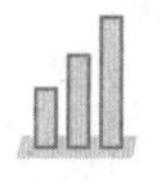

河南省成立了成品住房研究中心，为河南省推进成品住房做技术支撑，逐步完善成品住房相关规范标准的编制。相继出台了《河南省成品住宅装修工程技术规程》《河南省成品住宅星级评价办法》《河南省成品住宅评价导则》等一系列的规范标准，根据实际发展情况，该中心后续还将逐步出台《成品住宅分户验收标准》《成品住宅施工图审查标准》《河南省成品住宅评价标准》等标准，为成品住宅的推进保驾护航。2017 年 1 月 16 日，河南省住房和城乡建设厅发布《河南省成品住宅设计标准》。

河南省完善成品住房星级评价标准： 《河南省成品住宅星级评价办法》《河南省成品住宅评价导则》基本完善了成品住房星级评价标准，提出了空间配置、部品材料、人机工程、绿色生态、样板效果、技术进步与创新六大体系
《河南省成品住宅设计标准》亮点： 一体化设计既要求在施工图设计阶段，装修设计必须和建筑、结构、水、暖、电、燃气等专业设计同步完成，该标准的编制将促进建筑装修一体化设计技术的发展

2017 年 8 月，河南省对成品发的建设提出新目标，河南省在近三年成品住房的推动与政策标准完善的过程中还存在着标准不完善的问题，河南省住房和城乡建设厅也表示将逐步完善这些标准。

河南省成品住房建设目标： 住房和城乡建设厅和财政厅、国土资源厅等七部门联合印发《关于加快发展成品住宅的指导意见》，其中提出，2018 年 1 月 1 日起，河南省所有市、县新开工建设商品住宅，全部要按照成品住宅设计建设（不含 4 层以下住宅及单套面积大于 200m^2 的住宅）。 激励政策：从出让建设用地条件和相应的税收优惠政策上引导和激励成品住宅的发展

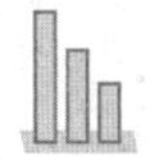

4. 重庆市政策借鉴

2004 年，棕榈泉房地产开发有限公司推出大户型精装房，市场反应热烈，开启了重庆楼市的精装时代。从 2004 年重庆市开始推广成品住房（图 4-4-3）。2009 年，重庆市场上精装修房体量依然比较少，且主要以棕榈泉、恒大、瑞安、万科等外来企业开发的物业为主，重庆成品住宅销售体量不超过每年总销售量的 5%。

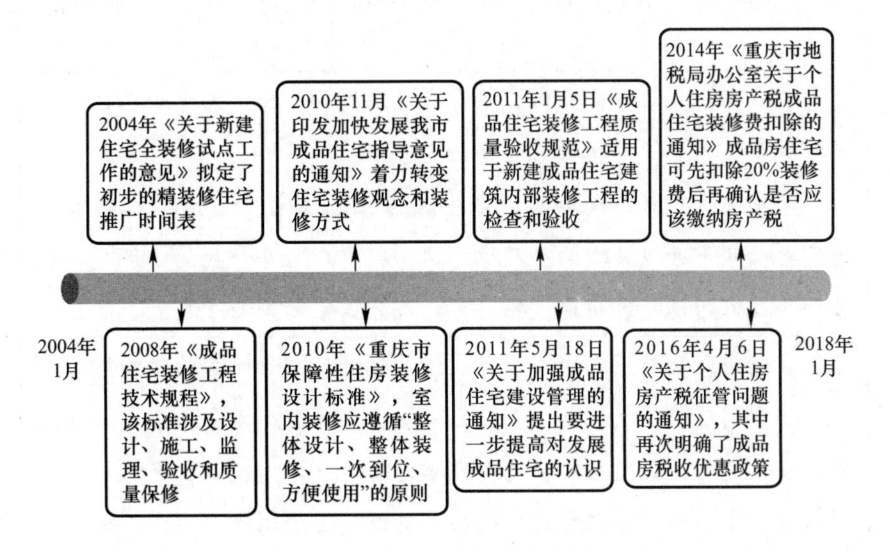

图 4-4-3　重庆市成品住房政策发展时间轴

在逐渐完善成品住房相关标准的基础上，以保障房为突破口推进成品住房建设。2005 年，重庆市城乡建设委员会根据精装成品住宅市场发展趋势，适时启动了成品住宅工程建设地方标准的研究和编制工作。在标准逐步完善的基础上，重庆市以保障房为突破口发展成品住房。2008 年 7 月，重庆市城乡建设委员会批准《成品住宅装修工程技术规程》为重庆市推荐性工程建设标准，并自 2008 年 10 月 1 日起实施。2010 年，重庆市城乡建设委员会发布《重庆市保障性住房装修设计标准》，该标准与《成品住宅装修工程技术规程》《成品住宅装修工程质量验收规范》配合使用，为保障性住房装修的设计、施工、监理以及验收等提供了系统的技术支撑。随后，重庆市城乡建设委员会陆续发布《成品住宅装修工程质量验收规范》《关于加强成品住宅建设管理的通知》。

2010年《重庆市保障性住房装修设计标准》提到：保障性住房中，廉租房和公租房的室内装修应遵循“整体设计、整体装修、一次到位、方便使用”的原则，实行成品住宅交房制

当前，重庆精装房体量并没有太多增长，而超过50%的重庆主城区消费者表示接受并愿意购买精装成品住房，但供应量却不足20%。为进一步激励成品住房建设，重庆市出台相关税收激励政策及强制性标准。

重庆市地税局办公室出台《重庆市地税局办公室关于个人住房房产税成品住宅装修费扣除的通知》： 其中重庆市房产税政策微调，成品住房住宅可先扣除20%装修费后再确认是否应该缴纳房产税。这一次重庆版房产税的小调整，也是响应国家推动精装房建设的趋势，符合国家的产业政策
重庆市财政局下发《关于个人住房房产税征管问题的通知》 其中明确了税收优惠，“应税住房中，新建商品房属于成品住宅的，在不变更计税交易价和适用税率的情况下，建筑面积交易单价在上以前2年主城9区新建商品住房成交建筑面积均价3倍以下的，按15%的比例扣除装修费后计税，3倍（含）以上的，按20%的比例扣除装修费后计税”

（二）案例分析与启示

1. 西安万科城

（1）万科精装修沿革

为响应国家号召，加强核心竞争力，走在房地产行业前沿，万科集团推行了精装修房取代毛坯房的方案，以提升楼盘的整体档次，获得更大的利润空间。2001年，万科进入精装修探索时期；2005年，提出了“U5”精装，推出全面家具解决方案；2007年，集团开始倡导住宅精装修；从2009年开始，全面开展精装修。目前，万科实现了全面家居解决方案的八个系统。在精装修方面，万科集团具备很大优势条件，该公

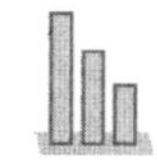

司采用采购平台、应用实施、客户反馈和产品升级的循环模式，公司总部和一线之间双线联系，从而保证产品的质量。如表 4-4-1 所示，截至 2010 年为止，万科已开发的装修中，已定型的产品有 A 级标准 4 种，B 级标准 2 种，C 级标准 3 种。

万科分级装修标准　　表 4-4-1

A 级标准	1800 元/m^2 左右	客户多为企业高管或者老总
B 级标准	1500 元/m^2 左右	城市白领二次置业，三口之家
C 级标准	1200 元/m^2 左右	年轻城市白领

数据来源：《陕西省城镇住房品质提升研究》调研结果

（2）标准化体系框架

如表 4-4-2 所示根据产品分级选择不同的部件配置，由万科入围的部品供应商提供。如表 4-4-3 所示不同的产品分级分为不同的装修标准与装修成本测算标准。

精装修标部品及入围单位　　表 4-4-2

配置部品	A、B 标单位	C 标单位
瓷砖	冠珠、马可波罗	蒙娜丽莎、马可波罗
橱柜，浴室柜	A 标：方太、汉森	中意、汉森、裕丰汉唐
	B 标：方太、中意、汉森	
收纳	A 标：索菲亚	汉森
	B 标：索菲亚、班尔奇、汉森	
衣柜，门厅柜	A 标：索菲亚	汉森、裕丰汉唐、宁基装饰
	B 标：班尔奇	
内墙涂料	阿克苏诺贝尔、立邦	阿克苏诺贝尔、立邦
开关面板	西蒙、飞雕	西蒙、飞雕
电热水器	艾欧史密斯	阿里斯顿
燃气热水器	能率	能率

A、B、C 级标准划分　　表 4-4-3

序号	标准	成本测算标准（元/m^2）	备注
1	A1（意大利现代）	1967	① 成本标准区间：1500～2500 元/m^2。 ② 含石材、壁纸
2	A2（现代都市）	1917	
3	A3（炫彩人生）	2157	
4	A4（雅舍）	1626	

续表

序号	标准	成本测算标准（元/m²）	备注
5	B1（流金岁月）	1666	① 成本标准区间：800～1700 元/m²； ② 含石材、壁纸
6	B2（白色浪漫）	1503	
7	C 级标准	500-800	成本标准：500～800 元/m²

数据来源：《陕西省城镇住房品质提升研究》调研结果

（3）装修材料部品采购方式

万科通过战略合作方式采购装修材料。其选择装修材料供应商的原则如表 4-4-4 所示，其中万科城属于 C 标装修标准，入围单位本着老单位带新单位的原则，进一步扩大第一梯队单位数量，发掘更优资源。

万科精装修资源规划表 **表 4-4-4**

第一梯队	第二梯队	第三梯队	第四梯队
梯队特点： 合作时间长，配合能力很强，技术水平高。	梯队特点： 与万科合作过项目，配合能力较强，需进一步发展。	梯队特点： 经过考察合格，准备进一步合作的单位。	梯队特点： 未经过考察，作为精装资源储备。

数据来源：《陕西省城镇住房品质提升研究》调研结果

（4）万科城精装修

万科城精装修通过实楼样板间发现实际装修过程中遇到的土建、水、电、设备等配合问题，对细节严格把控，保证装修质量。如图 4-4-4～图 4-4-6 所示是万科成品住房图片。

图 4-4-4 客厅电视背景墙、客厅吊顶

图 4-4-5　卫生间装修成品

图 4-4-6　窗帘盒（左，不做窗帘杆）厨房精装成品（右）

（5）成品保护

精装修的成品保护是降低日后的维修成本、有效降低入住缺陷率、提高客户满意度的重要环节。其基本原则：一是合理的施工工序，因为只有合理的施工流程才是成品住房保护的重要条件；二是谁施工谁做保护，先检查后保护。其中涉及四大类成品保护分别是：一是文明施工中的成品保护；二是对土建结构的成品保护；三是精装工程工序衔接中的成品保护；四是水暖电的成品保护。

2. 案例启示

（1）标准化的体系框架。万科精装修有标准化的体系框架，规范的合同框架，各关键阶段部门间有详细的工作流程，也有详细的工程质量技术标准，在各个界面位置的材料控制、施工工艺、验收标准等方面做到事无巨细，尤其注重装修后的成品保护。

（2）规范化设计、施工管理。规范管理推动生产方式的变革，使产品的装修部分进入工厂化时代，能够有效地解决质量的稳定性、施工综合效率、绿色施工问题。

3. 恒大翡翠龙庭案例分析

（1）恒大精装修沿革

恒大从2004年开始实施“精品”战略，大规模整合优势资源，与国内外相关产业强强合作，真正实现满屋名牌的9A精装体系；2006～2008年确定了精装修交楼的民生地产战略；2009年利用“实景园林＋精装修＋准现楼”的营销策略，实现了销售额跨越式的增长；2010年集团战略联盟从200多家增长至300家以上，巩固了精品标准化运营基础；到目前为止，恒大从规划设计、主体施工、园林建设、装修装饰，到材料设备都与国内外816家相关行业龙头企业建立合作联盟。

（2）恒大精装工程管理制度体系

恒大的精装业务在初、中期发展面临不少问题：企业内部精装管理经验不足，外部精装优秀供方资源少；快速发展过程中产品质量难以维持高水准；毛利率低，装修质量差。

针对这些问题，恒大从组织、业务、制度及供应链管理等方面进行综合全面的逐步调整，在调整过程中实现企业生产能力的自我升级与完善，进而形成自身特有的“规模优势＋成本优势”的核心竞争力。

（3）恒大精装发展战略及业务模式

恒大以“精品战略——9A精装”为发展战略，同时辅以“全流程标准化”及“全产业链管理”的业务模式支撑其精装发展战略的落地与实施。恒大的9A精装标准涵盖了名牌满屋、行业领先设计、超豪华材料、精品化施工、标准化管理、人性化关怀、智能环保、创新工艺、全球统一采购全国统一配送等9个方面的全A级标准体系集成系统，其9A五星级精装力争成为精装修标准的典范，使精装修成为其卖点之一。

（4）恒大翡翠龙庭精装修简介

恒大翡翠龙庭项目通过集约化采购、专业化施工大幅度降低了施工成本，并保证住宅的优良品质，进而实现可观的溢价水平。全成品交付，基本实现拎包入住，降低客户置业成本，让客户省心、省时、省力。如图4-4-7、图4-4-8为恒大翡翠龙庭精装修图。

（5）精装修材料品牌

室内采用国内外知名品牌装修，保障装修的品质感；运用的品牌有：西门子厨房电器、迪宝水晶吊灯、欧普照明、多乐士涂料、松下电器、亚细亚瓷砖、TOTO卫浴、摩恩厨卫五金、罗格朗开关面板等。室内墙面均选用欧雅牌环保墙纸和多乐士环保涂料；室内电器如空调等较注重其节能环保等功能，其中中央空调采用变频多联的环保空调系统。

图 4-4-7　样板间厨房（左）卫生间（右）

图 4-4-8　样板间走廊（左）门（右）

（6）部分精装房交房标准

如表 4-4-4 所示为恒大翡翠龙庭精装房 1500 元/m^2 交房标准。

中高层（平层）室内装修工程平方米包干单价分析表　表 4-4-4

序号	工程项目	主材费（元/m^2）	人工、机械及辅材费（元/m^2）	管理费措施费（元/m^2）	装修面积造价指标（元/m^2）
一	顶棚				
	轻钢龙骨石膏板顶棚、石膏线、天花扇灰乳胶漆（多乐士）等	26.40	28.33	10.95	65.68

续表

序号	工程项目	主材费（元/m²）	人工、机械及辅材费（元/m²）	管理费措施费（元/m²）	装修面积造价指标（元/m²）
二	地面				
	600mm×600mm 米黄色抛光砖、深啡网石组合地花、800mm×800mm 抛光砖（嘉俊）、地面297mm×297mm 防滑砖（嘉俊(BP3005)、300mm×300mm 防滑砖（亚细亚）、复合实木地板（大自然）等	240.00	77.00	63.40	380.40
三	墙面				
	300mm×600mm 墙面砖（亚细亚Q63002）、600mm×600mm 米黄色抛光砖（嘉俊 S26003）、墙纸（欧雅）、墙面石材、线条、墙面乳胶漆、定做门及五金（奥珀）等	432.00	83.60	103.12	618.72
四	厨卫用品				
	定做橱柜（雅科波罗）、洁具(TOTO)、龙头花洒（摩恩）、小五金（华亿达）等	210.00	74.80	59.96	344.76
五	照明用电部分				
	开关插座（松下）、灯具（迪宝、欧普）等	75.60	7.70	16.66	99.96
小计		1509.52			

数据来源：《陕西省城镇住房品质提升研究》调研结果

如表 4-4-5 所示为恒大翡翠龙庭精装房 3000 元/m² 交房标准。

中高层（跃式）内装修工程平方米包干单价分析表　　表 4-4-5

序号	工程项目	主材费（元/m²）	人工、机械及辅材费（元/m²）	管理、措施费（元/m²）	装修面积造价指标（元/m²）
一	顶棚				
	轻钢龙骨石膏板顶棚、石膏线、天花扇灰乳胶漆（多乐士 2000）等	90.00	86.90	35.38	212.28
二	地面				
	金碧辉煌石、浅啡石、深啡石地面及组合地花、复合实木地板（大自然）等	420.00	96.80	103.36	620.16

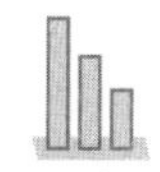

续表

序号	工程项目	主材费（元/m^2）	人工、机械及辅材费（元/m^2）	管理、措施费（元/m^2）	装修面积造价指标（元/m^2）
三	墙面				
	墙面埃及米黄、浅啡网、金碧辉煌石材、墙砖（亚细亚）、墙纸（欧雅）、墙面石材、线条、定做门（梦天）及五金（奥珀）、铁艺栏杆等	888.00	198.00	217.20	1303.20
四	厨卫用品				
	订橱柜（雅科波罗）、定做钢化清玻璃沐浴隔断（丹丽）、洁具（TOTO）、龙头花洒（摩恩）、小五金（华亿达）浴霸（林内）等	360.00	80.30	88.06	528.36
五	照明用电部分				
	开关插座（松下）、灯具（欧普、迪宝）等	252.00	33.00	57.00	342.00
小计		3006.00			

数据来源：《陕西省城镇住房品质提升研究》调研结果

4. 恒大翡翠龙庭案例启示

恒大的“精品战略——9A精装”结合“全流程标准化”及“全产业链管理”的业务模式支撑其精装发展战略的落地与实施，值得成品住房发展初期的房地产企业借鉴经验。

五、对策建议

（一）逐步扩大成品住房建设比例

处理好政府与市场的关系，既要加强政府引导，又要充分调动和发挥市场的主体作用，各市（区）住房城乡建设行政主管部门要根据城市建设发展规划和住房开发年度计划，明确开发建设成品住房的项目和比例。逐步对毛坯房预售加以限制，适时启动成品住房销售，提高成品住房在市场供应结构中的比重，更好满足人民群众的住房消费需求。

（二）加快编制成品住房建设用地规划

各市（区）要按照节约集约用地原则，在与土地利用总体规划、城乡规划等相关规划衔接的基础上，加快编制并实施成品住房开发建设用地规划。以国有出让方式供地的，可将成品住房建设比例要求，作为土地出让合同的内容之一，在招标拍卖挂牌公告与文件、地块建设条件意见书、国有建设用地使用权出让合同中明确成品住房建设比例要求；以划拨方式供地的，可在国有建设用地划拨决定书中写入相关内容。

（三）鼓励并推广菜单式装修模式

成品住房装修应提供建设单位自定式、用户选择菜单式等多种方式供购房者选择。建设单位应当对每个户型提供 3 套以上装修设计方案，每套装修设计方案均应提供可供选择的符合环保标准的材料设备菜单。在保证装修质量的前提下，积极倡导成品住房装修风格多样化，在同一个建设项目中推出多种不同装修风格的成品住房，努力满足购房者不同层次的装修需求。房屋交付后，购房者不得擅自拆除和破坏相关装修设施，不得损坏承重墙体、受力钢筋和拆改水、暖、电、燃气、通信等配套设施。

（四）完善成品住房技术体系

一是加快研究制定成品住房的设计标准、装修标准、验收标准、销售服务标准等全过程技术标准体系。研究应用住宅部品现场组装技术，加快形成成品住房装修的成套技术和通用化的部品体系，共同推动成品住房构件与部件的标准化生产与应用。二是制定成品住房性能评定标准、性能测定方法与标准等，全面提高成品住房开发建设整体水平；制定成品住房“星级评定标准”，对住房质量、住房品质、绿色环保等方面作出评价；构建成品住房信息服务与管理平台，不断完善成品住房开发建设监管体系。

（五）完善成品住房全生命周期管理体系

一是实行房地产开发企业资质等级升级与成品住房开发业绩挂

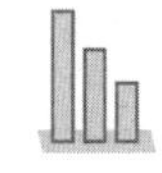

钩。参与绿色建筑评选、申报国家“广厦奖”及其他示范工程等评优的住房建设项目必须是成品住房项目。参与评优的开发住房项目的房地产企业，成品住房开发建设比例须达到60%以上；二是各级规划主管部门要根据本地区成品住房开发建设目标，在提出住房项目规划条件时，明确要求成品住房建设比例等内容，并加强监督管理。住房城乡建设主管部门要切实加强成品住房项目设计、施工、验收等环节的管理，设计文件编制中应做到土建与装修设计一体化，建筑设计与装修设计施工图一并进行施工图审查，主体结构和装修施工一并申请施工许可。鼓励成品住房项目实行工程总承包，实现设计、采购、施工一体化；三是成品住房项目的建筑装饰施工单位、装修材料和部品生产厂家要具有相应的资质和质量合格证书，并负责相应施工和承担产品的质量责任。成品住房装修应实行工程监理，严格监督每道工序，确保装修工程质量、工期和造价目标的实现。成品住房项目实行主体结构和装饰装修部分一并验收。成品住房项目应实行分户验收，并委托具有资质的第三方专业机构按照《民用建筑工程室内环境污染控制规范》GB 50325—2010 分户进行室内环境检测。没有组织分户验收或分户验收不合格、或尚有部分住宅及公共部分未完成装修、或分户室内环境检测不合格的成品住房项目，不予办理竣工验收备案手续。四是各地房屋管理部门加紧研究并制定成品住房实施细则，及时修订《商品房买卖合同示范文本》，规范成品住房管理；将成品住房装修及室内环境综合检测的相关内容直接纳入《住房质量保证书》和《住房使用说明书》，清晰划定责任主体及赔偿范围。

（六）给予激励扶持

一是对于实施成品住房的在建和新建商品住房项目，各市（区）可结合实际，整合相关财政资金和政策资源，给予激励和扶持。支持毛坯购房合同与装修合同分离，降低成品住房购房成本；二是为主动申请实施成品住房开发建设的开发企业开通绿色通道优先办理资质升级与延续、预售许可、竣工验收备案、销售备案等手续。开通成品住房购买者在办理房屋产权登记、证书办理领取、缴纳各种税费等方面的快速通

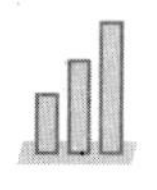

道；三是公共基础设施优先配套成品住房交付项目，做到基础设施与成品住房同步规划、同步建设、同步交付使用。加大学校、医院、商业、养老、公共交通、停车场等配套服务设施建设，切实增加成品住房交付项目即买即住的宜居性；四是鼓励金融机构在控制风险的前提下，积极支持房地产企业开发建设，加快开发适应成品住房开发建设需要的金融产品。支持房地产开发企业多措并举筹集资金，积极发展成品住房市场投资信托基金。加快成品住房众筹融资市场的建设，让中小投资者可以有更多途径进入成品住房开发建设的金融市场。

05 专题研究：陕西省智慧社区发展对策研究

智慧社区是以居民需求为中心，以社区服务为导向，充分利用互联网、物联网、电信网、云计算等新一代信息技术，整合信息和数据资源，深入分析和计算，形成以智慧技术高度集成、智慧产业高端发展、智慧服务高效便民为主要特征的社区发展新模式。

党的十九大报告提出，推动互联网、大数据、人工智能和实体经济深度融合，在中高端消费、创新引领、绿色低碳、共享经济、现代供应链、人力资本服务等领域培育新增长点、形成新动能，并明确提出建设“智慧社会”。社区作为社会有机体的基本组成单元，在“智慧社会”的建设征程中具有不可忽视的地位。“智慧社区”作为社区发展的一种新模式，对互联网、大数据与实体经济的融合发展，对创新引领、共享经济的增长驱动，对满足居民美好住房生活的需要具有不可替代的重要作用。因此，鼓励发展智慧社区将有助于提高居民居住体验，有助于提高住房“软品质”，有助于实现居民对美好生活的向往。

陕西省住房和城乡建设厅2016年出台的《住房城乡建设事业“十三五”规划纲要》提出，要推进城市智慧管理，推动城市基础设施智能化，积极发展智慧水务、智慧管网、智能建筑，实现城市水务、地下空间、地下管网、城市建筑物的信息化管理和运行监控智能化。因此，研究陕西省智慧社区发展现状、发现智慧社区在建设管理中存在的问题、学习先进地区智慧社区的经验，将会为陕西省智慧城市、智慧社会的建设提供参考，并对陕西省智慧社区的发展和提高城市居民的住房品质产生积极的影响。

本章的调研对象为截至2017年10月陕西省已建成的各类智慧社区服务中心。相关调研数据是通过对陕西省智慧社区居民、政府相关部门、房地产开发企业深入访谈所得。

一、基本现状及主要问题

（一）基本现状

2013年以来，以“骊山新家园”、陕西广电网络智慧社区服务中

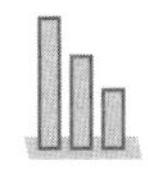

心、电信天翼智慧社区便民服务站为代表的智慧社区解决方案在陕西逐渐发展起来，目前已经建成一个国家级智慧社区示范项目“骊山新家园”、38个广电网络智慧社区服务中心、4个e美生活智慧社区、近150个天翼智慧社区便民服务站，初步形成了政府投资建设智慧社区，电信网络运营商提供智慧社区解决方案为特点的陕西智慧社区发展模式。

1. 政策回顾

2013年，陕西省人民政府出台《陕西省人民政府关于促进信息消费扩大内需的实施意见》，提出要建设“数字陕西—智慧城市”工程，加快智慧信用、智能交通等省市共建重点应用工程和城市一卡通、智慧城管、智慧社区等市级重点服务工程建设。

2014年，中共咸阳市委、咸阳市人民政府发布《关于加快实施信息优政惠民工程有关工作的通知》，提出要在智慧城市建设中重点推进信息优政惠民工作，实施五项基础共享和“五个一”应用项目，加快信息化公共服务平台建设，提升均等普惠水平，全面建设智慧咸阳。

2016年，陕西省住房和城乡建设厅出台《住房城乡建设事业“十三五”规划纲要》，提出要推进城市智慧管理，推动城市基础设施智能化，积极发展智慧水务、智慧管网、智能建筑，实现城市水务、地下空间、地下管网、城市建筑物的信息化管理和运行监控智能化。

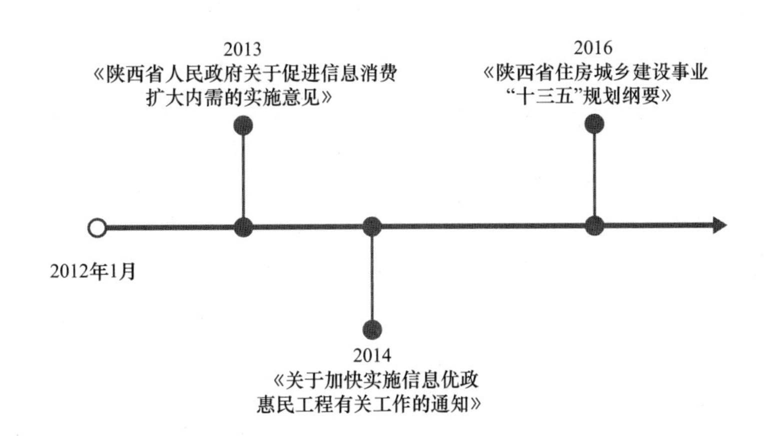

图5-1-1　陕西省智慧社区政策发展时间轴

2. 建设模式

（1）政府投资建设模式

以“骊山新家园”为代表的政府建设保障房小区结合智慧社区治理是陕西省智慧社区发展的一个特色。骊山新家园为回迁安置房，由于该项目面积大、户数多、物业管理范围广、管理内容繁杂。为了便于管理，服务于社区居民，经过充分论证，政府决定通过搭建“智慧民生 e 空间服务站”，集成各项社会管理和服务功能，建成以民生 e 空间管理系统、社区一卡通系统、社区基础设施通信系统、社区安防系统四大系统为主要实施项目的智慧社区。

大型保障性住房小区与智慧社区解决方案的结合，更便于社区管理和居民服务，政府牵头“保障房＋智慧社区”的建设，有利于改善民生，推动电子公共服务向基层延伸，并形成智慧社区示范效应。

（2）电信网络运营商整合资源模式

以中国电信、广电集团为代表的电信网络运营商基于自身的业务基础，各自提出了智慧社区解决方案，并开展实施。

中国电信提出的智慧社区解决方案主要是凭借中国电信的城市光网、无线宽带、4G 网络等基础媒介，通过整合自身的云平台、基础数据库、地图引擎、消息引擎、支付平台、数据挖掘引擎等资源，建立包含智慧家庭、智慧政务、智慧民生、智慧物业等服务的智慧社区服务体系。目前，中国电信在陕西省建设的天翼智慧社区便民服务站已近 150 个，绝大多数集中于西安市的 9 个行政区，已经开展了包括智能家居、家庭安防、远程医疗服务等在内的各项基础业务，为智慧社区服务体系向其他领域拓展打下了一定的基础，其智慧社区体系架构如图 5-1-2 所示。

广电提出的智慧社区解决方案是利用广电网络基础，通过数字电视机顶盒等终端，提供包含餐饮娱乐、居家养老、家庭安防、智慧医疗等在内的便民服务。

国有电信企业率先推广的智慧社区运营模式，丰富了智慧社区的发展方向，充分调动了企业参与智慧社区建设的积极性，是陕西省智慧社区发展的另一种模式。但由于企业整合政府资源的难度较大，故这种模

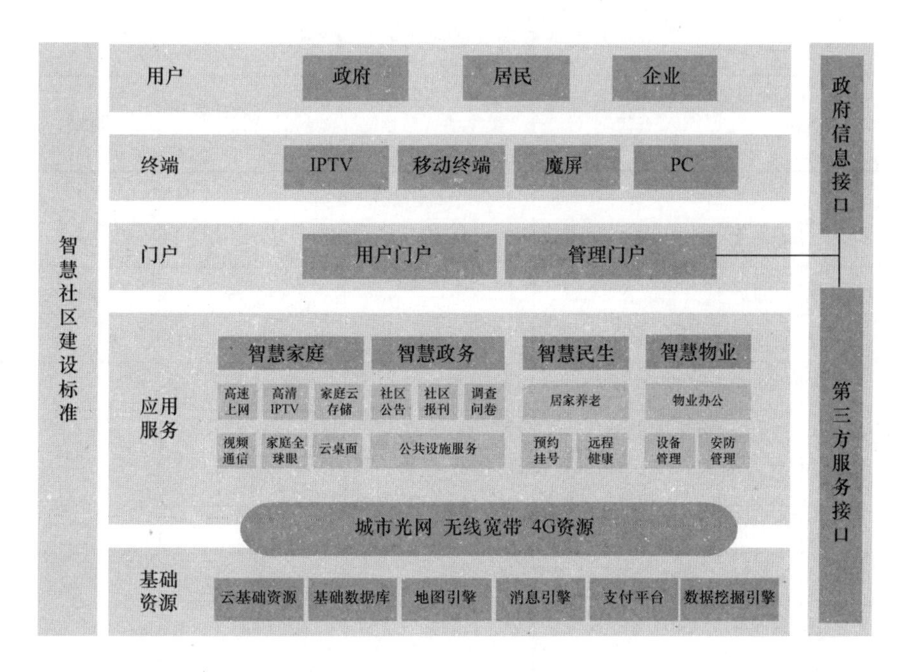

图 5-1-2　中国电信智慧社区解决方案

式下智慧政务的发展水平不高。

3. 分布状况

截至 2017 年 10 月，陕西省智慧社区服务中心共有 149 家，分布不均。从服务中心的类型来看，主要是陕西广电网络智慧社区服务中心、天翼智慧社区便民服务站和宝鸡市的 e 美生活智慧社区。其中，陕西广电网络智慧社区服务中心 38 个，分布于陕西省 8 个地级市，其服务中心的分布与地区人均 GDP 相关，相关系数达到了 79.54%（表 5-1-1）。智慧社区服务中心的分布与各地区人均 GDP 和人口规模呈现较强的相关关系，相关系数分别为 55.19%和 79.26%（图 5-1-3）。智慧社区服务中心数量主要集中在西安市，达到 113 家，占陕西省比重为 75.84%（图 5-1-4）。各地区智慧社区服务中心主要集中在经济发展水平较高的区县，以西安市为例，GDP 较高的区，如未央区、雁塔区，其智慧社区服务中心的数量也达到最高的 25 和 28 家，相关系数达到了 74.83%（图 5-1-5）。

陕西省智慧社区服务中心数量统计　　　　表 5-1-1

地区		陕西广电网络智慧社区服务中心	e美生活智慧社区	天翼智慧社区便民服务站	合计
安康	汉滨区	4			5
	旬阳县	1			
汉中	汉台区	3			3
商洛	山阳县	3			3
宝鸡	金台区	1	3		8
	渭滨区	2	1		
	岐山县	1			
铜川	耀州区	1			1
咸阳	杨陵区			1	1
西安	新城区	1		6	113
	碑林区	2		7	
	莲湖区	2		21	
	雁塔区			25	
	长安区			7	
	灞桥区			7	
	未央区			28	
	阎良区	2		2	
	高陵区	1		2	
延安	甘泉县	1			4
	子长县	1			
	延长县	1			
	富县	1			
榆林	榆阳区	2		1	11
	靖边县	3			
	绥德县	1			
	子洲县	1			
	米脂县	1			
	府谷县	2			
渭南	无				

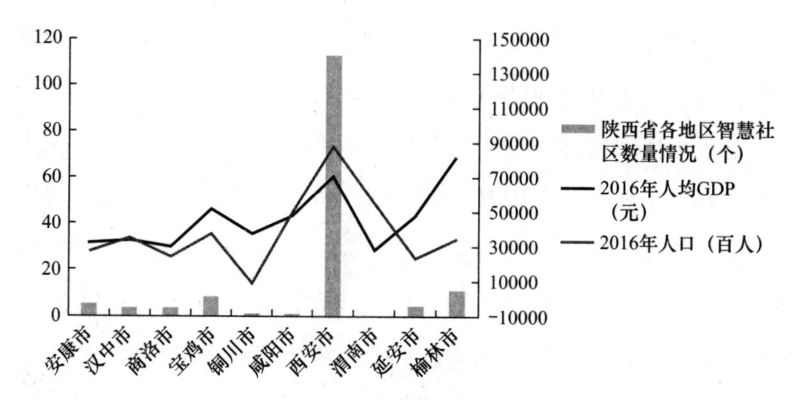

图 5-1-3　陕西广电网络智慧社区服务中心分布状况

数据来源：《陕西省城镇住房品质提升研究》统计调查结果

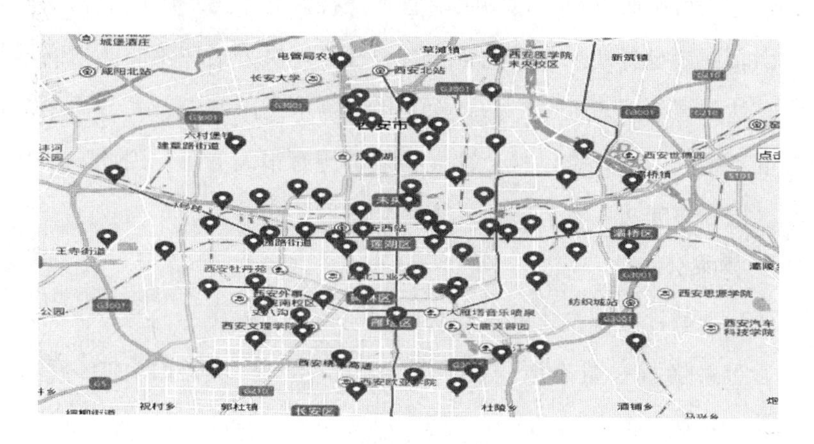

图 5-1-4　西安市智慧社区分布状况

数据来源：百度地图

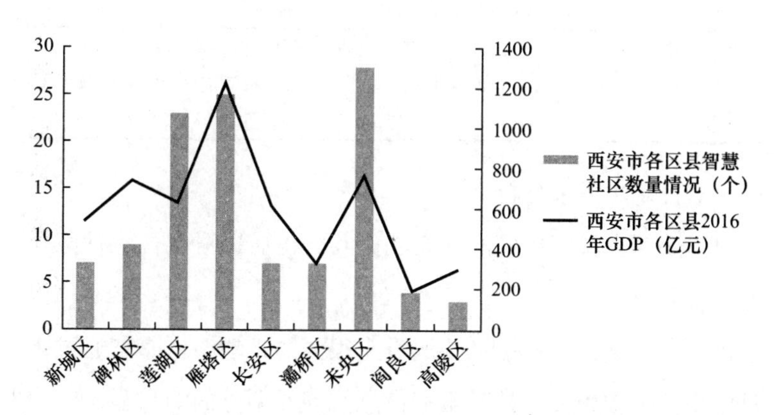

图 5-1-5　西安市各区县智慧社区服务中心状况

数据来源：《陕西省城镇住房品质提升研究》统计调查结果

4. 发展阶段

根据社区业务处理对“智慧”的需求以及当前的技术支撑能力，智慧社区的发展阶段大体可分为三个层次：一是智慧感知阶段，即社区信息化平台像一个生命体的智慧感知器官一样，能够感知社区居民的社情民意和公共资源状况；二是智慧处理阶段，即社区信息化平台像一个生命体的大脑一样，能够通过机器智能与专家智慧相结合的方式实现社区治理和服务业务的综合分析和决策；三是整体智慧阶段，即社区信息化平台像一个智慧生命体一样，能够足够“聪明”地进行相应业务的分析和决策。

通过项目调研发现，目前陕西省智慧社区处于第一阶段的初期，除了骊山新家园智慧社区，其他企业智慧社区解决方案在陕西落地的项目都没有达到智慧感知水平。一方面受市场需求的限制；另一方面也与建设标准不统一，企业难以整合社区物业资源有很大关系。因此，多数智慧社区服务“噱头”趋势明显，智慧化程度不高。

5. 需求分析

（1）智慧社区各主体基本需求分析

通过对陕西省城市居民的调研访谈，发现目前社区主体存在如表 5-1-2 所示需求。

社区各主体需求分析　　表 5-1-2

需求方	内容
社区居委会	社区公告、应急广播、便民服务
物业管理方	与业主的沟通渠道、减少人员开支、提高业主满意度
业主方	安防服务、便捷舒适的生活环境

（2）居民基本需求分析

通过对陕西省城镇居民的问卷调查，分析居民对于智慧社区建设与服务的基本需求。

居民对于智慧社区的信息获取具有很强的兴趣，更愿意通过平台获取与日常生活密切相关的社区服务信息。问卷调查的结果显示，61％的居民愿意通过智慧社区服务平台获取信息。而对信息的具体内容，78％的居民愿意通过平台获取与生活相关的街道、社区的通知公告，只有

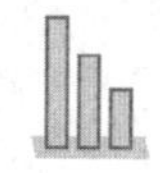

35%的居民愿意通过平台获取国家大事，相较于后者，社区居民更加关心公共设施的开放、街道社区组织的活动等（图 5-1-6）。

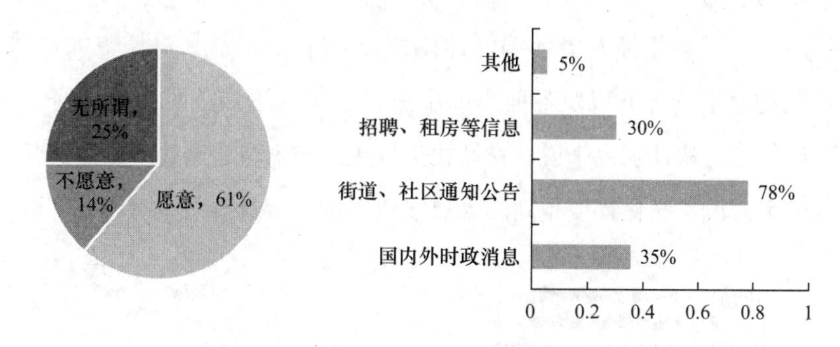

图 5-1-6　居民对智慧社区信息获取的需求

数据来源：《陕西省城镇住房品质提升研究》抽样调查结果

中年人对智慧社区的积极性更高。调查结果显示，34%年轻人（20～39 岁）对通过智慧社区平台进行信息获取表示无所谓，仅有 47%的年轻人表示愿意通过智慧社区平台获取信息。年轻人由于拥有电脑、智能手机和其他智能设备，获取信息的渠道相对固定和便利，因此对于智慧社区的固定信息服务并不一定感兴趣。而高达 76%的中年人（40～59 岁）表示愿意通过智慧社区平台获取信息。中年人由于要赡养老人、抚养子女、更加需要参与社区生活，因此对智慧社区的信息服务更加重视。老年人（60 岁及以上）愿意通过智慧社区平台获取信息的比例最低，主要是因为老年人使用智能设备的比例较低，智慧社区平台不一定能让老年人使用起来得心应手（图 5-1-7）。

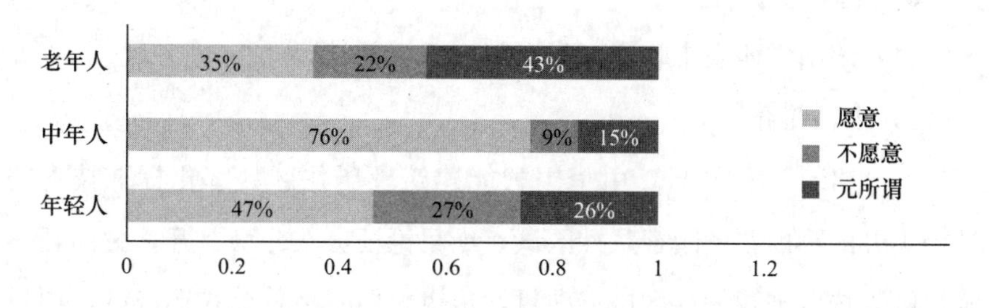

图 5-1-7　不同年龄段对智慧社区信息获取的需求

数据来源：《陕西省城镇住房品质提升研究》抽样调查结果

社区居民的偏好因个人情况不同而差异较大。调查显示，居民对智慧社区服务偏好最高的是平安服务、就近购物，家政服务、就近医疗和就近健身，分别达到了被调查者的87%，81%，70%，65%和62%。从年龄上来说，年轻人更加偏好休闲娱乐，中年人家庭责任更大一些，注重购物、平安服务以及各种咨询服务，老年人更加注重医疗服务、物价、出行等。从性别上来说，女性比男性更注重家政、购物等服务。从文化程度上来说，文化程度越高的人更注重咨询、健身等服务（图5-1-8）。

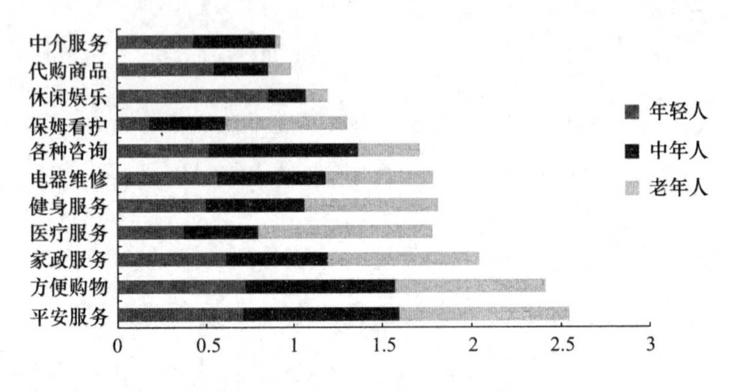

图5-1-8　个体对智慧社区的应用偏好

数据来源：《陕西省城镇住房品质提升研究》抽样调查结果

以上调查结果表明，当前陕西省居民对智慧社区的需求主要集中于日常生活服务，可能与陕西省智慧社区发展程度不高、对智慧社区认知度不足有关。因此，从目前来看，智慧社区的建设应该以满足居民日常生活的便利性为出发点，以更好地契合居民的生活，并逐渐向更深层次的服务进行拓展。

6. 典型案例

（1）陕西省西安市临潼区骊山新家园智慧社区

1）项目简介

2013年12月30日，由全国智能建筑及居住区数字化标准技术委员会主办的骊山新家园智慧社区试点项目论证会在北京召开，骊山新家园社区入选全国智慧社区试点项目，这也是西安市首个入选该试点项目的社区。骊山新家园是西安市的一项重大民生工程，也是目前西安规模最大、配套设施最为齐全的新型城镇化社区。

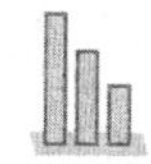

骊山新家园智慧社区总投资约18亿元，占地面积1250亩，总建筑面积144万m^2，其中住宅面积111万m^2，规划建设住宅总套数9869套，可集中安置3万余人。社区内为保证新居民的日常生活、教育及文化需求，规划了幼儿园、小学、中学、社区服务中心、社区医院、公共商业、综合市场等配套设施以及污水处理厂等市政环卫设施。并且结合当地的民俗及生活特点，增加了占地21亩的民俗文化广场和民俗窑洞，这些赋予传统文化的设施，满足了新居民的精神文化生活（图5-1-9）。

图5-1-9　骊山新家园智慧社区

2）服务内容

骊山新家园智慧社区结合“大社区多区域”的特点，通过搭建“智慧民生e空间服务站”，集成各项社会管理和服务功能，多角度、多层次、多方面展示临潼国家度假区绿色城乡统筹智慧新区。

“智慧民生e空间服务站”，集成智慧临潼服务之窗、政务服务中心、政府服务热线等多种服务功能，推动电子公共服务向基层延伸，涵盖百姓生活的方方面面，实现数字化、智慧化。主要涵盖民生e空间管理系统、社区一卡通系统、社区基础设施通信系统、社区安防系统四大系统。具体的内容如表5-1-3所示。

骊山新家园智慧社区智慧服务内容　　　　表5-1-3

四大系统	功能子系统
民生e空间管理系统	包括民生e家园、e教育、e就业、e服务、e统计和绿色城乡统筹等，目前所有系统已经实施上线并对社区提供服务
社区一卡通系统	包括社区消费系统、IC卡门禁系统、IC卡家庭管理系统、停车场管理子系统等，这将加强对人、财、物的有序及有效监控管理，提高了资源的共享利用率

续表

四大系统	功能子系统
社区基础设施通信系统	涵盖综合布线和多网融合两个子工程，将会为社区内的信息服务提供更加便利的基础设施条件，简化网络系统的维护
社区安防系统	包括视频监控子系统、周界安防子系统和出入口管理控制系统，不仅能保证社区的安全，也将提高社区管理的效率，共享社区安防数据

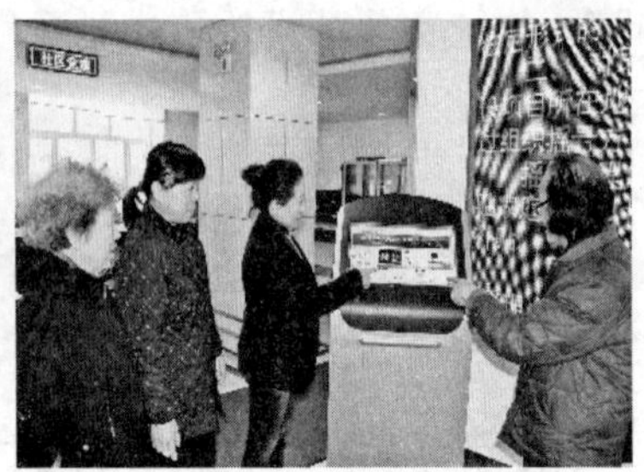

图 5-1-10　骊山新家园“智慧民生 e 空间服务站”

3）解决方案

骊山新家园智慧社区以紧贴民生需求、立足社区服务为原则，积极提高信息化基础设施水平，提升居民智慧社区感知认知。社区主要建设内容为构筑一体化联动政务工作平台，构筑以民情档案为重点的社区业务管理平台，构筑以城市应急指挥中心为切入点的智慧城管和安防体系。通过智慧政务、智慧社区、智慧园区等多层面的建设，有效协助社区管理和提升社区生活。

同时相较其他社区，骊山新家园智慧社区更强调家门口的便捷服务。例如开通 1 个多月就有 700 多笔订单的代买代购服务，对居民来说，可以在 90min 内坐等价廉物美的商品送货上门；对社区来说，则是救活了面临电商冲击的传统商业；对社会管理来说，可以将原先经营三轮车等非正规就业的人员转化为送货员，可谓是一举三得。此外，骊山新家园智慧社区积极打造电子政务协同工作平台、智慧产业园区建设平台、科技助老信息服务平台等多个智慧实体，通过多层次的科技平台建设，力求囊括社区群众日常生活需求的方方面面，利民惠民，实现智慧的社区。

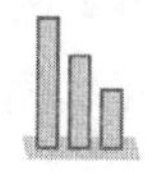

（2）陕西广电网络智慧社区

1）项目简介

陕西广电网络智慧社区自 2016 年开始在陕西省落地，截至 2017 年 9 月 31 日，已开设线下智慧社区服务中心 38 个，分布于陕西省的各主要地市。广电运营商基于拓展客户和维护客户关系的需要，提出智慧社区解决方案，包括小区网络基础建设、公共智能化、家居智能化、智慧社区云服务平台四个部分，以实现家居智能、服务便捷、安全舒适的社区生活体验。

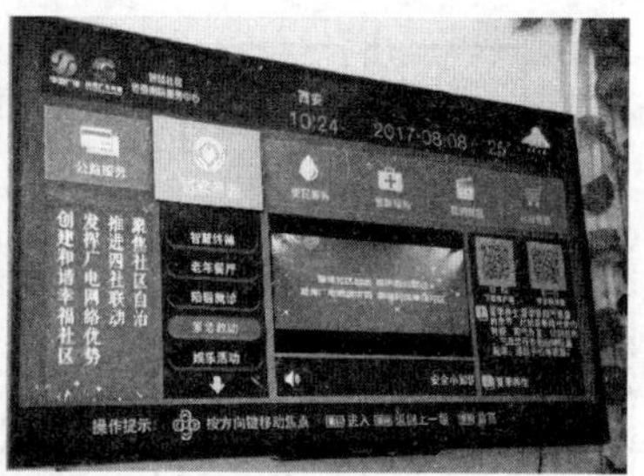

图 5-1-11　陕西广电网络智慧社区服务中心

2）服务内容

陕西广电网络基于自身的广电网络基础设施，开发以智慧社区云服务平台为基础，聚合政务服务、社区互助服务、社区物业服务、社区医疗服务、社区商圈服务、智能家居服务等便民服务为一体的智慧社区服务系统，通过社区网络连接居民与社区服务商，使社区能够通过手机、电视、iPad、PC 享受智慧社区综合服务。具体的服务内容如表 5-1-4 所示。

陕西广电网络智慧服务内容　　　　**表 5-1-4**

服务项目	服务内容
社区政务	申领老年人优待证、独生子女父母计生奖励申请、低保年审、残疾人求职登记等
社区互助	社区义工服务、志愿者服务、公益活动、特殊人群帮扶等
社区物业管理	物业咨询、投诉、建议、社区公告、物业报修、催费缴费等
社区医疗	健康体检、电子病历、健康分析、远程挂号、健康档案等
社区商圈	家政服务、送餐服务、洗衣服务、预约服务、有机蔬菜配送等
智能家居	可视对讲、电子门禁、家居安防、家居控制、远程监控、家庭娱乐等

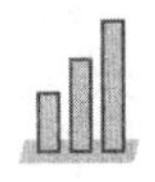

3）解决方案

构建智慧宜居云服务社区平台，依托社区物业服务公司及商业运营商，围绕政府信息化服务以及家庭服务，提供便捷有效的社区街道、物业公司和业主的物业服务交流沟通渠道；基于 Saas 架构的平台应用框架能力，整合各类服务资源，构建智慧社区体系；通过在该平台运行社区电子政务服务实现社区信息化建设向各个家庭的延伸，通过在平台上商业运营实现物业公司、业主用户、商家、运营商的多方共赢，并实现平台效益（图 5-1-12）。

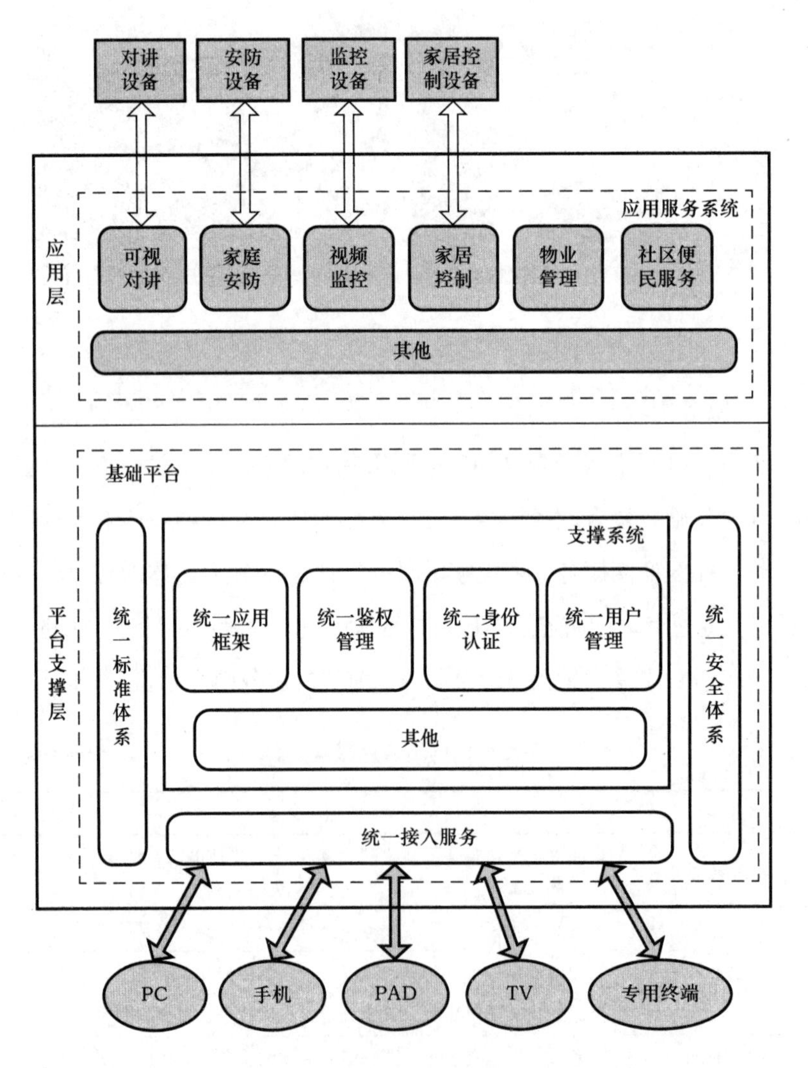

图 5-1-12　广电网络智慧社区云服务平台系统架构

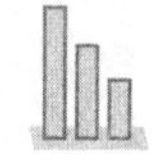

4）存在问题

陕西广电提出的智慧社区解决方案很好地考虑到了居民生活的方方面面，但由于智慧社区在陕西省起步较晚，较低的居民参与度和市场接受度，使得广电网络智慧社区的用户实际使用情况并不是很乐观。调查中发现，一方面广电网络智慧社区数量较少，难以覆盖到绝大多数社区；另一方面，智慧社区服务中心人才也较为缺乏，服务意识不强，服务内容华而不实，智慧化的应用实践并不多见。

（二）主要问题

虽然陕西省各建设主体已经对智慧社区进行了一定尝试，并落地实施了一些示范项目，但陕西省智慧社区建设发展中仍然存在不少问题：

1. 缺乏统一规划和部署

智慧社区是在智慧城市的基础上提出来的，应该成为智慧城市的基本组成单位，在局部与整体之间形成一体化的组织模式进而提高社区居民的居住品质。但是陕西省的智慧社区建设大多以试点形式呈“点”状发展，没有形成“面”的整体结构，各自相对独立，缺少统一的顶层规划。这种独立性不仅体现在功能单元（单个社区）的各自独立上，还体现在不同类型智慧社区建设牵头单位之间的条块分割上。目前，陕西省政府还没有专门的智慧社区领导机构来统筹和协调智慧社区建设事务，缺乏智慧社区的相关政策、法规，各建设主体之间相互独立，缺乏横向的沟通关联，信息孤岛现象严重，难以形成整体推进的态势。

2. 制度保障相对落后

智慧社区的建设需要一定的技术标准和规范来促进行业的发展，形成规模效应。同时，智慧社区的发展中需要一定的社会规范来调节智慧社区建设不同主体之间的利益关系，如信息安全责任、个人信息保护等。陕西省自 2013 年起，出台了一些关于信息化建设的文件，但还未出台专门针对智慧社区或智慧城市建设的标准、规范。而北京、上海、广东等省市，从 2012 年开始，陆续出台关于智慧社区的行动纲要、建设指南、指导意见等（表 5-1-5）。

智慧社区保障制度对比　　　　表 5-1-5

地区	时间	地区	政策名称
北京	2012	北京市人民政府	《智慧北京行动纲要》
	2012	北京市人民政府	《北京市“十二五”时期社会建设信息化工作规划纲要》
	2013	北京市社会办、经济信息化委员会、民政局	《北京市智慧社区建设指导标准》
	2017	北京市住建委、北京市规划国土委	《北京市共有产权住房规划设计宜居建设导则（试行）》
上海	2013	上海市浦东新区经济和信息化委员会	《浦东新区智慧社区建设指导意见》
	2013	上海市经济信息化委、市民政局、市文明办	《上海市智慧社区建设指南（试行）》
	2014	上海市经济和信息化委员会	《上海市推进智慧城市建设行动计划（2014-2016）》
	2015	上海市经济和信息化委员会	《上海市智慧社区发展白皮书（2015）》
	2016	海市嘉定区科学技术委员会	《嘉定区智慧社区建设指南》
	2017	上海市发展和改革委员会	《上海市推进智慧城市建设“十三五”规划》
广东	2012	广州市人民政府	《中共广州市委广州市人民政府关于建设智慧广州的实施意见》
	2015	广东省人民政府办公厅	《广东省新型城镇化“2511”试点方案》
	2017	广州市人民政府办公厅	《广州市城市基础设施发展第十三个五年规划》
陕西	2013	陕西省人民政府	《陕西省人民政府关于促进信息消费扩大内需的实施意见》
	2014	中共咸阳市委、咸阳市人民政府	《关于加快实施信息优政惠民工程有关工作的通知》
	2016	陕西省住房和城乡建设厅	《住房城乡建设事业“十三五”规划纲要》

因此，陕西省智慧社区建设的标准规范十分匮乏，导致智慧社区的产品五花八门，大多数智慧社区服务华而不实，智慧化程度低，居民使用率低，难以形成智慧社区建设产业规模。同时，有关信息安全责任、个人信息保护等法律法规没有相应完善，智慧社区中各行为主体对风险与责任的承担缺乏刚性约束，不利于智慧社区的建设和运营。

3. 面向社区的政府公共服务体系不健全

智慧社区是智慧城市建设的最后一公里，智慧社区建设是提升政府服务效率的重要途径。建立健全政府各部门面向社区的服务方式和服务

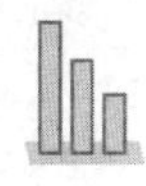

标准体系，有利于智慧政务的进一步发展。目前，陕西省政府相关职能部门面向社区的公共服务解决方案尚未成熟，面向社区的公共服务标准体系尚未建立，智慧政务发展水平不高。

4. 信息通信基础设施相对薄弱，互联网普及率有待提升

智慧社区的发展离不开信息通信基础设施的建设和居民的互联网使用习惯。从应用终端来看，城市主要的信息基础网络有固定电话网、移动通信网、数据通信网和有线电视网。反映信息通信基础设施的主要指标有光缆线路长度、人均局用交换机容量等；反映居民通信网络使用情况的主要指标有电话普及率、互联网普及率等。2015 年陕西省光缆线路长度 70.83 万 km，同期的广东省、四川省光缆长度分为 164.57 万 km 和 161.70 万 km，陕西省通信基础设施的建设还有待加强；2015 年陕西省互联网普及率为 50%，而同期的北京、上海、广东等地互联网普及率分别为 76.5%、73.1%和 72.4%，虽然比同期的四川、重庆、甘肃、宁夏等西部地区的互联网普及率略高一些，但陕西省居民的互联网普及率与北京、上海、广东等地区相比，还有很大的提升空间（图 5-1-13）。

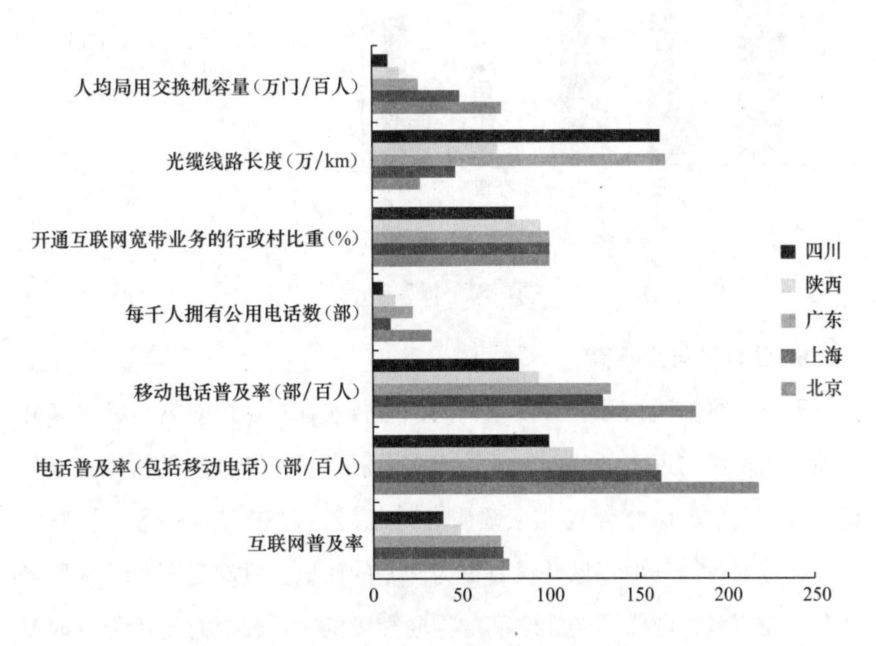

图 5-1-13　信息通信基础设施及使用情况

数据来源：国家统计局

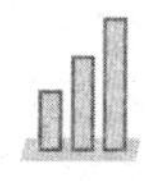

5. 服务人才缺乏

智慧社区应用了丰富的现代信息技术，其管理与服务模式和传统社区有很大不同。智慧社区的建设不仅需要网络管理、系统安全、软件编程等专业高级人员，还需要大量的掌握基本信息网络应用知识的一般工作人员。国家统计局数据显示，2015 年陕西省信息传输、计算机服务和软件业城镇单位就业人员为 10.23 万人，占陕西省城镇就业人口的比重为 2.00％。同年，北京、上海、广东分别为 68.01、25.44、35.31 万人，占本省市城镇就业人口的比重分别为 8.75％、3.99％和 1.81％（图 5-1-14）。因此，相比北京、上海等先进地区，陕西省网络信息行业的从业人员比重较为不足，不管是掌握高端技能的专业人员还是掌握一般技能的服务人员都存在大量空缺，无法满足智慧社区建设发展的需求。

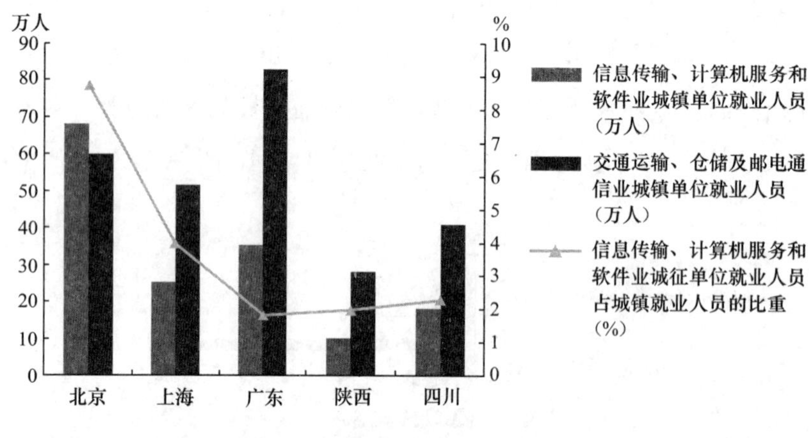

图 5-1-14 智慧社区相关人才状况

数据来源：国家统计局

6. 公众参与度不高

通过大量的走访和调查发现，陕西省普遍存在居民对智慧社区认知片面、居民参与度较低的问题。绝大多数居民对智慧社区的认知仅仅停留在方便购物、医疗养老、家政服务等领域，对于智慧政务、智慧家居、智慧物业等其他领域并没有更为深刻的认识。且缺乏智慧社区服务平台的使用者与政府、企业之间的沟通交流机制，公众意见不能及时反馈给服务平台的设计者，在一定程度上限制了智慧社区服务功能的完善，也影响了公众对智慧社区建设的积极性。

二、政策借鉴及案例启示

（一）政策借鉴

智慧社区代表了一种现代的生活方式，与地区经济发展水平有较大关系，智慧社区的发展也与地区政策的推动密不可分。北京、上海、广州等城市智慧社区发展较快，智慧社区目前主要集中在这些大城市的主要社区。因此，借鉴先进地区的政策经验，对陕西省智慧社区的发展具有重要的参考意义。

1. 政策梳理

以北京、上海、广州等智慧社区发展水平较高的城市为例，三个城市分别从2011年、2013年、2009年开始发布关于发展智慧社区的指导和规范，并给予了政策方面的引导和支持（图5-2-1、图5-2-2）。

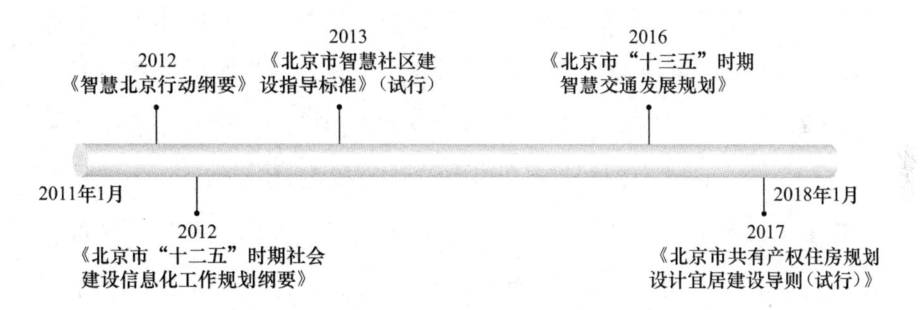

图5-2-1 北京市智慧社区政策发展时间轴

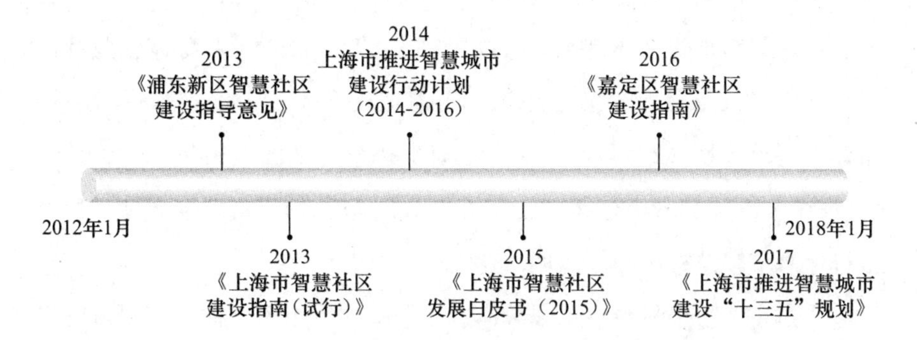

图5-2-2 上海市智慧社区政策发展时间轴

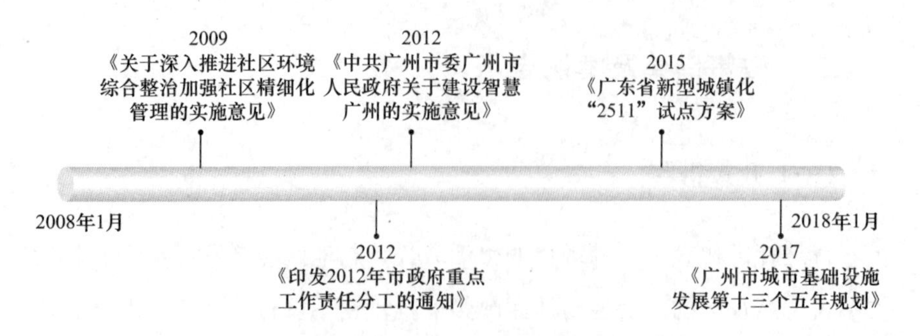

图 5-2-3 广州市智慧社区政策发展时间轴

2. 借鉴与启示

北京——智慧社区“五化”与星级评价。2013 年，北京市社会办、市经济信息化委会同市民政局联合印发《北京市智慧社区建设指导标准（试行）》，提出对社区居民“吃、住、行、游、购、娱、健”生活七大要素的数字化、网络化、智能化、互动化和协同化，“五化”成为北京市智慧社区建设的指导方向，对北京市智慧社区的建设与发展具有重大的指导意义。2014 年，北京市社会建设工作办公室发布“关于认定 2014 年北京市星级智慧社区的通知”，首次提出智慧社区按星级划分。此举有力推进了智慧社区的发展。到 2016 年底，北京市共有 1672 个星级智慧社区，其中五星级智慧社区 224 个、四星级智慧社区 215 个、三星级智慧社区 814 个、三星及以上社区占全部智慧社区的 75%，并计划 2017 新建 362 个智慧社区，并推进 630 个智慧社区升星。

上海——制定智慧社区发展计划。上海市对智慧社区发展的重视在一系列计划与报告中体现出来。除了 2013 年发布的《上海市智慧社区建设指南（试行）》，2014 年以来，上海市发布了《上海市推进智慧城市建设行动计划（2014-2016）》《上海市智慧社区发展白皮书（2015）》《上海市推进智慧城市建设“十三五”规划》等一系列政策文件，积极推进上海市智慧社区与智慧城市建设。

广州——一个平台、二个载体、三个基础、四大支柱。广州市制定了在智慧社区总体框架：一个平台——智慧社区综合管理与服务平台；二个载体——社区服务站，智慧家庭；三个基础——信息基础设施、空

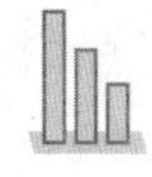

间基础数据、使用智慧社区的人；四大支柱——智慧社区标准体系、管理体系、核心技术体系、政策法规。主要成果包括公共信息平台、智能安防系统、智能家居系统、智慧停车系统、周边智能服务、医疗养老系统。借助社区的建成，广州市培训了一批专业性的人才，为社区的顺利运行提供服务，继而以标准化的管理手段促进城市管理，提高社区服务整体水平。

北京、上海、广州等智慧社区发展先进地区适时出台智慧社区建设指南、智慧社区行动纲要、智慧城市建设规划等相关的政策，在一定的智慧社区总体框架内，更容易形成智慧社区建设合力，推动本地区的智慧社区发展整体水平。

（二）案例分析与启示

1. 江苏省连云港市东海县颐湖园智慧社区

（1）颐湖园智慧社区项目基本信息

江苏省连云港市东海县颐湖园项目是由全国数码产业第一品牌的颐高集团开发建设，项目坐落于东海县城市新中心——西双湖板块，是一个以“精品科技住宅＋城市商业中心”核心定位的高科技、高品质、高端的宜居生活社区（图 5-2-4）。依托颐高集团先进的文化优势、厚重的品牌优势、丰富的资源优势和科学的管理优势，以“科技改变生活”为发展理念，致力打造东海房地产高档社区。

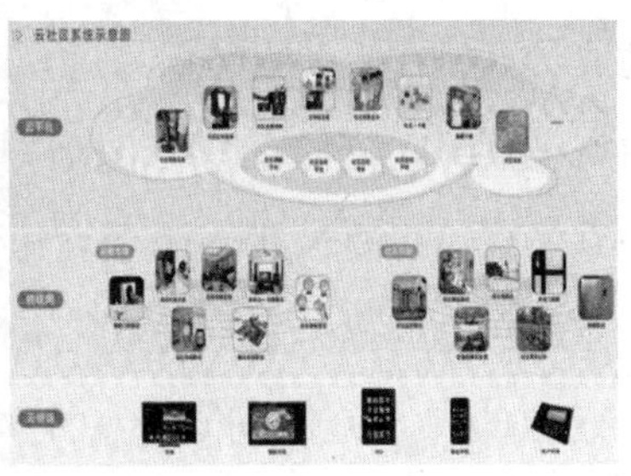

图 5-2-4　颐湖园智慧社区

颐湖园智慧社区总占地面积 81399m^2，总建筑面积 48500m^2，容积率 2.41，绿化率 46％，总户数 385 户，停车位 1∶1.5，建筑类别为高层、中高层、多层，毛坯房，主力户型为三室两厅一卫以及两室两厅一卫（图 5-2-5），项目于 2012 年 7 月开工、2015 年 1 月竣工。颐湖园项目力求打造皇家御花园式的超豪华社区，以古罗马风格的建筑为主，内含西式的雕刻以及来自全国各地的珍贵树本，创造优雅的生态环境。同时项目周边有全国 50 强颐高数码广场，与海尔集团合作打造的高端物业管理。

图 5-2-5　上海陆家嘴街道

（2）颐湖园智慧社区智慧化内容

颐湖园项目是东海首个全智能化科技智慧豪宅，于 2012 年 12 月被住建部全国智标委评选为“全国 3G 物联网智慧社区应用试点项目”。此项目采用专用智能化门禁系统电梯、宽带接入导流等多种智能化系统，使人们足不出户，甚至于在数千里之外遥控家里的空调设备进行温度调节和家庭电器的控制，窗帘的闭合，照明亮度的调整。当家庭中发生安全警报（包括匪警、火警、燃气泄漏及疾病紧急呼救等），在外的家庭成员可以在接到报警信息后，通过电话线路或互联网查询和确认家中的安全状况，甚至通过网络摄像机直观地监视家中情况，电梯联动自动停靠系统，只要携带一卡通，电梯就会自动到一楼或住户所在的楼层。在两次全国智标委专家团队实地考察指导下，住建部、全国智标委验收组在 2014 年对颐湖园智慧社区试点项目进行评审并颁授智慧社区验收牌。

（3）颐湖园智慧社区总结及启示

颐湖园智慧社区应用了丰富的现代信息技术，以区别于传统社区的管理与服务模式，打造智慧社区品牌，总结起来，有如下启示：

突出技术层面，顺应发展趋势。颐湖园努力提升社区技术水平，完善小区现代信息技术建设，在技术方面充分体现了现今智慧社区发展趋势，即网络泛在化、系统集成化、设备智能化、设计生态化。具体内容如表 5-2-1 所示。

颐湖园智慧社区技术评价 **表 5-2-1**

网络泛在化	通过完备的社区局域网络和物联网络实现社区机电设备和家庭住宅的自动化、智能化，同时实现网络数字化远程智能化监控
系统集成化	将社区内信息孤岛通过平台建设走向集成，大大提高社区系统的集成程度，信息和资源得到更充分的共享，提高了系统的服务能力
设备智能化	通过各种信息化特别是自动化技术、物联网技术、云计算技术的应用，不但使居民的信息得到集中的数字化管理，基础设施与家用电器自身的各种基础及状态信息可通过互联网获取，并可通过互联网对这些设备进行控制
设计生态化	将生态化理念与技术深入渗透到建筑智能化领域中，以实现人类居住环境的舒适和可持续发展目标

围绕社区居民，贴近日常生活。颐湖园智慧社区坚持信息化应用始终围绕着居民日常生活展开，力求将智慧应用渗透到居民生活的各个方面。具体表现在以下几方面：①延伸智慧家居到家庭内部，各种电子信息设备、通信设备、娱乐设备、家用电器、自动化设备、照明设备、保安（监控）装置等连成网络，通过多功能智能控制器、互联网和物联网络可以实现远程控制；②建设完成了示范体验中心、社区门户网站、三个实有等一系列便民惠民信息化应用项目，增强互动性，强化服务性；③不断丰富与完善电子商务、远程医疗与救助服务、一站式政务服务等智慧化服务，使社区居民生活方式更加智慧、更加便捷。

2. 上海市陆家嘴智慧社区

（1）上海陆家嘴智慧社区项目基本信息

陆家嘴街道被上海市列为首批智慧社区试点单位，被新区列为智慧社区综合示范单位。社区发展中心也被工信部授予“国家软件与集成电路公共服务平台/MIIT-CSIP 上海陆家嘴物联网创新中心”称号，承担陆家嘴智慧社区整体建设协调、指导、资源整合、信息维护，以及创新培育和社会动员等功能。截至 2016 年底陆家嘴部落已孵化项

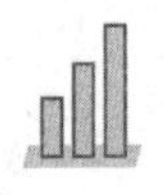

目工作组 20 余个，每年成立公司 5 家，已经培训交流 540 场，并将陆家嘴模式输出到 18 个城市，用“自治金”的模式培育社区自治团队 649 个。

陆家嘴街道隶属上海市浦东新区，位于浦东新区中心区域。辖区东起源深路，南界张杨路，西、北临黄浦江，面积约 6.89km^2。2012 年，陆家嘴街道有人口 16 万，2013 年户籍人口约 11.87 万，外来人口近 4 万，居民区 31 个，世纪大道、浦东大道、浦东南路、东方路、张杨路等构成区域公共交通的主干网。2011 年，陆家嘴街道共有医疗卫生机构 2 家，陆家嘴社区卫生服务中心位于陆家嘴金融贸易区，是一所一级甲等综合性医院。2013 年，陆家嘴街道有中、小学、幼儿园 40 余所，技校 5 所，是陆家嘴街道社区内的各类教育、文化、科研、体育等资源，联合社会各种办学力量建立的面向社区全体公民从事非营利性的社区教育活动机构。同时浦东电信局与浦东新区经信委举行共建智慧社区战略合作签约仪式，在社区重点区域建设开通 4G 基站。

（2）上海陆家嘴智慧社区智能化内容

陆家嘴智慧社区于 2012 年 5 月正式成为住房城乡建设部首推试点项目之一。2014 年 10 月《上海浦东陆家嘴智慧社区建设模式》白皮书发布，系统介绍了上海浦东陆家嘴智慧社区的建设发展模式。

陆家嘴智慧社区主要建设内容为“一库、一卡、两平台、多系统”，即建立民情档案综合信息库（包括区域内人、物、房、事、单位、楼宇等静态、动态信息管理的社区中心数据库），开发智慧城市卡（市民参与公共服务与社会治理认证记录的钥匙，市民获取服务后支付记录的载体），建设社区综合管理指挥信息平台和社区公共服务信息平台等。目前陆家嘴智慧社区建设项目系统已落地应用，IPTV 公共服务平台、高血压管理系统、体感健身系统和全日通自助式快递箱系统等均已在部分居民区部署。

在社区治理方面进行了门禁改造项目，共覆盖 15 个居民区，目前申领具有门禁开启功能的智慧城市卡 2 万余张。在养老方面采用科技助老信息化服务系统的基础建设，建立科技惠民示范工程，目前全街道共

建立了 36 个为老服务项目，组建了 114 个志愿者服务小组。在智慧医疗方面，实现社区远程挂号系统与社区卫生服务中心的对接，完成“社区健康管理服务体系”模式建设和健康管理门户、健康数据管理系统建设。另外，陆家嘴智慧社区积极探索创新的智慧社区发展模式，发布 2014 年“智慧城市”建设就绪指数，与新华社《现代快报》共同建立了“智慧城市演播室”（图 5-2-6）。

图 5-2-6　上海陆家嘴智慧社区

（3）上海陆家嘴智慧社区总结及启示

上海陆家嘴智慧社区采用自下而上与自上而下相结合的方法，探索性的建设智慧城市微模型，成功实现“社区生活优化、秩序规范”，具体有以下启示：

四大支柱，三大模式，多系统整合。陆家嘴智慧社区有以下特点：一是以人为本，即智慧社区建设只有一个目标——一切为了幸福生活和人的发展，只有一个核心——一切以人为中心，最终目标是人的发展，它并不仅仅是要满足人的一般物质需求，更是要满足人求知、求乐、求富、求安的整体性需求；二是四大支柱，即“一库”“一卡”“两平台”；三是三大模式，即社会保障模式、社会动员模式、创新培育模式；四是多系统整合，包括社区数据应用门户、智慧城市卡及应用系统、社区公共服务综合预约系统、社区居家养老服务体系等。

全面改善社区，提升管理模式。陆家嘴智慧社区建设的特色在于从居住环境到基础设施、从生活服务到文化娱乐、从治安秩序到人际关系等方面，以更加智慧化的手段，全方位改善社区管理与服务水平，尤其是侧重以感知化、智能化、平台化的手段提升社区管理模式，并通过主动服务推进保障和改善民生，促进基层社区管理服务从粗放管理型向精细互动型转变，达到推动社区和谐幸福的目标。

积极应用创新，推动服务转变。从智慧社区建设内容来看，陆家嘴智慧社区围绕上海市智慧社区建设试点总体部署，积极应用新技术和新模式，推动智能服务从“分散低效”向“智能互动”明显转变：其一，实施“智慧社区”计划，促进社区管理和服务方式转变；其二，试点推进“市民卡”计划，形成“多卡合一、全区通用”的“市民卡”；其三，实施“智慧家居”计划，建立智能生活新模式。众多举措为居民提供更为安全、便捷、健康、愉快、高效、绿色的智慧化生活环境。

三、对策建议

通过对先进地区智慧社区发展经验的借鉴，结合陕西省目前发展现状和问题，提出以下对策建议：

（一）加强顶层设计、建立协调机制

成立陕西省智慧社区或智慧城市建设指导委员会，协调城市建设主管部门和工业信息化部门，开展智慧社区的制度和规划设计，具体可以从以下方面展开：①在顶层设计中，应强调政府主导和社会参与，建立健全智慧社区建设协调机制，打破信息孤岛，避免低效率的重复建设；②构建社区综合信息服务平台，充分考虑信息服务平台的可重构性及可扩展性特征，推进社区事务信息共享和业务协同；③促进现有电商平台融合，整合现有电商优势资源，提高创新能力和服务质量，从而形成高度整合、集约的管理平台，降低建设与管理成本，实现智慧社区的进一步发展。

（二）明确建设目标、建立评价标准

智慧社区建设与发展离不开制度的保障。应尽快出台陕西省智慧社区建设指导意见，明确智慧社区的目标和建设方向；出台智慧社区建设指南，建立智慧社区运营服务体系的整体框架，明确智慧社区建设的主要内容，研究并出台智慧社区综合评价标准；出台智慧社区综合试点方

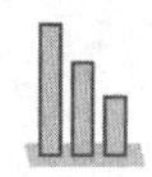

案，积极开展智慧社区试点工作；出台与智慧社区有关的信息安全责任、个人信息保护等法律法规，规范和约束智慧社区各行为主体的责任与义务。

（三）加快智慧政务建设

政府公共服务平台建设是实现政府各部门信息共享和社区智慧政务建设的关键一步。加快建立政府不同职能部门面向社区的服务方式和服务标准体系，明确智慧政务服务过程中政府职能部门、社区居委会的职责，加快建立政府、社区、居民的连接平台系统，为推动新型城镇化和提高城市承载力提供基础。

（四）强化信息通信基础设施建设

进一步加强信息通信基础设施建设，对原有的城市信息通信基础设施进行技术升级，加强光网小区的维护管理工作。加快城域网和骨干网扩容，提升节点处理能力，提高网络承载能力，及时扩容升级相关设备，保证设备性能满足互联需求。进一步提高互联网普及率，培养居民使用互联网的习惯。

（五）重视人才培养

加强社区人才管理、加大基层工作人员的投入，加强员工能力培训和定向培养。通过使用评价反馈体系，对服务商及管理团队进行服务质量测评，从而建立服务质量档案，形成考核机制与退出机制，增强用户满意度。

（六）创新宣传推广方式

在智慧社区建设和运营过程中，要以人性化和大众化为宗旨，提高居民对智慧社区建设的认知度和参与度。增强社区居民之间的信息共享互动，增强社区居民的归属感。同时，智慧社区建设还应结合地方特色和人文情怀，以居民需求为中心，实现智慧社区品牌建设，从而提升社区的宣传效应和社区自豪感。

附录 5-1　先进地区智慧社区政策梳理及现状特点

时间	地区	政策名称	主要内容
2012	北京市人民政府	《智慧北京行动纲要》	通过实施城市智能运行、市民数字生活、企业网络运营、政府整合服务、信息基础设施提升、智慧共用平台建设、应用与产业对接、发展环境创新等“八大行动计划”，实现“智慧北京”
2012	北京市人民政府	《北京市“十二五”时期社会建设信息化工作规划纲要》	提出建设一批智慧社区示范点，以移动互联网和物联网等新技术为手段，全面推进智能服务项目在社区公共服务和家庭中的应用，努力实现全市智能化数字社区全覆盖
2013	北京市社会办、经济信息化委员会、民政局	《北京市智慧社区建设指导标准》	通过建立 6 个一级指标，22 个二级指标，38 个三级指标，实现将社区建设成为政务高效、服务便捷、管理睿智、生活智能、环境宜居的社区生活新业态，实现 5A 模式“智慧家园、幸福生活”，使“任何人（Anyone）、在任何时候（Anytime）、任何地点（Anywhere）、通过任何方式（Anyway）、能得到任何服务（Any service）”的远景目标
2017	北京市住建委、北京市规划国土委	《北京市共有产权住房规划设计宜居建设导则（试行）》	提出要建设智慧社区，推广使用智能化建筑技术。全面推行三网融合，实现小区无线网络（WIFI）全覆盖。安装人脸识别系统，试点建造智能化小型公用仓库
2013	上海市浦东新区经济和信息化委员会	《浦东新区智慧社区建设指导意见》	提出智慧社区重点建设内容包括网络基础、公共信息平台、智慧应用体系、服务渠道等几大部分内容
2013	上海市经济信息化委、市民政局、市文明办	《上海市智慧社区建设指南（试行）》	提出要从信息基础设施网络化、生活服务便利化、社区管理与公共服务信息化、小区管理智能化、家居生活智能化等方面进行智慧社区建设
2014	上海市经济和信息化委员会	《上海市推进智慧城市建设行动计划（2014—2016）》	提出围绕生活更便捷、更安全、更和谐，推进智慧社区建设，促进社区服务集成化、社区管理智能化、居民生活现代化
2015	上海市经济和信息化委员会	《上海市智慧社区发展白皮书（2015）》	指出信息基础设施网络化、生活服务便利化、管理与公共服务信息化、小区管理智能化、家居生活智能化将成为智慧社区建设的主旋律
2016	海市嘉定区科学技术委员会	《嘉定区智慧社区建设指南》	提出构建“一张网络、两个平台、四大领域、五类终端”的“1+2+4+5”智慧社区运营服务体系的总体框架

续表

时间	地区	政策名称	主要内容
2017	上海市发展和改革委员会	《上海市推进智慧城市建设“十三五”规划》	提出到2020年，上海信息化整体水平继续保持国内领先，部分领域达到国际先进水平，以便捷化的智慧生活、高端化的智慧经济、精细化的智慧治理、协同化的智慧政务为重点，以新一代信息基础设施、信息资源开发利用、信息技术产业、网络安全保障为支撑的智慧城市体系框架进一步完善，初步建成以泛在化、融合化、智敏化为特征的智慧城市
2012	广州市人民政府	《中共广州市委广州市人民政府关于建设智慧广州的实施意见》	从建成一批战略性信息基础设施、建成一批智能化管理和服务系统、发展一批智慧型产业、突破一批新一代信息技术、提升市民信息技术应用水平、健全智慧城市发展保障体系等方面提出了具体目标
2015	广东省人民政府办公厅	《广东省新型城镇化“2511”试点方案》	开展智慧园区和智慧社区建设，推广微电网、风光互补路灯系统、建筑节能、智能家居、社区安防等智能系统应用。加快智慧规划、智慧建设、数字城管、智慧市政等智慧应用体系建设，提高城市发展决策和运行综合能力
2017	广州市人民政府办公厅	《广州市城市基础设施发展第十三个五年规划》	提出要推进城市智慧管理。一是在主要公共场所和公共交通、水电气、给排水等市政设施实现对资源、能源和环境的实时监控管理。二是推进地下管线智能化管理、垃圾分类处理智能监管、燃气智能监管、户外广告智能监管等项目建设。三是加快实施城市“慧眼工程”，拓展社会治安视频监控系统覆盖范围。四是加快推进市应急平台与各级各类应急平台、现场移动应急平台互联互通，建立指挥灵敏、运转高效的全市应急指挥体系

地区	现状及特点
北京	北京是在2012年开始重点试用智慧社区，并定下在“十二五”结束后在全北京市建设1500个左右智慧社区的目标。2016年，北京市1672个星级智慧社区中，五星级智慧社区224个，四星级智慧社区215个，三星级智慧社区814个，三星及以上社区占全部智慧社区的75%。2017年，新建362个智慧社区，并推进630个智慧社区升星。主要技术：全光纤城市、“一键通”智能呼叫系统、智慧停车系统、智能家居系统。在现阶段，北京市西城区的广内街道中智慧社区服务就是一个比较典型的示例。其一期内容包括智慧中心、智慧政务、智慧商务、智慧民生四大部分14个子系统。智慧中心记录了街道所有的人、地、物、事、组织，这些数据精确到了每个社区的每个单位、每个楼门甚至每个井盖。智慧政务借助信息手段，对部门、科室、社区业务进行科学分类、梳理、规范，创新服务管理模式，提高服务管理的规范化、精细化水平。包括社区一站式服务系统、十千惠民系统、社区阳光经费管理系统、综治维稳系统、和谐指数评价系统等。智慧商务是以服务企业为主旨，包括槐柏商圈网、楼宇直通车、惠民兴商一卡通、企业绿色通道等。智慧民生以辖区居民需求为导向，建设面向社区各类专项服务的典型应用，包括虚拟养老院、智能停车诱导、全品牌数字家园、数字空竹博物馆等

续表

地区	现状及特点
上海	自2012年起，上海市经济信息化委开展了上海市智慧社区试点示范工作，从便民、利民、惠民出发，以居民需求为导向，围绕社区生活服务、社区管理及公共服务、智能小区和智能家居等方面，发挥地区优势特色，截至2015年，上海市16个区县共确定了50家试点智慧社区，建成了普陀区曹杨街道、杨浦区新江湾城街道、浦东新区陆家嘴街道等一批示范社区，实现了社会管理的智慧化、公巧服务的精细化，人的生活方式优化，形成了新型、生态、可持续的社区发展治理模式。上海市智慧社区建设重点突出以人为本的基本要求，以社区居民体验为优先，侧重实际应用开发。其智慧社区特点如下所示，自上而下：通过社区服务搭建一个平台，构建智慧社区O2O生态圈，物业公司基于服务构建封闭智慧小区生态圈和物业公司联合互联网公司基于业务构建智慧小区生态圈两大类。自下而上：提供单一业务的社区服务，如e家洁、阿姨帮等，单一的O2O商业模式无法解决家庭各大智能终端、社区门禁、停车锁等智能联接与协同。2011年6月，上海投资3000万元建设的首个“智慧社区”——浦东金桥碧云一期改造已完成。实现了智能家庭终端、金桥碧云卡、社区信息门户网站、云计算中心四大基础项目。通过智能家庭信息终端（碧云大管家）实现公共服务信息查询、优惠信息显示、服务预订等功能。通过金桥碧云炫卡绑定商家或社区服务机构的各类信息、直接进行相关费用缴纳、预定、享受个性化服务。社区信息门户网站是居民查看社区内各类信息的互联网窗口，主要功能与“碧云大管家”相对应。同时，基于网站的互动及宣传功能，可将服务辐射至所有人群。云计算中心是整个项目的大脑，因为所有子项目的数据都将通过云计算中心进行交换、处理、存储以及查询。另外实现了智能交通（一期）运用红绿灯违章率监控管理系统、智能环保（一期）通过对现有垃圾桶的改造，当垃圾桶内的货物到达一定的程度的时候（例如90%），自动将相关信息传送到相关管理部门。智能停车场（完成试点工作）通过对停车场管理专利技术的应用，实现对社区内停车场的查找、停车位信息的查询、精确停车位的指导等功能
广州	广州智慧社区的建设是在政府引导下逐渐被引入一种社区模式。在广州，借助社区的建成，培训了一批专业性的人才，为社区的顺利运行提供服务，继而以标准化的管理手段促进城市管理，提高社区服务整体水平。其智慧社区总体框架是：一个平台——智慧社区综合管理与服务平台；二个载体——社区服务站，智慧家庭；三个基础——信息基础设施、空间基础数据、使用智慧社区的人；四大支柱——智慧社区标准体系、管理体系、核心技术体系、政策法规。主要成果包括公共信息平台、智能安防系统、智能家居系统、智慧停车系统、周边智能服务、医疗养老系统

附录5-2　国内外智慧社区发展简介

1. 国外智慧社区发展简介

智慧社区的概念源于西方发达国家。1992年，国际通讯（International Center for Communication）最早提出了“智慧社区”的口号，试

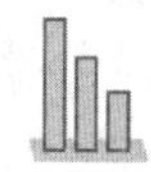

图通过有意识地利用信息技术，极大地改变和拓展居民生活与工作环境，通过构建无所不在的网络联系，把居民纳入网络化的生活当中，为其提供包括远程教育、远程医疗及电子商务在内的服务。

（1）美国智慧社区发展历程

美国的智慧社区理念最早可追溯至1996年，美国圣地亚哥州立大学与加利福尼亚州政府合作推出世界首个智慧社区项目，目标是“在一个大小可以从邻域到多县的地区内”，建设主体充分利用信息技术显著地改造社区居民的生活环境，并引导各阶层通过合作彻底改变社区居民的生活方式。2008年IBM公司提出的智慧地球理念，包括三方面：更透彻地感知、更全面的互联互通、更深入的智能化。2009年9月，迪比克市与IBM共同建设了美国第一个“智慧城市”，通过采用一系列IBM新技术的“武装”，迪比克市将完全数字化，并将城市的所有资源都连接起来，包括水、电、油、气、交通、公共服务等。2010年，IBM正式提出了“智慧城市”愿景，希望在实现城市可持续发展、引领信息技术应用、提升城市综合竞争力等方面做出重要贡献。2013年，美国联邦地理数据委员会（FGDC）发布了新的美国国家空间数据基础设施（NSDI）战略规划草案（2014—2016年）。满足国家对基本地理空间数据的需要，保证地球科学信息的全球用户能够获取数据，以及积极推动地理空间数据应用。2015年，美国联邦政府提出“白宫智慧城市行动倡议”和“智慧互联社区框架”，该倡议重点关注四个领域：一是创建物联网应用的试验平台，构建新的跨部门协作模式；二是与民间科技活动合作，打造城市间的协作；三是充分利用联邦政府已经开展的工作，重新组合聚焦于智慧城市；四是寻求国际合作，将亚洲和非洲作为技术和产品的主要出口市场。

美国的智慧社区技术应用主要有：一是智能仪表及低流量传感器技术——智能楼宇管理系统的探测器、传感器自动识别气压、湿度、温度和室内空气质量监测、自动调节冷暖空调、照明、空气净化、门禁系统等功能。二是物联网技术——通过路面安装能探测停车位是否被占用的传感器，利用物联网实时收集并传播停车场信息，如残疾人停车位、停车位尺寸或免费停车位。

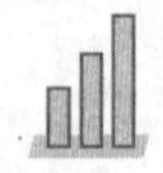

（2）日本智慧社区发展历程

日本的智慧社区起源于2001年所提出的E-Japan战略，该战略的核心目标是促进信息化基础设施建设以及相关技术的研发，为信息化的发展打下坚实的物质基础。2006年，提出U-Japan战略，其目标是到2010年，日本将建成一个在任何时间、地点，任何人都可以上网的环境。“U-Japan”战略提出要创造新商业及新服务，如开发区域资讯平台，强化“电子政府”的服务等，通过应用的普及和多元化，建立起促进用户使用网络的软条件。2009年推出了“I-Japan（智慧日本）战略2015”。该战略的要点是大力发展电子政府和电子地方自治体，推动医疗、健康和教育的电子化，实现数字技术的易用性，突破阻碍其使用的各种壁垒，确保信息安全，最终通过数字化技术和信息向经济社会的渗透打造全新的日本。2013年，新能源推广委员会通过研究弹性智慧社区的形态，发表《世界最尖端国家IT国家创新发言》，提出弹性智慧社区理念。

日本在智慧社区建设上主要有以下成果：一是社区能源管理系统——全社区的能源信息集中管理，使之可视化。二是智慧住宅/智慧建筑——家庭能源管理系统能和家用电器、能源机器、住宅设备仪器、电动汽车、家庭网关、电表相连接，实现对家庭能源的智能化系统管理。三是先进的交通系统——大力推广电动汽车并建设充电基础设施，构建车联网的智能交通系统。

（3）新加坡智慧社区发展历程

新加坡智慧社区最早起源于1981年提出国家计算机化，由此，国家开始推动民事服务的计算机计划，培训IT人才。1986年制订了全国资讯科技（IT）蓝图，重点放在研发工作上，国家电脑局成立了研发部门——EDI，专门负责开发新的IT技术。1992年提出智能岛计划，以ATM交换技术为核心、光纤同轴混合网（HFC）和ADSL并举的新加坡综合网担当“智能岛”主干神经的重要角色，它经由局域网接入所有的办公室、公共场所和家庭，向社会各领域提供信息技术应用和服务，改善人们的生活质量。1999年提出“21世纪资讯通信技术蓝图”，通过对信息通信技术行业进行管制和促进，实现将新加坡建设成为全球信息

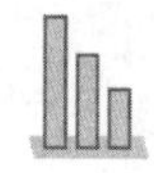

通信中心之一的目标。2003年新加坡再次制订了“Connected City（连城）”计划，目的是将新加坡与世界上大的国家、大的城市连接起来，成为四通八达的“连城”，进而发展成为亚太地区的电子商务枢纽。2006年提出智慧国in2015，旨在通过对基础设施、产业发展与人才培养，以及利用信息通信产业进行经济部门转型等多方面的战略规划，实现新加坡智慧国家与全球都市的未来愿景。2015年提出智慧国2025，其重点在于信息的整合以及在此基础上的执行，使政府的政策更具备前瞻性，除了通过技术来收集信息，更关键在于利用这些信息来更好地服务人民。

新加坡的智慧化主要体现在以下三方面：一是交通——了解即时的公交车、出租车、停车、路况等出行信息，还能够监测每一辆大巴车的客流量，绿色表示有空座位，橙色表示有站立空间，红色则表示巴士拥挤。二是健康——社区试点老年人监测系统，在家中安装智能传感器监测老年人的日常活动，当出现异常时会通知家人或护理人员，老年人也可以通过无线应急按钮通知家人。三是服务——社区事务署发布OneService的一站式求助平台，为公众提供实时和全面的求助服务，同时方便公民反馈问题等。

2. 我国智慧社区发展简介

（1）发展历程

社区作为城市的基本单元，是政府服务具体体现的代表，智慧地球由智慧城市组成，智慧城市从智慧社区起步。但是目前我国智慧社区仍然处于初级阶段，主要集中在大城市主要社区，同时产品与技术方案尚不成熟。随着社会经济发展、云计算以及“互联网＋”时代的到来，智慧社区的理念得到很大的转变和提高，结合信息技术形成基于大规模信息智能处理的一种新的管理形态社区已经成为现实。

第一阶段：社区建设和社区服务阶段（2011～2012年）

党的十七大明确提出“把城乡社区建设成为管理有序、服务完善、文明祥和的社会生活共同体”的发展目标。《国民经济和社会发展第十二个五年规划纲要》对“构建社区管理和服务平台”做出了全面部署。至2011年，全国共有6923个城市街道，8.7万个城市社区。随着国家发展改革委、民政部《“十一五”社区服务体系发展规划》的贯彻实施，我国社区服务体系建设取得显著成效。但就总体情况而言，我国社区服务体系建设仍然处于初级阶段，存在一些困难和问题。主要表现为：社区服务设施总量供给不足，社区服务设施建设缺口达49.19%；社区服务项目较少，水平不高，供给方式单一；社区服务人才短缺，素质偏低，结构亟待优化；社区服务体制机制不顺畅，缺乏统一规划，保障能力不强，社会参与机制亟待完善。

第二阶段：智慧城市阶段（2012～2013年）

智慧城市是城市化的高级阶段，是新型城镇化的内在需求。2012年，我国的城镇化率已经达到52.6%，城镇化率的提升给城市的可持续发展提出挑战，在城镇化率不断提升的同时，土地、水等城市资源一般难以与人口同步扩容，城镇人口大量聚集的同时，交通拥堵、医疗资源紧张等现象也越来越严重。在资源总量扩张有限的情况下，通过智慧城市建设优化资源配置、提升城市管理水平已经成为必然选择。智慧城市的建设离不开服务企业的参与，我国的智慧城市建设为政府主导，上游是设备提供企业或者顶层设计企业，中游是运营企业或者系统集成商，下游是软件和应用提供企业，或者是运营及服务提供企业，用户为政府机关以及社会民众。

第三阶段：物联网与城市建设阶段（2013～2015年）

自2013年以来，已有近200个城市加入国家智慧城市试点建设行列，智慧城市已经成为我国进行战略经济转型下的重大布局之一，智慧城市的建设对激发科技创新、转变经济增长方式、推进产业转型升级和经济结构调整、转变政府的行为方式、提高政府效率、改善民生等方面有着重要的意义。智慧城市建设要求通过以移动技术为代表的物联网、云计算等新一代信息技术应用实现全面感知、泛在互联、普适计算与融合应用。作为中国首台千万亿次超级计算机—“天河一号”，构建了建筑信息大数据平台，已经服务于其所在天津滨海新区的“智慧城市”建设。

第四阶段：互联网与智能家居阶段（2015年至今）

随着我国经济水平不断的提高，科学技术的蓬勃发展，使智能家居

行业有很大的进步和发展。但是，智能家居依旧处在不完善的阶段，它的很多功能无法得到有效应用，我国广大人民群众对智能家居的认识比较浅显，以及智能家居受其他一些因素的影响，促使其直到今天也未在我国普及。而“互联网＋”时代为智能家居产业的瓶颈期找到了一个突破口，能够有效提高智能家居在我国的推广使用。采用互联网技术的智能家居系统可以通过传统手动控制、智能无线遥控、一键情景控制、iPad管理、电话远程控制、INTERNET远程监控等方式实现对家居系统中的各种设备的控制，更方便人们的生活，提高人们的生活品质。

（2）政策回顾

1999年，建设部出台的《全国住宅小区智能化系统示范工程建设要点与技术导则》中提出，通过采用现代信息传输技术、网络技术和信息集成技术，进行精密设计、优化集成、精心建设和工程示范，提高住宅高、新技术的含量和居住环境水平，以适应21世纪现代居住生活的需求。

2001年，民政部印发了《全国城市社区建设示范活动指导纲要》的通知，提出组织领导坚强有力、社区体制改革创新、社区组织机构健全、社区服务功能完备、社区卫生不断发展、社区文化活跃繁荣、社区治安状况良好等示范城市基本标准，这标志着中国城市社区建设指标体系的初步建立。

2005年，示范市、示范区陆续展开，社区组织建设、人才队伍、服务设施、社会组织得到较快的发展。

2012年，住房城乡建设部发布《关于开展国家智慧城市试点工作的通知》，并印发了《国家智慧城市试点暂行管理办法》和《国家智慧城市（区、镇）试点指标体系（试行）》两个文件，开展第一批智慧城市试点（北京、上海、广东、江苏等）工作，智慧社区是其中的一个重要的三级指标，包括社区管理和服务的数字化、便捷化、智慧化水平，具体体现在社区服务信息推送、信息服务系统覆盖、社区传感器安装、社区运行保障等方面的建设。

2013年，民政部会同国家发展和改革委员会、公安部、财政部、工业和信息化部等部门联合出台《关于推进社区公共服务综合信息平台建设的指导意见》，提出推进社区公共服务综合信息平台建设的重要意义、总体要求、重点任务以及保障措施。

2014 年，住房城乡建设部办公厅印发《智慧社区建设指南（试行）》的通知，对智慧社区的指导思想和发展目标、评价指标体系、总体架构与支撑平台、基础设施与建筑环境、社区治理与公共服务、小区管理服务、便民服务、主题社区、建设运营模式、保障体系建设等进行了说明。

2016 年，国家发展和改革委发布《关于组织开展新型智慧城市评价工作务实推动新型智慧城市健康快速发展的通知》，对评价工作提出了以下几点要求：一是以评价工作为指引，明确新型智慧城市工作方向。二是以评价工作为手段，提升城市便民惠民水平。三是以评价工作为抓手，促进新型智慧城市经验共享和推广。

2017 年，中央出台《中共中央国务院关于加强和完善城乡社区治理的意见》，提出要增强社区信息化应用能力和社区服务供给能力，改善人居环境，优化资源配置，该意见促使很多开发企业开始注重智慧社区的建设。

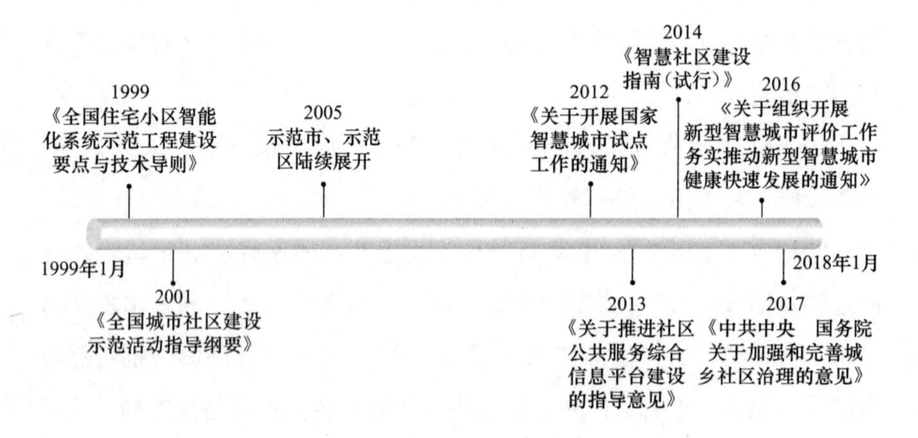

附图 5-1　全国智慧社区政策发展时间轴

政策分析：目前，我国 95％的副省级以上城市、76％的地级以上城市，总计约 230 多个城市提出或在建智慧城市，超过 80％的城市在“十二五”期间将智慧城市作为加快经济发展转型的战略导向。随着智

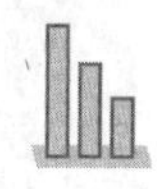

慧城市建设的逐步推进，智慧社区也已经从概念走向实践。大力发展智慧社区是大势所趋，其建设工作得到了很大的提高，主要集中在智慧养老、智慧家居、智慧医疗、智慧交通等。政府基于社区信息化推进智慧社区建设，对社区居民和居委会工作人员都带来便利。同时多个政策明确要加强城乡社区服务机构建设、扩大城乡社区服务有效供给、健全城乡社区服务设施网络、推进城乡社区服务人才队伍建设和信息化建设等多项工作任务，并从加强法规制度建设和标准化建设、健全领导体制和工作机制、加大资金投入、完善扶持政策和强化规划实施等方面提出保障举措。

06 市场分析：2017 年陕西省房地产市场运行分析

2017 年 2 月陕西省房地产市场运行分析

一、房地产开发投资持续加快

截至 2017 年 2 月底，陕西省累计完成房地产开发投资 184.05 亿元，同比增长 10.7 个百分点，比 2016 年年底提高 1.0 个百分点，比全国平均增速高 1.8 个百分点。其中，2016 年 1～8 月房地产开发投资同比增速 12%，为 2016 年 8 月～2017 年 2 月来增幅最高点；2016 年 1～11 月房地产开发投资同比增速 8.2%，为 2016 年 8 月～2017 年 2 月最低点，如图 6-1-1 所示。

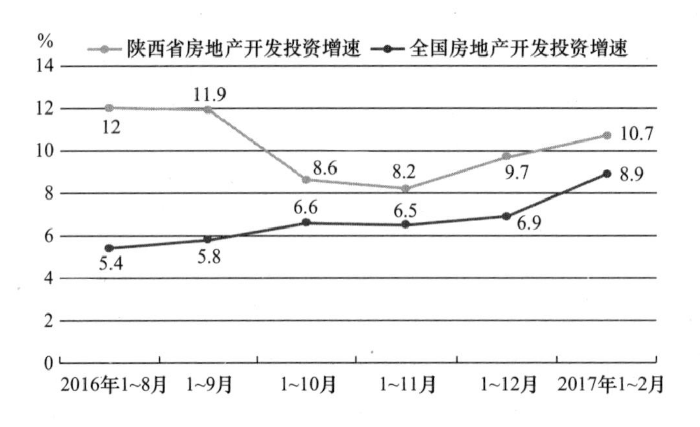

图 6-1-1　全国和陕西省房地产开发投资增速

分用途看，在房地产开发投资总量中，商品住房开发完成投资 125.79 亿元，同比增长 5.5%，商品住房开发完成投资总额占房地产开发投资总量的 68.35%，占比最大。办公楼开发完成投资 12.29 亿元，同比增长 25.6%；商业营业用房开发完成投资 33.55 亿元，同比增长 18.2%。

分区域看，房地产开发投资仍呈现较为明显的不均衡状态。西安市累计房地产开发投资占陕西省的 72.17%，同比增长 9.9%，铜川市累计房地产开发投资仅占陕西省的 0.45%，同比下降 19.5%。2017 年 1～2 月陕西省各市累计完成房地产开发投资情况见表 6-1-1。

2017 年 1～2 月陕西省各地市累计房地产开发投资　　表 6-1-1

地区	房地产开发投资完成额		与 2016 年年底相比（百分点）	占陕西省比重（%）
	总量（亿元）	同比增速（%）		
陕西省	184.05	10.7	1.0	—
西安	132.82	9.9	3.1	72.17
铜川	0.83	−19.5	−70.5	0.45
宝鸡	10.50	26.1	−13.6	5.70
咸阳	7.57	25.2	26.8	4.11
渭南	6.88	−10.2	−9.8	3.74
延安	1.06	44.9	−7.8	0.58
汉中	10.29	50.4	25.2	5.59
榆林	1.45	52.4	66.1	0.79
安康	9.98	−14.8	−60.0	5.42
商洛	1.28	7.4	3.7	0.70
杨凌	1.40	45.1	27.6	0.76

二、土地市场持续回升

截至 2017 年 2 月底，陕西省房地产企业土地累计购置面积为 21.22 万 m^2，同比增加 102.1%，较 2016 年年底提高 122.3%，较 2016 年同期提高 110.7%；陕西省土地累计成交价款为 5.58 亿元，同比增加 286.1%，较 2016 年年底提高 328.3%，较 2016 年同期提高 273.6%，如图 6-1-2 所示。

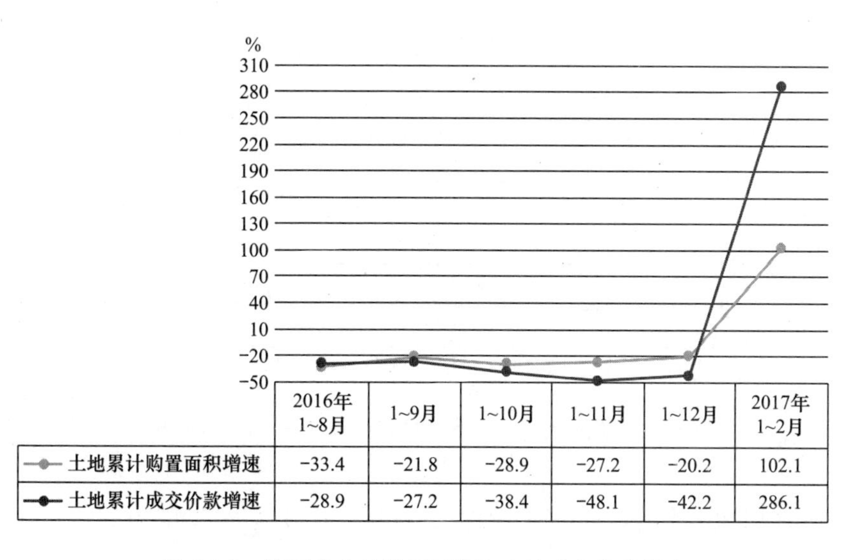

图 6-1-2　陕西省土地购置面积和土地成交价款增速

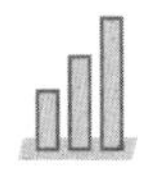

三、商品房施工、竣工面积同比上升

截至 2017 年 2 月底，陕西省商品房累计施工面积 19658.78 万 m^2，同比增长 12.1%，增幅与 2016 年同期相比上升 1.3 个百分点。陕西省房地产累计新开工 483.35 万 m^2，同比增长 67.3%，增幅与 2016 年同期相比上升 89.8 个百分点。

截至 2017 年 2 月底，陕西省商品房累计竣工 462.98 万 m^2，同比增长 66.8%，增幅比 2016 年同期扩大 9.1 个百分点。其中商品房竣工价值为 150.40 亿元，同比增长 104.8%，增幅比 2016 年同期提高 15.7%。

四、商品房销售快速回暖

（一）商品房销售量增速强劲

2017 年 2 月份，陕西省商品房当月销售面积为 232.46 万 m^2，增速为 62.7%；商品房当月销售额为 137.65 亿元，增速为 87.7%。其中截至 2 月底，商品房累计销售面积为 267.09 万 m^2，同比增长 42.2%，增速比 2016 年同期提高 24.4 个百分点；商品房累计销售额为 159.15 亿元，同比增长 61.8%，增速比 2016 年同期提高 48.4%，如图 6-1-3 所示。

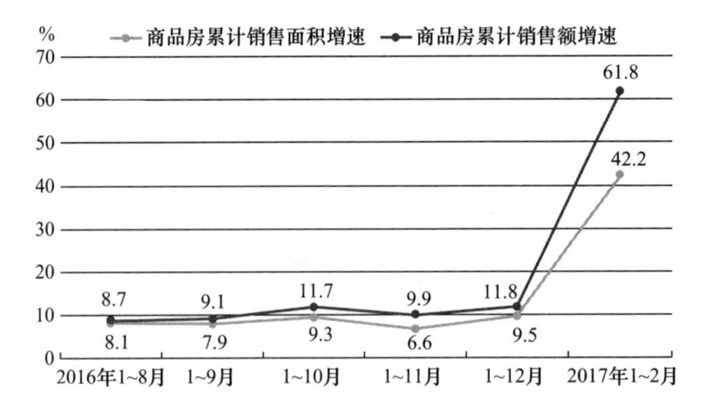

图 6-1-3　陕西省商品房累计销售面积和累计销售额增速

从用途上来看，其中商品住房累计销售面积为 245.49 万 m^2，同比增长 40.4%，商业办公楼销售面积增长 3.1 倍，商业营业用房销售面

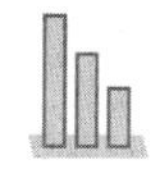

积同比下降 21%。商品住房累计销售额为 139.55 亿元，同比增长 56.4%，办公楼销售额增长 5.8 倍，商业营业用房销售额增长 14.9%。

（二）商品住房销售价格同比上升、环比下降

2017 年 2 月份，陕西省新建商品住房销售均价为 5188 元/m²，同比增长 11.09%，环比下降 4.28%。二手住房交易均价为 4895 元/m²，同比上涨 27%，环比下降 0.9%。如图 6-1-4 所示。

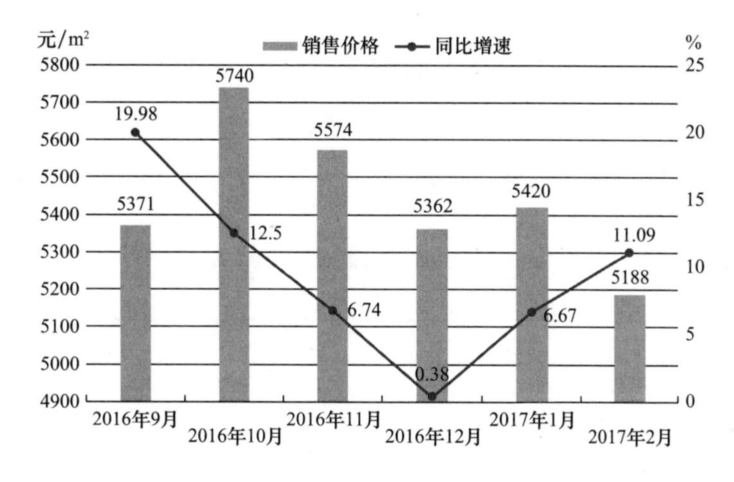

图 6-1-4　陕西省新建商品住房销售价格及增速

从不同区域来看，除榆林、铜川、渭南、商洛、韩城 5 个城市住房销售价格环比上涨外，其他城市的城市住房销售价格环比均有小幅下降，见表 6-1-2。

2017 年 2 月陕西省各地市新建住房平均销售价格及涨幅　表 6-1-2

城市	价格位次	平均价格（元/m²）	同比涨幅（%）	环比涨幅（%）
西安	1	7081	15.80	−0.21
榆林	2	5320	−3.83	8.44
咸阳	3	3637	2.48	−3.48
延安	4	3571	1.45	−3.40
杨凌	5	3418	9.69	−2.37
宝鸡	6	3338	0.72	−8.95
安康	7	3312	−2.50	−3.19

续表

城市	价格位次	平均价格（元/m²）	同比涨幅（%）	环比涨幅（%）
铜川	8	3145	−2.96	2.98
汉中	9	3122	6.26	−2.62
渭南	10	3014	4.04	2.0
商洛	11	3009	−7.67	1.59
韩城	12	2967	−9.87	28.83

五、商品住房去化压力有所减小

从商品住房待售面积上来看，到 2017 年 2 月底，陕西省商品住房累计待售面积为 4054.6 万 m²，同比下降 15.0%，增幅较 2016 年下降 16.17 个百分点，如图 6-1-5 所示。

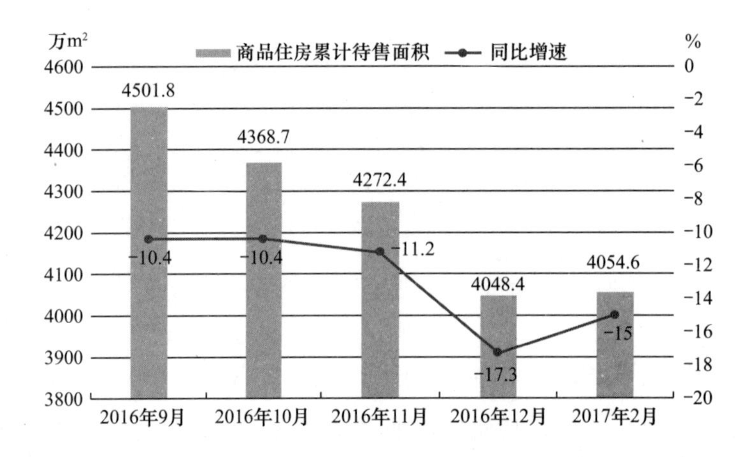

图 6-1-5　2016 年 9 月～2017 年 2 月陕西省商品住房累计待售面积及增速

从去化周期上来看，陕西省商品住房去化周期为 11.95 个月，较 1 月减少了 0.37 个月，整体去库存形势有所好转。陕西省 2016 年 9 月～2017 年 2 月各月商品住房去化周期情况如图 6-1-6 所示。

从各地市来看，去化周期差异较大，陕西省 12 个城市中，商品住房去化周期小于 12 个月的城市只有西安市、延安市和商洛市，去化周期分别为 9.03 个月、11.51 个月和 8.24 个月，去化周期超过 18 个月的城市只有榆林市，去化周期为 23.2 个月，见表 6-1-3。

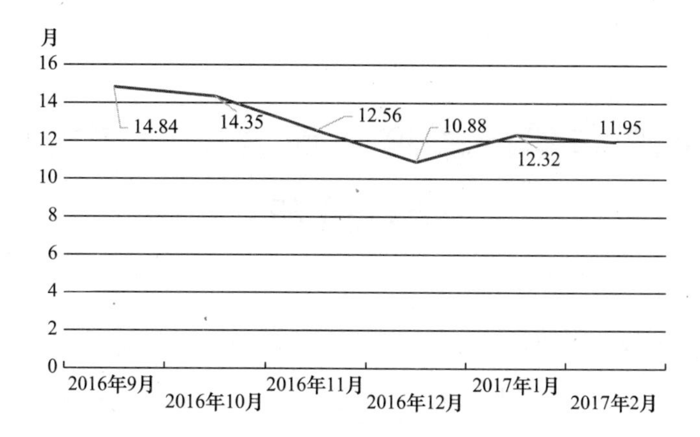

图 6-1-6　2016 年 9 月～2017 年 2 月陕西省各月商品住房去化周期

截至 2017 年 2 月底陕西省各地市商品住房累计待售面积　表 6-1-3

地区	待售面积		增幅与 2016 年同期相比（百分点）	占陕西省比重（%）	去化周期（月）
	总量（万 m^2）	同比增速（%）			
陕西省	4054.6	－15.0	－16.17	—	11.95
西安	1695.97	－14.53	－7.66	41.83	9.03
宝鸡	408.33	－13.45	34.15	10.07	16.47
咸阳	529.83	－16.3	25.23	13.07	17.16
铜川	63.27	－15.48	18.45	1.56	16.30
渭南	298.16	28.68	23.11	7.35	15.96
延安	138.08	－33.43	－298.43	3.41	11.51
榆林	350.65	－29.69	－59.69	8.65	23.20
汉中	274.74	－14.9	9.40	6.78	13.39
安康	159.35	－25.0	－134.02	3.93	12.33
商洛	62.54	36.61	913.61	1.54	8.24
杨凌	45.96	2.38	－158.15	1.13	13.46
韩城	27.72	－33.13	－44.13	0.68	13.32

2017 年第一季度陕西省房地产市场运行分析

2017 年第一季度，陕西省房地产市场呈现出供给波动增长、商品房销售量价齐升、结构性库存压力较大的运行态势，但仍面临提品质、去库存、优结构的艰巨任务。

一、2017 年第一季度陕西省房地产市场运行现状

（一）房地产开发投资增续上升

截至 2017 年第一季度末，陕西省累计完成房地产开发投资 406.47 亿元，同比增长 19.5 个百分点，比 2016 年底提高 9.8 个百分点，比全国平均增速高 10.4 个百分点。其中，2017 年 1～3 月房地产开发投资同比增速为 2016 年 9 月～2017 年 3 月增幅最高点；2016 年 1～11 月房地产开发投资同比增速 8.2%，为 2016 年 9 月～2017 年 3 月最低点，如图 6-2-1 所示。

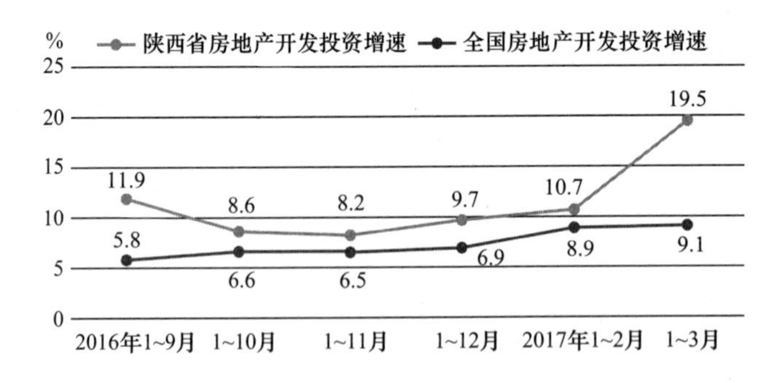

图 6-2-1　全国和陕西省房地产开发投资增速

分区域来看，第一季度末陕西省除渭南市和安康市的房地产开发完成投资增速有所回落外，其余各市均有不同程度上升。其中，西安市累

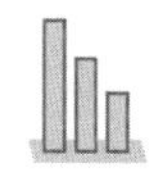

计房地产开发投资占陕西省的 75.8%，同比增长 22.1%，增幅比 2016 年提高 15.27 个百分点。

2017 年 1～3 月陕西省各市累计完成房地产开发投资情况见表 6-2-1。

2017 年第一季度末陕西省各地市累计房地产开发投资　表 6-2-1

地区	房地产开发投资完成额		比 2016 年增速相比（百分点）	占陕西省房地产投资比重（%）
	总量（亿元）	同比增速（%）		
陕西省	406.47	19.5	9.78	—
西安	298.17	22.1	15.27	75.8
铜川	3.25	18.2	−32.81	0.80
宝鸡	20.37	46.2	6.54	5.01
咸阳	18.08	12.5	14.11	4.45
渭南	15.55	−9.7	−9.31	3.82
延安	4.94	5.8	−46.90	1.21
汉中	16.93	32.5	7.28	4.16
榆林	4.03	57.7	71.39	0.99
安康	18.98	−7.8	−52.97	4.67
商洛	3.68	11.5	7.82	0.91
杨凌	2.51	20.1	2.56	0.62

（二）土地供应同比减少

2017 年第一季度，国有建设用地供应总面积 1223.7504 公顷，同比减少 44.10%，其中存量为 765.4738 公顷，新增为 458.2766 公顷。

从供地类型看，商服用地 139.2451 公顷，工矿仓储用地 484.8240 公顷，住宅用地 232.7810 公顷和交通、能源、基础设施等其他用地 366.9003 公顷，分别占土地供应总量的比重分别为 11.38%、39.62%、19.02%和 29.98%，同比分别下降 33.17%、49.78%、40.93%和 40.96%。

2017 年第一季度，陕西省普通商品住房供地 218.1771 公顷，同比减少 9.35%，其中，中低价位、中小套型普通商品住房 13.2355 公顷，占住宅用地供应总面积的 1.91%。保障性安居工程（经济适用房、廉租房、棚户区改造用地、公共租赁房和限价商品房）供地 14.4565 公顷，占住宅用地供应总面积的 6.21%。

从供地方式看，国有土地出让面积为 908.7432 公顷，同比减少 37.60%，占建设用地供应总面积的 74.26%。其中招拍挂面积 890.9544 公顷，占国有土地出让面积的 98.04%；国有土地划拨面积为 315.0072 公顷，同比减少 57.02%，占建设用地供应面积的 25.74%。

土地出让成交总价款 116.5361 亿元，同比增加 32.09%。其中招拍挂成交价款 115.6407 亿元，同比增加 35.14%，占出让总价款的 9.23%。

（三）商品房施工、竣工面积同比增长

截至 2017 年 3 月底，陕西省商品房累计施工面积 19878.44 万 m^2，同比增长 11.9%，较 2016 年同期下降 0.87%。陕西省房屋累计新开工面积 847.51 万 m^2，同比增长 76.2%，较 2016 年同期增长 96.21%。

截至 2017 年 3 月底，陕西省商品房累计竣工面积 645.32 万 m^2，同比增长 39.9%，增速比 2016 年同期下降 53.92%。其中，商品房竣工价值为 205.48 亿元，同比增长 80.7%，增幅比 2016 年同期减少 32%。

（四）商品房销售量价齐升

1. 商品房销售增速减缓

2017 年 3 月，陕西省商品房当月销售面积为 280.27 万 m^2，增速为 11.9%；商品房当月销售额为 174.76 亿元，增速为 33.4%。截至 2017 年 3 月，陕西省商品房累计销售面积为 551.24 万 m^2，增速为 23.0%。商品房累计销售额为 335.89 亿元，增速为 43.9%，如图 6-2-2 所示。

分用途来看，陕西省商品住宅累计销售面积为 510.21 万 m^2，同比增长 21.6%，增速比 2016 年同期下降 9.16 个百分点。陕西省除了商业营业用房的销售面积较 2 月有所提高，住宅、办公楼和其他用房，分别回落 18.8、119.5 和 101.5 个百分点。

分区域来看，到 2017 年第一季度末，西安、宝鸡、咸阳、汉中、榆林、安康和杨凌 6 个地市的销售面积增速比 1～2 月有所回落，其中，西安占比最大，对陕西省销售回落影响最大。

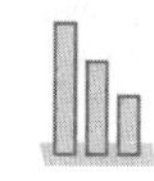

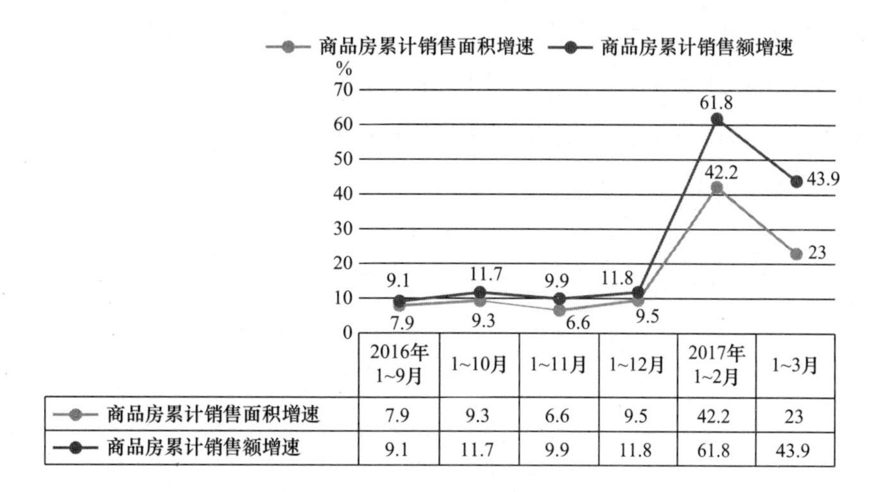

	2016年1~9月	1~10月	1~11月	1~12月	2017年1~2月	1~3月
商品房累计销售面积增速	7.9	9.3	6.6	9.5	42.2	23
商品房累计销售额增速	9.1	11.7	9.9	11.8	61.8	43.9

图 6-2-2　陕西省商品房累计销售面积和累计销售额增速

2. 商品住房销售价格增速减小

2017 年 1～3 月陕西省新建商品住房销售价格与 2016 年同期相比均有增长，2 月份新建商品住房销售价格为 5188 元/m²，同比增长 11.09%，为第一季度新建商品住房销售价格同比增长最多的月份，如图 6-2-3 所示。第一季度陕西省二手住房交易均价上涨势头明显，3 月份二手房交易均价为 5317 元/m²，同比上涨 23%，环比增长 8.6%，交易均价超过新建商品住房销售均价。

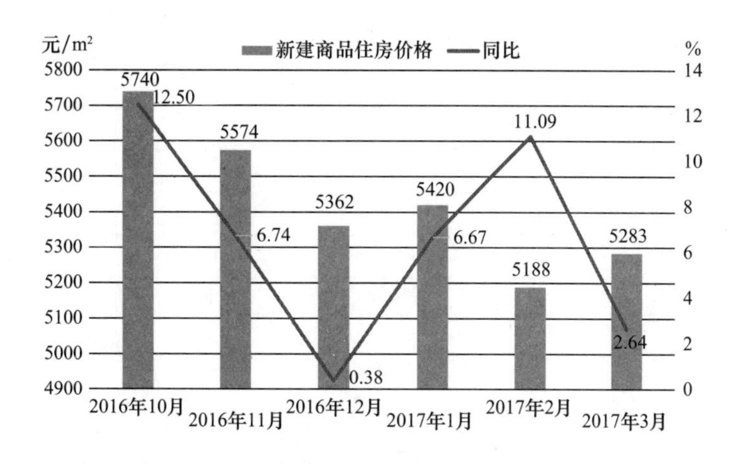

图 6-2-3　陕西省新建商品住房销售价格及增速

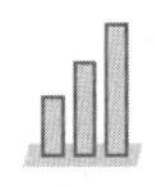

此外，作为省会城市的西安，第一季度新建商品住房价格同比涨势显著，尤其是2月份新建商品住房销售价格为7081元/m²，同比增长15.82%，为2016年10月份以来新建商品住房同比涨幅最大的月份，如图6-2-4所示。

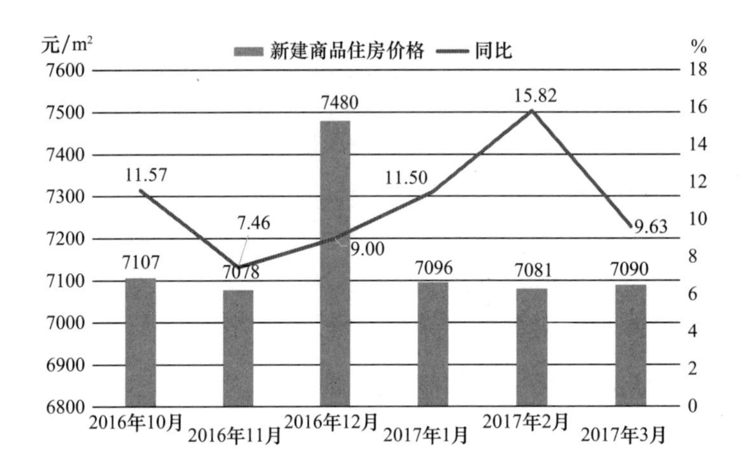

图6-2-4　西安市新建商品住房销售价格及增速

从各地市来看，2017年3月，陕西省除延安市、安康市、商洛市、韩城市的新建商品住房销售价格同比、环比均下降之外，其他城市新建住房销售价格与2016年同期相比均上涨，尤其是铜川市同比涨幅最大，见表6-2-2。

2017年3月陕西省各地市新建商品住房平均价格及涨幅　表6-2-2

城市	价格位次	平均价格（元/m²）	同比涨幅（%）	环比涨幅（%）
西安	1	7090	9.60	0.13
榆林	2	4972	3.48	−6.54
铜川	3	4078	39.71	29.67
咸阳	4	3801	8.45	4.51
宝鸡	5	3571	3.81	6.98
延安	6	3508	−10.49	−1.8
安康	7	3264	−5.23	−1.45
杨凌	8	3256	1.56	−4.74
汉中	9	3235	3.85	3.62
商洛	10	2987	−11.81	−0.73
渭南	11	2930	0.38	−2.8
韩城	12	2823	−12.82	−4.85

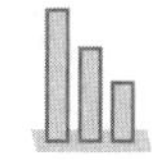

（五）商品房结构性库存压力大

1. 商业办公楼库存压力大

从待售面积上来看，第一季度陕西省商业办公楼累计待售面积为3804.93 万 m^2，同比增长 79.21%，占陕西省商品房累计待售面积的49.21%（图 6-2-5）。

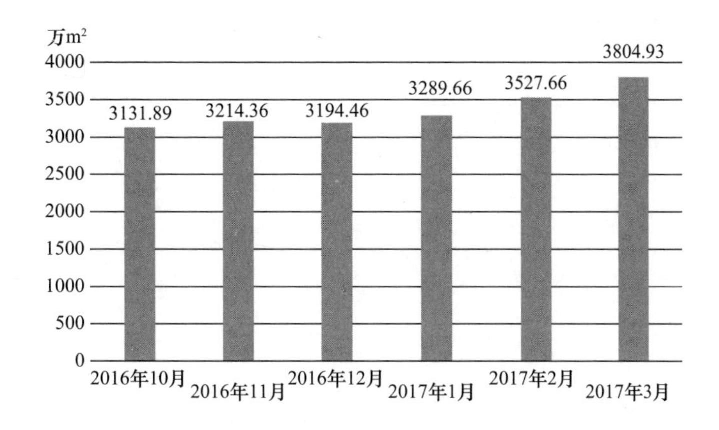

图 6-2-5　2016 年 10 月～2017 年 3 月陕西省商业办公楼累计待售面积

从去化周期上来看，第一季度商业办公楼去化周期逐月增加，3 月份，商业办公楼去化周期为 90.45 个月，较 2016 年年底增加 13.74 个月，去化压力持续增大，如图 6-2-6 所示。

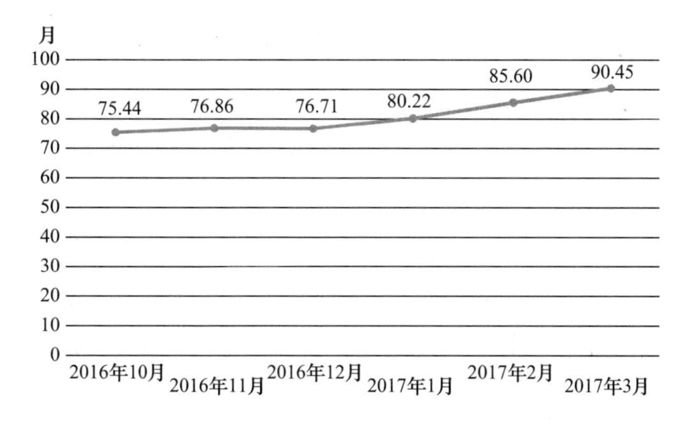

图 6-2-6　2016 年 10 月～2017 年 3 月陕西省商业办公楼去化周期

分区域看，除延安外，陕西省其他城市第一季度商业办公楼待售面积较 2016 年同期均大幅增多，其中，商洛市同比增长最多为 651.50%，陕西省有 9 个城市商业办公楼待售面积占该市商品房待售面积的 30%以上。各地市商业办公楼去化周期普遍过长，其中榆林市商业办公楼去化周期高达 397.25 个月，如表 6-2-3 所示。

2017 年第一季度陕西省各地市商业办公楼累计待售面积　表 6-2-3

地区	商业办公楼待售面积		占陕西省商办待售面积比重（%）	占各市商品房待售面积比重（%）	3 月份去化周期（月）
	总量（万 m^2）	同比增速（%）			
陕西省	3804.93	79.21	—	—	90.45
西安	2442.33	117.91	64.19	59.04	84.29
宝鸡	213.34	34.53	5.61	62.92	119.19
咸阳	219.22	11.09	5.76	36.40	80.01
铜川	116.89	587.58	3.07	30.49	275.03
渭南	156.62	138.40	4.12	36.11	76.03
延安	65.80	−2.15	1.73	37.26	101.11
榆林	331.04	2.78	8.70	34.23	397.25
汉中	144.73	29.70	3.80	49.10	62.29
安康	61.28	12.69	1.61	28.39	43.41
商洛	23.82	651.50	0.63	28.29	154.50
杨凌	28.19	437.95	0.74	39.41	48.12
韩城	1.67	—	0.04	6.69	13.75

2. 商品住房去化压力减小

从待售面积上来看，第一季度陕西省商品住房累计待售面积为 3924.73 万 m^2，同比下降 20.04%，降幅较 2016 年同期下降 20.54 个百分点，如图 6-2-7 所示。

从去化周期上来看，3 月份陕西省商品住房去化周期为 11.37 个月，较 2016 年同期缩短 5.69 个月，去化压力逐渐减小，如图 6-2-8 所示。

从各地市来看，多数城市商品住房去化压力进一步减小，除商洛、杨凌、渭南以外，陕西省其他城市第一季度累计待售面积较 2016 年同期均有大幅下降，其中延安市同比下降最多为 44.62%。陕西省 12 个城市中商品住房去化周期超过 18 个月的城市只有榆林市，去化周期为 21.76 个月，见表 6-2-4。

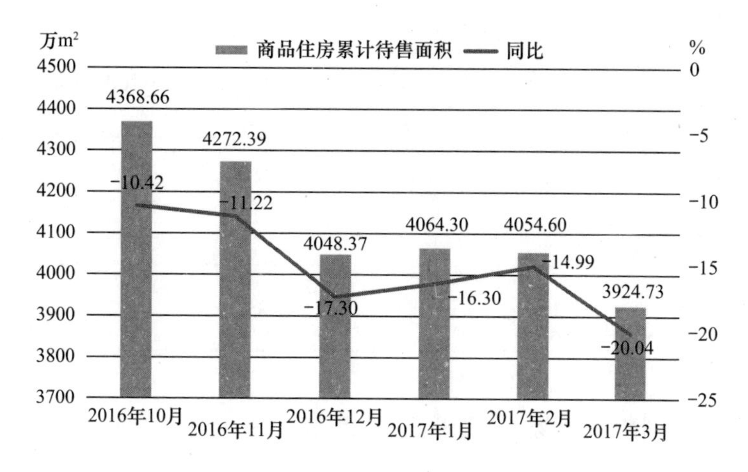

图 6-2-7　2016 年 10 月～2017 年 3 月陕西省商品住房累计待售面积

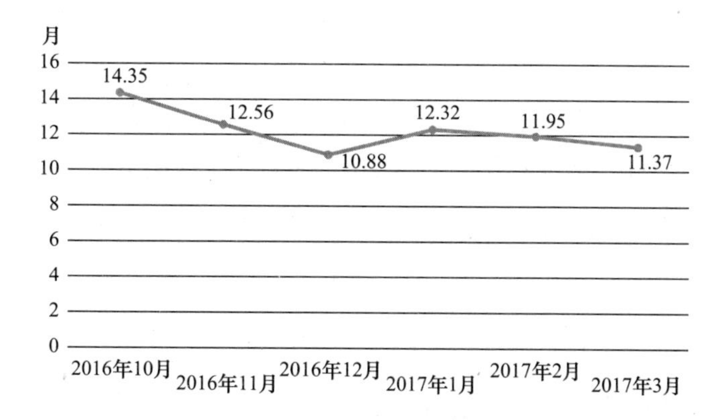

图 6-2-8　2016 年 10 月～2017 年 3 月陕西省商品住房去化周期

2017 年第一季度陕西省各地市商品住房累计待售面积　表 6-2-4

地区	待售面积		增幅与 2016 年同期相比（百分点）	占陕西省比重（%）	3 月份去化周期（月）
	总量（万 m²）	同比增速（%）			
陕西省	3924.73	−20.04	−20.54	—	11.37
西安	1694.64	−21.23	−14.83	43.18	9.00
宝鸡	372.81	−22.17	27.43	9.50	14.69
咸阳	499.83	−20.07	−27.48	12.74	15.88
铜川	68.88	−5.52	31.18	1.76	17.24
渭南	277.16	16.54	−9.47	7.06	14.40
延安	110.78	−44.62	−189.62	2.82	8.37
榆林	343.24	−30.72	−77.72	8.75	21.76

续表

地区	待售面积		增幅与 2016 年同期相比（百分点）	占陕西省比重（%）	3 月份去化周期（月）
	总量（万 m^2）	同比增速（%）			
汉中	278.04	−10.32	−15.38	7.08	13.48
安康	152.30	−27.36	−20.78	3.88	11.15
商洛	60.37	33.56	121.56	1.54	7.92
杨凌	43.34	8.06	−63.99	1.10	12.68
韩城	23.34	−43.70	−56.70	0.59	9.82

二、房地产市场存在的主要矛盾

（一）三四线城市库存压力较大

1～3 月陕西省三四线城市商品住房累计待售面积为 510.21 万 m^2，平均去化周期为 13.42 个月，除延安、商洛、韩城以外，其他三四线城市去化周期均在 12 个月以上，尤其是榆林，去化周期在 21.76 个月，去化压力仍旧很大。此外，第一季度陕西省三四线城市商品房累计新开工面积为 847.51 万 m^2，同比增速为 76.2%，较 2016 年同期增长 96.21 个百分点，潜在库存量较大。

（二）商业办公楼库存压力突出

1～3 月陕西省商业办公楼累计待售面积为 3804.93 万 m^2，同比增长 79.21%，占陕西省商品房累计待售面积的 49.21%。陕西省多数城市商业办公楼库待售面积均超过该地市商品房待售面积的 30%，陕西省商业办公楼库去化周期为 90.45 个月，陕西省多数城市去化周期均在 60 个月以上，去库存形势严峻。

（三）市场发展不均衡问题仍比较突出

从 1～3 月的房地产累计开发投资来看，西安市占近七成，其他 13 个地市仅占三成。从商品房销售面积来看，西安市约占六成，其他 13 个地市仅占四成。其他地市与西安市房地产市场发展程度显现出一定差距。

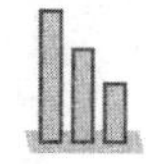

三、下一步任务和措施

（一）多措并举缓解商品房库存压力

对于三四线城市库存压力，要采取多种措施进行库存化解。一是加快调整产业结构，引入新兴产业，促进产业升级，夯实本地经济发展实力，吸引周边农业人口到城市居住；二是加大金融信贷支持力度、落实税收优惠政策，鼓励农民工进城购房；三是继续加快棚户区改造，因地制宜推进货币化安置，对去化周期超过18个月的城市将货币化安置任务分解落实到具体项目，力争2017年棚改货币化安置率达到80%以上；四是加快城镇化建设，推进户籍制度改革，促进农民工市民化，培育住房需求新主体。

对于商业办公楼库存压力，要依据项目具体情况分类施策。一是调整用地规划政策，根据商业办公楼项目具体情况，对未开工和未销售部分，将项目调整为住宅或其他国家支持的新兴产业及文教、体育、养老产业等用途，并放缓甚至暂停商业办公用地供应；二是结合产业发展需求，探索PPP模式，出台扶持政策，发挥政府资源的示范带动作用，吸引企业和产业进入，形成规模化租赁经营；三是鼓励开发企业自持经营商业、办公物业，建立全寿命周期服务链条，鼓励引进专业物业机构运营已建成的商业办公用房；四是根据项目需要，适当增加商业办公用房配套功能，对新建未竣工的商业办公项目，具备燃气管道建设条件并单独设有自然通风采光厨房的，可按相关规定设计配建燃气入户，扩大商业办公使用功能，提升租赁利用能力；五是加大市场配置资源力度，鼓励社会资本收购兼并商业办公项目或企业，降低商业办公用房交易成本，根据商业办公市场状况，及时调整、合理核定计税基础，促进市场流通。

（二）培育和发展住房租赁市场

一是培育市场供应主体，发展住房租赁企业，鼓励房地产开发企业开展住房租赁业务，规范住房租赁中介机构，支持和规范个人出租住房；二是鼓励住房租赁消费，完善住房租赁支持政策，引导城镇居民通过租房解决居住问题；三是将公租房保障对象扩大到非户籍人口，实行市场租金、分档补贴，积极推进公租房货币化；四是加大政策支持力度，对依法登记备案的住房租赁企业、机构和个人，给予税收优惠政策支持；五是加强住房租赁监管，加快建设住房租赁信息服务与监管平台。

（三）不断提升住房品质

对住房品质的管理要树立“城市规划—用地规划—建设管理—运营管理”的全寿命周期的品质管理理念，严格落实国家、省、市居住区规划设计规范及住宅设计标准，加强住宅设计指导、工程质量监督、房屋交付使用监管和物业服务管理。城市规划阶段合理界定城市片区功能、合理规划公共配套建设与落实基础设施配套，对住宅项目，要严控容积率、建筑密度，保证绿地率、车位配比等规划指标。用地规划与土地交易阶段提高住区规划指标要求、提高成品住房比例要求。对未落实水、暖、电、气、通信等基础配套设施建设计划及教育、交通等基本公共服务不完善的区域，暂缓土地出让。建设管理阶段严格把控工程质量、提高绿色建筑指标要求、鼓励装配式建设方式。运营管理阶段提高物业管理水平，提升服务质量、鼓励服务内容多样化。从而建立住房品质的全过程管理体系。

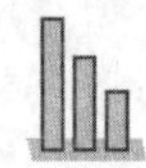

2017 年 4 月陕西省房地产市场运行分析

一、房地产开发投资持续加快

截至 2017 年 4 月底，陕西省累计完成房地产开发投资 611.00 亿元，同比增长 21.4 个百分点，比 1～3 月份提高 1.9 个百分点。其中，2017 年 1～4 月累计完成房地产开发投资增速为 2016 年 10 月～2017 年 4 月增幅最高点，如图 6-3-1 所示。

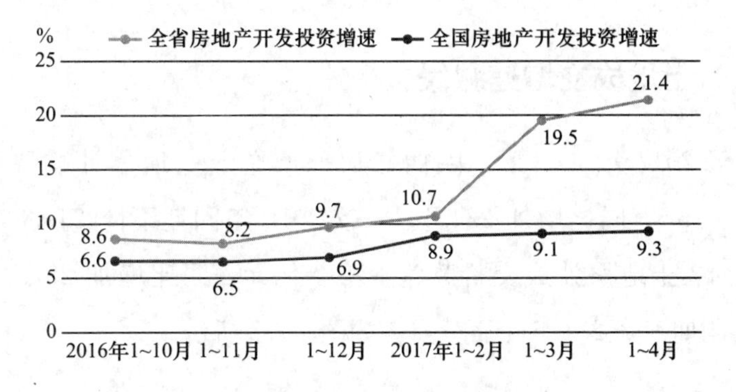

图 6-3-1　全国和陕西省房地产开发投资增速

分区域来看，房地产开发投资仍呈现较为明显的不均衡状态。西安市累计房地产开发投资占陕西省的 72.68%，同比增长 32.5%，杨凌市累计房地产开发投资仅占陕西省的 0.57%，同比增长 29.7%。

2017 年 1～4 月陕西省各市累计完成房地产开发投资情况见表 6-3-1。

2017 年 4 月陕西省各地市累计房地产开发投资　　　表 6-3-1

地区	房地产开发投资完成额		与 1～3 月增速相比（百分点）	占陕西省比重（%）
	总量（亿元）	同比增速（%）		
陕西省	611.00	21.4	1.9	—
西安	444.10	32.5	2.9	72.68

续表

地区	房地产开发投资完成额		与1～3月增速相比（百分点）	占陕西省比重（%）
	总量（亿元）	同比增速（%）		
宝鸡	30.40	37.2	−9.0	4.98
咸阳	27.09	−40.1	−3.2	4.43
铜川	5.71	15.6	−2.5	0.93
渭南	23.02	−17.4	−7.7	3.77
延安	11.94	39.5	33.7	1.95
榆林	9.20	68.4	10.7	1.51
汉中	24.76	30.0	−2.4	4.05
安康	26.42	−5.3	2.5	4.32
商洛	4.85	6.8	−4.3	0.79
杨凌	3.51	29.7	9.7	0.57

二、土地成交增速减缓

截至 2017 年 4 月底，陕西省房地产企业土地累计购置面积为 147.53 万 m^2，同比增加 224.1%，较 2016 年同期下降 247.3 个百分点；陕西省土地累计成交价款为 53.83 亿元，同比增加 257.4%，较 2016 年同期下降 281.5 个百分点，如图 6-3-2 所示。

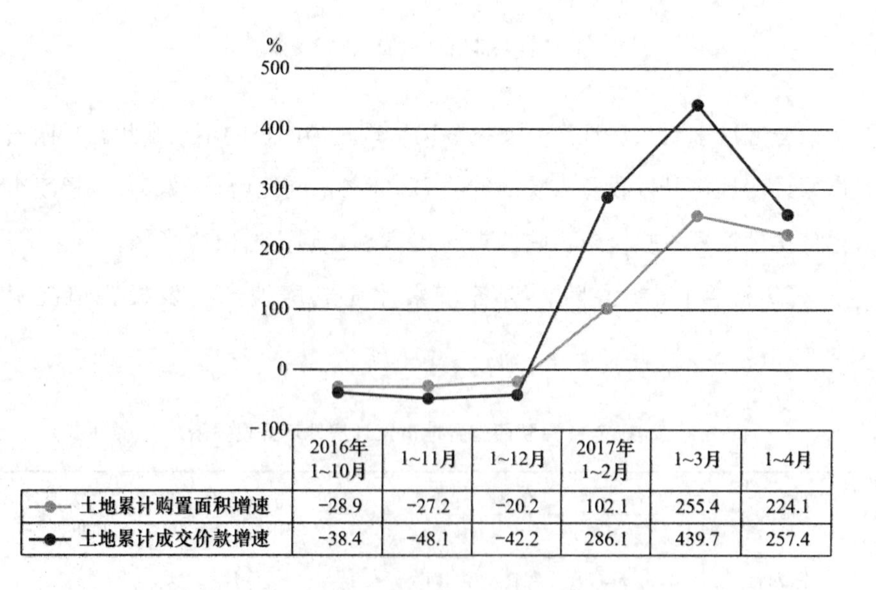

	2016年1~10月	1~11月	1~12月	2017年1~2月	1~3月	1~4月
土地累计购置面积增速	-28.9	-27.2	-20.2	102.1	255.4	224.1
土地累计成交价款增速	-38.4	-48.1	-42.2	286.1	439.7	257.4

图 6-3-2　陕西省土地购置面积和土地成交价款增速

三、商品房施工、竣工面积同比上升

截至 2017 年 4 月底，陕西省商品房累计施工面积 20456.52 万 m^2，同比增长 13.6%，增幅与 2016 年同期相比上升 5.6 个百分点。陕西省房地产累计新开工 1268.01 万 m^2，同比增长 74.7%，增幅与 2016 年同期相比下降 106 个百分点。

截至 2017 年 4 月底，陕西省商品房累计竣工面积 812.07 万 m^2，同比增长 40.3%，比 2016 年同期下降 56.6 个百分点。其中商品房竣工价值为 260.24 亿元，同比增长 79.8%，增幅比 2016 年同期下降 43 个百分比。

四、商品房销售量价齐升

（一）商品房销售量增速强劲

2017 年 4 月，陕西省商品房当月销售面积为 298.30 万 m^2，增速为 29.6%，商品房当月销售额为 202.80 亿元，增速为 59.4%。其中截至 4 月底，商品房累计销售面积为 898.26 万 m^2，同比增长 32.3%，增速比 2016 年同期提高 12.6 个百分点，商品房累计销售额为 575.01 亿元，同比增长 59.2%，增速比 2016 年同期提高 36.5 个百分点，如图 6-3-3 所示。

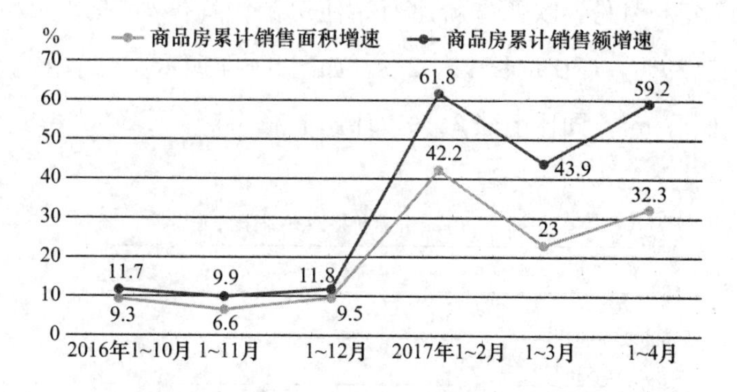

图 6-3-3　陕西省商品房累计销售面积和累计销售额增速

从用途上来看，其中商品住房累计销售面积为 829.14 万 m^2，同比增长 30.7%，1～4 月办公楼销售面积较 1～3 月回落 29.9 个百分点；住宅、商业营业用房和其他用房销售面积分别提高 9.1、10.8 和 29.6 个百分点。

分区域来看，到2017年4月底，陕西各市累计商品房销售面积均呈现同比增长的情况。其中，延安和汉中市的同比增速最大，分别为93.0%和62.1%。西安市和安康市商品房累计销售面积占陕西省的比重最多，占比分别为68.3%和4.6%，具体见表6-3-2。

2017年1～4月陕西省各地市商品房销售情况 **表6-3-2**

地区	销售面积		与1～3月份相比（百分点）	占陕西省比重（%）
	总量（万m²）	同比增速（%）		
陕西省	898.26	32.3	9.3	—
西安	613.46	40.1	14.7	68.3
铜川	39.01	11.0	−1.0	4.3
宝鸡	37.98	11.4	−8.2	4.2
咸阳	5.7	30.4	12.0	0.6
渭南	40.27	6.6	−2.6	4.5
延安	29.47	93.0	21.4	3.3
汉中	14.68	62.1	11.7	1.6
榆林	40.32	5.8	−19.8	4.5
安康	41.46	14.6	5.4	4.6
商洛	19.45	5.4	−2.2	2.2
杨凌	16.47	30.9	18.5	1.8

（二）商品住房销售价格环比上升

2017年4月份，陕西省新建商品住房销售均价为5918元/m²，同比增长15.29%，环比增长12.02%，如图6-3-4所示。二手住房交易均价为5770元/m²，同比上涨34%，环比上涨8.5%。

图6-3-4　陕西省新建商品住房销售价格及增速

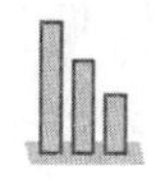

从各地市来看，除延安市、韩城市和商洛市的新建商品住房销售价格同比下降之外，其他城市新建住房销售价格与2016年同期相比均上涨，尤其是咸阳市同比涨幅最大，见表6-3-3。

2017年4月陕西省各地市新建商品住房平均价格及涨幅　表6-3-3

城市	价格位次	平均价格（元/m^2）	同比涨幅（%）	环比涨幅（%）
西安	1	7308	13.4	3.07
榆林	2	6050	17.99	−9.25
咸阳	3	4211	20.07	10.79
宝鸡	4	3994	3.81	6.98
安康	5	3545	17.97	8.61
杨凌	6	3432	3.91	5.41
汉中	7	3369	4.40	4.14
延安	8	3359	−6.77	−4.2
铜川	9	3084	7.64	−24.37
渭南	10	3030	6.62	3.4
韩城	11	2841	−10.35	0.64
商洛	12	2802	−11.91	−6.19

五、商品住房去化周期较上月有所好转

从商品住房待售面积上来看，到2017年4月底，陕西省商品住房累计待售面积为3685.4万m^2，同比下降29.3%，降幅较2016年同期扩大30.90个百分点，见图6-3-5。

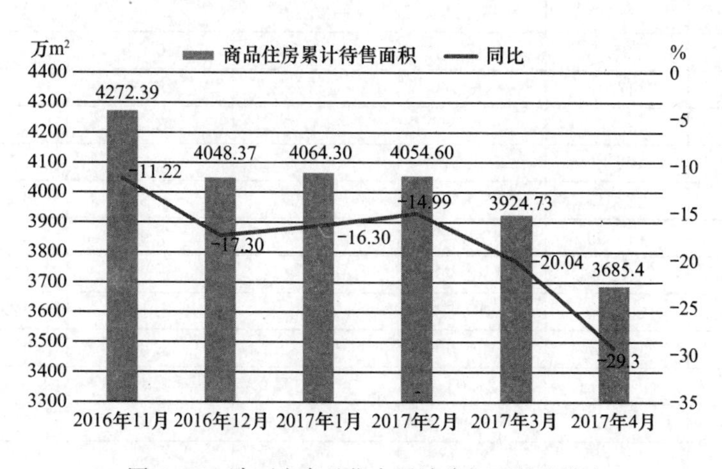

图6-3-5　陕西省商品住房累计待售面积及增速

从去化周期上来看，陕西省商品住房去化周期为10.48个月，较3月份减少了0.89个月，整体去库存形势有所好转。陕西省2016年11月～2017年4月各月商品住房去化周期情况见图6-3-6。

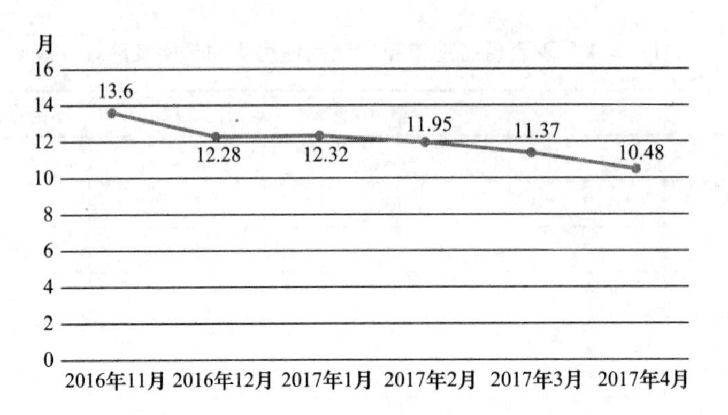

图6-3-6　2016年11月～2017年4月陕西省各月商品住房去化周期

从各地市来看，去化周期差异较大，陕西省各城市中，商品住房去化周期小于12个月的城市有西安市、延安市、安康市、商洛市、杨凌和韩城，去化周期分别为7.73、10.78、10.19、6.48、11.37和7.76个月，去化周期超过18个月的城市只有榆林市，去化周期为21.82个月，见表6-3-4。

截至2017年4月底陕西省各地市商品住房累计待售面积情况　表6-3-4

地区	待售面积		增幅与2016年同期相比（百分点）	占陕西省比重（%）	去化周期（月）
	总量（万m^2）	同比增速（%）			
陕西省	3685.4	−29.3	−30.90	—	10.48
西安	1495.12	−37.93	−25.83	40.57	7.73
宝鸡	347.42	−25.03	7.77	9.43	13.30
咸阳	483.91	−22.85	−61.97	13.13	15.56
铜川	67.43	−4.57	35.17	1.83	17.21
渭南	288.15	3.83	−11.07	7.82	15.14
延安	146.99	−25.20	−172.20	3.99	10.78
榆林	340.69	−32.96	−83.96	9.24	21.82
汉中	263.54	−18.58	7.22	7.15	12.57
安康	141.27	−30.60	−38.32	3.83	10.19
商洛	51.90	24.04	2.90	1.41	6.48
杨凌	39.15	7.15	−56.41	1.0	11.37
韩城	19.80	−63.27	−220.27	0.59	7.76

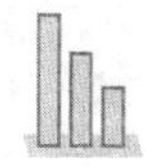

2017 年 5 月陕西省房地产市场运行分析

一、房地产开发投资持续加快

截至 2017 年 5 月底，陕西省累计完成房地产开发投资 870.78 亿元，同比增长 22.0 个百分点，比 1～4 月提高 0.6 个百分点，比全国平均增速高 13.2 个百分点。其中，2017 年 1～5 月房地产开发投资同比增速为 2016 年 11 月～2017 年 5 月增幅最高点；2016 年 1～11 月房地产开发投资同比增速 8.2%，为 2016 年 11 月～2017 年 5 月最低点，如图 6-4-1 所示。

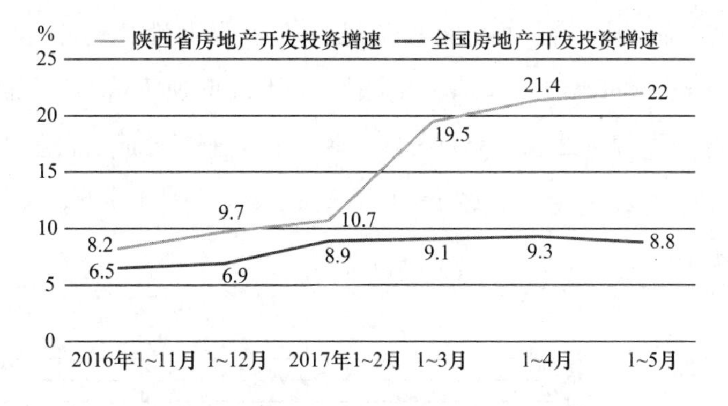

图 6-4-1　全国和陕西省房地产开发投资增速

分用途来看，在房地产开发投资总量中，商品住房开发完成投资 619.76 亿元，同比增长 20%，商品住房开发完成投资总额占房地产开发投资总量的 71.17%，占比最大。

分区域来看，房地产开发投资仍呈现较为明显的不均衡状态。西安市累计房地产开发投资占陕西省的 74%，同比增长 27%，杨凌累计房地产开发投资仅占陕西省的 0.4%，同比增长 20.4%。

2017 年 1～5 月陕西省各市累计完成房地产开发投资情况见表 6-4-1。

2017 年 1～5 月陕西省各地市累计房地产开发投资情况　表 6-4-1

地区	房地产开发投资完成额		与1～4月相比（百分点）	占陕西省比重（%）
	总量（亿元）	同比增速（%）		
陕西省	870.78	22.0	0.60	—
西安	645.14	27.0	2.1	74.1
铜川	7.15	−18.8	−34.37	0.8
宝鸡	44.69	44.5	7.26	5.1
咸阳	35.42	7.2	−2.1	4.1
渭南	30.10	−20.2	−2.81	3.5
延安	20.53	27.5	−12.00	2.4
汉中	31.25	33.1	3.06	3.6
榆林	13.75	60.9	−7.49	1.6
安康	33.34	−13.6	−8.35	3.8
商洛	5.56	3.6	−3.20	0.6
杨凌	3.86	20.4	−9.30	0.4

二、土地购置面积小幅增长

截至 2017 年 5 月底，陕西省房地产企业土地累计购置面积为 181.49 万 m^2，同比增加 166.1%，较 1～4 月增速下降 58 个百分点，较 2016 年同期提高 214.1 个百分点；陕西省土地累计成交价款为 77.07 亿元，同比增加 317.4%，较 1～4 月增速上升 60 个百分点，较 2016 年同期提高 370.2 个百分点，如图 6-4-2 所示。

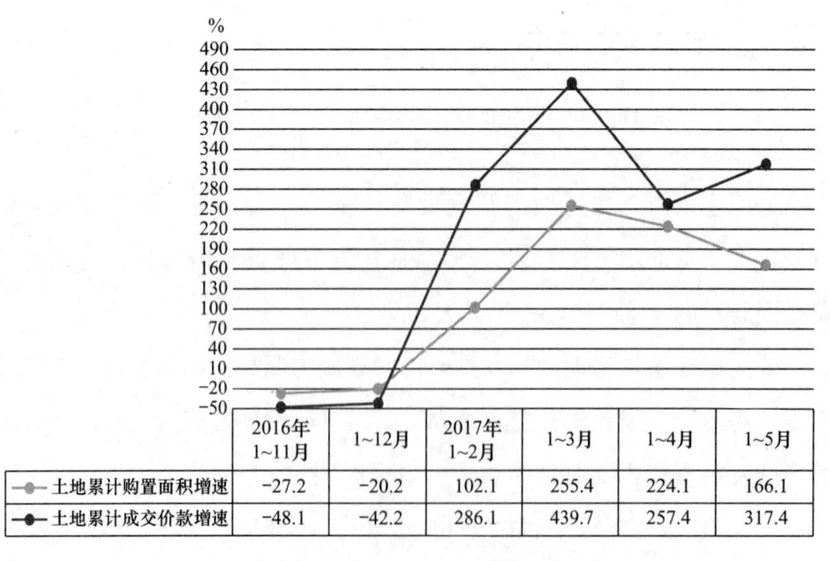

	2016年1~11月	1~12月	2017年1~2月	1~3月	1~4月	1~5月
土地累计购置面积增速	−27.2	−20.2	102.1	255.4	224.1	166.1
土地累计成交价款增速	−48.1	−42.2	286.1	439.7	257.4	317.4

图 6-4-2　陕西省土地购置面积和土地成交价款增速

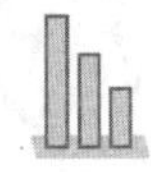

三、商品房施工面积、竣工面积同比上升

截至 2017 年 5 月底，陕西省商品房累计施工面积 20729.63 万 m^2，同比增长 13.1%，增幅与 2016 年同期相比上升 6.4 个百分点。陕西省房地产累计新开工面积 1520.79 万 m^2，同比增长 49.5%，增幅与 2016 年同期相比上升 78.6 个百分点。

截至 2017 年 5 月底，陕西省商品房累计竣工面积 954.37 万 m^2，同比增长 15.2%，增幅比 2016 年同期下降 93.5 个百分点。其中商品房竣工价值为 293.29 亿元，同比增长 45.4%，增幅比 2016 年同期降低 84 个百分点。

四、商品房销售增速减缓

(一) 商品房销售量稳中有增

2017 年 5 月，陕西省商品房当月销售面积为 239.45 万 m^2，增速为 −4.9%；商品房当月销售额为 153.28 亿元，增速为 10.9%。其中截至 5 月底，商品房累计销售面积为 1153.42 万 m^2，同比增长 23.3%，增速比 1～4 月下降 9 个百分点，商品房累计销售额为 738.46 亿元，同比增长 47.3%，增速比 1～4 月下降 11.9 个百分点，如图 6-4-3 所示。

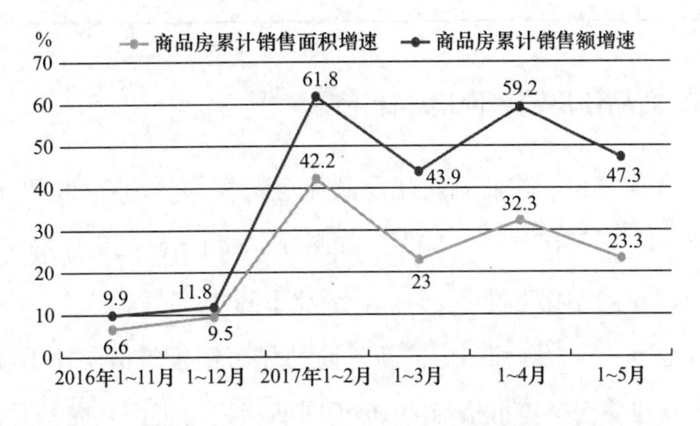

图 6-4-3 陕西省商品房累计销售面积和累计销售额增速

分用途来看，其中商品住房累计销售面积为 1061.99 万 m^2，同比增长 21.7%，商业营业用房销售面积较 1～4 月稍有提高，提高 0.1 个百分点，住宅、办公楼和其他用房销售面积分别回落 9、30.4 和 20.1 个百分点。商品住房累计销售额为 656.64 亿元，同比增长 44%。

分区域来看，到 2017 年 5 月底，陕西省各市累计商品房销售面积均呈现同比增长的情况。其中，延安市和榆林市的同比增速最大，分别为 91.8%和 64.9%。西安市商品房累计销售面积占陕西省的比重最多，占比为 67.8%，具体见表 6-4-2。

2017 年 1～5 月陕西省各地市商品房销售情况　　表 6-4-2

地区	销售面积		与 1～4 月相比（百分点）	占陕西省比重（%）
	总量（万 m^2）	同比增速（%）		
陕西省	1153.42	23.3	−9.0	—
西安	781.69	26.4	−13.7	67.8
铜川	7.56	19.8	−10.6	0.7
宝鸡	51.55	12.0	1.0	4.5
咸阳	50.60	8.5	−2.9	4.4
渭南	52.96	7.8	1.2	4.6
延安	40.98	91.8	−1.2	3.6
汉中	53.12	13.4	7.6	4.6
榆林	19.13	64.9	2.8	1.7
安康	52.45	1.5	−13.1	4.5
商洛	24.26	3.2	−2.2	2.1
杨凌	19.10	32.6	1.7	1.7

（二）商品住房销售价格环比下降

2017 年 5 月份，陕西省新建商品住房销售均价为 5528 元/m^2，同比增长 6.82%，环比下降 6.59%，如图 6-4-3 所示。二手住房交易均价为 5566 元/m^2，同比上涨 24.94%，环比下降 3.54%。

从各地市来看，除商洛市的新建商品住房销售价格同比下降之外，其他城市新建住房销售价格与 2016 年同期相比均上涨，尤其是咸阳市同比涨幅最大，见表 6-4-3。

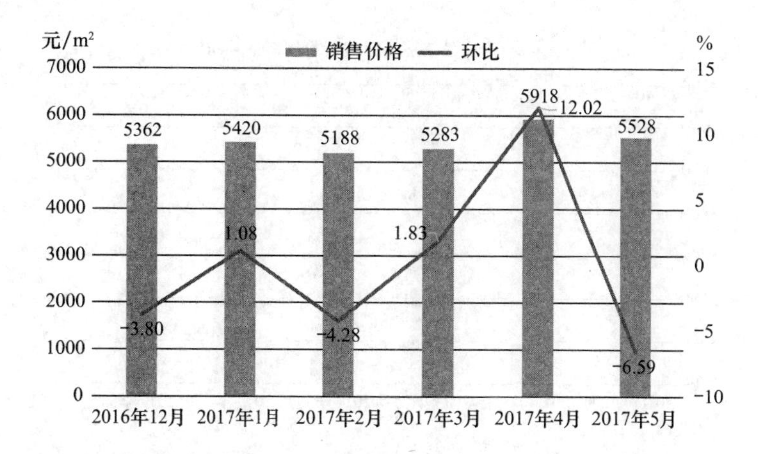

图 6-4-4 陕西省新建商品住房销售价格及增速

2017 年 5 月陕西省各地市新建商品住房平均价格及涨幅 表 6-4-3

城市	价格位次	平均价格（元/m²）	同比涨幅（%）	环比涨幅（%）
西安	1	7302	11.93	−0.08
榆林	2	4767	15.37	5.65
咸阳	3	4136	18.41	−1.78
安康	4	3833	7.70	8.12
宝鸡	5	3791	5.63	−5.08
延安	6	3764	8.50	12.06
渭南	7	3453	17.85	13.96
杨凌	8	3356	3.48	−2.21
汉中	9	3317	11.38	−1.54
铜川	10	3170	6.81	2.79
商洛	12	2897	−4.58	3.39

五、商品住房去化压力逐渐减小

从商品住房待售面积上来看，到 2017 年 5 月底，陕西省商品住房累计待售面积为 3635.02 万 m²，同比下降 28.55%，降幅较 2016 年同期扩大 27.95 个百分点，见图 6-4-5。

从去化周期上来看，陕西省商品住房去化周期为 10.38 个月，较 4 月份减少了 0.10 个月，整体去库存形势继续好转。陕西省 2016 年 12 月～2017 年 5 月各月商品住房去化周期情况见图 6-4-6。

图 6-4-5　陕西省商品住房累计待售面积及增速情况

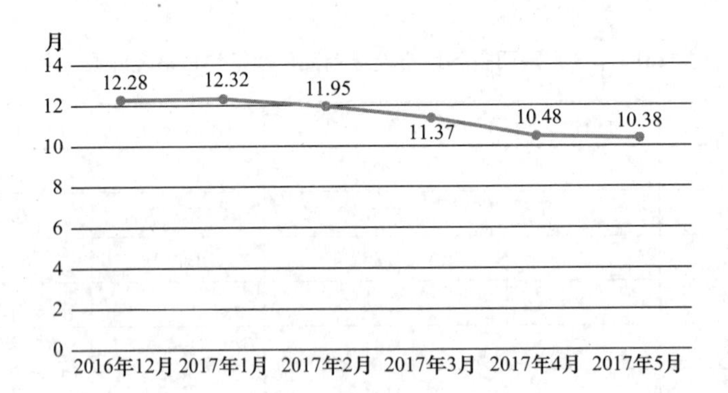

图 6-4-6　2016 年 12 月～2017 年 5 月陕西省各月商品住房去化周期情况

从各地市来看，去化周期差异较大，陕西省 12 个城市中，商品住房去化周期小于 12 个月的城市有西安市、延安市、安康市、商洛市、杨凌和韩城，去化周期分别为 7.71、10.04、9.74、5.12、11.81 和 6.28 个月，去化周期超过 18 个月的城市只有榆林市，去化周期为 22.44 个月，见表 6-4-4。

截至 2017 年 5 月底陕西省各地市商品住房累计待售面积情况　表 6-4-4

地区	待售面积		增幅与 2016 年同期相比（百分点）	占陕西省比重（%）	去化周期（月）
	总量（万 m²）	同比增速（%）			
陕西省	3635.02	−28.55	−27.95	—	10.38
西安	1471.9	−38.90	−24.44	40.49	7.71
宝鸡	337.03	−23.68	2.32	9.27	12.74

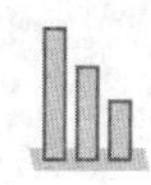

续表

地区	待售面积		增幅与2016年同期相比（百分点）	占陕西省比重（%）	去化周期（月）
	总量（万 m^2）	同比增速（%）			
咸阳	490.36	−18.21	−20.73	13.49	15.59
铜川	66.58	29.99	74.37	1.83	17.01
渭南	283.34	8.44	−3.80	7.79	14.58
延安	135.61	−27.29	−156.29	3.73	10.04
榆林	335.97	−31.91	−78.91	9.24	22.44
汉中	278.46	−10.86	17.68	7.66	13.10
安康	135.60	−31.82	−38.97	3.73	9.74
商洛	42.86	15.18	−332.82	1.18	5.12
杨凌	40.21	−27.81	−70.96	1.11	11.81
韩城	17.10	−58.26	−178.26	0.47	6.28

2017 年上半年陕西省房地产市场运行分析

2017 年上半年，陕西省房地产市场呈投资增速放缓、商品房量价波动明显、商品住宅去库存成效显著、商业办公楼去化压力持续增大的运行态势。目前仍面临着化解商业办公楼库存难题、稳定房地产市场投资、提升住房品质的艰巨任务。

一、2017 年上半年陕西省房地产市场运行现状

（一）房地产开发投资增速放缓

截至 2017 年 6 月底，陕西省累计完成房地产开发投资 1363 亿元，同比增长 16.4 个百分点，比 2017 年 1～5 月降低 5.6 个百分点，比全国上半年平均增速高 7.9 个百分点。其中，2017 年 1～5 月房地产开发投资同比增速 22%，为 2016 年 12 月～2017 年 6 月增幅最高点；2016 年 1～12 月房地产开发投资同比增速 9.7%，为 2016 年 12 月～2017 年 6 月来最低点，如图 6-5-1 所示。

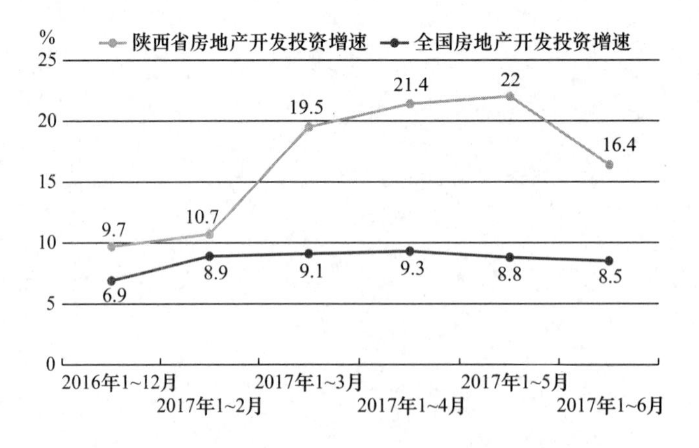

图 6-5-1　全国和陕西省房地产开发投资增速情况

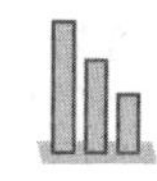

分用途来看，在房地产开发投资总量中，商品住房开发完成投资962.86亿元，同比增长15.5%，商品住房开发完成投资总额占房地产开发投资总量的70.64%，占比最大。

分区域来看，房地产开发投资仍呈现较为明显的不均衡状态。西安市累计房地产开发投资占陕西省的77.38%，同比增长19.5%；宝鸡市累计房地产开发投资占陕西省的4.73%，同比增长46.3%；铜川市累计房地产开发投资仅占陕西省的0.97%，同比下降20.7%。2017年1～6月陕西省各市房地产开发投资情况见表6-5-1。

2017年1～6月陕西省各地市累计房地产开发投资情况　表6-5-1

地区	房地产开发投资完成额		与2017年1～5月相比（百分点）	占陕西省比重（%）
	总量（亿元）	同比增速（%）		
陕西省	1363.00	16.4	−5.57	—
西安	1054.74	19.5	−7.46	77.38
铜川	13.22	−20.7	−1.96	0.97
宝鸡	64.42	46.3	1.85	4.73
咸阳	46.20	3.3	−3.89	3.39
渭南	39.53	−16.7	3.53	2.90
延安	27.93	−4.8	−32.33	2.05
汉中	41.37	29.5	−3.52	3.03
榆林	19.41	40.2	−20.71	1.42
安康	41.62	−12.1	1.59	3.05
商洛	8.70	2.5	−1.14	0.64
杨凌	5.88	30.0	9.56	0.43

（二）土地市场供应减少

2017年上半年陕西省国有建设用地供应总面积3241.16公顷。从供地类型看，商服用地318.69公顷、工矿仓储用地986.60公顷、住宅用地567.00公顷、其他用地1368.87公顷（公用管理与公共服务用地408.51公顷、特殊用地23.57公顷、交通运输用地935.81公顷和水域及水利设施用地0.97公顷）。各项分别占土地供应总量的比重为9.84%、30.44%、17.49%、42.23%，各项用地类型同比分别减少26.46%、41.92%、27.82%、53.47%。

2017年上半年，陕西省普通商品住房供地513.28公顷，同比增加1.29%。保障性住房（经济适用房、廉租房、棚户区改造用地、公共租赁房和限价商品房）供地53.57公顷，占住宅用地供应总面积的9.45%。目前陕西省已将保障性住房的数量降低，城区改造主要以货币安置为主，商品房去库存成效明显。

从供地方式看，出让1915.33公顷，同比减少29.43%，占建设用地供应总面积的59.09%。其中招拍挂出让1739.76公顷，同比减少33.59%，占国有土地出让总面积的90.83%；划拨1325.83公顷，同比减少57.85%，占建设用地供应面积的40.91%。

（三）商品房施工、竣工面积稍有上升

截至2017年6月底，陕西省商品房累计施工面积21300.11万m^2，同比增长11.5%，增幅与2016年同期相比上升4.05个百分点。陕西省房地产累计新开工面积2092.49万m^2，同比增长26.1%，增幅与2016年同期相比上升35.07个百分点。

截至2017年6月底，陕西省商品房累计竣工面积1058.93万m^2，同比增长12.6%，增幅比2016年同期下降95.29个百分点。其中商品房竣工价值为333.98亿元，同比增长41.5%，增幅比2016年同期下降94.45%。

（四）商品房销售波动增长

1. 商品房销售量持续好转

2017年6月，陕西省商品房当月销售面积为445.84万m^2，增速为33.5%，商品房当月销售额为316.97亿元，增速为72.4%。其中截至6月底，商品房累计销售面积为1648.21万m^2，同比增长28%，增速比2016年同期提高11.79个百分点，商品房累计销售额为1081.12亿元，同比增长55.4%，增速比2016年同期提高37.27%，如图6-5-2所示。

从用途上来看，2017年1～6月陕西省商品住房累计销售面积为1491.57万m^2，同比增长24.5%，占商品房销售面积的90.5%；办公楼销售面积58.57万m^2，同比增长111.7%，占商品房销售面积的3.6%；商业营业用房销售面积70.9万m^2，同比增长57.6%，占商品

房销售面积的 4.3%；其他用房销售面积 27.18 万 m²，同比增长 60.3%，占商品房销售面积的 1.6%。上半年，除了办公楼销售面积增速比一季度有所回落外，其余销售面积增速均有所提高，而商业营业用房销售面积增速提高幅度最大。

分区域来看，2017 年上半年陕西省有 7 个市（区）的商品房销售面积增速比一季度有所提高，分别是西安市、铜川市、宝鸡市、渭南市、延安市、榆林市和杨凌示范区，其中延安市、榆林市和杨凌示范区商品房销售面积增速提高幅度较大。西安市商品房销售面积占陕西省比重比一季度提高 4.9 个百分点，主导地位更趋明显。具体见表 6-5-2。

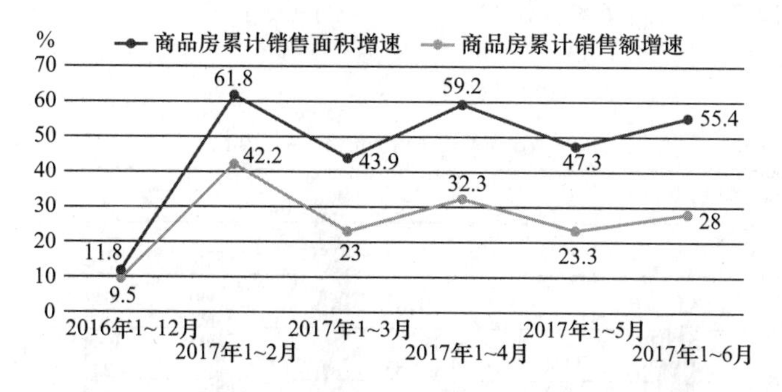

图 6-5-2 陕西省商品房累计销售面积和累计销售额增速

2017 年 1～6 月陕西省各地市商品房销售情况　　表 6-5-2

地区	销售面积		比 1～3 月增速（百分点）	占陕西省商品房销售面积比重（%）
	总量（万 m²）	同比增速（%）		
陕西省	1648.21	28.0	5.0	—
西安	1138.80	32.0	6.6	69.1
铜川	11.05	27.0	8.6	0.7
宝鸡	85.78	15.0	3.0	5.2
咸阳	69.45	9.7	−9.9	4.2
渭南	70.17	10.2	1.1	4.3
延安	57.91	113.2	41.6	3.5
汉中	70.15	13.3	−12.3	4.3
榆林	23.89	61.4	11.0	1.4
安康	67.03	5.7	−3.4	4.1
商洛	31.37	−0.4	−8.1	1.9
杨凌	22.61	41.2	28.8	1.4

2. 商品住房销售价格增速呈“W”形

6月份，陕西省新建商品住房销售均价为5535元/m²，同比增长0.40%，环比增长0.13%。1～6月中新建商品住房销售均价最高的是4月份，销售均价为5918元/m²（图6-5-3）。二手住房交易均价5927元/m²，同比上涨27%，环比上涨6.5%。

从各地市来看，西安、咸阳、杨凌、汉中、韩城5个城市新建商品住房销售价格环比有小幅上涨，其余7个设区市均环比下降（表6-5-3）。从西安市来看，2017年1～6月西安市新建商品住房销售价格逐月上涨，尤其是从3月开始，房价增速幅度较大。6月份房价是上半年最高，为7441元/m²（图6-5-4）。

图6-5-3　2017年1～6月陕西省商品住房当月销售价格及增速情况

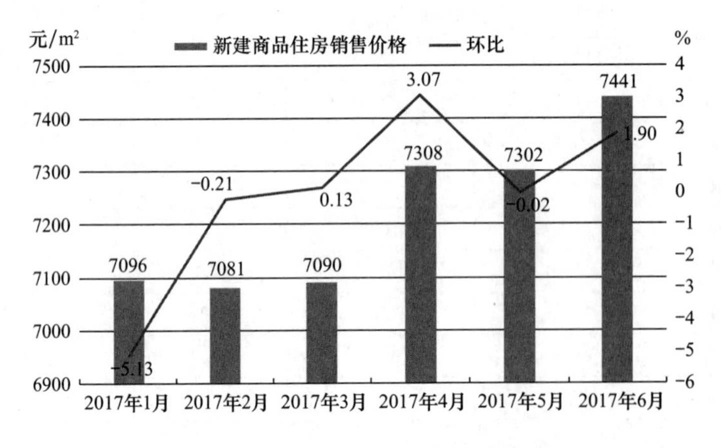

图6-5-4　2017年1～6月西安市商品住房当月销售价格及增速情况

2017 年 6 月陕西省各地市新建商品住房平均价格及涨幅　表 6-5-3

城市	价格位次	平均价格（元/m²）	同比涨幅（%）	环比涨幅（%）
西安	1	7441	8.50	1.90
榆林	2	4547	−8.09	−4.62
咸阳	3	4167	10.91	0.75
安康	4	3737	3.83	−2.50
杨凌	5	3730	18.15	11.14
宝鸡	6	3691	8.30	−2.64
延安	7	3644	−2.57	−3.20
汉中	8	3403	13.93	2.59
渭南	9	3396	17.10	−1.70
韩城	10	3315	−2.90	8.26
铜川	11	3152	3.99	−0.57
商洛	12	2893	−6.19	−0.14

（五）商品住房去化周期逐步缩短

1～6 月，陕西省商品住房累计待售面积为 3606.5 万 m²，同比下降 22.5%，降幅比 1～5 月收窄 6.03 个百分点。从 2017 年 1～6 月，商品住房待售面积持续下降，待售面积绝对值下降 457.82 万 m²（图 6-5-5）。

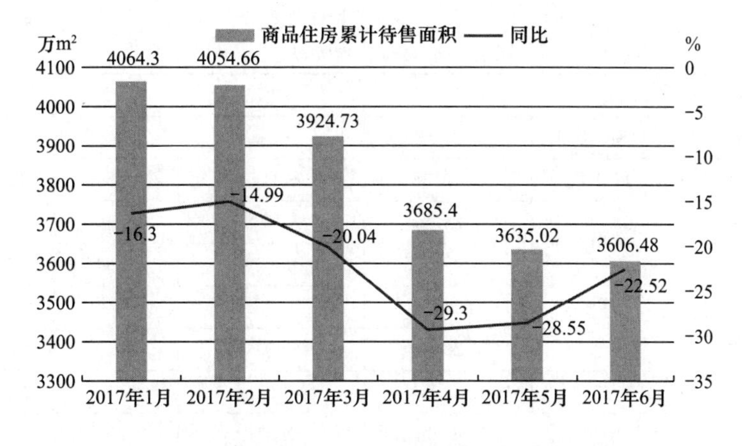

图 6-5-5　陕西省商品住房累计待售面积及增速

从去化周期上来看，陕西省商品住房去化周期为 10.29 个月，上半年去化周期持续下降，去库存形势逐渐好转。陕西省 2017 年 1 月～

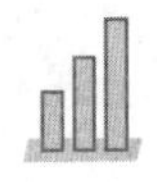

2017 年 6 月各月商品住房去化周期情况如图 6-5-6 所示。

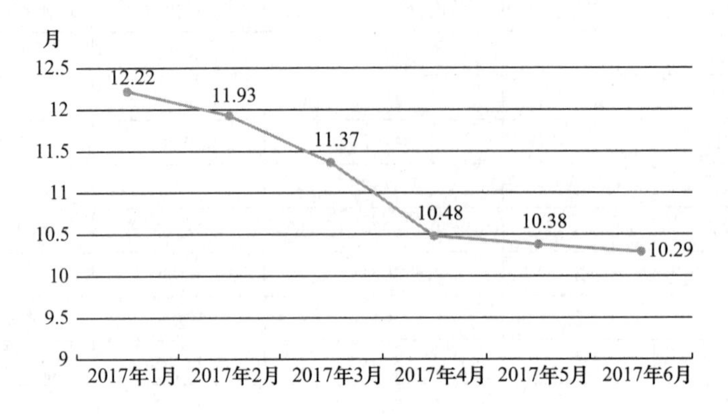

图 6-5-6　1～6 月陕西省商品住房去化周期

从各地市来看，大多数城市去化压力逐步减小，但去化周期差异较大，陕西省 12 个城市中，商品住房去化周期小于 12 个月的城市有西安、延安、安康、商洛、杨凌和韩城，去化周期分别为 7.88、9.44、9.17、4.39、9.96 和 4.94 个月，去化周期超过 18 个月的城市有榆林市，去化周期为 21.96 个月（表 6-5-4）。

2017 年 1～6 月陕西省各地市商品住房累计待售面积及去化周期　表 6-5-4

地区	待售面积		增幅与 2016 年同期相比（百分点）	占陕西省比重（%）	去化周期（月）
	总量（万 m^2）	同比增速（%）			
陕西省	3606.48	－22.52	－19.52	—	10.29
西安	1481.92	－21.71	－4.88	41.09	7.88
宝鸡	344.77	－20.68	－1.57	9.56	12.75
咸阳	468.19	－23.07	－21.85	12.98	14.40
铜川	70.00	20.71	66.29	1.94	17.50
渭南	294.38	22.36	－25.72	8.16	14.87
延安	125.80	－26.68	－98.48	3.49	9.44
榆林	330.72	－31.84	－76.84	9.17	21.96
汉中	271.35	－9.68	19.47	7.52	12.67
安康	131.24	－34.94	－41.94	3.64	9.17
商洛	38.50	28.38	－130.62	1.07	4.39
杨凌	35.55	－32.98	－64.09	0.99	9.96
韩城	14.06	－64.31	－59.31	0.39	4.94

（六）商业办公楼库存压力持续增大

1～6 月，陕西省商业办公楼累计待售面积为 4192.12 万 m²，同比增加 51.40%。上半年陕西省商业办公楼累计待售面积持续增长，其中 3 月份陕西省商业办公楼累计待售面积为 3804.93 万 m²，同比增幅最大，增幅为 79.21%（图 6-5-7）。

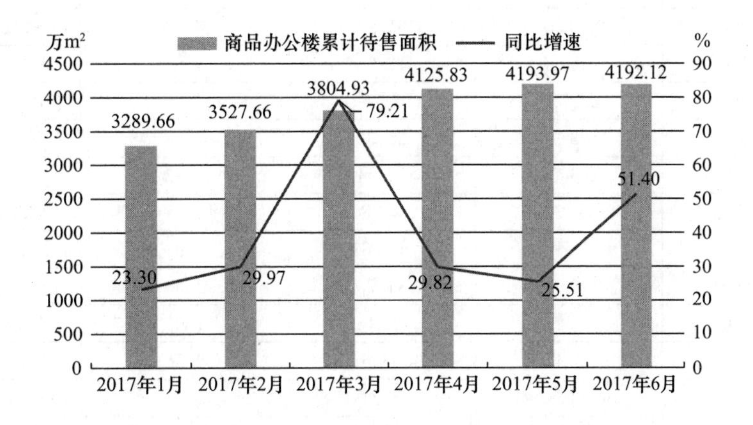

图 6-5-7　2017 年 1～6 月陕西省商业办公楼累计待售面积

从去化周期上来看，6 月陕西省商业办公楼去化周期为 98.65 个月，较 2016 年年底增加 21.94 个月，去化压力进一步增加（图 6-5-8）。

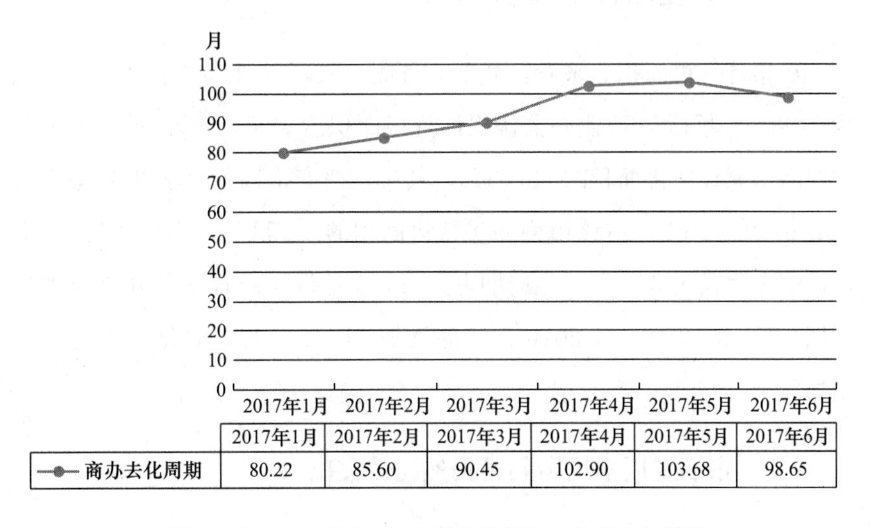

	2017年1月	2017年2月	2017年3月	2017年4月	2017年5月	2017年6月
商办去化周期	80.22	85.60	90.45	102.90	103.68	98.65

图 6-5-8　2017 年 1～6 月陕西省商业办公楼去化周期

从各地市来看，多数城市去化压力仍然较大，陕西省 12 个城市中去化周期低于 12 个月的城市只有韩城市，去化周期为 10.59 个月，见表 6-5-5。

2017 年 1～6 月陕西省各地市商业办公楼累计待售面积及去化周期　表 6-5-5

地区	待售面积		占陕西省比重（%）	去化周期（月）
	总量（万 m^2）	同比增速（%）		
陕西省	4192.12	51.40	—	98.65
西安	2766.05	85.25	65.98	91.18
宝鸡	246.40	12.05	5.88	133.49
咸阳	222.68	2.26	5.31	81.57
铜川	123.75	20.36	2.95	322.82
渭南	156.52	19.54	3.73	98.91
延安	79.29	5.48	1.89	165.47
榆林	328.47	−1.37	7.84	378.64
汉中	148.08	34.73	3.53	64.61
安康	69.21	22.16	1.65	54.82
商洛	23.42	688.64	0.56	114.70
杨凌	26.84	5.24	0.64	65.59
韩城	1.42	20.61	0.03	10.59

二、房地产市场存在的主要矛盾

（一）商业办公楼去化压力较大

从累计待售面积上来看，截至 6 月底，陕西省商品房累计待售面积为 7798.58 万 m^2，商业办公楼累计待售面积达 4192.12 万 m^2，占陕西省商品房累计待售面积的 53.75%。其中，西安市商业办公楼待售面积为 2766.05 万 m^2，占该市商品房待售面积的 65.11%，为陕西省 12 个城市中占比最大者。从去化周期上来看，6 月份陕西省商业办公楼去化周期为 98.65 个月，较 2016 年年底增加 21.94 个月，去化压力进一步增加。

（二）市场发展不均衡问题仍然比较突出

从 1～6 月的房地产累计开发投资来看，西安市占近八成，其他 12

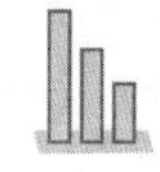

个地市仅占两成。从商品房销售面积来看，西安市约占 69.1%，其他 12 个地市占 30.9%。其他地市与西安市房地产市场发展程度显现出一定差距。

（三）房地产市场量价波动较大

从商品房当月销售面积来看，6 月陕西省商品房销售面积为 445.84 万 m^2，环比增加 86.19%，为 1～6 月增速最大者，2 月陕西省商品房销售面积为 232.46 万 m^2，环比下降 49.10%，为 1～6 月增速最小者。从商品住房销售价格来看，1～6 月陕西省商品住房销售价格环比增速呈现“W”形，波动较大，其中 2 月商品住房销售价格为 5188 元/m^2，环比下降 4.28%，为 1～6 月价格最低者，4 月份商品住房销售价格为 5918 元/m^2，环比上升 12.02%，为 1～6 月份价格最高者。

（四）商品住房品质问题日渐突出

就目前来看，陕西省大部分新建住宅容积率较高，绿化率较低，住区环境有待进一步提升；在建筑设计方面缺乏特色，缺少精雕细琢，新建住宅密度大、楼距小、户型差，另有一些区域开发的项目，同质化严重，经典传世、有代表性的项目较少；在配套方面，幼儿园、小学、中学、社区医疗等服务型机构配建数量较少，由于城市规划不健全，新建住宅小区周边市政设施配套不完善，主干道路数量少，交通不便，城市管网错综复杂，供水排水等问题较为严重。

三、对策建议

（一）多措并举，化解商办库存

一是加强商业办公楼开发用地的管控，对商业办公楼去化周期超过 36 个月的城区和县（市），暂停商业办公用地供应，对商业办公楼去化周期超过 24 个月的城区和县（市），原则上暂缓商业办公用地供应；二是鼓励开发商企业多样化运营商业地产，在不改变其他规划条件的前提下，可改变商业办公楼的使用功能，用于教育地产、“互联网＋”地产、文化体育、健康养老、医疗服务等为核心的跨界地产；三是研究规模专业化租赁模式，鼓励有实力的租赁企业对现有库存进行收储和整合，改出售为出租。

（二）强化市场调控，坚持“分类指导，因城施策”

一是针对西安市房地产市场持续升温，房价上涨较快，政府应积极实施调控政策，加强限购限贷限售执行力度，监控房价和销售波动趋势，规范市场行为，引导投资行为，合理引导预期；二是针对三四线城市库存压力较大，应加快调整产业结构，引入新兴产业，促进产业升级，夯实本地经济发展实力，吸引人口回流就业，加快城镇化建设，推进户籍制度改革，促进农民工市民化，培育住房需求新主体。

（三）理顺制度，探索长效机制

一是紧密围绕中央有关住房制度、土地供应制度、住房金融体系、房地产税收制度、房地产市场规制、新型城镇化等一系列制度建设，处理好住房消费和投资、房地产业和实体经济、住房供给和人口、产业规模等之间的关系，建立陕西省房地产市场的长效机制；二是落实地方政府主体责任，引导和规范商品房销售行为，严格把控房地产市场秩序，建立有效的监督考核机制，提升政策执行力，确保各项政策全方位落地生根。

（四）追根溯源，强抓住房品质

一是加强城市规划、住区规划设计工作，合理布局城市空间，实现功能分区，充分协调住区规划与城市规划，为提升住房品质奠定基础；二是在土地供应时，对住宅项目容积率、绿地率、建筑密度等规划指标作出严格要求，后期建设阶段全面监控各个规划指标落实情况；三是完善在建和已建成房地产项目的路、水、电、气、暖等公用基础设施，以及学校、医院、商业等配套服务设施，大力提高房地产开发项目综合配套水平，努力盘活存量。

2017 年 7 月陕西省房地产市场运行分析

一、房地产开发投资持续回落

截至 2017 年 7 月底，陕西省累计完成房地产开发投资 1581.60 亿元，同比增长 10.4 个百分点，比 1～6 月减少 6.0 个百分点，比全国平均增速高 2.5 个百分点。其中，2017 年 1～5 月房地产开发投资同比增速 22%，为 2017 年 2～7 月增幅最高点；2017 年 1～7 月房地产开发投资同比增速 10.4%，为 2017 年 2～7 月最低点，如图 6-6-1 所示。

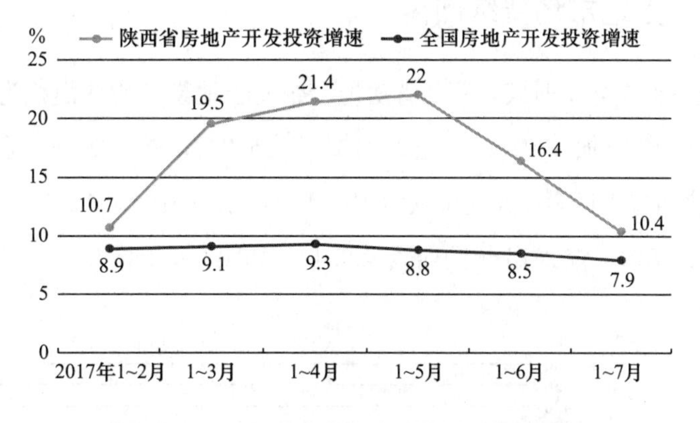

图 6-6-1　全国和陕西省房地产开发投资增速

分用途来看，在房地产开发投资总量中，商品住房开发完成投资 1235.24 亿元，同比减少 5.66%，商品住房开发完成投资总额占房地产开发投资总量的 78.10%，占比最大。

分区域来看，房地产开发投资仍呈现较为明显的不均衡状态。西安市累计房地产开发投资占陕西省的 76.47%，同比增长 12.8%，铜川市累计房地产开发投资仅占全省的 0.94%，同比下降 21.1%。

2017 年 1～7 月陕西省各市累计完成房地产开发投资情况见表 6-6-1。

2017 年 1～7 月陕西省各地市累计房地产开发投资　　表 6-6-1

地区	房地产开发投资完成额		与 1～6 月相比（百分点）	占陕西省比重（%）
	总量（亿元）	同比增速（%）		
陕西省	1581.60	10.4	−6	—
西安	1209.44	12.8	−6.7	76.47
铜川	14.80	−21.1	−0.4	0.94
宝鸡	81.88	38.4	−7.9	5.18
咸阳	55.36	0.4	−2.9	3.50
渭南	48.14	−13.7	3	3.04
延安	33.64	−14.5	−9.7	2.13
汉中	46.85	14.5	−15	2.96
榆林	25.45	37.4	−2.8	1.61
安康	47.95	−14.1	−2	3.03
商洛	10.58	0.1	−2.4	0.67
杨凌	7.51	14.7	−15.3	0.47

二、土地市场持续回落

截至 2017 年 7 月底，陕西省房地产企业土地累计购置面积为 297.78 万 m^2，同比增加 139.7%，较 6 月减少 15.2%，较 2016 年同期减少 3.79；陕西省土地累计成交价款为 125.41 亿元，同比增加 243.5%，较 6 月提高 12.8%，较 2016 年同期减少 0.42，如图 6-6-2 所示。

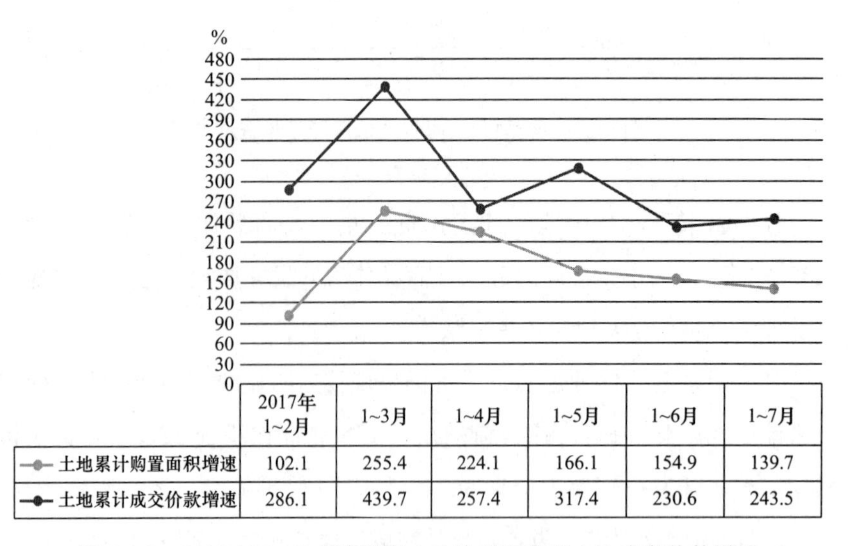

	2017年1~2月	1~3月	1~4月	1~5月	1~6月	1~7月
土地累计购置面积增速	102.1	255.4	224.1	166.1	154.9	139.7
土地累计成交价款增速	286.1	439.7	257.4	317.4	230.6	243.5

图 6-6-2　2017 年 1～7 月陕西省土地购置面积和土地成交价款增速

三、商品房施工、竣工面积同比上升

截至2017年7月底，陕西省商品房累计施工面积21576.50万m^2，同比增长8.5%，增幅与2016年同期相比上升0.91个百分点。陕西省房地产累计新开工面积2335.87万m^2，同比增长3.9%，增幅与2016年同期相比上升0.67个百分点。

截至2017年7月底，陕西省商品房累计竣工面积1145.69万m^2，同比增长8.8%，增幅比2016年同期扩大0.09个百分点。其中商品房竣工价值为355.39亿元，同比增长34.0%，增幅比2016年同期提高0.35%。

四、商品房销售量涨价跌

（一）商品房销售量增速强劲

2017年7月份，陕西省商品房当月销售面积为248.39万m^2，增速为10.6%；商品房当月销售额为162.73亿元，增速为29.3%。其中截至7月底，商品房累计销售面积为1902.44万m^2，同比增长25.1%，增速比2016年同期提高3.35个百分点；商品房累计销售额为1254.26亿元，同比增长52.1%，增速比2016年同期提高6.86%，如图6-6-3所示。

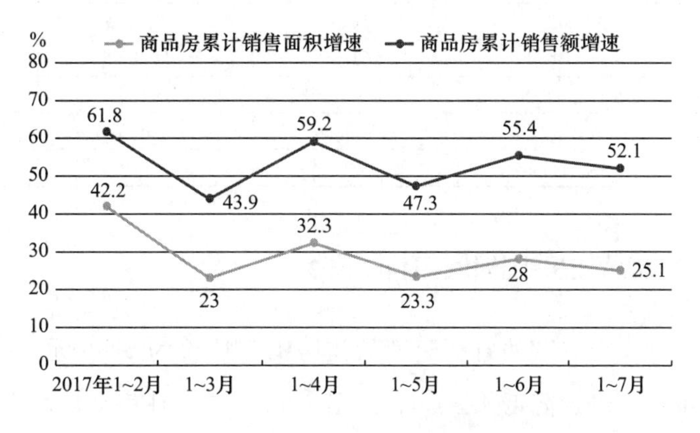

图6-6-3　2017年1～7月陕西省商品房累计销售面积和累计销售额增速

从用途上来看，1～7月陕西省商品住宅销售面积1716.95万m^2，同比增长21.8%，比上半年回落2.7个百分点，占商品房销售面积的90.2%；办公楼销售面积65.98万m^2，同比增长114.9%，比上半年提高3.2个百分点，占商品房销售面积的3.5%；商业营业用房销售面积87.16万m^2，同比增长42.3%，比上半年回落15.3个百分点，占商品房销售面积的4.6%；其他用房销售面积32.36万m^2，同比增长67%，比上半年提高6.7个百分点，占商品房销售面积的1.7%。1～7月住宅和商业营业用房销售面积增长有所减缓，而办公楼和其他用途的房屋销售面积增长有所加快。

分区域来看，到2017年7月底，陕西省除商洛市以外累计商品房销售面积均呈现同比增长的情况。其中，延安市和杨凌的同比增速最大，分别为131.5%和32.1%。西安市和宝鸡市商品房累计销售面积占陕西省的比重最多，占比分别为68.0%和5.0%，具体见表6-6-2。

2017年1～7月陕西省各地市商品房销售　　表6-6-2

地区	销售面积		与2016年年底相比（百分点）	占陕西省比重（%）
	总量（万m^2）	同比增速（%）		
陕西省	1902.44	25.1	−2.9	—
西安	1294.58	27.9	−4.1	68.0
铜川	13.48	21.9	−5.1	0.7
宝鸡	95.98	13.8	−1.2	5.0
咸阳	85.01	7.4	−2.3	4.5
渭南	82.95	8.3	−1.9	4.4
延安	77.08	131.5	18.3	4.1
汉中	82.04	13.1	−0.2	4.3
榆林	32.26	61.6	0.2	1.7
安康	78.8	1.5	−4.2	4.1
商洛	35.23	−0.8	−0.3	1.9
杨凌	25.46	32.1	−9.2	1.3

（二）商品住房销售价格环比下降

2017年7月，陕西省新建商品住房销售均价为5286元/m^2，同比增长5.03%，环比降低4.50%，见图6-6-4。二手住房交易均价为4882元/m^2，同比增长3.28%，环比下降17.6%。

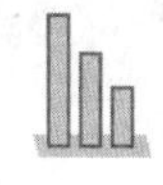

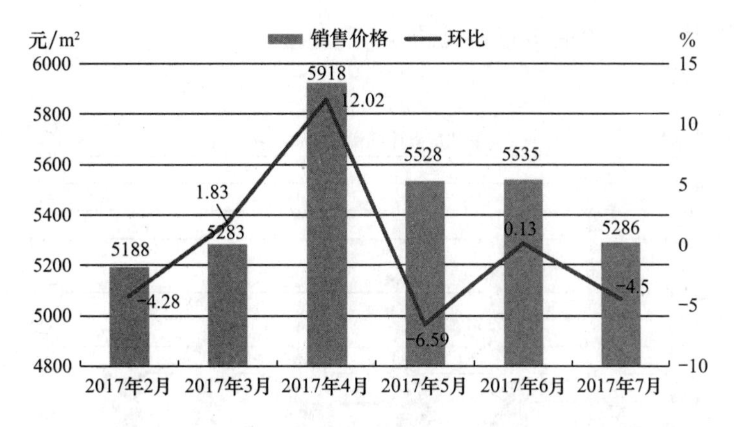

图 6-6-4　陕西省新建商品住房销售价格及增速

分区域来看，除榆林、咸阳、延安、汉中、铜川、商洛 6 个城市住房销售价格环比上涨外，其他城市的城市住房销售价格环比均有小幅下降，见表 6-6-3。

2017 年 7 月陕西省各地市新建住房平均销售价格及涨幅　表 6-6-3

城市	价格位次	平均价格（元/m²）	同比涨幅（%）	环比涨幅（%）
西安	1	7320	10.32	−1.63
榆林	2	4639	15.46	2.02
咸阳	3	4288	31.94	2.90
安康	4	3506	−1.88	−6.18
杨凌	5	3671	13.90	−1.58
宝鸡	6	3601	5.05	−2.44
延安	7	4252	22.57	16.68
汉中	8	3443	10.04	1.18
渭南	9	3162	12.97	−6.89
韩城	10	3191	−2.77	−3.74
铜川	11	3186	3.78	1.08
商洛	12	3094	−5.09	6.95

五、商品住房去库存形势持续好转

从商品住房待售面积上来看，截至 2017 年 7 月底，陕西省商品住房累计待售面积为 3436.29 万 m²，同比下降 26.46%，降幅较 2016 年同期扩大25.56个百分点，见图6-6-5。

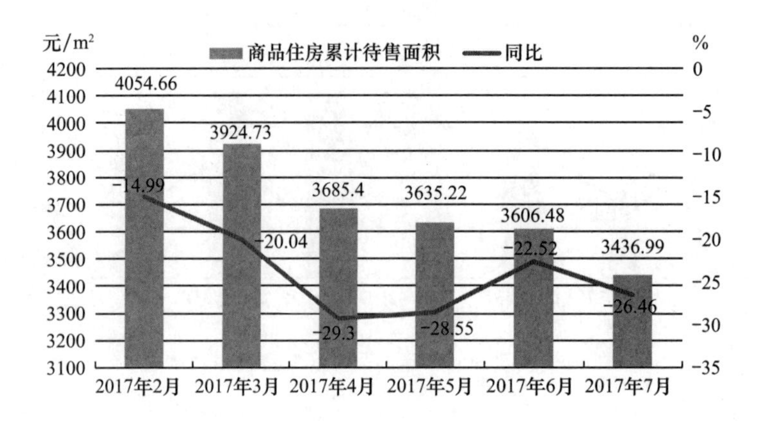

图6-6-5　陕西省商品住房累计待售面积及增速

从去化周期上来看，陕西省商品住房去化周期为9.89个月，较6月减少了0.4个月，整体去库存形势继续好转。陕西省2017年2～7月各月商品住房去化周期情况见图6-6-6。

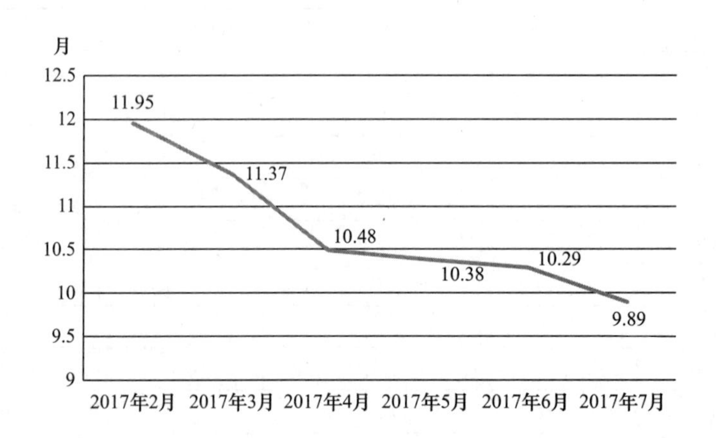

图6-6-6　2017年2～7月陕西省各月商品住房去化周期

从各地市来看，去化周期差异较大，陕西省12个城市中，商品住房去化周期小于12个月的城市有西安市、延安市、安康市、商洛市、杨凌和韩城，去化周期分别为7.46、9.01、9.63、3.99、8.76和4.11个月，去化周期超过18个月的城市只有榆林市，去化周期为22.08个月，见表6-6-4。陕西省大多数城市去化压力逐步减小。

截至 2017 年 7 月底陕西省各地市商品住房累计待售面积　表 6-6-4

地区	待售面积		增幅与 2016 年同期相比（百分点）	占陕西省比重（%）	去化周期（月）
	总量（万 m^2）	同比增速（%）			
陕西省	3436.29	−26.46	−25.56	—	9.89
西安	1375.53	−28.56	−13.07	40.03	7.46
宝鸡	337.08	−28.63	−119.15	24.51	12.28
咸阳	434.07	−29.33	−28.25	12.63	13.60
铜川	67.93	23.79	57.27	1.98	16.28
渭南	288.37	15.96	32.51	8.39	14.36
延安	119.18	−31.19	−92.42	3.47	9.01
榆林	331.06	−30.00	−41.83	9.63	22.08
汉中	264.34	−11.94	2.39	7.69	12.32
安康	139.62	−30.39	−90.78	4.06	9.63
商洛	35.15	−69.91	−181.06	1.02	3.99
杨凌	32.23	−42.64	−194.12	0.94	8.76
韩城	11.74	−68.51	−58.17	0.34	4.11

2017 年 8 月陕西省房地产市场运行分析

一、房地产开发投资增速下降

截至 2017 年 8 月底，陕西省累计完成房地产开发投资 1855.42 亿元，同比增长 7.9 个百分点，较 7 月份相比降低 2.5 个百分点，比全国平均增速高 0.1 个百分点。其中，2017 年 1～5 月房地产开发投资同比增速 22%，为 2017 年 3～8 月增幅最高点；2017 年 1～8 月房地产开发投资同比增速 7.9%，为 2017 年 3～8 月最低点，如图 6-7-1 所示。

分区域来看，房地产开发投资仍呈现较为明显的不均衡状态。西安市累计房地产开发投资占陕西省的 76.3%，同比增长 9.0%，杨凌示范区累计房地产开发投资仅占陕西省的 0.5%，同比增长 19.9%。

2017 年 1～8 月陕西省各市累计完成房地产开发投资情况见表 6-7-1。

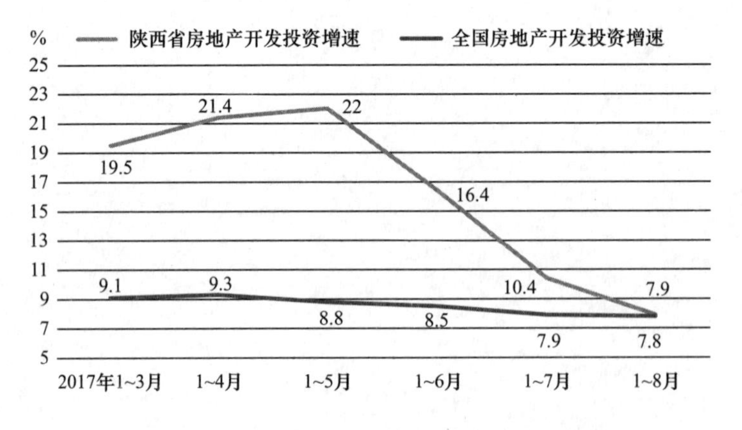

图 6-7-1　全国和陕西省房地产开发投资增速情况

2017 年 1～8 月陕西省各地市累计房地产开发投资情况　表 6-7-1

地区	房地产开发投资完成额		与 1～7 月相比（百分点）	占陕西省比重（%）
	总量（亿元）	同比增速（%）		
陕西省	1855.42	7.8	−2.6	—
西安	1415.51	9.0	−3.8	76.3
铜川	16.39	−28.9	−7.7	0.9
宝鸡	98.18	36.1	−2.2	5.3
咸阳	65.84	3.0	2.6	3.5
渭南	56.71	−11.1	2.5	3.1
延安	38.97	−14.1	0.4	2.1
汉中	53.70	14.5	0.0	2.9
榆林	33.67	38.9	1.5	1.8
安康	55.11	−13.6	0.5	3.0
商洛	11.95	1.3	1.2	0.6
杨凌	9.39	19.9	5.2	0.5

二、土地成交增速下降

截至 2017 年 8 月底，陕西省房地产企业土地累计购置面积为 319.86 万 m^2，同比增加 123.7%，较 1～7 月比提高 22.8 万 m^2，增速较去年同期增长 157.1%；陕西省土地累计成交价款为 132.29 亿元，同比增长 212.0%，增速较 1～7 月降低 31.5%，较 2016 年同期降低 240.9%，如图 6-7-2 所示。

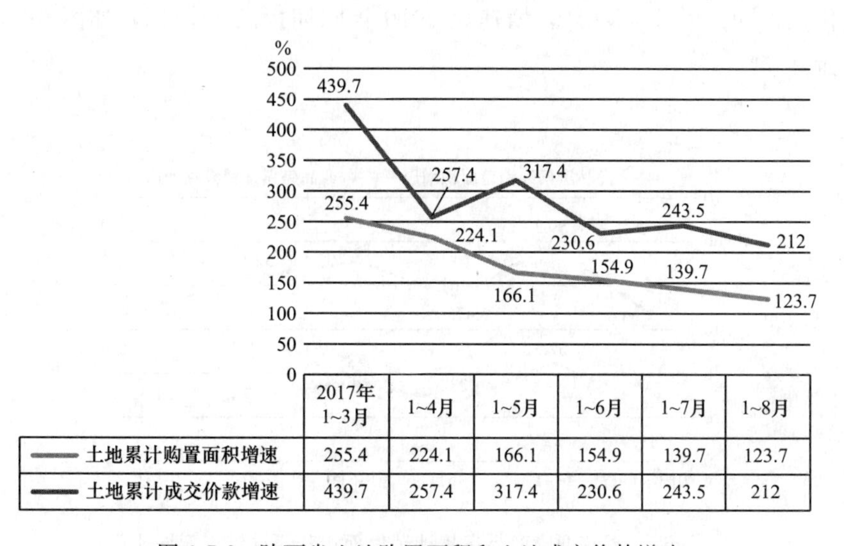

	2017年1~3月	1~4月	1~5月	1~6月	1~7月	1~8月
土地累计购置面积增速	255.4	224.1	166.1	154.9	139.7	123.7
土地累计成交价款增速	439.7	257.4	317.4	230.6	243.5	212

图 6-7-2　陕西省土地购置面积和土地成交价款增速

三、商品房施工、竣工面积同比上升

截至 2017 年 8 月底，陕西省商品房累计施工面积 21973.94 万 m^2，同比增长 6.7%，增幅与 2016 年同期相比降低 4.6 个百分点。陕西省房地产累计新开工 2642.82 万 m^2，同比降低 6.2%，增幅与 2016 年同期相比上升 3.9 个百分点。

截至 2017 年 8 月底，陕西省商品房累计竣工面积 1359.09 万 m^2，同比增长 13.1%，增幅比 2016 年同期减少 91.6 个百分点。其中商品房竣工价值为 426.66 亿元，同比增长 41.4%，增幅比 2016 年同期降低 71.9%。

四、商品房销售量涨价跌

（一）商品房销售量趋于平稳

2017 年 8 月，陕西省商品房当月销售面积为 243.44 万 m^2，增速为 7.8%；商品房当月销售额为 156.20 亿元，增速为 45.8%。其中截至 8 月底，商品房累计销售面积为 2147.95 万 m^2，同比增长 21.3%，增速比 2016 年同期提高 13.2 个百分点，商品房累计销售额为 1412.79 亿元，同比增长 45.8%，增速比 2016 年同期提高 37.1%，如图 6-7-3 所示。

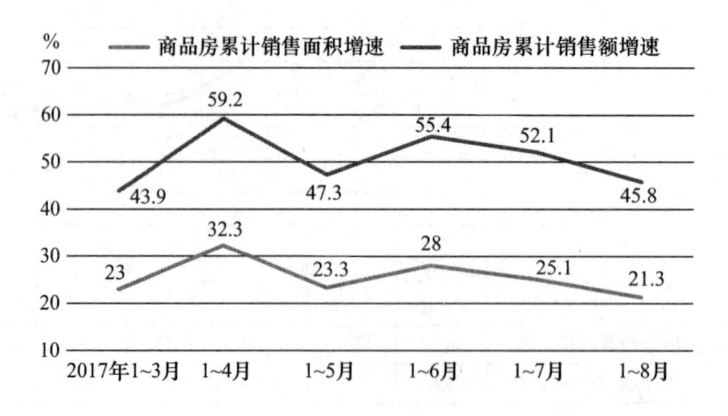

图 6-7-3　陕西省商品房累计销售面积和累计销售额增速

从用途上来看，其中商品住房累计销售面积为 1931.45 万 m²，同比增长 17.6%，商业办公楼销售面积同比增长 100.3%，商业营业用房销售面积同比增长 52.3%。商品住房累计销售额为 1412.79 亿元，同比增长 45.8%。

分区域来看，到 2017 年 8 月底，陕西省西安市、宝鸡市、榆林市、安康市、商洛市和杨凌示范区共 6 个市（区）的销售面积增速均比 1～7 月有所回落。其中，西安市和宝鸡市商品房累计销售面积占陕西省的比重最多，占比分别为 66.9%和 5%，具体见表 6-7-2。

2017 年 1～8 月陕西省各地市商品房销售情况　　　表 6-7-2

地区	销售面积		与 1～7 月相比（百分点）	占陕西省比重（%）
	总量（万 m²）	同比增速（%）		
陕西省	2147.95	21.3	−3.7	—
西安	1436.73	22.7	−5.2	66.9
铜川	16.63	22.6	0.7	0.8
宝鸡	107.63	10.7	−3.2	5.0
咸阳	98.78	7.7	0.2	4.6
渭南	98.50	10.6	2.3	4.6
延安	94.70	149.4	17.9	4.4
汉中	97.31	15.4	2.3	4.5
榆林	39.99	36.4	−25.2	1.9
安康	88.96	−1.4	−2.9	4.1
商洛	40.32	−5.8	−5.0	1.9
杨凌	28.40	22.0	−10.1	1.3

（二）商品住房销售价格环比下降

2017 年 8 月，陕西省新建商品住房销售均价为 4954 元/m²，同比减少 3.73%，环比减少 6.28%。二手住房交易均价为 5526 元/m²，同比增长 15.32%，环比增长 13.2%，如图 6-7-4 所示。

从各地市来看，除商洛市和韩城市的新建商品住房销售价格同比下降之外，其他城市新建住房销售价格与 2016 年同期相比均上涨，尤其是延安市同比涨幅最大。见表 6-7-3。

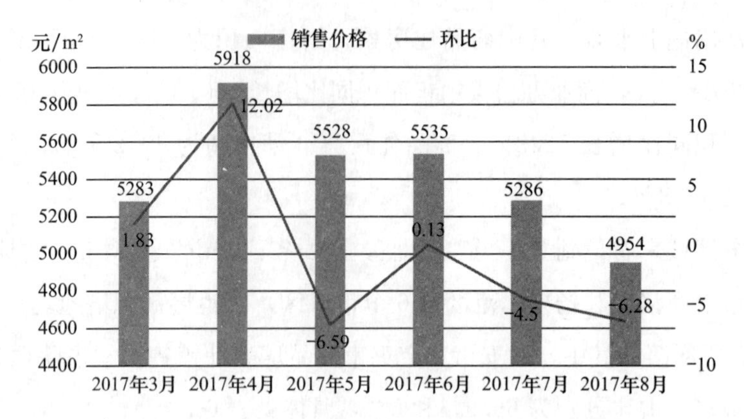

图 6-7-4　陕西省新建商品住房销售价格及增速

2017 年 8 月陕西省各地市新建住房平均销售价格及涨幅　表 6-7-3

城市	价格位次	平均价格（元/m²）	同比涨幅（%）	环比涨幅（%）
西安	1	8655	23.59	−2.83
榆林	2	6058	0.1	0.1
延安	3	4275	29.28	−3.37
安康	4	4144	1.10	0.70
渭南	5	3876	9	0.91
汉中	6	3865	10.2	3.23
宝鸡	7	3600	1.95	−5.26
杨凌	8	3389	6.11	−7.68
商洛	9	3380	−1	0
铜川	10	3260	0.31	1.56
咸阳	11	3239	−0.74	1.60
韩城	12	3027	−7.0	−5.14

五、商品住房去化压力持续好转

从商品房待售面积上来看，到 2017 年 8 月底，陕西省商品房累计待售面积为 3409.98 万 m²，同比下降 25.79%，降幅较 2016 年扩大 17.99 个百分点，见图 6-7-5。

从去化周期上来看，陕西省商品住房去化周期为 9.78 个月，较 7 月减少了 0.11 个月，整体去库存形势有所好转。陕西省 2017 年 3～8 月各月商品住房去化周期情况见图 6-7-6。

图 6-7-5　陕西省商品住房累计待售面积及增速

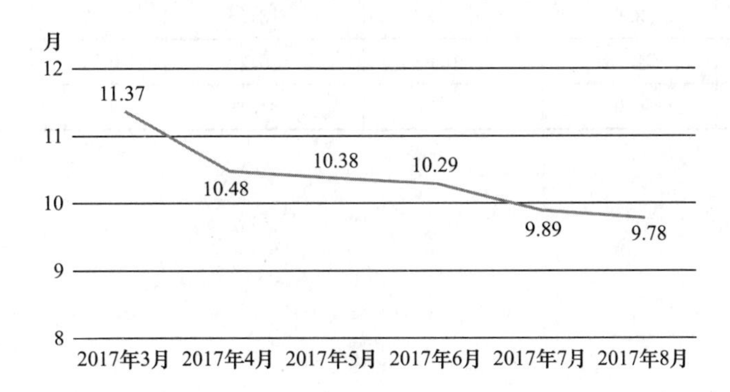

图 6-7-6　陕西省各月商品住房去化周期

从各地市来看，去化周期差异较大，陕西省 12 个城市中，商品住房去化周期小于 12 个月的城市有西安、宝鸡、延安、汉中、安康、商洛、杨凌和韩城，去化周期分别为 7.86 个月、11.32 个月、10.10 个月、11.33 个月、9.04 个月、2.58 个月、7.73 个月和 3.10 个月，去化周期超过 18 个月的城市只有榆林市，去化周期为 21.13 个月，见表 6-7-4。

2017 年 8 月陕西省各地市商品房待售面积与商品住房去化周期　表 6-7-4

地区	待售面积		增幅与 2016 年同期相比（百分点）	占陕西省比重（%）	去化周期（月）
	总量（万 m²）	同比增速（%）			
陕西省	3410.0	−25.8	−18	—	9.78
西安	1416.73	−24.79	−11.06	41.55	7.86

续表

地区	待售面积		增幅与2016年同期相比（百分点）	占陕西省比重（%）	去化周期（月）
	总量（万 m^2）	同比增速（%）			
宝鸡	330.01	−32.94	−44.46	9.68	11.32
咸阳	420.24	−30.3	−12.8	12.32	12.99
铜川	66.13	19.82	61.49	1.94	15.09
渭南	269.38	14.90	29.43	7.9	12.96
延安	133.83	−20.98	−31.01	3.92	10.10
榆林	326.00	−29.14	−20.7	9.56	21.13
汉中	251.60	−16.9	0.8	7.38	11.33
安康	131.51	−31.1	−49.2	3.86	9.04
商洛	23.68	−78.36	−131.4	0.69	2.58
杨凌	31.61	−40.83	−15.24	0.93	7.73
韩城	9.26	−77.23	−81.19	0.27	3.10

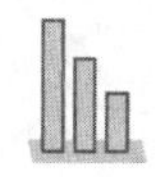

2017 年第三季度陕西省房地产市场运行分析

2017 年第三季度，陕西省房地产市场呈投资增长放缓、商品房量涨价跌、商品住房去库存成效显著、商业办公楼去化压力仍然较大的运行态势。目前仍面临着化解商业办公楼库存难题、推进土地市场调控、规范房地产市场的艰巨任务。

一、2017 年第三季度陕西省房地产市场运行现状

（一）房地产开发投资增速放缓

截至 2017 年第三季度末，陕西省累计完成房地产开发投资 2196.83 亿元，同比增长 10 个百分点，比上一季度末回落 6.4 个百分点，比全国平均增速高 1.9 个百分点。其中，2017 年 1～5 月房地产开发投资同比增速 22%，为 2017 年 4～9 月增幅最高点；2017 年 1～8 月房地产开发投资同比增速 7.8%，为 2017 年 4～9 月最低点，如图 6-8-1 所示。

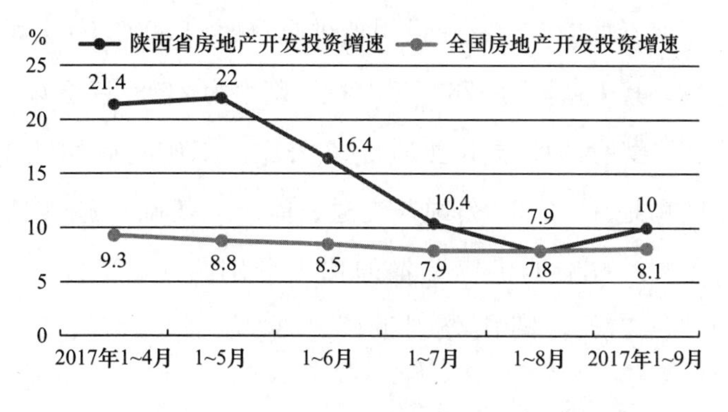

图 6-8-1　全国和陕西省房地产开发投资增速

分区域来看，第三季度末陕西省5个市的房地产开发完成投资增速较上半年有所回落，其中延安市、铜川市和汉中市房地产开发完成投资回落幅度较大。其中，西安市主要受调控政策影响，房地产完成投资比上半年回落7.5个百分点，占陕西省75.8%，成为影响陕西省房地产投资增长缓慢的主要原因。

2017年1～9月陕西省各市累计完成房地产开发投资情况见表6-8-1。

2017年第三季度末陕西省各地市累计房地产开发投资情况　表6-8-1

地区	房地产开发投资完成额		比上半年增速（百分点）	占陕西省房地产投资比重（%）
	总量（亿元）	同比增速（%）		
陕西省	2196.83	10.0	−6.4	—
西安	1664.5	12.1	−7.5	75.8
铜川	19.65	−34.0	−13.3	0.9
宝鸡	116.64	38.8	−7.5	5.3
咸阳	75.86	4.0	0.7	3.5
渭南	67.55	−8.7	7.9	3.1
延安	49.20	−28.1	−23.3	2.2
汉中	66.79	16.2	−13.3	3.0
榆林	44.12	49.0	8.8	2.0
安康	64.60	−11.1	0.9	2.9
商洛	15.14	5.6	3.1	0.7
杨凌	12.79	47.0	17.1	0.6

（二）土地供应面积同比减少

2017年前三季度，国有建设用地供应总面积5905.99公顷，同比减少40.9%。其中存量为3767.82公顷，新增为2138.17公顷。

从供地类型看，商服用地611.36公顷，工矿仓储用地1932.17公顷，住宅用地1052.38公顷，交通、能源、基础设施等其他用地2319.09公顷，占土地供应总量的比重分别为10.35%、32.56%、17.82%和39.27%，同比分别下降9.34%、24.57%、21.48%和57.21%。

2017年1～9月，陕西省普通商品住房供地888.08公顷，同比减少1.40%，占住宅用地供应总面积的84.39%。其中，中低价位、中小

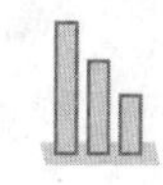

套型普通商品住房 112.24 公顷，同比减少 36.34%，占陕西省普通商品住房供地的 12.64%。保障性安居工程（经济适用房、廉租房、棚户区改造用地、公共租赁房和限价商品房）供地 164.23 公顷，同比减少 62.63%，占住宅用地供应总面积的 15.61%。

从供地方式看，国有土地出让面积为 3578.20 公顷，同比减少 13.81%，占建设用地供应总面积的 60.59%。其中招拍挂面积 3325.31 公顷，占国有土地出让面积的 92.93%；国有土地划拨面积为 2327.79 公顷，同比减少 60.09%，占建设用地供应面积的 39.41%。

土地出让成交总价款 339.74 亿元，同比增加 17.59%。其中招拍挂成交价款 331.27 亿元，同比增加 19.10%，占出让总价款的 97.51%。

（三）商品房施工面积同比增长，竣工面积同比下降

截至 9 月底，陕西省商品房累计施工面积 17766 万 m^2，同比增长 2.72%，较 2016 年同期下降 0.78%，其中，商品住房累计施工面积 15976 万 m^2，同比增长 1.95%，较 2016 年同期下降 1.05 个百分点。第三季度，陕西省商品房累计竣工 847 万 m^2。截至 9 月底，陕西省房屋累计新开工面积 2401 万 m^2，同比下降 10.07%。

截至 9 月底，陕西省商品房累计竣工面积 2109 万 m^2，同比下降 16.70%，增速比 2016 年同期下降 22.7%，其中，商品住房累计竣工面积为 1904 万 m^2，同比下降 18.70%，降幅较 2016 年同期扩大 40.9 个百分点。第三季度，陕西省商品房累计竣工面积 722 万 m^2，较第二季度减少 86 万 m^2，商品住房累计竣工 666 万 m^2，较第二季度减少 56 万 m^2。

（四）商品房销售量涨价跌

1. 商品房销售量稳中有增

截至 2017 年 9 月，陕西省商品房销售面积为 2570.58 万 m^2，增速为 22.5%，商品房销售额为 1684.58 亿元，增速为 46.5%。其中截至 2017 年 9 月，商品住宅累计销售面积为 2301.48 万 m^2，同比增长

17.8%，增速比2016年同期提高17.6个百分点；商品住宅累计销售额为1443.91亿元，同比增长39.4%，增速比2016年同期提高40.1%，如图6-8-2所示。

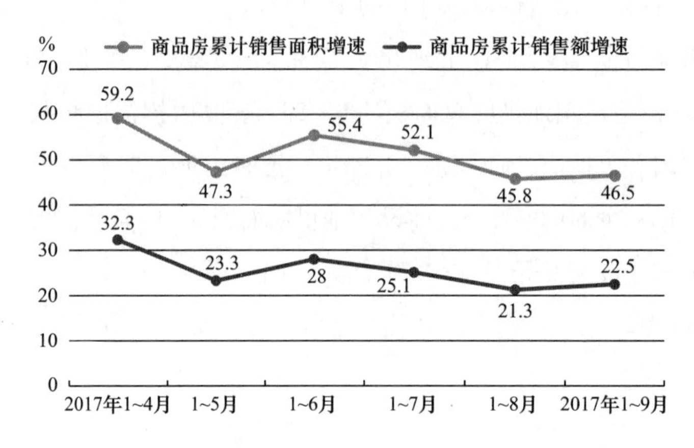

图6-8-2　陕西省商品房累计销售面积和累计销售额增速

从用途上来看，其中商品住房累计销售面积为2301.48万m^2，同比增长17.8%，商业办公楼销售面积同比增长115.2%，商业营业用房销售面积同比增长73.7%。

分区域来看，到2017年第三季度末，陕西省有8个市（区）的商品房销售面积增速比上半年有所回落，其中，榆林市和杨凌回落幅度最大，超过20个百分点；其中，西安市受2017年以来调控政策的影响，商品住房销售面积增速比上半年回落8.8个百分点，明显影响陕西省商品房销售面积增长速度，具体见表6-8-2。

2017年9月陕西省各地市商品房销售情况　　表6-8-2

地区	销售面积		比上半年增速（百分点）	占陕西省商品房销售面积比重（%）
	总量（万m^2）	同比增速（%）		
陕西省	2570.58	22.5	−5.5	—
西安	1688.02	23.2	−8.8	65.7
铜川	25.35	20.9	−6.1	1.0
宝鸡	136.70	14.1	−1.0	5.3
咸阳	114.53	2.4	−7.3	4.5
渭南	141.12	13.2	3.0	5.5

续表

地区	销售面积		比上半年增速（百分点）	占全省商品房销售面积比重（%）
	总量（万 m²）	同比增速（%）		
延安	110.44	159.7	46.5	4.3
汉中	115.68	26.1	12.9	4.5
榆林	51.52	40.1	−21.3	2.0
安康	100.69	1.8	−3.9	3.9
商洛	46.56	−2.8	−2.3	1.8
杨凌	39.98	20.8	−20.5	1.6

2. 商品住房销售价格跌落

9 月，陕西省新建商品住房销售均价为 4920 元/m²，同比下降 8.40%，环比下降 0.69%，如图 6-8-3 所示；第三季度陕西省新建商品住房销售均价为 5053 元/m²。9 月，二手住房交易均价 5170 元/m²，同比上涨 8.96%，环比下降 6.44%；第三季度，二手住房交易均价为 5193 元/m²。

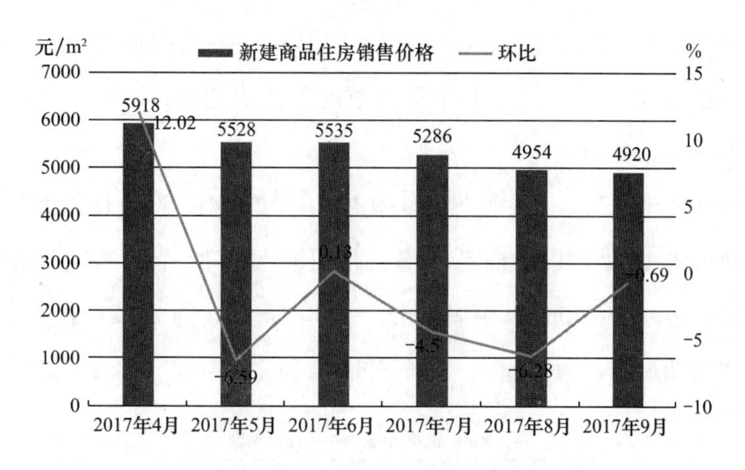

图 6-8-3　陕西省新建商品住房销售价格及增速

从各地市来看，宝鸡市、铜川市、延安市、榆林市、杨凌市、韩城市 6 个城市新建住房销售价格环比有小幅上涨，其余 7 个设区市均环比下降。从西安市来看，9 月份商品住房销售均价为 7270 元/m²，环比下降 0.52%；第三季度商品住房销售均价为 7299 元/m²；其中 8 月份销售价格最高，为 7308 元/m²，环比下降 0.16%。见表 6-8-3。

2017 年 9 月陕西省各地市新建住房平均销售价格及涨幅　表 6-8-3

城市	价格位次	平均价格（元/m²）	同比涨幅（%）	环比涨幅（%）
西安	1	7270	6.22	−0.52
榆林	2	4793	4.26	3.08
延安	3	4362	22.36	3.14
咸阳	4	4082	13.48	−3.50
杨凌	5	3569	9.71	5.31
汉中	6	3488	8.40	−0.31
安康	7	3396	−12.23	−5.51
宝鸡	8	3374	4.52	0.06
韩城	9	3339	4.12	10.31
铜川	10	3269	8.10	0.28
渭南	11	3116	1.14	−3.14
商洛	12	3080	−5.78	−1.31

（五）商品住房去化压力逐步减小

截至 9 月份，陕西省商品住房累计待售面积为 3309.39 万 m²，同比下降 26.49%，见图 6-8-4，陕西省商品住房去化周期为 9.62 个月，较 8 月份减少 0.16 个月，其中第三季度去化周期持续下降，去库存形势逐渐好转，见图 6-8-5。

从各地市来看，大多数城市去化压力逐步减小，但去化周期差异较大，陕西省 12 个城市中商品住房去化周期大于 12 个月的城市有咸阳市、渭南市和榆林市，其中榆林市去化周期最大，为 21.22 个月，韩城市去化周期最小，为 3.60 个月如表 6-8-4 所示。

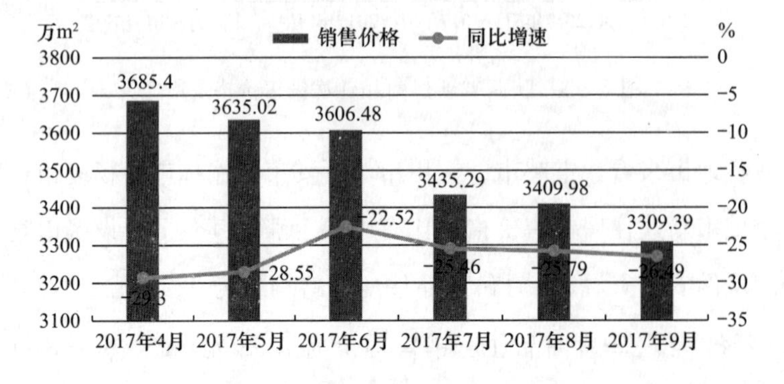

图 6-8-4　2017 年 4～9 月陕西省商品住房累计待售面积及同比

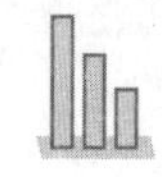

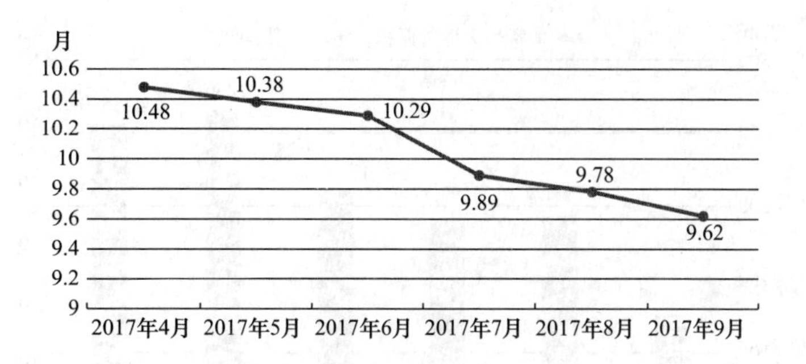

图 6-8-5　9 月陕西省商品住房去化周期

截至 9 月底陕西省各地市商品住房累计待售面积及去化周期　表 6-8-4

地区	待售面积		增幅与 2016 年同期相比（百分点）	占陕西省比重（%）	去化周期（月）
	总量（万 m^2）	同比增速（%）			
陕西省	3309.39	−26.49	−16.04	—	9.62
西安	1395.6	−24.56	−7.75	42.17	8.07
宝鸡	325.36	−29.52	−32.31	9.83	10.86
咸阳	393.6	−32.50	−17.04	11.89	12.12
铜川	34.91	−34.19	−1.82	1.05	7.74
渭南	268.72	5.56	12.90	8.12	12.88
延安	114.71	−28.97	−64.51	3.47	8.20
榆林	322.9	−27.60	−16.87	9.76	21.22
汉中	246.8	−17.26	2.64	7.46	10.87
安康	134.68	−33.73	−55.40	4.07	9.25
商洛	35.07	−65.78	−171.42	1.06	3.72
杨凌	26.38	−50.02	−31.20	0.80	6.18
韩城	10.66	−69.68	−61.34	0.32	3.60

（六）商业办公楼库存压力仍然较大

截至 9 月底，陕西省商业办公楼累计待售面积为 4255.78 万 m^2，同比增加 38.78%。第三季度陕西省商业办公楼累计待售面积波动变化，其中 7 月份陕西省商业办公楼累计待售面积为 4211.57 万 m^2，同比增幅最大，增幅为 41.25%，如图 6-8-6 所示。

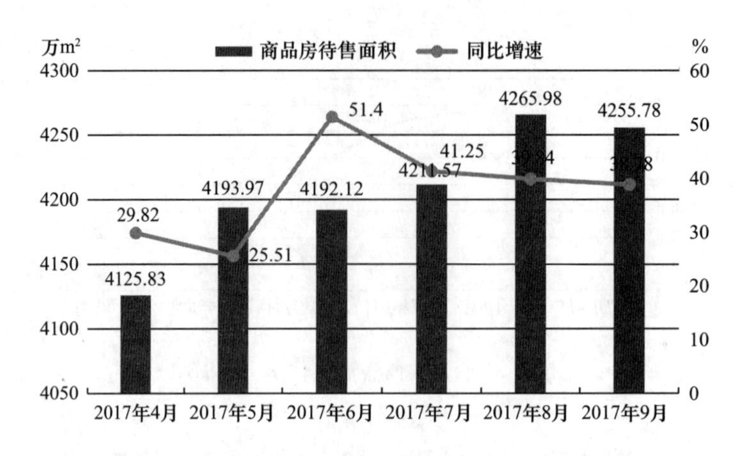

图 6-8-6　2017 年 4～9 月陕西省商业办公楼累计待售面积

从去化周期上来看，9 月份陕西省商业办公楼去化周期为 89.96 个月，较第二季度末减少 8.69 个月，去化压力稍有好转，如图 6-8-7 所示。

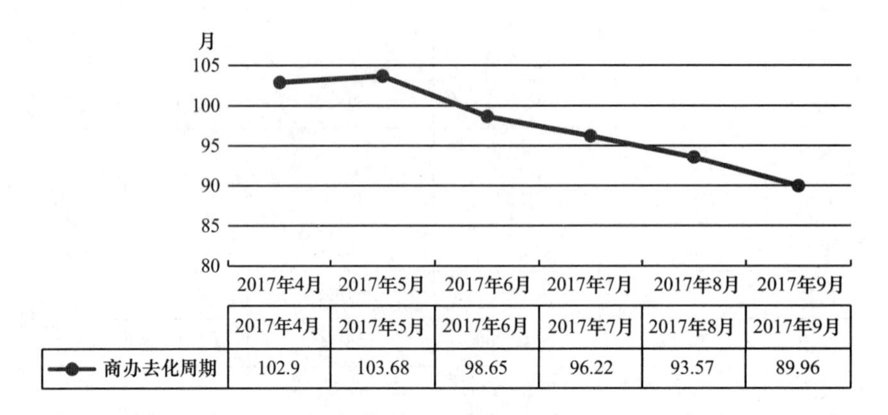

	2017年4月	2017年5月	2017年6月	2017年7月	2017年8月	2017年9月
商办去化周期	102.9	103.68	98.65	96.22	93.57	89.96

图 6-8-7　2017 年 4～9 月陕西省商业办公楼去化周期

从各地市来看，多数城市去化压力仍然较大，陕西省 12 个城市中去化周期低于 60 个月的城市只有安康市、商洛市、杨凌、韩城，去化周期分别为 56.33 个月、54.68 个月、55.16 个月、31.39 个月，见表 6-8-5。

截至 9 月底陕西省各地市商业办公楼累计待售面积及去化周期　表 6-8-5

地区	待售面积		占陕西省比重（%）	去化周期（月）
	总量（万 m²）	同比增速（%）		
陕西省	4265.98	38.78	—	89.96
西安	2811.42	62.44	65.90	79.55

续表

地区	待售面积		占陕西省比重（%）	去化周期（月）
	总量（万 m^2）	同比增速（%）		
宝鸡	253.60	−3.88	5.94	138.76
咸阳	228.43	3.77	5.35	106.65
铜川	123.61	15.90	2.90	419.92
渭南	156.07	19.42	3.66	95.82
延安	80.36	19.93	1.88	210.83
榆林	330.73	0.81	7.75	358.72
汉中	159.44	35.54	3.74	62.06
安康	70.22	25.71	1.65	56.33
商洛	21.07	−9.99	0.49	54.68
杨凌	25.46	−7.35	0.60	55.16
韩城	5.56	308.45	0.13	31.39

二、房地产市场存在的主要矛盾

（一）商业办公楼去化压力较大

从累计待售面积上来看，截至 9 月底，陕西省商品房累计待售面积为 7565.17 万 m^2，商业办公楼累计待售面积达 4255.78 万 m^2，占陕西省商品房累计待售面积的 56.25%。其中，西安市商业办公楼待售面积为 2811.42 万 m^2，占该市商品房待售面积的 66.83%，为陕西省 12 个城市中占比最大者。从去化周期上来看，9 月份陕西省商业办公楼去化周期为 89.96 个月，较第二季度末减少 8.69 个月，但去化压力仍较明显。

（二）市场发展不均衡问题仍然比较突出

从 1～9 月份的房地产累计开发投资来看，西安市占 75.8%，其他 12 个地市仅占 24.2%。从商品房销售面积来看，西安市约占 65.7%，其他 12 个地市占 34.3%。其他地市与西安市房地产市场发展程度显现出一定差距。

三、对策建议

（一）加快建立租购并举住房制度

一是培育市场供应主体，发展住房租赁企业，鼓励房地产开发企业

开展住房租赁业务，规范住房租赁中介机构，支持和规范个人出租住房。二是增加租赁住房供应，盘活用好存量房，透过政策引导，鼓励其将空置房提供市场租赁；改造改建老旧小区，在提升住区品质的同时，鼓励将空置房供应租房租赁市场；新建租赁型住房，通过商品房开发建设配建、大型企业新建、集体土地新建等增加租赁住房供应。三是加强租赁市场管理，保障承租人权益，明确出租人的义务，规范出租人行为，明确承租人权益，保障承租人享受户籍落户、就近入学，医疗卫生等公共服务和资源配置方面的基本权益。

（二）加强规范房地产市场运作机制

一是引导和规范商品房销售行为，严格把控房地产市场秩序，对未取得商品房预售许可违法销售的项目，加大处罚力度，对商品房销售活动中人为营造紧张气氛、捂盘惜售等违法违规行为，严肃查处；二是建议政府主管部门逐步对毛坯房预售加以限制，扩大成品住房建设规模，发挥好政策的支持作用，激励和扶持实施成品住房的在建和新建商品住房项目，积极为成品住房开发建设拓宽融资渠道，大力支持房地产开发企业多措并举筹集资金。

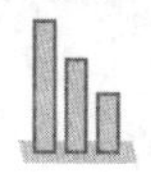

2017 年 10 月陕西省房地产市场运行分析

一、房地产开发投资稳中有增

截至 2017 年 10 月底，陕西省累计完成房地产开发投资 2459.68 亿元，同比增长 11.6 个百分点，增速比 1～9 月份提高 1.6 个百分点。2017 年 5 月累计完成房地产开发投资同比增长 22 个百分点，为 2017 年 5～10 月增幅最高点；2017 年 8 月累计完成房地产开发投资同比为 7.8%，为 2017 年 5～10 月来最低点，如图 6-9-1 所示。

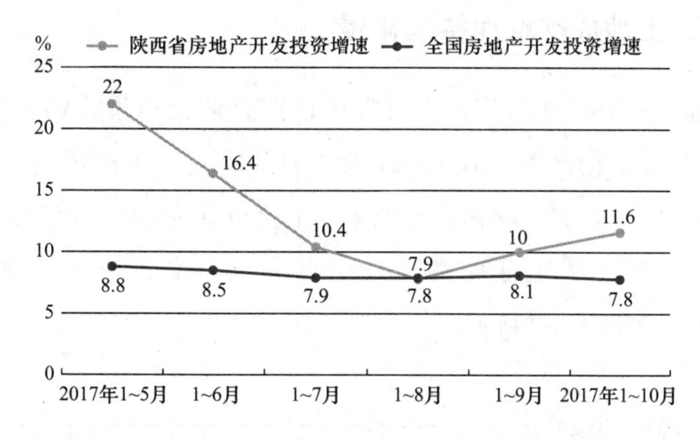

图 6-9-1　2017 年 5～10 月全国和陕西省房地产开发投资增速

分区域看，房地产开发投资仍呈现较为明显的不均衡状态。西安市累计房地产开发投资占陕西省的 75.00%。2017 年 10 月陕西省各市累计房地产开发投资情况见表 6-9-1。

2017 年 10 月陕西省各地市累计房地产开发投资情况　表 6-9-1

地区	房地产开发投资完成额		增速与 1～9 月相比（百分点）	占陕西省比重（%）
	总量（亿元）	同比增速（%）		
陕西省	2459.68	11.6	1.6	—
西安	1844.58	12.9	1.4	75.0

续表

地区	房地产开发投资完成额		增速与1～9月相比（百分点）	占陕西省比重（%）
	总量（亿元）	同比增速（%）		
宝鸡	131.54	37.3	－1.6	5.3
咸阳	85.09	2.3	－13.9	3.5
铜川	21.62	－36.3	－2.3	0.9
渭南	87.53	7.6	16.3	3.6
延安	54.45	－24.6	3.6	2.2
榆林	51.85	51.0	2.1	2.1
汉中	77.39	21.0	4.8	3.1
安康	73.37	－8.5	2.6	3.0
商洛	17.00	6.5	1.0	0.7
杨凌	15.26	58.4	11.4	0.6

二、土地成交增速持续减缓

截至2017年10月底，陕西省房地产企业土地累计购置面积为400.10万m^2，同比增加57.40%，较9月降低17.9个百分点，较2016年同期降低28.50%；陕西省土地累计成交价款为154.76亿元，同比增加162.6%，较9月提高1.6个百分点，较2016年同期增长201.00%，如图6-9-2所示。

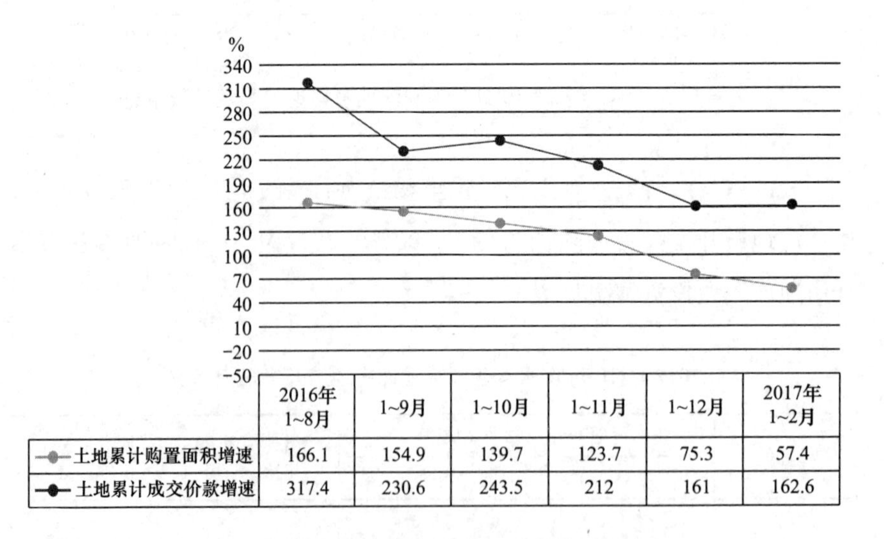

	2016年1~8月	1~9月	1~10月	1~11月	1~12月	2017年1~2月
土地累计购置面积增速	166.1	154.9	139.7	123.7	75.3	57.4
土地累计成交价款增速	317.4	230.6	243.5	212	161	162.6

图6-9-2　陕西省土地购置面积和土地成交价款增速

三、商品房施工、竣工面积稍有上升

截至 2017 年 10 月底，陕西省商品房累计施工面积 22646.78 万 m^2，同比增长 5.2%，增幅与 2016 年同期相比降低 4.1 个百分点。陕西省房地产累计新开工面积 3280.13 万 m^2，同比降低 11.9%，增幅与 2016 年同期相比降低 27.0 个百分点。

截至 2017 年 10 月底，陕西省商品房累计竣工面积 1827.90 万 m^2，同比增长 28.0%，增幅比 2016 年同期降低 6.4 个百分点。其中商品房竣工价值为 548.10 亿元，同比增长 48.1%，增幅比 2016 年同期提高 16.0%。

四、商品房销售量跌价涨

（一）商品房销售面积小幅下降

2017 年 10 月份，陕西省商品房当月销售面积为 272.44 万 m^2，增速为−6.8%，商品房当月销售额为 199.81 亿元，增速为 14.8%。其中截至 10 月底，商品房累计销售面积为 2868.16 万 m^2，同比增长 18.9%，增速比 2016 年同期提高 9.6 个百分点，商品房累计销售额为 1901.75 亿元，同比增长 42.6%，增速比 2016 年同期提高 30.9%，如图 6-9-3 所示。

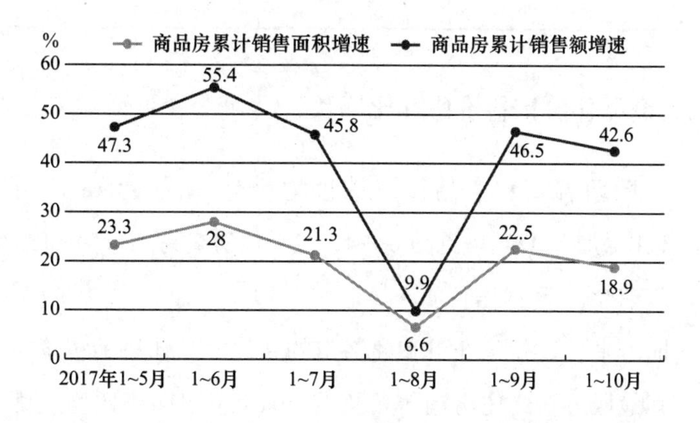

图 6-9-3　陕西省商品房累计销售面积和累计销售额增速

分用途来看，10月陕西省商品住宅销售面积2556.1万m^2，同比增长13.7%，占商品房销售面积的89.1%；办公楼销售面积103.83万m^2，同比增长127%，占商品房销售面积的3.6%；商业营业用房销售面积153.65万m^2，同比增长76.8%，占商品房销售面积的5.4%；其他用房销售面积54.57万m^2，同比增长75%，占商品房销售面积的1.9%。

分区域来看，截至10月底，陕西省除安康市和商洛市外，其余各市（区）商品房累计销售面积均同比增长。其中，延安市的同比增速最大，为119.9%。西安市商品房累计销售面积占陕西省比重最多，占比为65.7%。具体见表6-9-2。

2017年5～10月陕西省各地市商品房销售情况　　表6-9-2

地区	销售面积		与1～9月增速（百分点）	占陕西省比重（%）
	总量（万m^2）	同比增速（%）		
陕西省	2868.16	18.9	−3.6	—
西安	1883.98	18.9	−4.0	65.7
铜川	29.96	21.8	0.9	1.0
宝鸡	147.96	6.7	−7.4	5.2
咸阳	131.65	1.7	−3.6	4.6
渭南	154.60	14.7	1.5	5.4
延安	117.47	119.9	−39.9	4.1
汉中	132.47	31.1	4.9	4.6
榆林	61.45	42.9	2.8	2.1
安康	111.83	−0.2	−2.1	3.9
商洛	53.30	−2.1	0.7	1.9
杨凌	43.98	19.7	−1.1	1.5

（二）商品住房销售价格环比增长

10月，陕西省新建商品住房销售均价为5189元/m^2，同比减少9.60%，环比增加5.47%，见图6-9-4。二手住房交易均价为5422元/m^2，同比增长4.59%，环比增长4.87%。

从各地市来看，除延安市和商洛市的新建商品住房销售价格同比下降之外，其他城市新建住房销售价格与2016年同期相比均上涨，尤其是咸阳市同比涨幅最大，见表6-9-3。

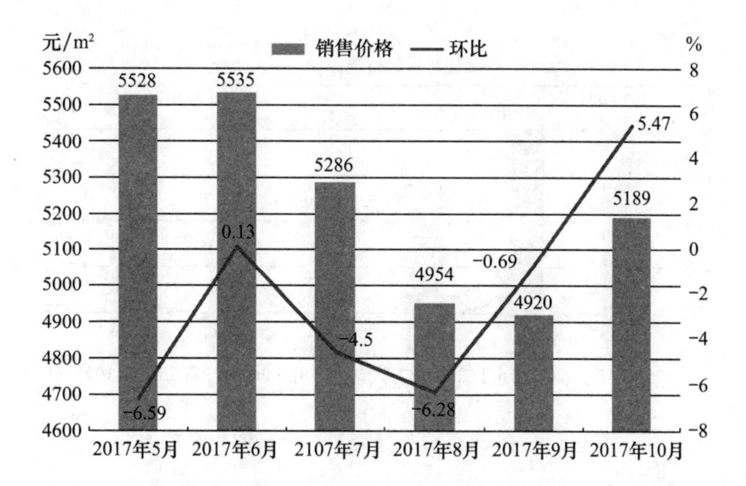

图 6-9-4 陕西省新建商品住房销售价格及增速

2017 年 10 月陕西省各地市新建住房平均销售价格及涨幅 表 6-9-3

城市	价格位次	平均价格（元/m²）	同比涨幅（%）	环比涨幅（%）
西安	1	8152	10.16	−0.06
榆林	2	6080	3	0.5
咸阳	3	5563	31.79	13.73
安康	4	4168	0.8	−0.2
汉中	5	3889	9.03	0.62
宝鸡	6	3874	13.5	10.68
渭南	7	3708	4.1	−0.43
杨凌	8	3663	4.51	2.63
韩城	9	3601	14.94	7.85
延安	10	3548	−4.52	−18.27
铜川	11	3386	9.09	3.17
商洛	12	3380	−1	0

五、商品住房去化压力有效缓解

从商品住房待售面积上来看，截至 10 月底，陕西省商品住房累计待售面积为 3343.0 万 m²，同比下降 23.48%，降幅较 2016 年同期扩大 13.06 个百分点，如图 6-9-5 所示。

从去化周期来看，陕西省商品住房去化周期为 10.12 个月，较 9 月份增加了 0.5 个月，整体去库存压力显著降低。陕西省 2017 年 5～10 月各月商品住房去化周期情况如图 6-9-6 所示。

图 6-9-5　陕西省商品住房累计待售面积及增速

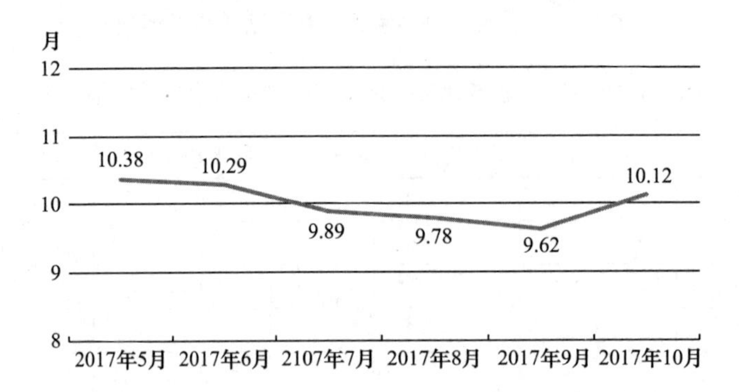

图 6-9-6　陕西省各月商品住房去化周期

从各地市来看，去化周期差异较大，陕西省 12 个城市中，商品住房去化周期大于 12 个月的城市仅有咸阳市、铜川市、渭南市、榆林市，去化周期分别为 12.52 个月、14.71 个月、12.68 个月、22.84 个月，见表 6-9-4。

2017 年 10 月陕西省各地市商品房待售面积与商品住房去化周期　表 6-9-4

地区	2017 年 10 月底商品房待售面积		与 2016 年同期相比（百分点）	占陕西省比重（%）	商品住房去化周期（月）
	总量（万 m²）	同比增速（%）			
陕西省	3343.0	−23.48	−13.06	—	10.12
西安	1393.59	−20.18	−0.80	41.69	8.68
铜川	64.52	33.00	71.58	1.93	14.71
宝鸡	329.14	−26.33	−19.70	9.85	11.09

续表

地区	2017年10月底商品房待售面积		与2016年同期相比（百分点）	占陕西省比重（%）	商品住房去化周期（月）
	总量（万 m^2）	同比增速（%）			
咸阳	410.72	−28.1	−11.91	12.29	12.52
渭南	263.20	−17.52	−65.72	7.87	12.68
延安	105.06	−31.73	−73.29	3.14	7.33
汉中	246.16	−14.6	−6.13	7.36	10.77
榆林	322.90	−23.46	−5.38	9.66	22.84
安康	125.04	−36.3	−49.97	3.74	8.58
商洛	30.62	−65.52	−148.27	0.92	3.42
杨凌	35.20	−34.95	−26.32	1.05	7.92

2017 年 11 月陕西省房地产市场运行分析

一、房地产开发投资持续加快

截至 2017 年 11 月底，陕西省累计完成房地产开发投资 2814.84 亿元，同比增长 14.5 个百分点，增速比 10 月提高 2.9 个百分点，比全国平均增速高 7 个百分点。其中，2017 年 1～6 月房地产开发投资同比增速 16.4%，为 2017 年 6～11 月增幅最高点；2017 年 1～8 月房地产开发投资同比增速 7.8%，为 2017 年 6～11 月最低点，如图 6-10-1 所示。

分区域来看，房地产开发投资仍呈现较为明显的不均衡状态。西安市累计房地产开发投资占陕西省的 75.2%，同比增长 16.5%，铜川市累计房地产开发投资仅占陕西省的 0.8%，同比下降 39.2%。

2017 年 1～11 月陕西省各市房地产开发投资情况见表 6-10-1。

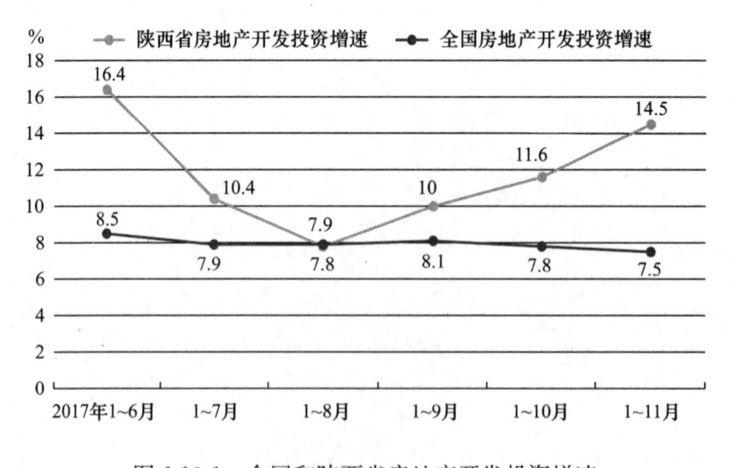

图 6-10-1　全国和陕西省房地产开发投资增速

2017 年 1～11 月陕西省各地市累计房地产开发投资情况　表 6-10-1

地区	房地产开发投资完成额		与上个月增速相比（百分点）	占陕西省比重（%）
	总量（亿元）	同比增速（%）		
陕西省	2814.84	14.5	2.9	—
西安	2115.96	16.5	3.9	75.2
铜川	23.57	−39.2	−2.9	0.8
宝鸡	151.11	30.5	−6.8	5.4
咸阳	95.83	2.5	−5.7	3.4
渭南	100.85	13.3	5.8	3.6
延安	61.18	−21.0	3.5	2.2
汉中	87.36	19.2	−1.8	3.1
榆林	59.12	52.5	1.4	2.1
安康	83.87	−4.3	4.3	3.0
商洛	18.95	4.4	−2.1	0.70
杨凌	17.04	61.6	3.2	0.6

二、土地市场持续回升

截至 2017 年 11 月底，陕西省房地产企业土地累计购置面积为 498.75 万 m^2，同比增加 77.6%，较 10 月提高 20.2%，较 2016 年同期增长 104.8%；陕西省土地累计成交价款为 209.01 亿元，同比增加 235.9%，较 10 月提高 73.3%，较 2016 年同期增长 284%，如图 6-10-2 所示。

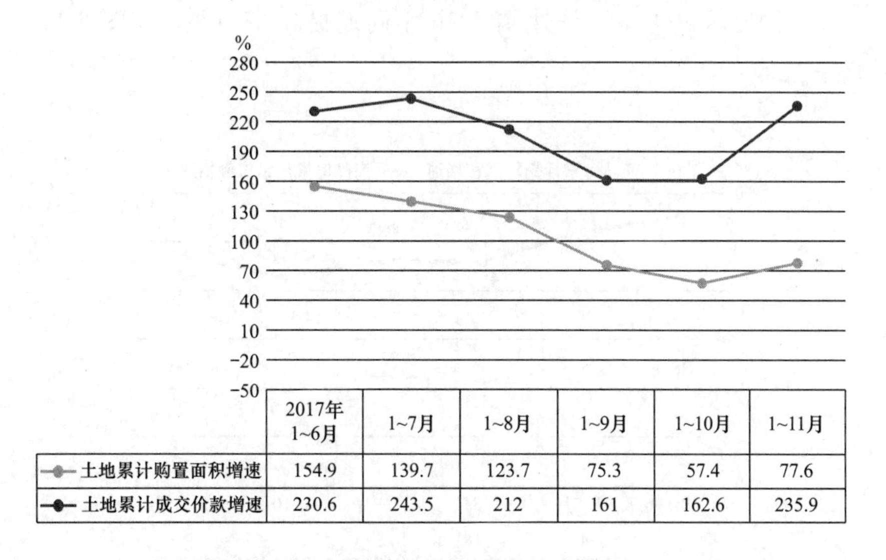

	2017年1~6月	1~7月	1~8月	1~9月	1~10月	1~11月
土地累计购置面积增速	154.9	139.7	123.7	75.3	57.4	77.6
土地累计成交价款增速	230.6	243.5	212	161	162.6	235.9

图 6-10-2　陕西省土地购置面积和土地成交价款增速

三、商品房施工、竣工面积同比上升

截至 2017 年 11 月底，陕西省商品房累计施工面积 23211.97 万 m^2，同比增长 6%，增幅与 2016 年同期相比下降 1.9 个百分点。陕西省房地产累计新开工面积 3810.97 万 m^2，同比降低 6.7%，增幅与 2016 年同期相比下降 20.8 个百分点。

截至 2017 年 11 月底，陕西省商品房累计竣工面积 2025.22 万 m^2，同比增长 19.7%，增幅比 2016 年同期下降 27.5 个百分点。其中商品房竣工价值为 616.40 亿元，同比增长 37.7%，增幅比 2016 年同期降低 9.0%。

四、商品房销售快速回暖

（一）商品房销售量增速强劲

2017 年 11 月，陕西省商品房当月销售面积为 364.87 万 m^2，增速为 42.1%；商品房当月销售额为 284.11 亿元，增速为 88.9%。其中截至 11 月底，商品房累计销售面积为 3247.14 万 m^2，同比增长 20.9%，增速比 2016 年同期提高 14.3 个百分点；商品房累计销售额为 2199.15 亿元，同比增长 47%，增速比 2016 年同期提高 37.1%，如图 6-10-3 所示。

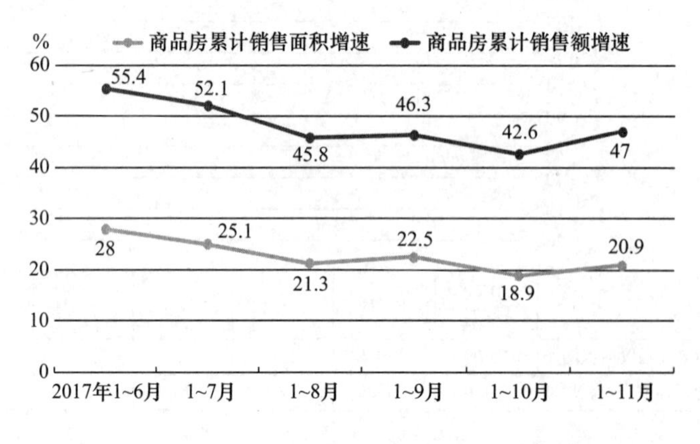

图 6-10-3　陕西省商品房累计销售面积和累计销售额增速

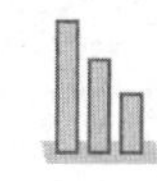

从用途上来看，其中商品住房累计销售面积为 2878.65 万 m^2，同比增长 15.2%，商业办公楼销售面积增长 3.9 倍，商业营业用房销售面积同比增长 79.3%。商品住房累计销售额为 1856.24 亿元，同比增长 38%。

分区域来看，截至 2017 年 11 月底，陕西省除咸阳市以外，累计商品房销售面积均同比增长。其中，延安市和榆林市的同比增速最大，分别为 93.2%和 46.8%。西安市商品房累计销售面积占陕西省的比重最多，占比为 66%，具体见表 6-10-2。

2017 年 1～11 月陕西省各地市商品房销售情况　　表 6-10-2

地区	销售面积		与 10 个月相比（百分点）	占陕西省比重（%）
	总量（万 m^2）	同比增速（%）		
陕西省	3247.14	20.9	2.0	—
西安	2142.17	22.4	3.7	66.0
铜川	33.92	24.7	2.9	1.0
宝鸡	177.35	6.6	−0.1	5.5
咸阳	146.99	−1.2	−4.7	4.5
渭南	171.83	15.1	0.3	5.3
延安	122.08	94.2	−25.6	3.8
汉中	148.56	33.6	2.5	4.6
榆林	72.20	46.8	3.9	2.2
安康	124.19	2.0	2.2	3.8
商洛	61.15	0.3	2.4	1.9
杨凌	46.71	22.5	2.8	1.4

（二）商品住房销售价格稍有上升

11 月份，陕西省新建商品住房销售均价为 5283 元/m^2，同比减少 5.22%，环比增加 1.81%，如图 6-10-4 所示。二手住房交易均价为 5167 元/m^2，同比增长 1.03%，环比降低 4.07%。

从各地市来看，除商洛市，陕西省其他城市新建住房销售价格与 2016 年同期相比均上涨，尤其是汉中市同比涨幅最大。见表 6-10-3。

图 6-10-4　陕西省新建商品住房销售价格及增速

2017 年 11 月陕西省各地市新建住房平均销售价格及涨幅　表 6-10-3

城市	价格位次	平均价格（元/m²）	同比涨幅（%）	环比涨幅（%）
西安	1	7169	1.67	0.15
咸阳	2	4930	35.74	5.30
榆林	3	4706	0.71	10.16
汉中	4	4385	39.61	26.15
延安	5	3979	12.85	9.89
宝鸡	6	3775	31.58	6.40
安康	7	3676	7.08	−6.87
杨凌	8	3548	21.55	−3.14
渭南	9	3368	10.03	3.89
韩城	10	3305	7.13	−8.22
铜川	11	3272	8.89	−2.99
商洛	12	3028	−2.98	5.36

五、商品住房去化压力逐渐减小

从商品住房待售面积上来看，截至 11 月底，陕西省商品住房累计待售面积为 3347.32 万 m²，同比下降 23.99%，降幅较 2016 年同期扩大 12.79 个百分点，如图 6-10-5 所示。

从去化周期上来看，陕西省商品住房去化周期为 10.07 个月，较 10 月份减少了 0.05 个月，整体去库存形势前半时间段好转，后半时间段出现去化周期缓慢上升。陕西省 2017 年 6～11 月各月商品住房去化

周期情况如图 6-10-6 所示。

图 6-10-5　陕西省商品住房累计待售面积及增速

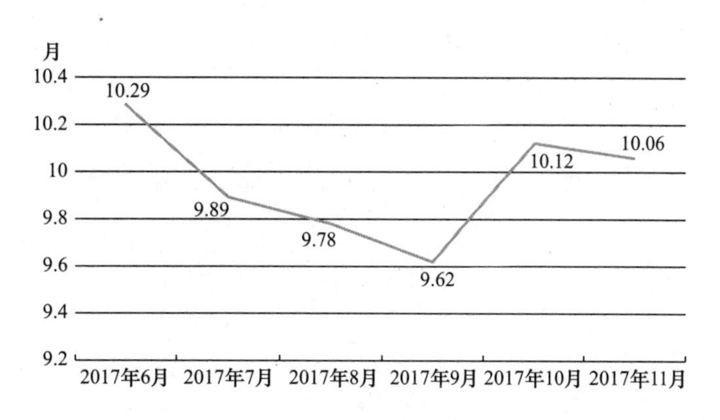

图 6-10-6　陕西省各月商品住房去化周期

从各地市来看，去化周期差异较大，陕西省 12 个城市中，商品住房去化周期大于 12 个月的城市仅有铜川市和榆林市，去化周期分别为 14.26 个月和 24.61 个月，见表 6-10-4。

截至 2017 年 11 月底陕西省各地市商品住房累计待售面积　表 6-10-4

地区	待售面积		增幅与 2016 年同期相比（百分点）	占陕西省比重（%）	去化周期（月）
	总量（万 m²）	同比增速（%）			
陕西省	3247.32	−23.99	−12.77	—	10.06
西安	1333.53	−21.71	−1.99	41.07	8.79
宝鸡	337.83	−29.97	−34.52	10.04	10.77
咸阳	401.72	−27.91	−12.53	12.37	11.84

续表

地区	待售面积		增幅与2016年同期相比（百分点）	占陕西省比重（%）	去化周期（月）
	总量（万 m^2）	同比增速（%）			
铜川	65.68	29.34	62.82	2.02	14.26
渭南	250.00	−18.41	−41.78	7.70	11.99
延安	102.05	−32.57	−79.84	3.14	7.34
榆林	298.35	−22.49	2.55	9.19	24.61
汉中	241.26	−21.07	−22.43	7.43	10.23
安康	121.11	−28.42	−19.44	3.73	8.21
商洛	30.84	−61.44	−131.58	0.95	3.59
杨凌	34.34	−31.32	−23.16	1.06	7.67
韩城	30.61	−1.95	22.07	0.94	10.22

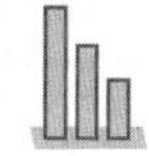

2017 年全年陕西省房地产市场运行分析

2017 年全年，陕西省房地产市场呈现出供给平稳向好、商品房销售量跌价涨、商品住房去化压力有效缩减的运行态势。但仍面临探索长效机制、调整市场结构、加强市场监管、优化住房品质的艰巨任务。

一、2017 年全省房地产市场运行现状

（一）宏观经济态势良好

从居民消费价格指数（CPI）来看，2017 年 12 月陕西省 CPI 环比上涨 0.3%（全国上涨 0.3%），同比上涨 2.3%（全国上涨 1.8%），涨幅较 2017 年 11 月扩大 0.2 个百分点。2017 年陕西省 CPI 累计上涨 1.6%（全国上涨 1.6%）。

从生产总值来看，2017 年陕西省实现生产总值 21898.81 亿元，首次突破两万亿大关，比 2016 年增长 8.0%。其中第一产业生产总值 1739.45 亿元，比 2016 年增长 4.6%；第二产业生产总值 10895.38 亿元，比 2016 年增长 7.9%；第三产业生产总值 9263.98 亿元，比 2016 年增长 8.7%。

从人均可支配收入来看，2017 年陕西省城镇居民人均可支配收入为 30715 万元，比 2016 年增长 8.3%，陕西省农村居民人均可支配收入为 10195 元，比 2016 年增长 9.2%。

（二）房地产供给平稳向好

1. 房地产开发投资小幅回升

2017 年陕西省房地产开发投资呈现趋稳回升态势，截至 2017 年 12 月底，陕西省累计完成房地产开发投资 3101.97 亿元，同比增长 13.3 个百分点，较 1～11 月份减少 1.1 个百分点；较 2016 年同期增长 3.6

个百分点，比全国平均增速高6.3个百分点。其中，2017年1～5月房地产开发投资同比增速22%，为2017年1～12月增幅最高点；2017年1～8月房地产开发投资同比增速7.8%，为2017年1～12月最低点，如图6-11-1所示。

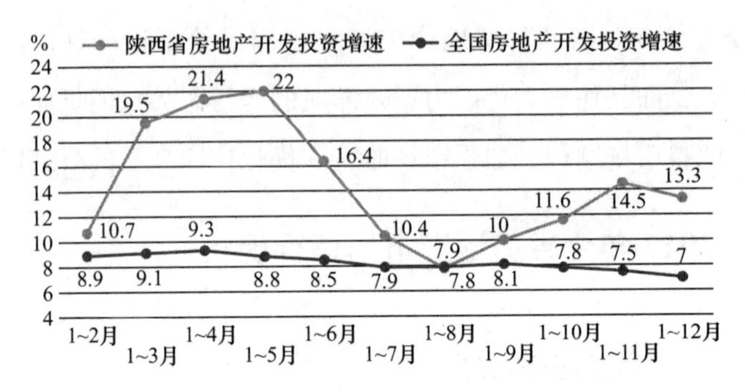

图6-11-1　全国和陕西省房地产开发投资增速

分区域来看，房地产开发投资仍呈现较为明显的不均衡状态。西安市累计房地产开发投资占陕西省的75.2%，同比增长15.0%，增幅比2016年提高8.2个百分点。

2017年1～12月陕西省各市累计完成房地产开发投资情况见表6-11-1。

2017年1～12月陕西省各地市累计房地产开发投资情况　表6-11-1

地区	房地产开发投资完成额		增速与2016年同期相比（百分点）	占陕西省比重（%）
	总量（亿元）	同比增速（%）		
陕西省	3101.97	13.3	3.6	—
西安	2333.34	15.0	8.2	75.2
铜川	24.74	−42.1	−93.1	0.8
宝鸡	165.60	25.1	−14.6	5.3
咸阳	104.50	−0.6	1	3.4
渭南	113.81	17.4	17.8	3.7
延安	63.94	−17.9	−70.6	2.1
汉中	97.61	14.3	−10.9	3.1
榆林	63.25	56.0	69.7	2.0
安康	93.87	−1.3	−46.5	3.0
商洛	21.07	5.0	1.3	0.7
杨凌	20.25	84.0	66.5	0.7

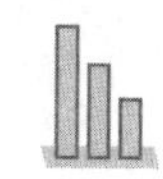

2. 土地市场供销放缓

2017 年，陕西省普通商品住房供地 1463.70 万 m^2，同比增长 21.72%。保障性住房（经济适用房、廉租房和限价商品房）供地 332.93 万 m^2，同比减少 42.98%，保障性住房占住宅用地供应总面积的 18.53%，比重有所下降。

从供地方式看，土地出让 5329.39 万 m^2，同比减少 8.73%，占建设用地供应总面积的 48.17%。其中招拍挂出让 4946.59 万 m^2，同比减少 8.71%，占国有土地出让总面积的 92.82%；划拨 5729.51 万 m^2，同比减少 32.92%，占建设用地供应总面积的 51.79%，租赁土地 5.07 万 m^2。

截至 2017 年 12 月底，陕西省房地产企业土地累计购置面积为 560.14 万 m^2，同比增加 56.8%，较 1～11 月份下降 20.8%，较 2016 年同期下降 20.2%；陕西省土地累计成交价款为 227.01 亿元，同比增加 191.5%，较 1～11 月份下降 44.4%，较 2016 年同期下降 42.2%，如图 6-11-2 所示。

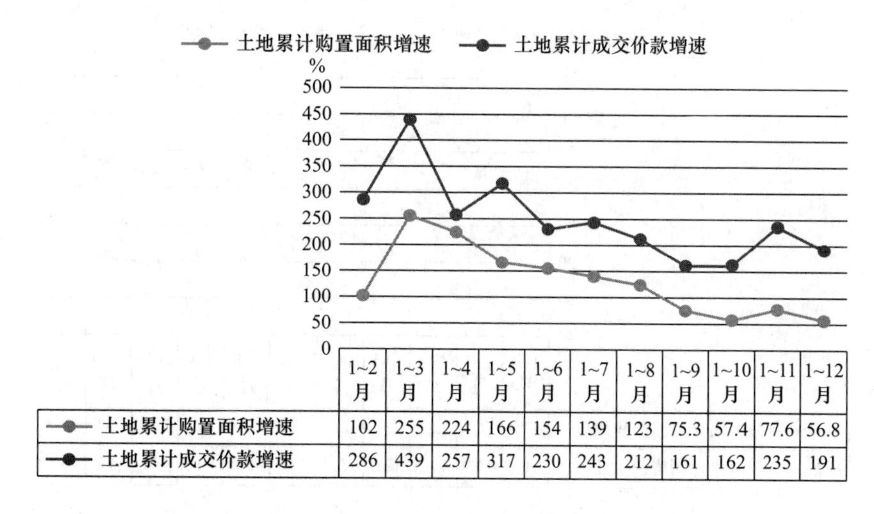

	1~2月	1~3月	1~4月	1~5月	1~6月	1~7月	1~8月	1~9月	1~10月	1~11月	1~12月
土地累计购置面积增速	102	255	224	166	154	139	123	75.3	57.4	77.6	56.8
土地累计成交价款增速	286	439	257	317	230	243	212	161	162	235	191

图 6-11-2 陕西省土地购置面积和土地成交价款增速情况

3. 商品房施工面积同比增长，竣工面积同比下降

截至 2017 年 12 月底，陕西省商品房累计施工面积 23630.10 万 m^2，同比增长 6.0%，增幅与 2016 年同期相比上升 7.4 个百分点。陕西省房地产累计新开工面积 4279.08 万 m^2，同比下降 4.6%，增幅与 2016 年同期相比上升 13.1 个百分点。

截至 2017 年 12 月底，陕西省商品房累计竣工面积 2392.05 万 m^2，同比减少 1.6%，降幅比 2016 年同期减小 44.6 个百分点。其中商品房竣工价值为 741.77 亿元，同比增长 14.4%，增幅比 2016 年同期提高 39.9%。

（三）商品房销售快速回暖

1. 商品房销售量增速强劲

2017 年 12 月份，陕西省商品房当月销售面积为 586.91 万 m^2，增速为 28.5%；商品房当月销售额为 434.24 亿元，增速为 73.3%。其中截至 12 月底，商品房累计销售面积为 3890.40 万 m^2，同比增长 19.2%，增速比 2016 年同期提高 9.5 个百分点；商品房累计销售额为 2661.08 亿元，同比增长 49.1%，增速比 2016 年同期提高 11.8%，如图 6-11-3 所示。

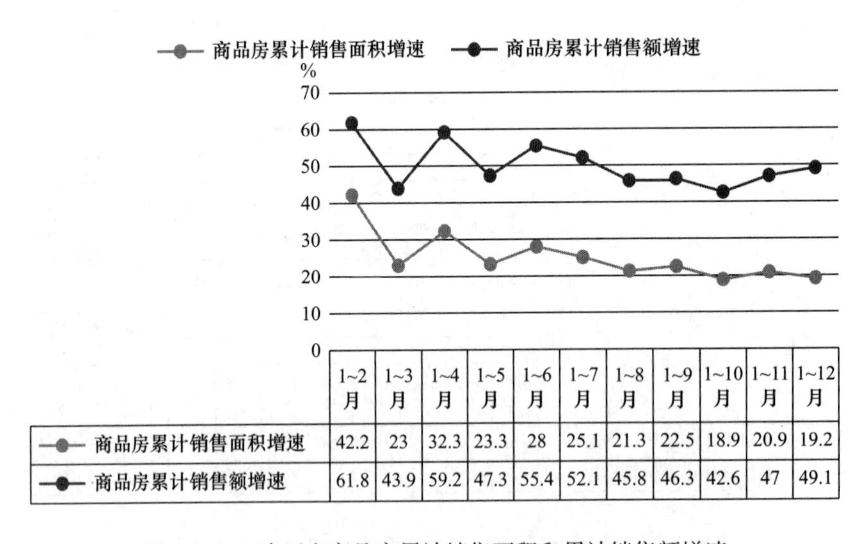

	1~2月	1~3月	1~4月	1~5月	1~6月	1~7月	1~8月	1~9月	1~10月	1~11月	1~12月
商品房累计销售面积增速	42.2	23	32.3	23.3	28	25.1	21.3	22.5	18.9	20.9	19.2
商品房累计销售额增速	61.8	43.9	59.2	47.3	55.4	52.1	45.8	46.3	42.6	47	49.1

图 6-11-3　陕西省商品房累计销售面积和累计销售额增速

从用途上来看，陕西省商品住房销售面积为 3419.84 万 m^2，同比增长 13.5%，占商品房销售面积的 87.9%；办公楼销售面积 153.11 万 m^2，同比增长 116.5%，占商品房销售面积的 3.9%；商业营业用房销售面

积 225.31 万 m^2，同比增长 70.2%，占商品房销售面积的 5.8；其他用房销售面积 92.14 万 m^2，同比增长 96.2%，占商品房销售面积的 2.4%。

分区域来看，到 2017 年 12 月底，陕西省各市累计商品房销售面积均呈现不同程度的同比增长。其中，延安市和榆林市的同比增速最大，分别为 93.6%和 43.3%。西安市和宝鸡市商品房累计销售面积占陕西省的比重最多，占比分别为 64.5%和 8.0%，具体见表 6-11-2。

2017 年 1～12 月陕西省各地市商品房销售情况　　表 6-11-2

地区	销售面积		与 2016 年同期相比（百分点）	占陕西省比重（%）
	总量（万 m^2）	同比增速（%）		
陕西省	3890.40	19.2	9.74	—
西安	2509.78	20.8	4.73	64.5
铜川	41.19	18.5	4.37	1.1
宝鸡	311.38	8.2	−1.49	8.0
咸阳	176.13	0.5	9.71	4.5
渭南	206.49	18.3	39.35	5.3
延安	128.87	93.6	73.78	3.3
汉中	168.54	18.8	5.13	4.3
榆林	79.98	43.3	36.04	2.1
安康	144.56	6.3	−0.59	3.7
商洛	73.87	1.6	6.92	1.9
杨凌	49.61	22.8	21.00	1.9

2. 住房市场销售价格小幅上涨

2017 年陕西省新建商品住房销售价格基本稳定，二手住房销售价格小幅上涨。其中 12 月份陕西省新建商品住房销售均价为 5314 元/m^2，同比下降 0.9%，环比上涨 0.59%。二手住房交易均价为 5453 元/m^2，同比上涨 8.99%，环比上涨 5.54%，如图 6-11-4 所示。

分区域来看，陕西省 12 个城市中除西安市和商洛市新建商品住房平均销售价格同比有所下降之外，其余城市新建商品住房平均销售价格同比均有小幅上涨，其中咸阳市、汉中市、宝鸡市同比涨幅较大，分别为 43.16%、20.28%和 23.21%，如表 6-11-3 所示。

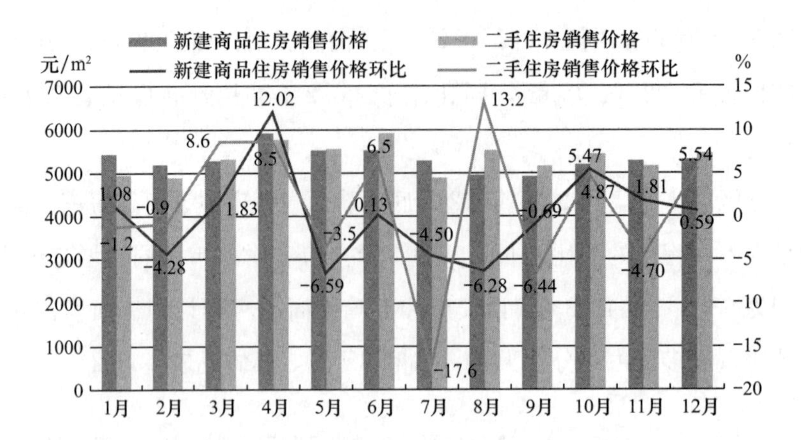

图 6-11-4　2017 年陕西省各月新建商品住房和二手住房销售价格及环比

2017 年 12 月陕西省各地市新建住房平均销售价格及涨幅情况　表 6-11-3

城市	价格位次	平均价格（元/m²）	同比涨幅（%）	环比涨幅（%）
西安	1	7217	−3.52	0.29
咸阳	2	5264	43.16	6.77
榆林	3	4601	6.88	−2.23
延安	4	3957	8.09	−0.55
汉中	5	3831	20.28	−12.63
宝鸡	6	3828	23.21	1.40
安康	7	3781	14.23	2.86
杨凌	8	3676	18.20	3.61
韩城	9	3456	16.44	4.57
铜川	10	3270	4.34	−0.06
渭南	11	3237	8.73	−3.89
商洛	12	2971	−12.77	−1.88

（四）商品住房去化压力持续好转

从商品住房累计待售面积来看，截至 2017 年 12 月底，陕西省商品住房累计待售面积为 3312.9 万 m²，同比下降 18.39%，降幅较 2016 年减小 1.09 个百分点，如图 6-11-5 所示，陕西省商品住房累计待售面积较 2016 年年底减少 735.5 万 m²。

从商品住房去化周期来看，陕西省商品住房去化周期为 10.76 个月，较 2016 年年底缩短 1.52 个月，整体去库存形势持续好转。陕西省 2017 年各月商品住房去化周期情况如图 6-11-6 所示。

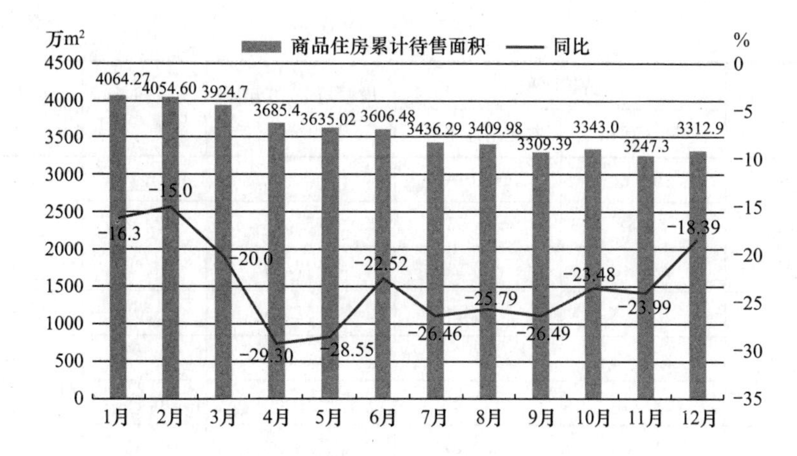

图 6-11-5　2017 年陕西省商品住房累计待售面积及增速

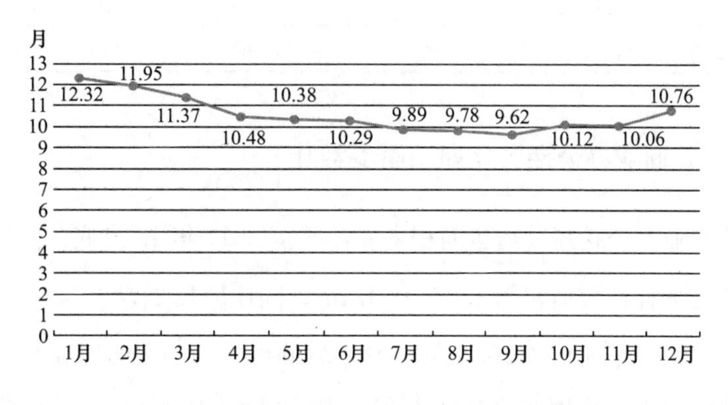

图 6-11-6　陕西省 2017 年各月商品住房去化周期

从各地市来看，大多数城市商品住房去化压力逐步减小，但去化周期差异较大。陕西省 12 个城市中商品住房去化周期大于 12 个月的城市有铜川市、渭南市和榆林市，其中榆林市去化周期最大，为 24.80 个月，商洛市去化周期最小，为 3.60 个月，如表 6-11-4 所示。

截至 2017 年 12 月底陕西省各地市商品住房累计待售面积　表 6-11-4

地区	待售面积		增幅与 2016 年同期相比（百分点）	占陕西省比重（%）	去化周期（月）
	总量（万 m²）	同比增速（%）			
陕西省	3312.9	−18.39	−1.09	—	10.76
西安	1438.47	−12.49	15.12	43.42	10.07
宝鸡	340.57	−21.84	−14.27	10.28	11.37

续表

地区	待售面积		增幅与2016年同期相比（百分点）	占陕西省比重（%）	去化周期（月）
	总量（万 m^2）	同比增速（%）			
咸阳	390.71	−25.07	−1.49	11.79	11.50
铜川	66.82	−0.57	15.65	2.02	13.81
渭南	275.12	−10.23	−27.09	8.3	13.10
延安	100.74	−24.26	−52.23	3.04	9.88
榆林	276.62	−21.31	22.87	8.35	24.80
汉中	223.45	−21.23	−18.30	6.74	9.35
安康	111.03	−34.07	−26.29	3.35	7.55
商洛	28.59	−59.95	−95.94	0.86	3.60
杨凌	29.78	—	−36.57	−26.67	0.9
韩城	31.00	4.62	41.64	0.94	10.48

（五）商业办公楼去化周期逐步攀升

从商业办公楼累计待售面积来看，截至2017年12月底，陕西省商业办公楼累计待售面积为4307.98万 m^2，同比增长34.86%，占陕西省商品房累计待售面积的56.53%。其中，除韩城市以外，其余城市商业办公楼库待售面积均超过该地市商品房待售面积的30%，西安市商业办公楼待售面积为2840.35万 m^2，占该市商品房待售面积的66.38%，为12个城市中占比最大者，如图6-11-7所示。

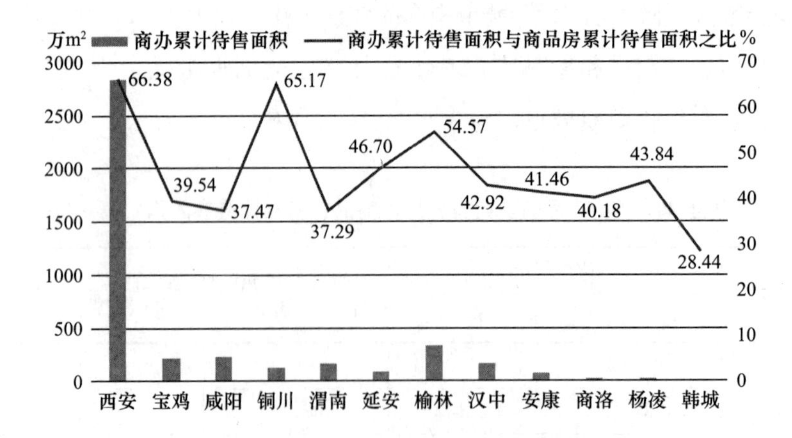

图6-11-7　截至2017年12月陕西省各地市商办待售面积及占商品房待售面积之比

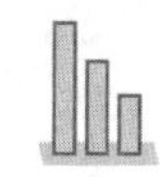

从商业办公楼去化周期上来看，截至 2017 年 12 月底，陕西省商业办公楼去化周期为 87.02 个月，较 2016 年年底增加 10.31 个月，整体去库存形势依然严峻。陕西省 2017 年各月商业办公楼去化周期情况见图 6-11-8。

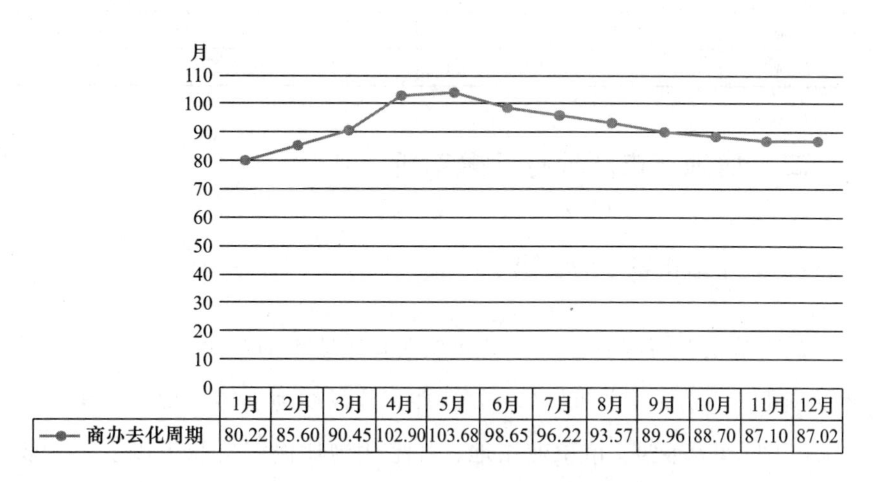

图 6-11-8 陕西省 2017 年各月商业办公楼去化周期

从各地市来看，多数城市商业办公楼去化压力仍然较大。陕西省 12 个城市中去化周期低于 60 个月的城市只有汉中市、商洛市、杨凌、韩城，去化周期分别为 58.76 个月、47.02 个月、45.36 个月、31.92 个月，如表 6-11-5 所示。

截至 12 月底陕西省各地市商业办公楼累计待售面积及去化周期

表 6-11-5

地区	待售面积		占陕西省比重（%）	去化周期（月）
	总量（万 m²）	同比增速（%）		
陕西省	4307.98	34.86	—	87.02
西安	2840.35	56.46	65.93	75.98
宝鸡	222.75	−4.62	5.17	130.26
咸阳	234.18	7.28	5.44	118.32
铜川	125.01	7.78	2.90	309.95
渭南	163.63	7.81	3.80	131.52
延安	88.27	31.69	2.05	222.06
榆林	332.33	1.51	7.71	323.70
汉中	168.05	11.45	3.90	58.76

续表

地区	待售面积		占陕西省比重（%）	去化周期（月）
	总量（万 m^2）	同比增速（%）		
安康	78.64	32.26	1.83	65.26
商洛	19.20	−21.45	0.45	47.02
杨凌	23.25	−19.02	0.54	45.36
韩城	12.32	636.28	0.29	31.92

二、房地产市场现存问题剖析

（一）土地市场矛盾突出

从土地供需结构上看，2016 年陕西省土地流拍率为 59.40%，2017 年西安市土地流拍率为 67.72%，陕西省建设用地整体呈现供大于求状态，其中 2017 年西安市工业用地、住宅用地比例维持在 1 以上，工业用地存在供应过剩。

从土地成交价格上看，2017 年西安市土地成交楼面均价 1312.42 元/m^2，同比上涨 14.65%，土地价格的上涨，在一定程度引起了房屋价格的上涨，房地产市场风险加大。

从房地产企业拿地行为来看，通过对西安市龙湖、高科、荣民、恒大等十余家房地产企业的调研发现，房地产企业拿地资金来源中，自有资金占比为 60%，其他资金来源（银行贷款、信托资金、融资、公司债、险资等）占比 40%。陕西省房地产企业拿地资金中其他资金占比大，土拍市场监管力度弱，资金监管体系不完善。

（二）商业办公楼库存总量大

从待售面积上看，商业办公楼待售面积持续增长。2017 年陕西省商业办公楼累计待售面积为 4307.98 万 m^2，同比增长 32.86%，占陕西省商品房累计待售面积的 56.53%。其中，除韩城市以外，陕西省其余城市商业办公楼库待售面积均超过该地市商品房待售面积的 30%。

从去化周期上看，商业办公楼去化压力大。2017 年陕西省商业办公楼去化周期为 87.02 个月，较 2016 年年底增加 10.31 个月，其中榆

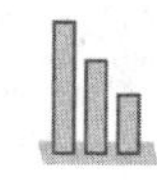

林市、铜川市去化周期高达 323.70 个月和 309.95 个月，去化周期低于 60 个月的城市仅有汉中市、商洛市、杨凌、韩城。

（三）房地产市场发展不均衡

从区域上看，各地市房地产市场分化加大。2017 年陕西省房地产开发投资额中，西安市占比 75.2%，其余城市均低于 7%，杨凌、商洛、铜川不足 1%。西安市房地产市场已进入品质化、服务化的中级发展阶段，咸阳、宝鸡、延安、汉中、榆林正在由初级阶段向中级阶段迈进，安康、商洛、铜川仍处于初级阶段。

从住房结构上看，住房供应体系不协调。一方面，各类住房总量失衡。商品住房、保障性安居工程及其他住房结构失衡，无法形成多层次供应体系。另一方面，住房品质结构失衡。高品质改善型住房供应不足，普通商品住房品质偏低致使供应过剩；由于选址不合理、基础设施配套不足和供给量不科学等因素，购置型保障房存在供应不足与入住率较低并存的矛盾。

从消费方式上看，陕西省住房消费呈现轻租重购的局面。2016 年，陕西省租赁性住房消费仅占房地产市场总量的 16%，对比其他发达地区，陕西省租赁性住房消费占比过低；同时租赁市场房源单一，供应主体较少，住房租赁行为不规范，出租人随意收回租赁房屋、随意调整租金以及承租人破坏住房设施等问题普遍存在。

（四）市场监管机制有待完善

从手续办理上看，不动产权证办理难度过大。自 2017 年以来，陕西省有关办理房产证困难的投诉已近 200 起。棚改房、经济适用房办证难问题严重，群众对保障权益呼声强烈。有关办证难的原因较多，主要集中于擅改规划、挪用大修基金与契税、用地手续不全、拆迁安置遗留问题等。

从物业管理上看，服务质量与管理水平有待进一步提升。由于服务内容与收费等信息不透明，导致物业企业和业主矛盾突出；业主大会、业主委员会成立困难，运作不规范；专项维修基金申请手续繁杂，使用困难；同时陕西省保障性安居工程的物业管理社会化程度偏低，物业服务质量与管理水平有待进一步提升。

从销售市场管理上看，住房交易混乱不规范。房地产开发商存在未取得预售许可证的情况下向买受人收取预订款性质的费用、销售商品房未按规定在交易场所醒目位置明码标价或未实行“一套一标”、未一次性公开全部销售房源，捂盘惜售等行为；同时，中介市场缺乏监管，素质偏低，利益至上，缺少正规的交易机构，尽管政府严厉打击、媒体曝光，部分企业知法违法、屡查屡犯等情况仍旧存在。

（五）商品住房品质有待提高

从住区规划指标上看，陕西省住区容积率高，绿地率低。据抽样调查，陕西省住区容积率在3.5以上的占比为53.9％，容积率偏高，且超规违规建设问题严重；同时陕西省住区绿地率在30％以下占比为9.93％，其中西安市住区绿地率在30％以下的占比为15.15％，皆未达到设计规范的要求。

从住房配套设施上看，陕西省车位配比较低，其中车位配比小于1：0.8的住区占比达43.97％，同时居民普遍反映停车位少、停车环境差、停车位贵、小区门口乱停车和人车不分流等问题；公共配套方面，陕西省新建住宅教育、医疗等服务机构配套不足，且服务水平低，住区养老机构缺失，陕西省每千名老年人拥有养老床位远低于发达国家水平。

从成品住房建设上看，其发展规模小，价格高。陕西省住宅市场仍以毛坯房为主，成品住房仅占新建商品住房总量的8％左右，且开发建设集中于一线品牌房企；同时成品住房与毛坯房之间的价格差异不均衡，西安市多数成品住房价格远高于毛坯房，购房门槛高，其余地市价格差异相对稳定。

三、促进房地产市场稳定发展的对策建议

2017年陕西省房地产市场相对平稳，为进一步落实中省政策，回归住房居住属性，陕西省短期内应坚持房地产政策调控不放松，保持政策的连续性和稳定性，长期应因城因地施策、建立长效机制。具体对策建议如下：

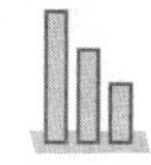

（一）严格规范土地市场，加强市场监督管理

在土地供应方面，应根据城市经济发展、产业结构、人口规模等因素，科学合理制定土地供应计划，并根据城市规划要求，有节奏、严格地控制土地供给量和土地供应速度，均衡土地供应级别，改善土地供应结构。在土地市场交易方面，完善和细化土地使用权出让工作制度，着力解决国有建设用地出让中规避招拍挂、违反规定设置出让的问题，建立健全土地使用权出让信息公开制度，切实加强土地市场动态监测与监管工作，进一步提升土地出让公开透明度。

（二）深化住房制度改革，推进住房租赁市场建设

发展住房租赁市场，应建立供需两端协同发展的住房供应机制，从而落实租购并举住房制度。从供应端来看，应发展住房租赁专营机构、房地产开发企业、经纪企业、物业服务企业等多主体开展规模化住房租赁业务；同时通过新建、公共租赁住房调剂、存量房屋改造、个人自有住房出租、新建共有产权住房出租等多种形式增加租赁住房供给渠道。从需求端来看，应以多渠道、多类型满足市场需求为导向，鼓励租赁住房消费，推行租售同权，保障持居住证的租房人群与持有各类户籍或具有住房产权人群享有同等的权利。

（三）坚持分类调控，因城因地施策

在区域发展上，针对西安市房地产市场持续升温、房价上涨较快，应研究建立房地产的统计和市场监测预警指标体系，加快建立市场预警机制，加强监测和分析，以保持房地产市场平稳；针对其他三四线城市，应加快推动城镇化建设，以户籍制度为重点推进结构性改革，实现农民转移人口市民化，培育住房需求新主体。在市场管理上，针对各类需求实行差别化调控政策，满足首套刚需、支持改善需求、遏制投机炒房，商业办公楼库存较多的城市，应做好去库存工作。在调控政策上，应坚持调控目标不动摇、力度不放松，保持房地产市场调控政策的连续性和稳定性，继续严格执行各项调控措施，防范化解房地产市场风险。

（四）强化顶层设计，探索长效机制

坚持“房子是用来住的，不是用来炒的”的定位，实现房地产市场平稳健康发展，应从建立符合国情，适应市场规律的房地产长效机制入手。从制度建设上看，应以“回归住房的居住属性，达到住房的供需结构性均衡，实现住有所居、居有所宜”为根本目的，从土地、金融、财税、户籍、租购并举等方面采取长效机制，形成制度化的安排；从调控政策上看，应以需求端打压的单一调控政策转变为供需两端协同调控政策，加强用地规划、土地供应管理，结合金融、财税、户籍等诸多保障政策，多视角、多举措、多维度确保住房的供需结构性平衡。

（五）严抓建设管理质量，提升住房品质发展

在住区规划指标方面，适当降低陕西省容积率标准，提高绿地率标准，并严格监控新建住区各指标落实情况。在配套设施方面，应进一步完善住区综合配套水平，对新建住区市政基础配套实行刚性约束，此外，政府和房地产开发企业应积极合作，根据住区户数比和周边人口规模，共同建设教育和医疗机构等服务型设施，积极引进高端人才，提高服务型机构质量水平。在成品住房建设方面，应全面推行成品住房交付，逐步形成成品住房的设计标准、装修标准、验收标准、质量评定标准、销售服务标准等全过程技术体系和管理体。

07 市场资讯：2017年陕西省房地产市场资讯

2017 年 1 月房地产市场资讯

一、全国房地产重要资讯盘点

（一）全国棚户区改造工作电视电话会议在北京召开

1 月 16 日，全国棚户区改造工作电视电话会议在京召开。时任住房城乡建设部党组书记、部长陈政高对 2016 年棚户区改造工作作了全面总结，对 2017 年棚户区改造工作任务作出部署：2017 年棚户区改造新开工 600 万套的目标任务已经确定，这是重大的民生工程，是对人民群众的郑重承诺，必须不折不扣确保完成（图 7-1-1）。

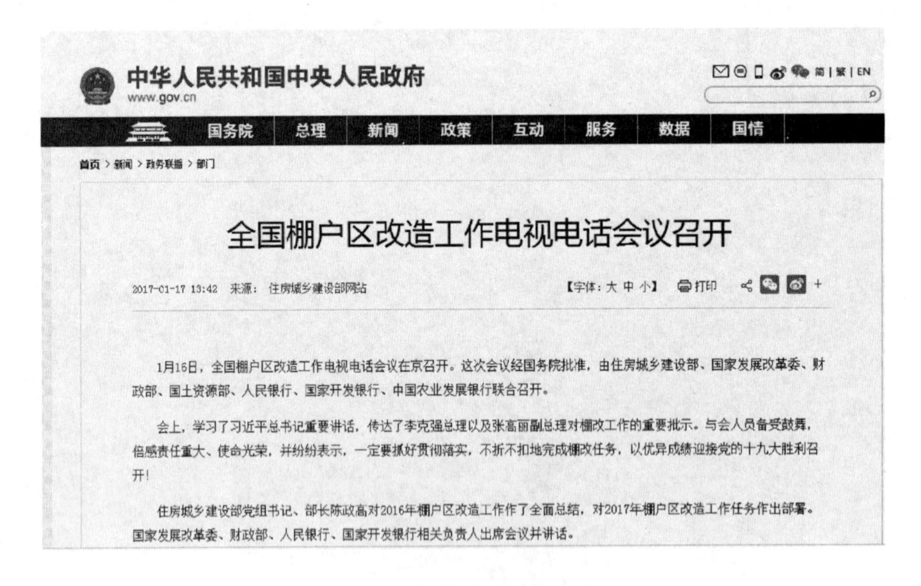
中华人民共和国中央人民政府
www.gov.cn
简 | 繁 | EN
国务院 总理 新闻 政策 互动 服务 数据 国情
首页 > 新闻 > 政务联播 > 部门

全国棚户区改造工作电视电话会议召开

2017-01-17 13:42 来源：住房城乡建设部网站 【字体：大 中 小】 打印

1月16日，全国棚户区改造工作电视电话会议在京召开。这次会议经国务院批准，由住房城乡建设部、国家发展改革委、财政部、国土资源部、人民银行、国家开发银行、中国农业发展银行联合召开。

会上，学习了习近平总书记重要讲话，传达了李克强总理以及张高丽副总理对棚改工作的重要批示。与会人员备受鼓舞，倍感责任重大、使命光荣，并纷纷表示，一定要抓好贯彻落实，不折不扣地完成棚改任务，以优异成绩迎接党的十九大胜利召开！

住房城乡建设部党组书记、部长陈政高对2016年棚户区改造工作作了全面总结，对2017年棚户区改造工作任务作出部署。国家发展改革委、财政部、人民银行、国家开发银行相关负责人出席会议并讲话。

图 7-1-1　会议报道

（二）珠海房地产交易出新规——中介收费需明码标价

1 月 4 日，珠海市发改局官网发布《关于规范我市房地产中介代理

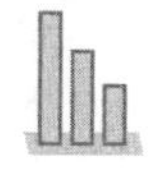

服务机构收费明码标价工作的通知》，该局要求珠海市房地产中介机构从事代理房屋买卖、房屋租赁、房屋咨询、代办业务等任何收费服务都应当实行明码标价，标明服务项目、收费标准等有关情况。

（三）广州、深圳须严格执行限购限贷

1月16日，广东省住房城乡建设工作会议在广州召开。会议作出2017年的工作部署：继续做好房地产市场稳定和去库存工作，深化住房制度改革。广州、深圳这两个热点城市，必须严格执行现有限购、限贷政策，增加商品住房土地供应，整顿市场秩序，确保商品住房价格稳定。

（四）新疆：2017年将严格规范商品房预售资金监管

1月16日，新疆维吾尔自治区住房和城乡建设工作电视会议召开。为确保房地产市场平稳发展，2017年将加强住房市场监管和整顿，严格规范商品房预售资金监管，设市城市及具备条件的县市，年底前都要建立商品房交易资金监管制度，严防企业卷款而逃、项目烂尾（图7-1-2）。

图7-1-2　电视电话会议现场

（五）江苏将建立房地产市场预警体系

1月19日，江苏省城市工作暨住房城乡建设工作会议召开，会议

提出江苏省将尽快建立完善基于大数据的房地产市场分析预警系统，整合现有房地产交易、住房保障、公积金等信息系统，建立从商品房用地供应到规划、建设、销售许可和交易备案等全过程的实时数据链，关联地方的人口、经济、用电、用水等相关数据，提高精准分析房地产市场的能力。

二、陕西省内房地产重要资讯

（一）陕西省出台首批海绵城市、综合管廊和装配式建筑系列工程建设地方标准

1月11日，陕西省首批22项有关海绵城市、综合管廊和装配式建筑设计、建设、管理以及施工的工程建设地方标准，正式发布实施。下一步，省住建厅还将联合省级有关部门，采取有力措施，组织抓好标准的贯彻实施，继续推进新出台22项标准的体系完善工作，为相关产业发展提供及时有效的技术支撑。

（二）陕西省住房城乡建设工作会议要求：凝神聚力 追赶超越 推动陕西省住房城乡建设事业再上新台阶

1月23日，陕西省住房城乡建设工作会议在西安召开。会议强调2017年工作的总体思路是：认真贯彻落实省委、省政府的决策部署，紧扣追赶超越定位和“五个扎实”要求，坚持稳中求进工作总基调，牢固树立和贯彻落实新发展理念，立足陕西省住房城乡建设现状和发展趋势，坚持系统化思维，以更加务实的工作和更加有效的措施，聚焦一个目标，推进十项工作，强化五个保障，为陕西省经济社会发展作出新的贡献（图7-1-3）。

（三）西安重启限购　2017年1月1日起只能新购1套房

西安市决定自2017年1月1日起，本市及非本市户籍居民家庭，在本市城六区范围内只能新购一套住房（含新建商品住房和二手住房）。西安市房管局要求各相关单位要严格执行住房限购政策，在销售现场及经营场所公示《西安市人民政府关于进一步促进房地产市场持续平稳健

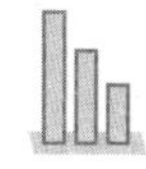

陕西省住房和城乡建设厅
www.shaanxijs.gov.cn

深化建筑业改革
推进建筑业转型升级发展

首页 建设资讯 政策法规 组织人事 住房保障 房改与发展 稽查执法 住房公积金 房地产市场 建筑市场
质量安全 计划财务 城乡规划 城市建设 村镇建设 标准定额 节能与科技 党建工作 纪检监察 便民服务
政务公开 网上办事 政策法规库 企业库 人才库 会议报道 省厅文件 建设精粹 媒体聚焦 建设信息

站内搜索 请输入您要搜索的内容 搜索 装配式建筑评价标准2月起实施

当前栏目 >>首页>>建设资讯>>今日头条

全省住房城乡建设工作会议要求：凝神聚力 追赶超越 推动全省住房城乡建设事业再上新台阶

发布时间：2017-01-24 07:40 文章点击数为：828 字号：[大] [中] [小]

本网讯 1月23日，全省住房城乡建设工作会议在西安召开。会议传达学习了胡和平省长，庄长兴副省长对全省住房城乡建设工作的重要指示精神。厅党组书记、厅长杨冠军全面总结了2016年全省住房城乡建设工作，对2017年工作任务作出部署。副厅长张阳主持会议，郑建钢、张孝成、刘亚明、韩一兵、任勇、高小平等厅领导出席会议。

图 7-1-3 陕西省住房城乡建设工作会议报道

康发展有关问题的通知》文件，并告知购房人住房限购有关政策规定，加强对居民家庭购房资格的核查，确保住房限购政策落实到位。

2017 年 2 月房地产市场资讯

一、全国房地产重要资讯盘点

（一）房贷收紧信号明显

在央行要求控制一季度新增住房贷款总量和增速的背景下，近段时间多个城市逐步收窄个人首套住房按揭贷款利率的优惠额度。包括北京、广州、青岛、珠海等城市近期相应减少了个人首套按揭贷款利率的折扣力度，要求银行发放的房贷利率不能低于基准贷款利率的 9 折（图 7-2-1）。此之前，这些热点城市的银行甚至能够给购房者提供低至 85 折的优惠利率。

人民网 people.cn　人民网 >> 房产

房贷信号收紧明显 央行要求控制一季度新增房贷总量及增速

卢志坤

2017年02月10日07:03　来源：人民网-房产频道　分享到：

人民网北京2月10日电（卢志坤）在央行要求控制一季度新增住房贷款总量和增速的背景下，近日多个城市逐步收窄个人首套住房按揭贷款利率的优惠额度。

据人民网记者了解，包括北京、广州、青岛、珠海等城市近期相应减少了个人首套住房按揭贷款利率的折扣力度，要求银行发放的房贷利率不能低于基准贷款利

房产新闻

房贷信号收紧明显 央行要求控制一季度…

都叫苦拆迁难安置难配套难 蚌埠棚改解…

一二线城市新房推盘量均下跌

图 7-2-1　人民网关于房贷报道

（二）私募基金禁投 16 城市房地产项目

2 月 13 日，中国证券投资基金业协会发布《私募资产管理计划备

案管理规范第 4 号文》，研究推动“公募资金＋资产证券化”的房地产投资信托基金模式，禁止私募基金投资房价上涨较快的城市的普通住宅项目。不仅要限制需求端，供给端也要卡住，遂成一线城市楼市的“冻结”状态（图 7-2-2）。

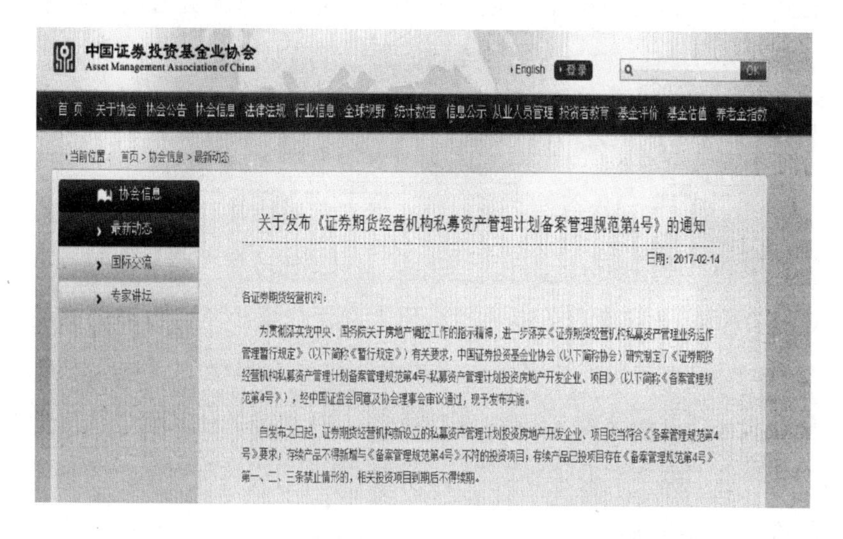

关于发布《证券期货经营机构私募资产管理计划备案管理规范第4号》的通知

日期：2017-02-14

各证券期货经营机构：

为贯彻落实党中央、国务院关于房地产调控工作的指示精神，进一步落实《证券期货经营机构私募资产管理业务运作管理暂行规定》（以下简称《暂行规定》）有关要求，中国证券投资基金业协会（以下简称协会）研究制定了《证券期货经营机构私募资产管理计划备案管理规范第4号-私募资产管理计划投资房地产开发企业、项目》（以下简称《备案管理规范第4号》），经中国证监会同意及协会理事会审议通过，现予发布实施。

自发布之日起，证券期货经营机构新设立的私募资产管理计划投资房地产开发企业、项目应当符合《备案管理规范第4号》要求；存续产品不得新增与《备案管理规范第4号》不符的投资项目；存续产品已投项目存在《备案管理规范第4号》第一、二、三条禁止情形的，相关投资项目到期后不得续期。

图 7-2-2　中国证券投资基金业协会文件通知

（三）云南省政府出新规加快培育和发展住房租赁市场

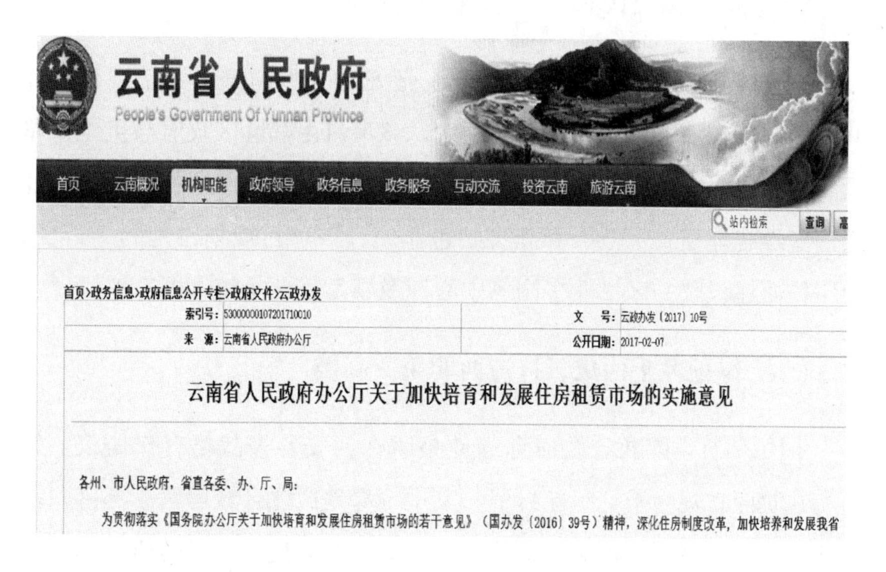

索引号：53000000107201710010	文　号：云政办发〔2017〕10号
来　源：云南省人民政府办公厅	公开日期：2017-02-07

云南省人民政府办公厅关于加快培育和发展住房租赁市场的实施意见

各州、市人民政府，省直各委、办、厅、局：

为贯彻落实《国务院办公厅关于加快培育和发展住房租赁市场的若干意见》（国办发〔2016〕39号）精神，深化住房制度改革，加快培养和发展我省

图 7-2-3　云南省人民政府文件发布

2月7日，《云南省人民政府办公厅关于加快培育和发展住房租赁市场的实施意见》（以下简称《意见》）正式发布，《意见》鼓励住房租赁消费，并出台了一系列优惠政策，其中包括鼓励个人依法出租自有住房，允许将商业用房等按照规定改建为租赁住房，土地用途调整为居住用地，支持房地产开发企业利用已建成住房或新建住房开展租赁业务等。

（四）德阳试点公租房"租改售"

2月9日，四川省德阳市政府办印发《德阳市共有产权住房试点工作方案》和《德阳市市区现有公共租赁住房"租改售"共有产权制度试点实施方案》。提出试点范围内，承租人在租住满1年经保障资格复审通过后，可以申请购买其所租住公共租赁住房50%至90%的产权，在租住并购买部分产权满5年后可申请购买其所居住的公共租赁住房的全部产权份额；也可在租住满5年后一次性申请购买其所租住公共租赁住房的全部产权份额。

二、陕西省内房地产重要资讯

（一）国家级现代农业示范园落户陕西

2月17日，陕西省首个投资500亿元的大型国家级荣华现代农业开发示范园在西安市鄠邑区成功签约。该项目由鄠邑区政府与世纪荣华投资控股集团合作共建，是集"现代农业休闲旅游、田园社区"为一体的田园综合体模式示范园和新型特色小镇。该项目规划占地约5万亩，园区核心建设"一区二业多园三中心"及新型特色小镇（图7-2-4）。

（二）绿地联手西咸，打造西北第一高楼

2月27日，陕西省政府和绿地集团在西安签署战略合作协议，绿地将在陕西省规划千亿级新投资，其中，绿地西北区域运营总部落户西咸新区沣东新城，绿地集团拟投资100亿打造高达501米的西北第一超高层—"丝路国际中心"。

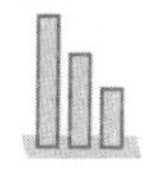

陕西省人民政府
www.shaanxi.gov.cn

首页 省政府 省长 新闻 政策 互动

当前位置：首页 >> 政务动态 >> 陕西要闻 >> 正文

我省投资500亿国家级现代农业示范园落户鄠邑区

发布时间：2017-02-18 08:15:23 来源：陕西日报

2月17日下午，我省首个投资500亿元的大型国家级荣华现代农业开发示范园在西安市鄠邑区成功签约。该项目由鄠邑区政府与世纪荣华投资控股集团合作共建，是集“现代农业+休闲旅游+田园社区”为一体的田园综合体模式示范园和新型特色小镇。省政协副主席李冬玉出席签约仪式。

图 7-2-4 陕西省投资建设现代农业示范园

（三）西安市出台宽松户籍政策

为了降低西安市区户籍准入门槛，吸纳优质人口资源，调整人口结构，提高人口素质，进一步提升西安市社会发展活力，2 月 21 日，西安市《关于进一步吸引人才放宽部门户籍准入条件户口登记办事指南》正式发布（图 7-2-5），该指南对西安部分户籍准入条件作出重大调整，

西安市公安局

首页 警方传媒 网上办事 警民互动 信息公开 警务站群

警方传媒

通知公告
警务新闻
便民提示
警营风采
视频专区
图片新闻

警务新闻 您的位置：首页 >警方传媒 > 警务新闻

西安进一步吸引人才放宽部分户籍准入条件户口登记办事指南发布

发布时间：2017-02-21 14:28:40 浏览次数：38691 发布人：办公室

1月23日，西安市《关于进一步吸引人才放宽我市部分户籍准入条件的意见》正式发布，对西安部分户籍准入条件做出重大调整，相关政策将于2017年3月1日正式实施。这一被称为“敞开怀抱，拥抱人才”的“最开放的户籍准入政策”怎样办理？则成为大家翘首以盼的题解。

经过近一个月的紧张准备工作，今天，经西安市公安局报请市政府批准通过的《进一步吸引人才放宽部分户籍准入条件户口登记办事指南》正式向社会公布，全文如下：

图 7-2-5 西安户籍政策调整

指南中规定 90m^2 以下户型满 3 年社保、90m^2 以上户型满 1 年社保的即可以落户，此外外地社保转到西安也可落户。

（四）西安市房地产经纪机构信用档案系统正式启动

2 月 24 日起，西安市房地产经纪机构信用档案系统正式启动，系统向社会公示西安市取得房地产经纪机构备案证明的机构名称、住所、办公电话、备案情况、投诉情况、累计网签量等，以及经纪人员的基本情况，包括姓名、上岗证号、累计网签量等。此举将进一步加强西安市房地产经纪市场管理，规范房地产经纪机构和经纪人员行为。

2017 年 3 月房地产市场资讯

一、两会房地产政策剖析

图 7-3-1　十二届全国人大五次会议开幕会

（一）货币政策稳健中性

政府工作报告提出，2017 年货币政策要保持稳健中性，广义货币 M2 和社会融资规模余额预期增长均为 12%左右。北京、天津等城市多家银行相继上调房地产贷款优惠利率至 9 折。

（二）化解三四线城市高库存

本次政府工作报告对于去库存着墨颇多，明确目前三四线城市房地产库存依然很重，要因城施策去库存，并支持居民自住和进城人员购房需求。针对化解房地产市场高库存风险，各省市均提出了明确的目标。譬如，海南省计划 2017 年将商品住宅库存去化周期控制在 18 个月以内，山西省 2017 年商品房去化周期控制在 10 个月左右。

（三）热点城市加强分类调控

针对热点一二线城市房价过快上涨问题，报告要求加强房地产市场分类调控，坚持住房的居住属性，房价上涨压力大的城市要合理增加住宅用地，规范开发、销售、中介等行为。

（四）继续发展和完善保障房体系

报告中指出，目前城镇还有几千万人居住在条件简陋的棚户区，要持续进行改造。2017 年再完成棚户区住房改造 600 万套，继续发展公租房，因地制宜提高货币化安置比例，加强配套设施建设和公共服务，让更多住房困难家庭告别棚户区，让广大人民群众在住有所居中创造新生活。

（五）住宅 70 年期限可以续期

两会期间国务院总理李克强在回答记者提问时，当谈到住宅土地使用权 70 年到期问题时表示，有恒产者有恒心，群众对 70 年住宅所有权普遍关心可以理解。国务院已经要求有关部门作出说明，可以续期，不需申请，没有前置条件。国务院已经责成相关部门抓紧研究，尽快出台方案。

（六）推进新型城镇化

报告提出，扎实推进新型城镇化，支持中小城市和特色小城镇发展，推动一批具备条件的县和特大镇有序设市，发挥城市群辐射带动作用。

（七）加快建立和完善长效机制

政府工作报告再次强调，坚持住房的居住属性，落实地方政府主体责任，加快建立和完善促进房地产市场平稳健康发展的长效机制，广受市场关注的房地产税并未提及。

二、全国房地产重要资讯盘点

（一）加快建立房地产市场信息定期发布机制

3 月 23 日，国务院发布《国务院办公厅关于印发 2017 年政务公开工作要点的通知》，提出要加快建立统一规范、准确及时的房地产市场信息定期发布机制，做好对差别化信贷、因地制宜调控等房地产政策的解读工作，正确引导舆论，稳定市场预期和信心。加强房地产市场监管信息公开，严格规范房地产开发和中介市场秩序，防止虚假宣传、恶意炒作等加剧市场波动。指导、督促各地及时规范发布土地供应计划、出让公告、成交公示和供应结果信息，按季度公布房地产用地供应数据、城市地价动态监测数据等。加快建成省级征地信息公开平台，统一发布征地信息（图 7-3-2）。

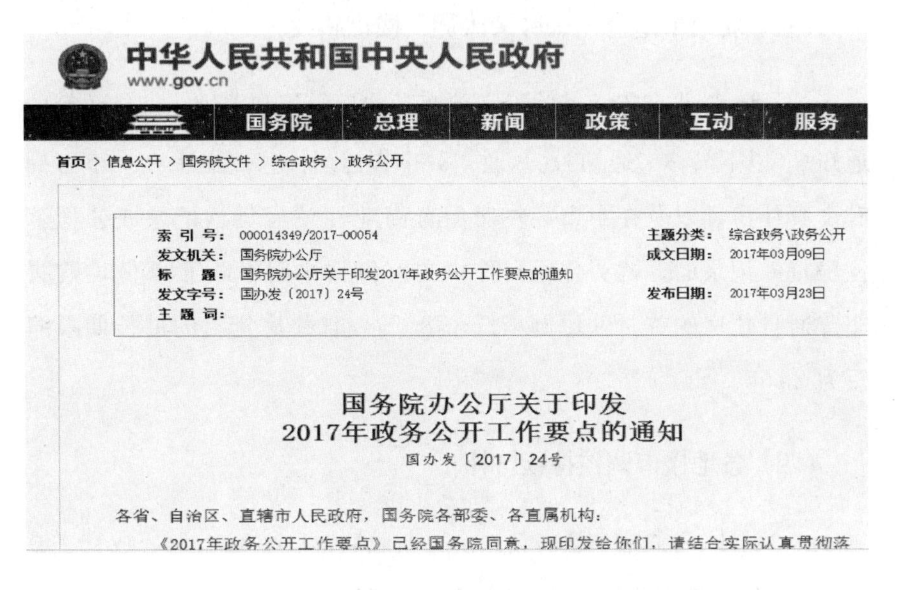

中华人民共和国中央人民政府
www.gov.cn

国务院　总理　新闻　政策　互动　服务

首页 > 信息公开 > 国务院文件 > 综合政务 > 政务公开

索 引 号：000014349/2017-00054　　主题分类：综合政务\政务公开
发文机关：国务院办公厅　　成文日期：2017年03月09日
标　　题：国务院办公厅关于印发2017年政务公开工作要点的通知
发文字号：国办发〔2017〕24号　　发布日期：2017年03月23日
主 题 词：

国务院办公厅关于印发
2017年政务公开工作要点的通知
国办发〔2017〕24号

各省、自治区、直辖市人民政府，国务院各部委、各直属机构：
《2017年政务公开工作要点》已经国务院同意，现印发给你们，请结合实际认真贯彻落

图 7-3-2　国务院办公厅关于政务公开文件通知

（二）不动产登记“四统一”今年有望全面实现

3 月 26 日，国土资源部有关负责人表示，2017 年是实现不动产登

记“四统一”的决战年，该部将会同联席会议各成员单位，着力抓好信息平台接入，力争2017年年底前，所有市县全部接入国家级信息平台，全面实现不动产登记“四统一”。

图7-3-3 关于国土部不动产登记报道

（三）北京市出台“认房又认贷”楼市新政

3月17日北京印发《关于完善商品住房销售和差别化信贷政策的通知》（以下简称《通知》）。《通知》中提出居民家庭名下在本市已拥有1套住房，以及在本市无住房但有商业性住房贷款记录或公积金住房贷款记录的，购买普通自住房的首付款比例不低于60%，购买非普通自住房的首付款比例不低于80%，且住房贷款的最长期限缩短为25年。

（四）各地楼市调控持续打补丁

继3月17日北京“认房又认贷”新政后，3月22日起，成都、厦门等6个城市都相继出台了新政，杭州还调整土地出让竞价方式，溢价率70%时锁定限价。在两会“遏制热点城市房价过快上涨”的主基调下，房地产调控全面升级，遇涨即调。截至3月底，全国已经有大约40个城市先后出台了房地产调控政策，这些城市主要在15个热点一线和二线城市及周围。

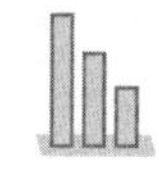

（五）北京发布商办限购新政

3月26日，北京市住建委发布《关于进一步加强商业、办公类项目管理的公告》（以下简称《公告》）。根据《公告》，开发企业新报建商办类项目，最小分割单元不得低于500m²，不符合要求的，规划部门不予批准；房地产开发企业在建（含在售）商办类项目，销售对象应当是合法登记的企事业单位、社会组织；购买商办类项目的企事业单位、社会组织不得将房屋作为居住使用，再次出售时，应当出售给企事业单位、社会组织（图7-3-4）。

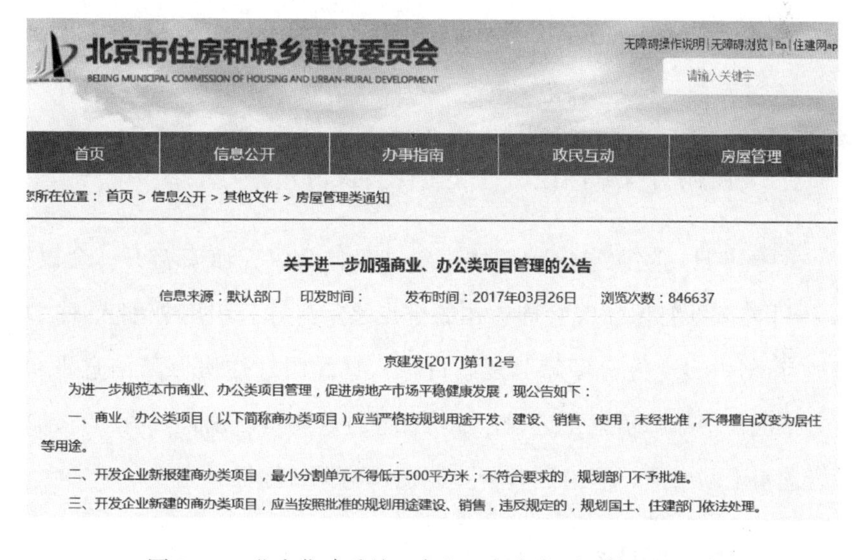
北京市住房和城乡建设委员会
BEIJING MUNICIPAL COMMISSION OF HOUSING AND URBAN-RURAL DEVELOPMENT
无障碍操作说明 | 无障碍浏览 | En | 住建网ap
请输入关键字
首页 信息公开 办事指南 政民互动 房屋管理
您所在位置：首页 > 信息公开 > 其他文件 > 房屋管理类通知

关于进一步加强商业、办公类项目管理的公告

信息来源：默认部门 印发时间： 发布时间：2017年03月26日 浏览次数：846637

京建发[2017]第112号

为进一步规范本市商业、办公类项目管理，促进房地产市场平稳健康发展，现公告如下：

一、商业、办公类项目（以下简称商办类项目）应当严格按规划用途开发、建设、销售、使用，未经批准，不得擅自改变为居住等用途。

二、开发企业新报建商办类项目，最小分割单元不得低于500平方米；不符合要求的，规划部门不予批准。

三、开发企业新建的商办类项目，应当按照批准的规划用途建设、销售，违反规定的，规划国土、住建部门依法处理。

图7-3-4　北京住建委关于商业、办公类项目管理的公告

三、陕西省内房地产重要资讯

（一）省住建厅重点推进2017年棚改融资工作

3月10日，2017年国开行棚改融资工作会议在西安召开，会议总结了2016年陕西省棚改国开行融资工作，工作开展平稳顺畅，并交流了融资工作经验，并对2017年陕西省棚改国开行融资进行研究部署：争取更大贷款规模。

陕西省人民政府
— www.shaanxi.gov.cn —

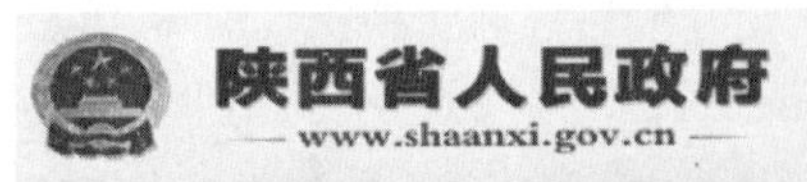

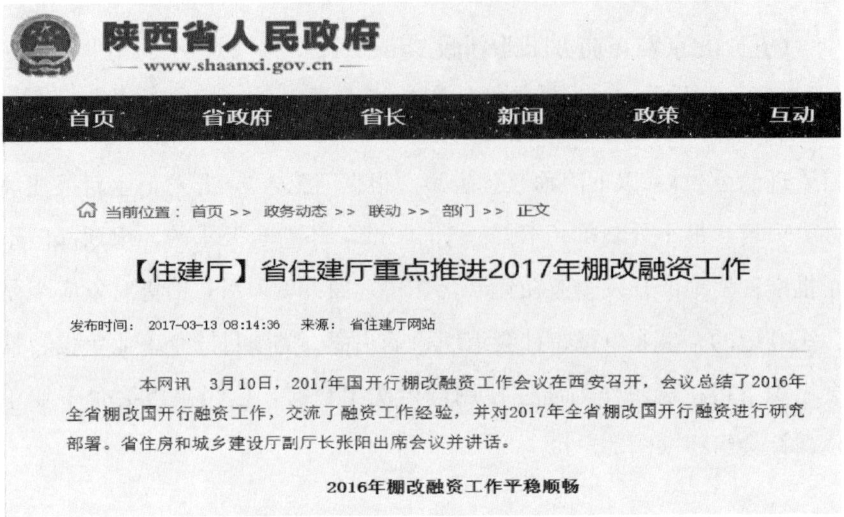

首页　省政府　省长　新闻　政策　互动

当前位置：首页 >> 政务动态 >> 联动 >> 部门 >> 正文

【住建厅】省住建厅重点推进2017年棚改融资工作

发布时间：2017-03-13 08:14:36　来源：省住建厅网站

本网讯　3月10日，2017年国开行棚改融资工作会议在西安召开，会议总结了2016年全省棚改国开行融资工作，交流了融资工作经验，并对2017年全省棚改国开行融资进行研究部署。省住房和城乡建设厅副厅长张阳出席会议并讲话。

2016年棚改融资工作平稳顺畅

图 7-3-5　陕西省住建厅推进棚改融资工作

（二）陕西省保障性住房管理工作会议召开

3 月 16 日，陕西省保障性住房管理工作会议在西安召开。会议提出 2017 年陕西省保障房管理工作的重点是：打好公租房分配入住“攻坚战”，努力实现住房保障分配新目标；管好用好住房保障信息平台，全力推进住房保障信息化进程；加快保障性住房资产确权，有力推动后续管理再上新台阶；坚持巡查督查制度，确保目标任务完成。

（三）西安莲湖区高标准打造特色小镇

3 月 16 日，莲湖区政府与浙江南方建筑设计有限公司签署战略合作框架协议，双方将携手做好莲湖区发展战略、区域规划等研究，高标准打造特色小镇规划设计（图 7-3-6）。莲湖区政府将积极支持浙江南方设计公司开展规划设计工作，把大唐西市文旅小镇、西安 Gpark 时尚小镇打造成为西安特色小镇的示范。

（四）西安携华润斥资 700 亿打造体育中心等三项目

3 月 25 日，西安体育中心控股有限公司、西安中央文化商务区控

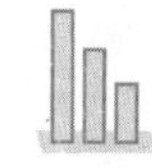

图 7-3-6　莲湖区政府与浙江南方设计院战略合作

股有限公司、西安丝路国际会展中心有限公司揭牌仪式在西安国际港务区举行（图 7-3-7）。三大公司揭牌成立后，双方将按照“系统推进、合作共赢”的思路，由华润集团和国际港务区、浐灞生态区、曲江新区精诚合作，对西安体育中心、丝路国际会展会议中心和西安中央文化商务区项目进行建设，总投资约 700 亿元，确保 2021 年第十四届全运会的开幕，将“一场两馆一中心”建设成为国际先进、国内一流的体育场馆，并将以上项目打造成为“央地合作”的典范工程。

图 7-3-7　西安体育中心、西安中央文化商务区及
西安丝路国际会展中心揭牌

2017 年 4 月房地产市场资讯

一、全国房地产重要资讯盘点

(一) 住房城乡建设部千字文控地价：决不允许地王再出现

4 月 1 日，住房城乡建设部和国土资源部共同签发《关于加强近期住房及用地供应管理和调控有关工作的通知》（图 7-4-1），其重点内容包括：规定了土地供应的量化指标，严防高价地扰乱市场，捂盘惜售就得严处，弄虚作假就要严办，调控不力就要问责。

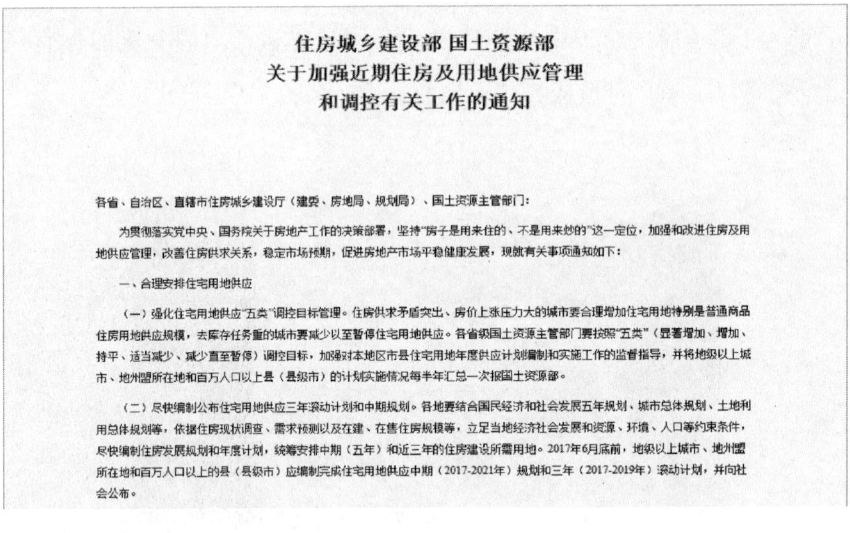

住房城乡建设部 国土资源部
关于加强近期住房及用地供应管理
和调控有关工作的通知

各省、自治区、直辖市住房城乡建设厅（建委、房地局、规划局）、国土资源主管部门：

为贯彻落实党中央、国务院关于房地产工作的决策部署，坚持"房子是用来住的、不是用来炒的"这一定位，加强和改进住房及用地供应管理，改善住房供求关系，稳定市场预期，促进房地产市场平稳健康发展，现就有关事项通知如下：

一、合理安排住宅用地供应

（一）强化住宅用地供应"五类"调控目标管理。住房供求矛盾突出、房价上涨压力大的城市要合理增加住宅用地特别是普通商品住房用地供应规模，去库存任务重的城市要减少以至暂停住宅用地供应。各省级国土资源主管部门要按照"五类"（显著增加、增加、持平、适当减少、减少直至暂停）调控目标，加强对本地区市县住宅用地年度供应计划编制和实施工作的监督指导，并将地级以上城市、地州盟所在地和百万人口以上县（县级市）的计划实施情况每半年汇总一次报国土资源部。

（二）尽快编制公布住宅用地供应三年滚动计划和中期规划。各地要结合国民经济和社会发展五年规划、城市总体规划、土地利用总体规划等，依据住房现状调查、需求预测以及在建、在售住房规模等，立足当地经济社会发展和资源、环境、人口等约束条件，尽快编制住房发展规划和年度计划，统筹安排中期（五年）和近三年的住房建设所需用地。2017年6月底前，地级以上城市、地州盟所在地和百万人口以上的县（县级市）应编制完成住宅用地供应中期（2017-2021年）规划和三年（2017-2019年）滚动计划，并向社会公布。

图 7-4-1　文件通知

(二) 全国 13 个城市政策从"限购"升级到"限卖"

4 月 12 日，成都出台限购政策要求在成都市住房限购区域内新购买的住房需取得不动产权证满 3 年后方可转让，成都进而成为国内第

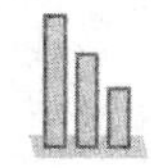

13 个出台楼市“限卖”政策的城市。

（三）政治局：加快形成房地产市场稳定发展长效机制

4 月 25 日，中共中央政治局召开会议时指出要继续实施积极地财政政策和稳健的货币政策，深化供给侧结构性改革，加快形成促进房地产市场稳定发展的长效机制。

（四）国内多数城市 4 月份商品房成交低迷，土地市场量跌价涨

据数据显示，受调控政策影响，4 月份国内 29 个重点城市商品房成交量同比、环比均大幅下降，土地市场成交面积连续 4 个月下降，但成交总价不降反升。

（五）雄安新区设立及其楼市调控

4 月 1 日，中共中央、国务院印发通知，决定设立河北雄安新区（图 7-4-2）。消息一发布，大量购房者涌入雄安新区，一时间新区房价直升，当地住建部门采取紧急措施对楼市进行管控，雄县、容城、安新三地政府已经在第一时间采取了措施，冻结了房屋过户，一些违规的房屋中介和售楼中心被查封。新区周边区域的楼市也随之出现购房热，4 月

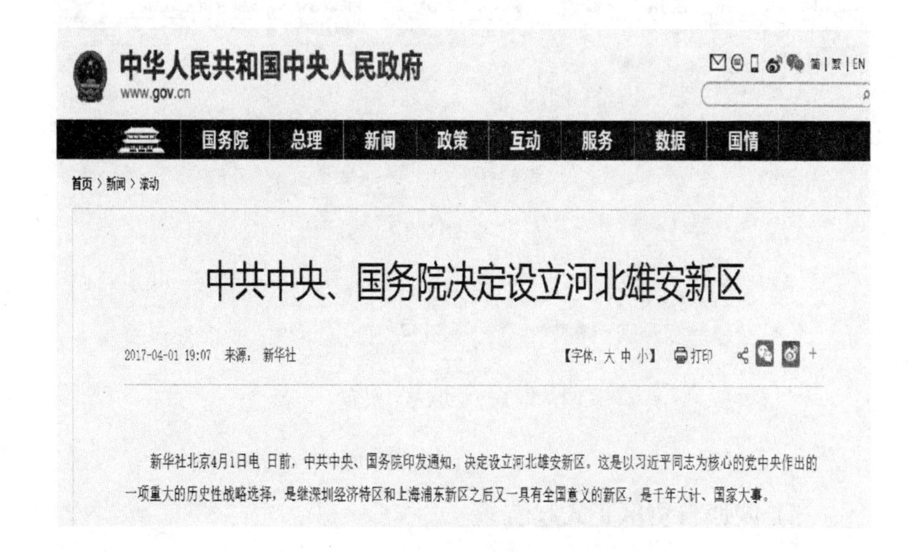

中华人民共和国中央人民政府
www.gov.cn

国务院 总理 新闻 政策 互动 服务 数据 国情

首页 › 新闻 › 滚动

中共中央、国务院决定设立河北雄安新区

2017-04-01 19:07 来源：新华社 【字体：大 中 小】 打印

新华社北京4月1日电 日前，中共中央、国务院印发通知，决定设立河北雄安新区。这是以习近平同志为核心的党中央作出的一项重大的历史性战略选择，是继深圳经济特区和上海浦东新区之后又一具有全国意义的新区，是千年大计、国家大事。

图 7-4-2 关于设立河北雄安新区报道

5 日，紧临雄安新区的霸州和文安、任丘几乎同时出台楼市限购政策，对外地户籍均是限购 1 套住房，首付不低于 50%，重在扼制外来炒房者。此后高碑店市，以及保定满城区、清苑区、徐水区、白沟新城、定兴县紧随其后也发布了限购措施。

二、陕西省内房地产重要资讯

（一）陕西省住建厅印发《陕西省住房保障工作评价考核暂行办法》

4 月 1 日，为进一步做好住房保障有关工作，完善住房保障考核机制，突出现阶段工作重点，陕西省住建厅印发《陕西省住房保障工作评价考核暂行办法》（修订稿）（以下简称《办法》）（图 7-4-3）。《办法》根据中央和陕西省有关文件精神制定，旨在全面推进陕西省住房保障工作，加快推进棚户区改造工作，扩大货币化安置比例，加大公租房分配入住比例，切实解决城镇中、低收入家庭住房困难问题。

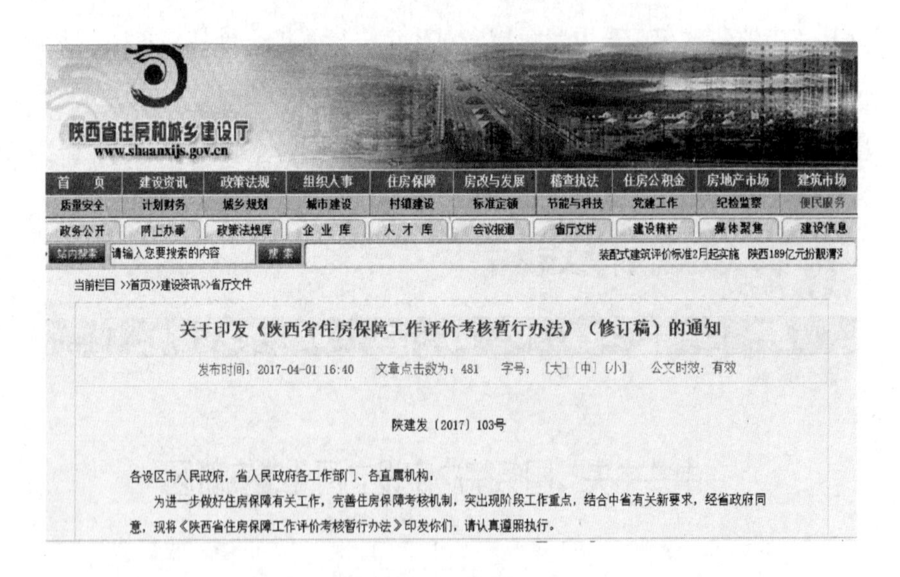

图 7-4-3 《办法》发布

（二）陕西自贸区正式起航

4 月 1 日，陕西自由贸易试验区在西安高新区正式揭牌（图 7-4-4）。

陕西自贸区包括中心片区、西安国际港务区片区、杨凌示范区片区三大片区。中心片区重点发展战略性新兴产业和高新技术产业，打造面向“一带一路”的高端产业高地和人文交流高地；西安国际港务区片区重点发展国际贸易、现代物流、金融服务、旅游会展、电子商务等产业，建设“一带一路”国际中转内陆枢纽港、开放型金融产业创新高地及欧亚贸易和人文交流合作新平台；杨凌示范区片区以农业科技创新、示范推广为重点，通过全面扩大农业领域国际合作交流，打造“一带一路”现代农业国际合作中心。

图 7-4-4　中国（陕西）自由贸易试验区揭牌

（三）西安公积金缴存职工住房贷款可办“商转公”

4 月 10 日，西安市住房公积金管理中心发布《西安个人住房“商转公”贷款操作规程》，要求贷款者在县公积金中心按规定正常连续足额缴存住房公积金 6 个月（含）以上，办理了个人住房商业贷款的职工，可申请“商转公”贷款，其申请额度不超过房屋总价款的 70%。

（四）西安楼市调控升级，首付最低三成，限购范围扩大

4 月 18 日，西安市人民政府发布《关于进一步加强管理保持房地产市场平稳健康发展的若干意见》（图 7-4-5），规定首套房普通住宅商贷首付比例不低于 30%，公积金贷款首付比例不低于 25%；长安区纳入限购范围，限购区域内购买的商品住房及二手住房需取得产权证后满2年方可交易。

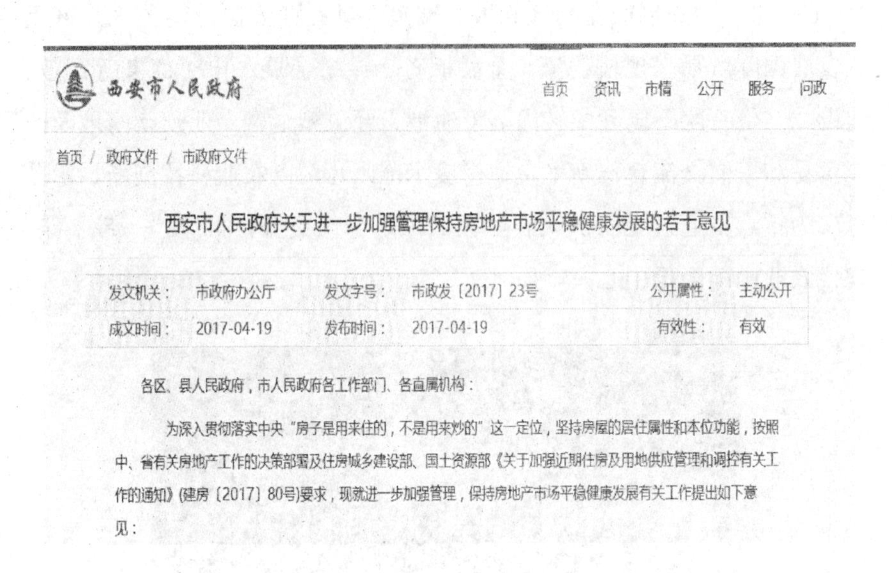

西安市人民政府　　首页　资讯　市情　公开　服务　问政

首页 / 政府文件 / 市政府文件

西安市人民政府关于进一步加强管理保持房地产市场平稳健康发展的若干意见

发文机关：	市政府办公厅	发文字号：	市政发〔2017〕23号	公开属性：	主动公开
成文时间：	2017-04-19	发布时间：	2017-04-19	有效性：	有效

各区、县人民政府，市人民政府各工作部门、各直属机构：

为深入贯彻落实中央“房子是用来住的，不是用来炒的”这一定位，坚持房屋的居住属性和本位功能，按照中、省有关房地产工作的决策部署及住房城乡建设部、国土资源部《关于加强近期住房及用地供应管理和调控有关工作的通知》(建房〔2017〕80号)要求，现就进一步加强管理，保持房地产市场平稳健康发展有关工作提出如下意见：

图 7-4-5　西安人民政府进一步加强房地产调控

（五）万科西安 13 个项目被停，128 个楼盘遭“禁售”

4 月 25 日，西安市房管局网站发布万科城市之光、万科东方传奇项目涉嫌违法销售公告，万科下属公司在西安市范围内所有开发项目的网签销售、新项目的商品房预售许可申请从即日起被暂停受理。

（六）西安 3 年内新毕业大学生公租房申请不再资格审核

4 月 21 日，西安市保障性住房管理中心发布公告，对于 3 年内普通高校新毕业大学生或 5 年内 985、211 院校新毕业大学生的公租房申请，将免除审核申请资格（图 7-4-6）。

（七）铜川：对房地产行政执法进行委托，强化监管

4 月 17 日，铜川市住建局举行全市房地产行政执法委托签字仪式，委托市房管处行使房地产市场监督检查和立案调查权，并签订《行政执法委托书》。

陕西省住房和城乡建设厅
www.shaanxijs.gov.cn

首　页　建设资讯　政策法规　组织人事　住房保障　房改与发展　稽查执法　住房公积金　房地产市场　建筑市场
质量安全　计划财务　城乡规划　城市建设　村镇建设　标准定额　节能与科技　党建工作　纪检监察　便民服务
政务公开　网上办事　政策法规库　企业库　人才库　会议报道　省厅文件　建设精粹　媒体聚焦　建设信息

请输入您要搜索的内容　　装配式建筑评价标准2月起实施

当前栏目 >>首页>>建设资讯>>建设新闻

西安3年内新毕业大学生公租房申请不再资格审核

发布时间：2017-04-25 07:31　文章点击数为：965　字号：[大] [中] [小]

西安市日前出台新政，对3年内新毕业大学生不再进行公租房申请资格审核。目前，新毕业大学生在西安申请公租房不受地域限制，省内、省外高校毕业生均可申请。

图 7-4-6　陕西省住建厅对新毕业大学生公租房推出新政

2017 年 5 月房地产市场资讯

一、全国房地产重要资讯盘点

（一）房贷利率持续上调

5 月 2 日起，包括中国工商银行、中国农业银行、中国银行、中国建设银行、交通银行五大国有商业银行，以及部分股份制商业银行收紧北京市房贷优惠政策，首套房执行 4.9％的基准利率；二套房的贷款利率则在基准利率基础上上浮 20％，即 5.88％的年利率（图 7-5-1）。类似的，上海、深圳、广州、杭州、天津等地首套房贷利率近期也纷纷上调。其中杭州首套房贷款利率折扣基本上在 9 折至 95 折；上海的多家银行将首套房贷利率折扣由先前的 9 折上调到 95 折甚至恢复基准利率。

北京部分商业银行收紧房贷：二套房利率上浮20%

中国新闻网　2017年04月30日16:54

央视记者从北京主要商业银行了解到，从下一个工作日，也就是从5月2日起，包括几大国有商业银行及部分股份制商业银行在内的北京主要商业银行将收紧房贷政策，首套房将执行基准利率，也就是4.9%的年利率，二套房的贷款利率则将在基准利率基础上上浮20%，也就是执行5.88%的年利率。

图 7-5-1　中国新闻网报道

（二）全国 12 个城市已出台“限售令”

调控政策持续升级，“限售令”席卷多地，目前 12 个城市已出台“限售令”。其中南京 5.13 政策调控堪称史上最严（图 7-5-2），核心要点为：①南京新购房 3 年内不得上市销售；②新房销售客户积累大于可供房源，开盘由公证机构主持公开摇号方式公开销售商品房，摇号名单现场公布。此次调控政策显示南京市政府严格审核上市房源，严把上市节奏，严厉打击炒房行为，稳定房价。

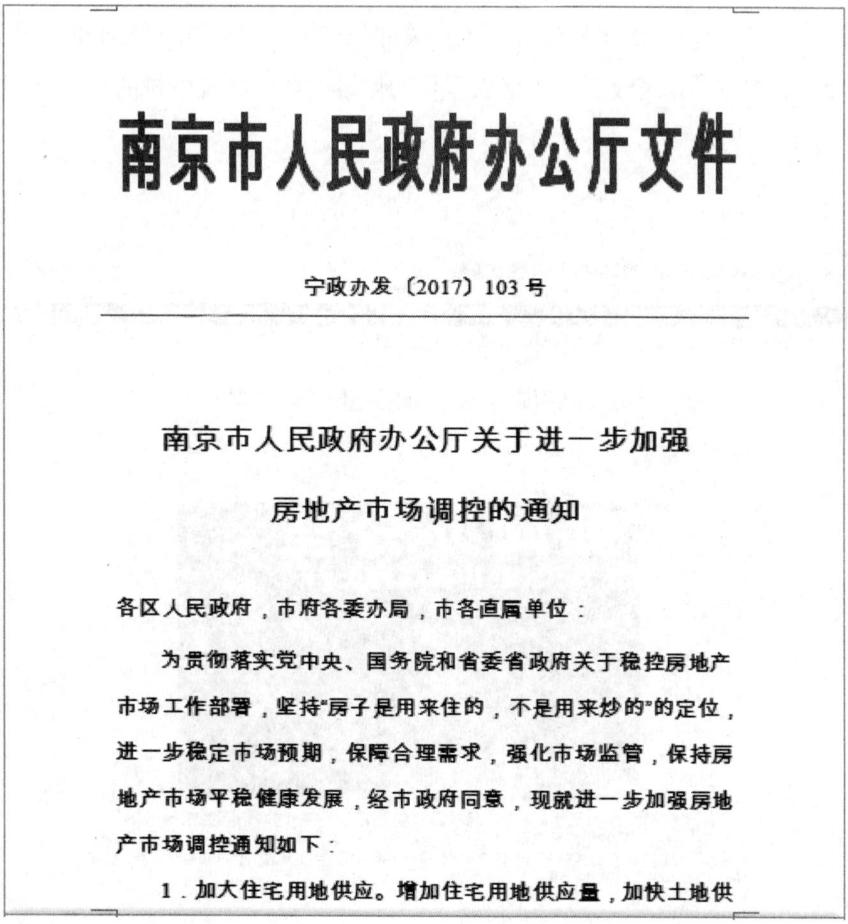

南京市人民政府办公厅文件

宁政办发〔2017〕103 号

南京市人民政府办公厅关于进一步加强

房地产市场调控的通知

各区人民政府，市府各委办局，市各直属单位：

为贯彻落实党中央、国务院和省委省政府关于稳控房地产市场工作部署，坚持“房子是用来住的，不是用来炒的”的定位，进一步稳定市场预期，保障合理需求，强化市场监管，保持房地产市场平稳健康发展，经市政府同意，现就进一步加强房地产市场调控通知如下：

1．加大住宅用地供应。增加住宅用地供应量，加快土地供

图 7-5-2　房地产调控文件

（三）住房“租赁时代”，租房者美好时代要来了？

5 月 19 日，住房城乡建设部就《住房租赁和销售管理条例》公开征求意见。这是我国第一部明确规范住房租赁的行政管理法规，也反映出我国房地产已部分进入存量时代、租赁时代，租赁已成为居民居住形式的重要选择和生活方式。

（四）中国拟 3 年改造 1 亿人居住的棚户区和城中村

5 月 26 日，时任住房城乡建设部副部长陆克华在国务院政策吹风会上表示，中国国务院常务会议决定，2018～2020 年再改造各类棚户区 1500 万套。住房城乡建设部等有关部门将加大中央财政补助和金融、用地等支持，兑现改造约 1 亿人居住的城镇棚户区和城中村的承诺（图 7-5-3）。

中华人民共和国中央人民政府
www.gov.cn
简 | 繁

国务院 | 总理 | 新闻 | 政策 | 互动 | 服务 | 数据 | 国情

首页 > 新闻 > 直播 > 国务院政策吹风会 > 现场图片

住房城乡建设部副部长陆克华

2017-05-26 18:40 来源：中国网 【字体：大 中 小】 打印

国务院新闻办公室于2017年5月26日（星期五）下午3时举行国务院政策例行吹风会，请海关总署副署长邹志武介绍推进全国通关一体化有关工作情况，住房城乡建设部副部长陆克华介绍棚户区改造有关情况，并答记者问。图为住房城乡建设部副部长陆克华。中国网 宗超 摄

责任编辑：白宛松

图 7-5-3 关于住房城乡建设部领导在政策吹风会报道

二、陕西省内房地产重要资讯

（一）省住建厅召开装配式建筑专题会议、安排部署有关工作

5 月 22 日，为贯彻落实《关于大力发展装配式建筑的实施意见》（陕政办发〔2017〕15 号），提升陕西省装配式建筑发展水平，省住建厅召开装配式建筑专题会议，审议了《2017 年陕西省住房城乡建设厅装配式建筑工作方案》，明确了重点任务分工，并就下一步工作进行了安排部署（图 7-5-4）。

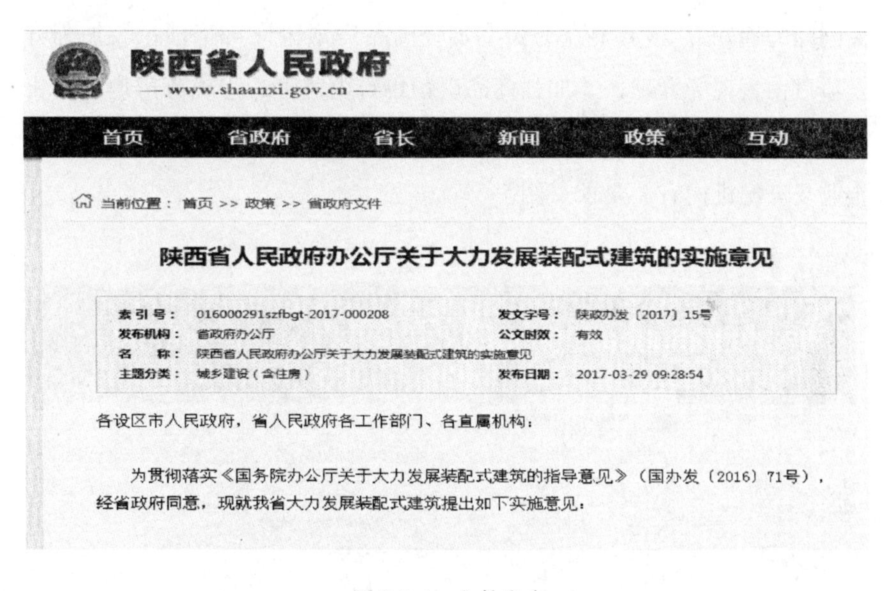

陕西省人民政府
—www.shaanxi.gov.cn—

首页 省政府 省长 新闻 政策 互动

当前位置： 首页 >> 政策 >> 省政府文件

陕西省人民政府办公厅关于大力发展装配式建筑的实施意见

索引号：	016000291szfbgt-2017-000208	发文字号：	陕政办发〔2017〕15号
发布机构：	省政府办公厅	公文时效：	有效
名　称：	陕西省人民政府办公厅关于大力发展装配式建筑的实施意见		
主题分类：	城乡建设（含住房）	发布日期：	2017-03-29 09:28:54

各设区市人民政府，省人民政府各工作部门、各直属机构：

为贯彻落实《国务院办公厅关于大力发展装配式建筑的指导意见》（国办发〔2016〕71号），经省政府同意，现就我省大力发展装配式建筑提出如下实施意见：

图 7-5-4　文件发布

（二）西安绿色建筑标准强制实施，不达标不发施工许可证

5 月 4 日，西安市建委召开建筑节能领域铁腕治霾保卫蓝天部署动员会，在全市开始全面实施《2017 年建设节能“铁腕治霾・保卫蓝天”工作实施方案》。主城区等辖区内 20 万 m^2 以上新建居住小区必须设计为“绿色建筑”二星级。同时，6 月 1 日起市区主城区、开发区，县城新建、改建、扩建项目，必须使用新型墙体材料。

（三）西安出台人才新政

5 月 8 日，西安市政府正式发布《西安市深化人才发展体制机制改革打造“一带一路”人才高地若干政策措施》，5 年预计投入 38 亿元引才育才 100 万名、对作出突出贡献的各类人才给予 30 万～50 万元奖励、以发放购房租房补贴和提供人才公寓两种形式满足人才多样性住房需求。

（四）西安房地产市场调控政策持续升级

5 月 17 日西安市房管局发布《关于进一步规范商品房销售行为有关问题的通知》。核心要点为：①加强商品房预售许可管理；②加强开发项目销售现场管理；③加强商品房预售行为监管；④规范房地产销售代理和经纪行为；⑤规范商品房买卖合同签订行为；⑥针对房地产开发企业及经纪机构有关要求（图 7-5-5）。

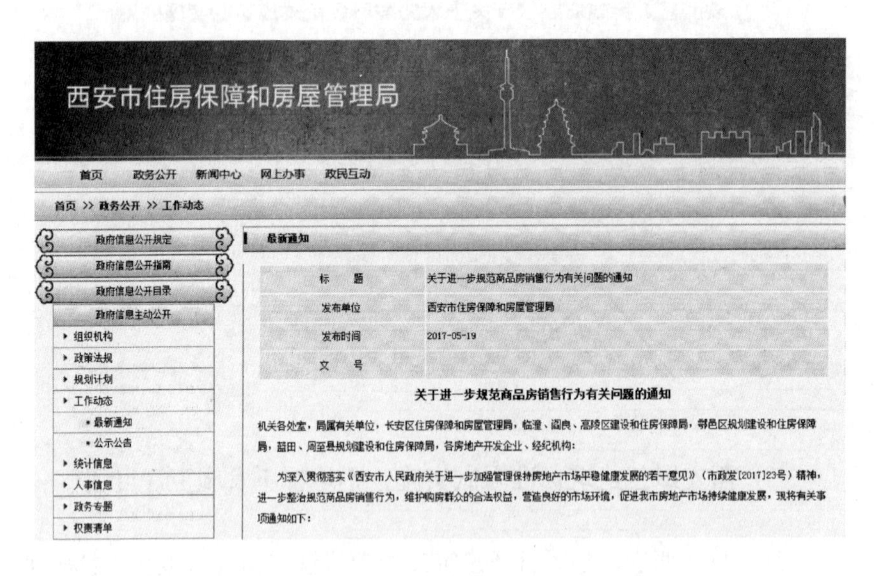

图 7-5-5　西安市文件通知

（五）西安公布经济适用房退出细则

5 月 25 日，西安市人民政府办公厅印发关于《西安市经济适用住

房退出管理实施细则》的通知，经济适用住房的退出管理，是指经济适用住房取得完全产权、上市交易和政府回购的管理。自 2017 年 6 月 15 日起，购买经适房满 5 年并补缴 15％的差价款后即变更为商品房，并可上市交易。

2017 年 6 月房地产市场资讯

一、全国房地产重要资讯盘点

（一）局部地区收紧政策进入修补阶段

从 6 月政策出台的特点来看，数量上较 5 月份有明显的减少，邢台、张家港、清远等城市 6 月份首次出台了相应的平稳市场措施。整体来看，新出台调控的邢台、张家港、清远市政策力度相对温和，而长沙、佛山、廊坊、西安等城市的收紧政策进入修补阶段。

（二）二三线城市调控再接力

6 月以来，继一线城市加强调控后，二三线城市再度开启新一轮调控。6 月 1 日，温州市发布《关于加强住房和用地供应管理有关工作的通知》（图 7-6-1），明确要求已开盘销售的项目未经价格主管部门批准不得随意调整价格或取消优惠幅度。

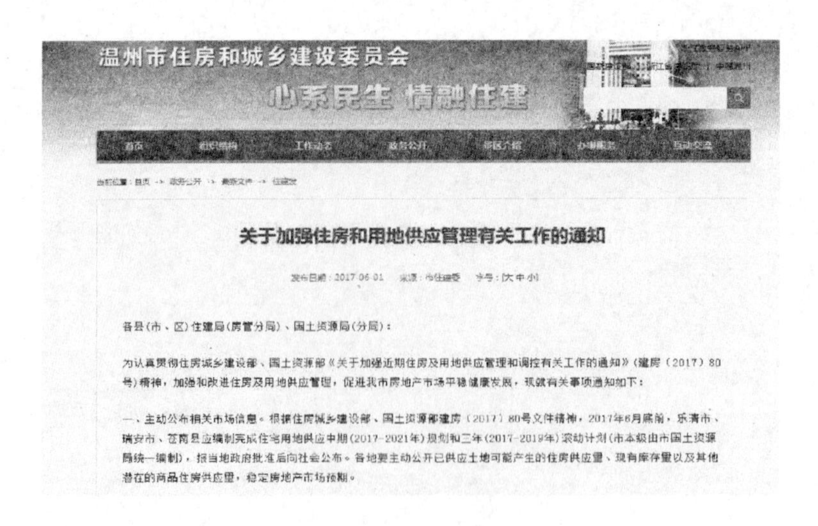

温州市住房和城乡建设委员会

心系民生 情融住建

关于加强住房和用地供应管理有关工作的通知

发布日期：2017-06-01

各县(市、区)住建局(房管分局)、国土资源局(分局)：

为认真贯彻住房城乡建设部、国土资源部《关于加强近期住房及用地供应管理和调控有关工作的通知》(建房（2017）80号)精神，加强和改进住房及用地供应管理，促进我市房地产市场平稳健康发展，现就有关事项通知如下：

一、主动公布相关市场信息。根据住房城乡建设部、国土资源部建房（2017）80号文件精神，2017年6月底前，乐清市、瑞安市、苍南县应编制完成住宅用地供应中期(2017-2021年)规划和三年(2017-2019年)滚动计划(市本级由市国土资源局统一编制)，报当地政府批准后向社会公布。各地要主动公开已供应土地可能产生的住房供应量、现有库存量以及其他潜在的商品住房供应量，稳定房地产市场预期。

图 7-6-1　文件通知

（三）装配式建筑示范城市产业基地申报启动

住房城乡建设部下发通知，要求各省级住房城乡建设主管部门组织开展 2017 年装配式建筑示范城市和产业基地申报工作，6 月 25 日前将推荐材料报送建筑节能与科技司。

（四）超 20 城接入全国住房公积金异地转移接续平台

图 7-6-2 公积金相关政策

6 月 28 日住房城乡建设部明确：自今年 7 月 1 日起，全国所有地方的住房公积金管理中心将按照《全国住房公积金异地转移接续业务操作规程》的要求，通过平台办理住房公积金异地转移接续业务。据不完全统计，目前已有包括北京、上海、广州、深圳等 20 余个城市接入全国住房公积金异地转移接续平台。

二、陕西省内房地产重要资讯

（一）3 项目列入陕西省第一批“绿色施工科技示范工程”

6 月 6 日，省住建厅组织专家核查，将神木少年宫、延安枣园文化

广场、周原国际考古基地等 3 个项目确定为 2017 年度第一批“陕西省绿色施工科技示范工程”。

（二）陕西省城市地下综合管廊建设现场会在西安举行

6 月 23 日，陕西省城市地下综合管廊建设现场会在西安举行，会议通报了陕西省城市地下综合管廊建设情况，并对下一步工作进行了部署安排。目前，陕西省竣工项目 33 个，总长度 67km；在建项目 79 个，总长度 166km。到 2020 年，陕西省建成并投入运营的地下综合管廊将达到 100km。

（三）西安房管局暂停绿地下属公司商品房预售许可

6 月 13 日，西安市住房保障和房屋管理局发布绿地国际生态城项目涉嫌在商品房销售活动中人为营造紧张气氛、捂盘惜售等违法违规行为，即日起，暂停绿地集团浐灞实业有限公司开发的绿地国际生态城西地块及西地块二期、绿地国际生态城（东地块）项目的网签销售，暂停绿地集团所有下属公司在西安市范围内的商品房预售许可申请，依法对其严肃查处（图 7-6-3）。

西安市住房保障和房屋管理局

西安市住房保障和房屋管理局
公告

绿地国际生态城项目涉嫌在商品房销售活动中存在人为营造紧张气氛、捂盘惜售等违法违规行为，即日起，暂停绿地集团浐灞实业有限公司开发的绿地国际生态城西地块及西地块二期、绿地国际生态城（东地块）项目的网签销售，暂停绿地集团所有下属公司在我市范围内的商品房预售许可申请，依法对其严肃查处，并视其整改情况再做进一步处理。

西安市住房保障和房屋管理局
2017 年 6 月 13 日

图 7-6-3　处理结果公告

（四）西安将进一步放宽户籍政策：本科 45 岁以下可落户

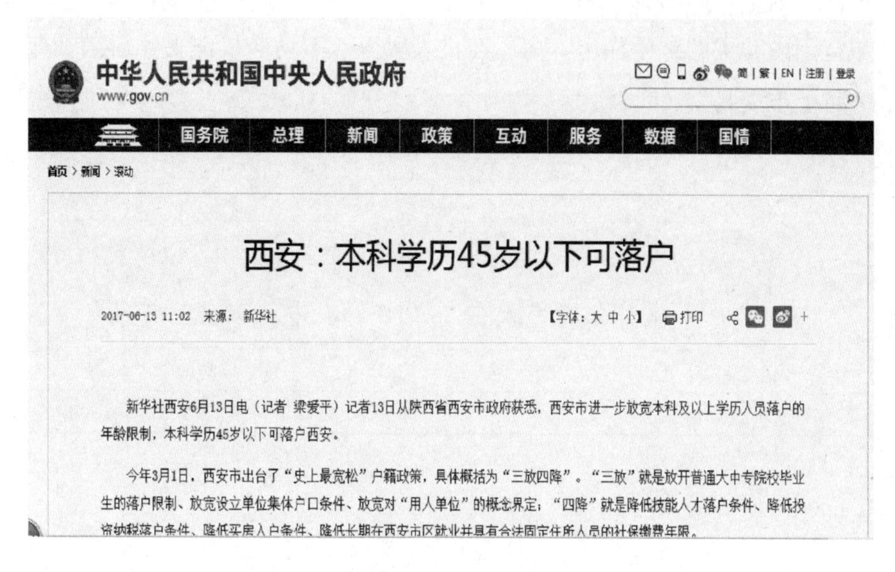

中华人民共和国中央人民政府
www.gov.cn

国务院 总理 新闻 政策 互动 服务 数据 国情

首页 > 新闻 > 滚动

西安：本科学历45岁以下可落户

2017-06-13 11:02 来源：新华社 【字体：大 中 小】 打印

新华社西安6月13日电（记者 梁爱平）记者13日从陕西省西安市政府获悉，西安市进一步放宽本科及以上学历人员落户的年龄限制，本科学历45岁以下可落户西安。

今年3月1日，西安市出台了“史上最宽松”户籍政策，具体概括为“三放四降”。“三放”就是放开普通大中专院校毕业生的落户限制、放宽设立单位集体户口条件、放宽对“用人单位”的概念界定；“四降”就是降低技能人才落户条件、降低投资纳税落户条件、降低买房入户条件、降低长期在西安市区就业并具有合法固定住所人员的社保缴费年限。

图 7-6-4 户籍政策调整

6 月 13 日起，西安市进一步放宽部分户籍准入条件，具体内容为：“全日制普通高等院校、中等职业学校（含技工学校），国民教育同等学历和留学回国人员落户”条件中，本科学历人员落户的年龄限制，由 35 周岁（含 35 周岁）以下调整至 45 周岁（含 45 周岁）以下；硕士研究生及以上学历人员不设年龄限制。

（五）西安出台棚户区改造货币化房票安置管理办法

6 月 15 日，西安市长上官吉庆主持召开市政府常务会议，审议通过《西安市棚户区改造货币化房票安置管理办法》和《西安市关于整合建立统一的公共资源交易平台体系实施方案》。

（六）西安新房网签满 5 年才能上市交易

6 月 25 日，西安市政府办公厅下发文件：4 月 18 日以前，在新城区、碑林区、莲湖区、雁塔区、未央区、灞桥区、长安区行政管理区域及高新区、经开区、曲江新区、浐灞生态区、航天基地、国际港务区、沣东新城等开发区规划区域范围内，购买的商品住房，自购房之日（以商品房买卖合同网签备案时间为准）起满 5 年方可上市交易；在上述区域范围内购买的二手住房，房屋产权人取得《不动产权证书》后满 2 年方可上市交易。

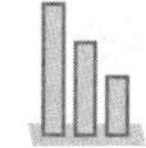

2017 年 7 月房地产市场资讯

一、全国房地产重要资讯盘点

（一）九部委：加快大中城市发展租房市场，12 城市首批试点租房新政

7 月 18 日，住房城乡建设部会同八部门联合印发了《关于在人口净流入的大中城市加快发展住房租赁市场的通知》（以下简称《通知》），这是自 2016 年 5 月起国家决定鼓励发展住房租赁市场后，推动力度最大、涉及面最广的一次新政。《通知》公布了广州、深圳、南京等 12 个城市作为首批开展住房租赁试点（图 7-7-1）。

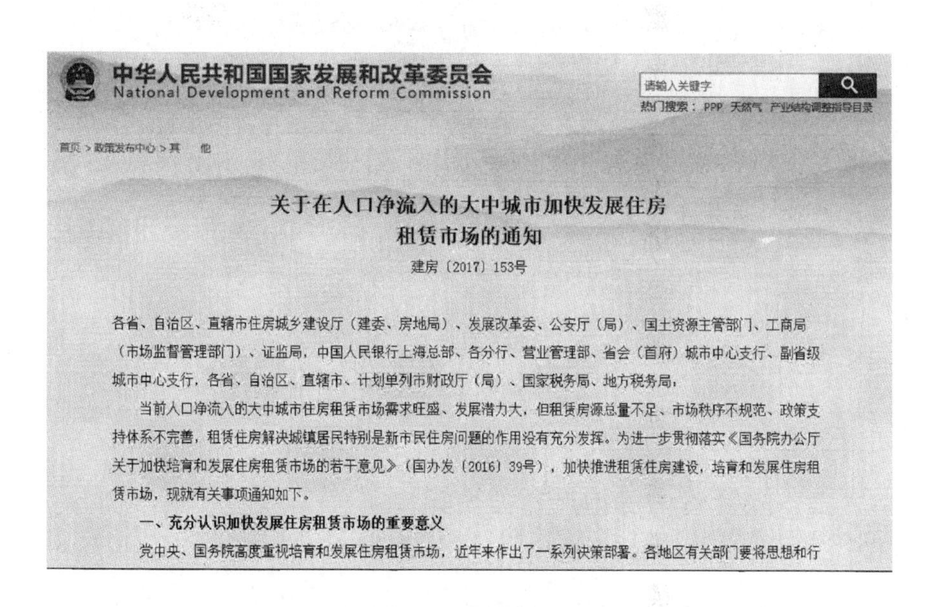

中华人民共和国国家发展和改革委员会
National Development and Reform Commission

请输入关键字
热门搜索：PPP 天然气 产业结构调整指导目录

首页 > 政策发布中心 > 其　他

关于在人口净流入的大中城市加快发展住房
租赁市场的通知

建房〔2017〕153号

各省、自治区、直辖市住房城乡建设厅（建委、房地局）、发展改革委、公安厅（局）、国土资源主管部门、工商局（市场监督管理部门）、证监局，中国人民银行上海总部、各分行、营业管理部、省会（首府）城市中心支行、副省级城市中心支行，各省、自治区、直辖市、计划单列市财政厅（局）、国家税务局、地方税务局：

当前人口净流入的大中城市住房租赁市场需求旺盛、发展潜力大，但租赁房源总量不足、市场秩序不规范、政策支持体系不完善，租赁住房解决城镇居民特别是新市民住房问题的作用没有充分发挥。为进一步贯彻落实《国务院办公厅关于加快培育和发展住房租赁市场的若干意见》（国办发〔2016〕39号），加快推进租赁住房建设，培育和发展住房租赁市场，现就有关事项通知如下。

一、充分认识加快发展住房租赁市场的重要意义

党中央、国务院高度重视培育和发展住房租赁市场，近年来作出了一系列决策部署。各地区有关部门要将思想和行

图 7-7-1　发改委文件通知

（二）试点城市发布发展租赁市场细则

7 月初，佛山印发实施“租赁九条”，包括“培育机构化、规模化

住房租赁企业，建设政府住房租赁交易服务平台”等九大内容；7月18日，广州市人民政府发布《广州市加快发展住房租赁市场工作方案》，率先试水租售同权，符合条件的承租人子女可享就近入学。

（三）31部委联合发文对房地产领域失信展开“围剿”

7月23日，国家发展改革委员会会同其他30个部委联合发文《关于对房地产领域相关失信责任主体实施联合惩戒的合作备忘录》，失信惩戒对象主要是在房地产领域开发经营活动中存在失信行为的相关机构及人员等责任主体，惩戒措施包括18处限制、3处从严、3处禁止、3处取消、2处停止、2处撤销等（图7-7-2）。

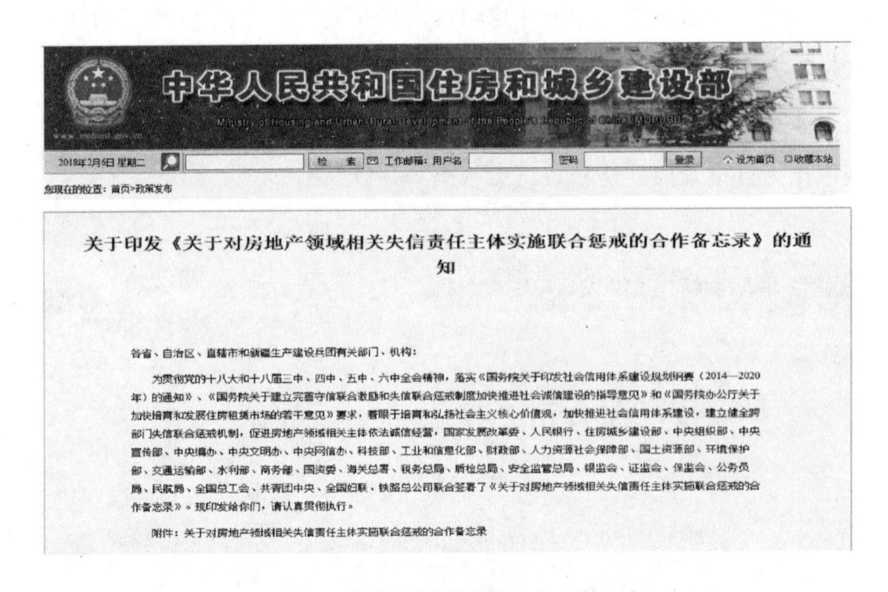

关于印发《关于对房地产领域相关失信责任主体实施联合惩戒的合作备忘录》的通知

各省、自治区、直辖市和新疆生产建设兵团有关部门、机构：

为贯彻党的十八大和十八届三中、四中、五中、六中全会精神，落实《国务院关于印发社会信用体系建设规划纲要（2014—2020年）的通知》、《国务院关于建立完善守信联合激励和失信联合惩戒制度加快推进社会诚信建设的指导意见》和《国务院办公厅关于加快培育和发展住房租赁市场的若干意见》要求，着眼于培育和弘扬社会主义核心价值观，加快推进社会信用体系建设，建立健全跨部门失信联合惩戒机制，促进房地产领域相关主体依法诚信经营，国家发展改革委、人民银行、住房城乡建设部、中央组织部、中央宣传部、中央编办、中央文明办、中央网信办、科技部、工业和信息化部、财政部、人力资源社会保障部、国土资源部、环境保护部、交通运输部、水利部、商务部、国资委、海关总署、税务总局、质检总局、安全监管总局、银监会、证监会、保监会、公务员局、民航局、全国总工会、共青团中央、全国妇联、铁路总公司联合签署了《关于对房地产领域相关失信责任主体实施联合惩戒的合作备忘录》。现印发给你们，请认真贯彻执行。

附件：关于对房地产领域相关失信责任主体实施联合惩戒的合作备忘录

图7-7-2　住房城乡建设部印发文件通知

二、陕西省内房地产重要资讯

（一）陕西省进一步扩大住房公积金制度覆盖面

7月17日，省住房和城乡建设厅出台《关于进一步扩大住房公积金制度覆盖面工作的指导意见》（图7-7-3），强调陕西省要以深化住房公积金供给侧改革为重点，按照强制缴存与自愿缴存相结合的原则，城

镇所有单位应依法为职工缴存住房公积金，做到“应建尽建，应缴尽缴”。并且将非全日制工作的进城务工人员、个体工商户、自由职业者以及新进城农业转移人口纳入住房公积金制度覆盖范围。

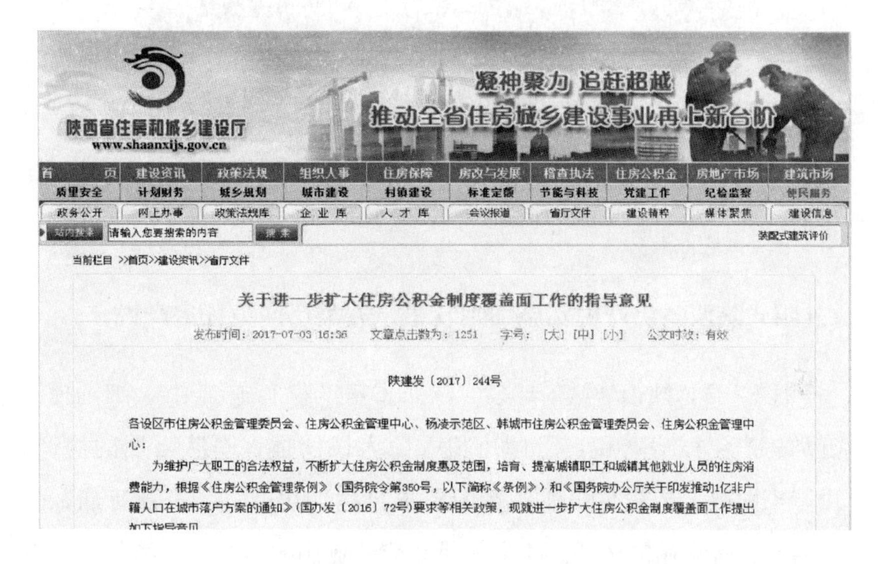

当前栏目 >>首页>>建设资讯>>省厅文件

关于进一步扩大住房公积金制度覆盖面工作的指导意见

发布时间：2017-07-03 16:36　文章点击数为：1251　字号：[大] [中] [小]　公文时效：有效

陕建发〔2017〕244号

各设区市住房公积金管理委员会、住房公积金管理中心、杨凌示范区、韩城市住房公积金管理委员会、住房公积金管理中心：

为维护广大职工的合法权益，不断扩大住房公积金制度惠及范围，培育、提高城镇职工和城镇其他就业人员的住房消费能力，根据《住房公积金管理条例》（国务院令第350号，以下简称《条例》）和《国务院办公厅关于印发推动1亿非户籍人口在城市落户方案的通知》（国办发〔2016〕72号）要求等相关政策，现就进一步扩大住房公积金制度覆盖面工作提出

图 7-7-3　陕西扩大住房公积金覆盖面指导意见

（二）陕西省文化旅游名镇建设实现时间任务双过半

7 月 21 日，陕西省文化旅游名镇半年观摩讲评推进会在榆林市绥德县名州街区召开，总结陕西省文化旅游名镇建设工作，安排部署下一步工作任务。2017 年上半年，陕西省重点示范镇和文化旅游名镇建设进度不断加快，实现了时间任务双过半，持续保持了追赶超越良好发展势头。31 个文化旅游名镇（街区）累计完成投资 20.89 亿元，同比增长 13.35%，占年度任务的 69.63%。

（三）陕西省二季度保障性安居工程点评会召开

7 月 27 日，陕西省住房和城乡建设厅组织召开 2017 年陕西省公租房分配暨二季度保障性安居工程工作点评会，通报上半年保障性安居工程建设进展情况，分析当前工作形势，安排部署以中央巡视“回头看”反馈意见、2017 年跟踪审计整改为重点的下半年工作（图 7-7-4）。

图 7-7-4　点评会现场

（四）陕西省房产税实施细则发布，五类房产免征房产税

7 月 27 日，陕西省政府印发《陕西省房产税实施细则》。细则提出了五类房产免征房产税：①国家机关、人民团体、军队自用的房产；②由国家财政部门拨付事业经费的单位自用的房产；③宗教寺庙、公园、名胜古迹自用的房产；④个人所有非营业用的房产；⑤经财政部批准免税的其他房产。

（五）西安 34 家房企违规被记分“污点”将列入信用档案

7 月 6 日，西安市房管局公布“规范商品房销售行为巡查记分公示情况”第一批名单，共涉及 34 家商品房销售单位，金辉、金地、富力、绿地、融创、中铁等一批全国知名房企赫然在列。这是房管局下发《记分管理办法》以来，正式对外发布的首批名单。

（六）西安三环内新建项目采用“装配式”模式

按照 2017 年 5 月发布的《西安市加快推进装配式建筑发展实施方案》，西安将分为重点、积极和鼓励三类区域进行推进。其中，7 月起，具备装配式建设技术应用条件的政府投资项目、三环内区域和各开发区以及国家、省、市绿色生态城区内建设项目，应当采用装配式建筑技术进行建设，且装配率不低于 20%。此举标志着西安市建筑领域步入“装配式”建设发展新阶段。

2017 年 8 月房地产市场资讯

一、全国房地产重要资讯盘点

（一）全国开展利用集体建设用地建设租赁住房试点

8 月 28 日，国土资源部会同住房城乡建设部下发《利用集体建设用地建设租赁住房试点方案》，确定第一批在北京、上海、沈阳、南京、杭州、合肥、厦门、郑州、武汉、广州、佛山、肇庆、成都 13 个城市开展利用集体建设用地建设租赁住房试点（图 7-8-1）。

中华人民共和国住房和城乡建设部

2018年2月5日 星期一 检索 工作邮箱：用户名 密码 登录 设为首页

您现在的位置：首页>政策发布

国土资源部住房城乡建设部关于印发《利用集体建设用地建设租赁住房试点方案》的通知

国土资发[2017]100号

北京、辽宁、上海、江苏、浙江、安徽、福建、河南、湖北、广东、四川省（市）国土资源主管部门、住房城乡建设主管部门：

为增加租赁住房供应，缓解住房供需矛盾，构建购租并举的住房体系，建立健全房地产平稳健康发展长效机制，国土资源部会同住房城乡建设部根据地方自愿，确定第一批在北京、上海、沈阳、南京、杭州、合肥、厦门、郑州、武汉、广州、佛山、肇庆、成都等13个城市开展利用集体建设用地建设租赁住房试点，制定了《利用集体建设用地建设租赁住房试点方案》，现印发给你们，请指导、督促各有关城市认真执行。

国土资源部

图 7-8-1　政策发布

（二）北京推出共有产权住房，楼市“回归居住”更进一步

8 月 3 日，北京市住房和城乡建设委员会对《北京市共有产权住房管理暂行办法》《关于印发北京市共有产权住房规划设计宜居建设导则（试行）的通知》公开征求意见。8 月 14 日，北京市住房和城乡建设委

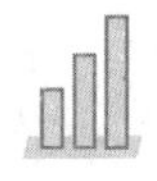

员会对公开征求意见情况进行反馈，其中明确提出共有产权住房属于产权类住房，可以按照相关规定办理落户、入学等事宜，即共有产权住房属于产权类住房。

（三）苏州市新建商品住房实施全装修

8月初，江苏省苏州市政府印发《关于推进装配式建筑发展加强建设监管的实施细则（试行）的通知》（以下简称《通知》）（图7-8-2），明确新建普通商品住房应实施全装修，其他居住建筑倡导实施全装修。《通知》指出，采用装配整体式混凝土结构体系的居住建筑以及商业、医院等公共建筑，其整栋建筑中主体结构和外围护结构预制构件的预制装配率，2018年年底前应不低于20%，2019年应不低于30%。

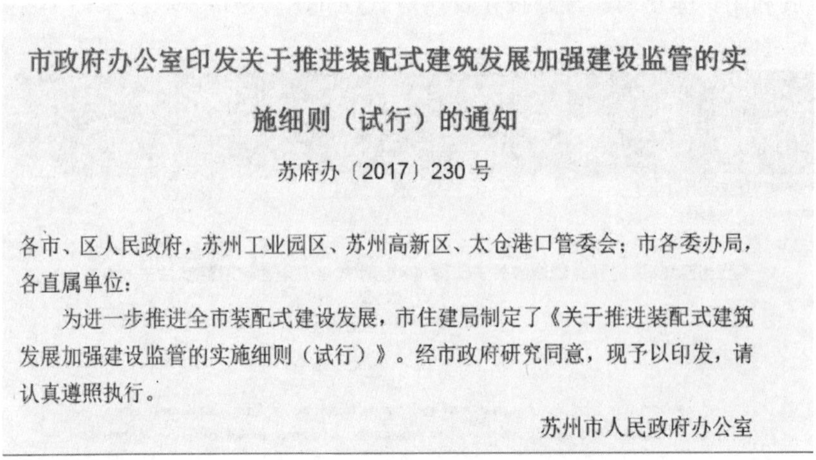

市政府办公室印发关于推进装配式建筑发展加强建设监管的实施细则（试行）的通知

苏府办〔2017〕230号

各市、区人民政府，苏州工业园区、苏州高新区、太仓港口管委会；市各委办局，各直属单位：

为进一步推进全市装配式建设发展，市住建局制定了《关于推进装配式建筑发展加强建设监管的实施细则（试行）》。经市政府研究同意，现予以印发，请认真遵照执行。

苏州市人民政府办公室

图7-8-2　苏州推进新建商品住房全装修

（四）地方城市争夺人才、因城施策

8月26日，武汉市《长江日报》发布武汉要争取让大学毕业生以低于市场价20%买到房；为大学毕业生制定最低年薪，引导企业加薪。2017年武汉将提供首批大学生人才公寓3605套，今后每年将建设和筹集50万m^2以上人才公寓，5年内满足20万人租住需求，同时鼓励企业探索用互联网思维开发人才住房。

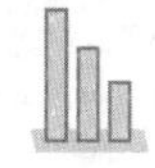

8 月 18 日，长沙市住房和城乡建设委员会发布《长沙市人才购房及购房补贴实施办法（试行）》，规定在长沙工作、具有专科以上学历或技师及以上职业资格的人才，首套购房不受户籍、个税和社保存缴的限制。

8 月 17 日，济南放松落户限制，公安机关出台户口迁移新政，取消购房、投资纳税落户条件限制，实行居住就业落户（图 7-8-3）。

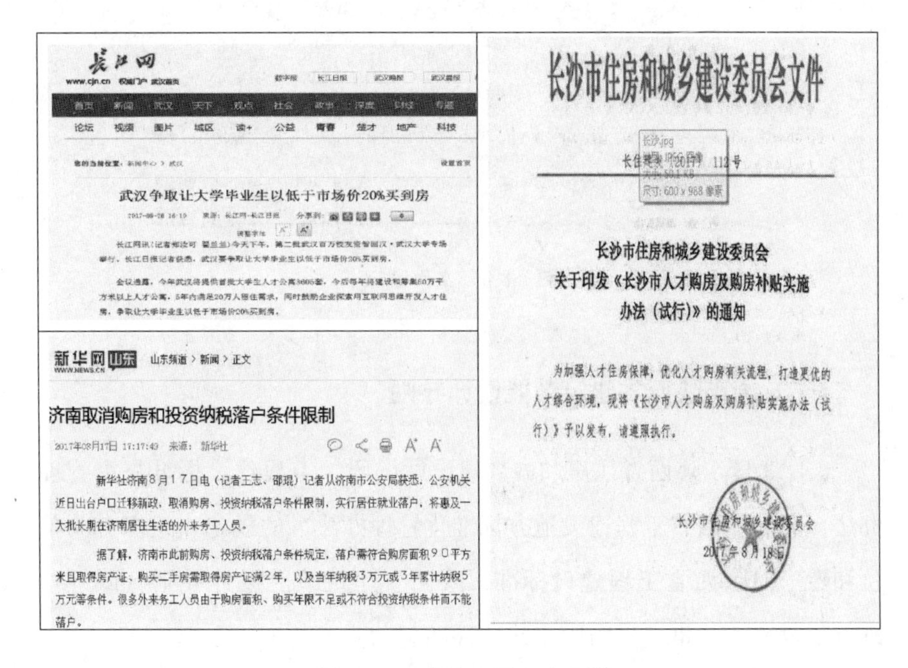

长江网 www.cjn.cn

武汉争取让大学毕业生以低于市场价20%买到房

长江网讯（记者郑汝可 瞿兰兰）今天下午，第二批武汉百万校友资智回汉·武汉大学专场举行。长江日报记者获悉，武汉要争取让大学毕业生以低于市场价20%买到房。

会议透露，今年武汉将提供首批大学生人才公寓3605套，今后每年将建设和筹集60万平方米以上人才公寓，5年内满足20万人留住需求，同时鼓励企业探索用互联网思维开发人才住房，争取让大学毕业生以低于市场价20%买到房。

新华网 山东 山东频道 > 新闻 > 正文

济南取消购房和投资纳税落户条件限制

2017年08月17日 17:17:43 来源：新华社

新华社济南8月17日电（记者王志、邵琨）记者从济南市公安局获悉，公安机关近日出台户口迁移新政，取消购房、投资纳税落户条件限制，实行居住就业落户，将惠及一大批长期在济南居住生活的外来务工人员。

据了解，济南市此前购房、投资纳税落户条件规定，落户需符合购房面积90平方米且取得房产证、购买二手房需取得房产证满2年，以及当年纳税3万元或3年累计纳税5万元等条件。很多外来务工人员由于购房面积、购买年限不足或不符合投资纳税条件而不能落户。

长沙市住房和城乡建设委员会文件

长住建发〔2017〕112号

长沙市住房和城乡建设委员会
关于印发《长沙市人才购房及购房补贴实施办法（试行）》的通知

为加强人才住房保障，优化人才购房有关流程，打造更优的人才综合环境，现将《长沙市人才购房及购房补贴实施办法（试行）》予以发布，请遵照执行。

长沙市住房和城乡建设委员会
2017年8月18日

图 7-8-3　多地改革人才政策

二、陕西省内房地产重要资讯

（一）陕西省进一步规范住房公积金个人住房贷款业务

8 月 14 日，陕西省住房和城乡建设厅出台《关于进一步规范住房公积金个人住房贷款业务的通知》（图 7-8-4），要求调整规范贷款额度，明确项目放宽条件，规范担保行为，简化办理流程。按照普通商品房（容积率 1.0 以上，144m² 以下），以各地上年度月最高均价、首付比例 20%，计算最高贷款额度；如夫妻双方均缴存住房公积金，贷款额度可适当提高，切实满足贷款职工需求。

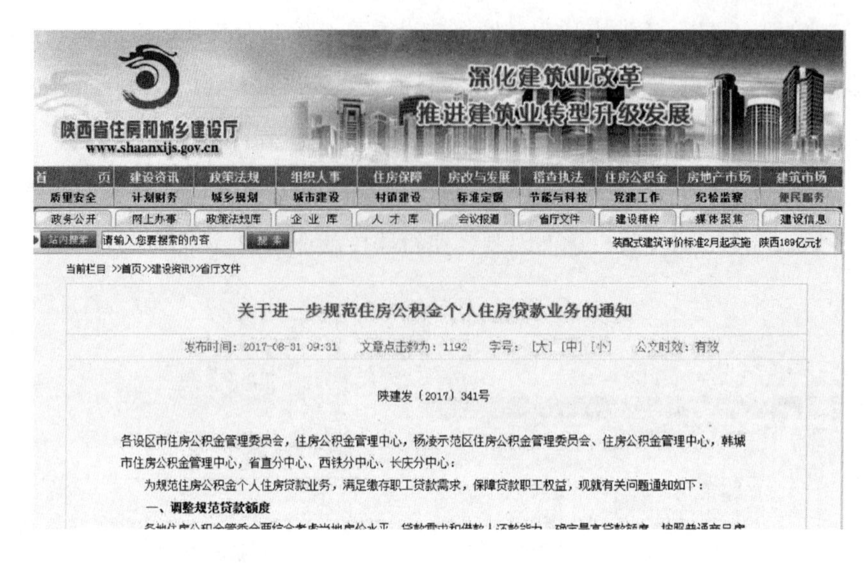

关于进一步规范住房公积金个人住房贷款业务的通知

发布时间：2017-08-31 09:31 文章点击数为：1192 字号：[大] [中] [小] 公文时效：有效

陕建发〔2017〕341号

各设区市住房公积金管理委员会，住房公积金管理中心，杨凌示范区住房公积金管理委员会、住房公积金管理中心，韩城市住房公积金管理中心，省直分中心、西铁分中心、长庆分中心：

为规范住房公积金个人住房贷款业务，满足缴存职工贷款需求，保障贷款职工权益，现就有关问题通知如下：

一、调整规范贷款额度

图 7-8-4　文件通知

（二）废止陕西省建筑节能设计导则

8 月 3 日，陕西省住房和城乡建设厅按照《工程建设标准复审管理办法》和《陕西省工程建设地方标准化管理办法》的规定，组织有关单位和专家对陕西省工程建设标准《陕西省建筑节能设计导则（试行）》进行了复审，复审结果为废止此项标准。

（三）西安房管局暂停保利心语花园等 15 个项目预售

8 月 14 日，西安市房管局发布《关于暂停 15 个商品房开发项目预售许可》。按照西安市配建廉租住房的有关政策规定，自 2010 年 6 月 1 日起，全市各商品房项目应按规定比例配建廉租住房，建成后应及时交付房屋主管部门，专项用于解决和保障中低收入家庭的住房难问题。经查，截至 8 月 15 日，尚有 15 个商品房项目未按要求落实廉租房配建任务。

（四）西安新建住宅配建停车位，应全部设置充电设施

8 月 28 日，《西安市停车管理办法》正式施行，鼓励单位专用停车场向社会开放，住宅区周边道路具备节假日、夜间等时段性停车条件

的，可以设置动态道路临时停车泊位。此外，新建住宅配建停车位应全部设置充电设施或者预留建设安装条件。

（五）渭南市推进“双贯标”系统建设

为贯彻落实住房城乡建设部《住房公积金基础数据标准》《住房公积金银行结算数据应用系统与公积金中心接口标准》“双贯标”工作，经过一年多的建设，目前渭南住房公积金“双贯标”系统（G 系统）已基本建设完成，拟定于 2017 年 8 月 26 日正式上线运行（图 7-8-5）。

图 7-8-5　“双贯标”系统建设

2017 年 9 月房地产市场资讯

一、全国房地产重要资讯盘点

（一）国土资源部发文严控城市新增建设用地规模

9 月 19 日，国土资源部官网发表文章《国土资源部严控城市新增建设用地规模》（图 7-9-1），目的是为了防止土地利用粗放和闲置现象，16 城新申报建设用地规模被减半，京津冀及上海、广东、南京等城市出台政策严控新增建设用地。

中华人民共和国国土资源部
Ministry of Land and Resources of the People's Republic of China
首页 机构 新闻 公开 办事
当前位置:新闻动态 > 要闻播报

国土资源部严控城市新增建设用地规模

2017-09-19 | 作者: 张 晏 | 来源: 中国国土资源报 分享到

2017年，在报国务院批准用地的106个城市中，11个城市利用存量土地进行开发建设，未申报新增建设用地；95个申报用地的城市中，国土资源部对16个城市新增建设用地规模进行了核减，共核减新增建设用地4541.9公顷，占16个城市申报新增用地总规模的46.52%

记者日前从国土资源部耕地保护司获悉，截至9月8日，国土资源部已全面完成2017年报国务院批准的城市建设用地审查报批工作。

图 7-9-1　国土资源部发文

（二）住房城乡建设部支持北京市、上海市开展共有产权住房试点

9 月 21 日，住房城乡建设部印发《关于支持北京市、上海市开展

共有产权住房试点的意见》，支持北京市、上海市深化发展共有产权住房试点工作，确保共有产权住房用地供应，并落实好现有的财政、金融、税费等优惠政策，力争形成可复制、可推广的试点经验（图 7-9-2）。

图 7-9-2　多地共有产权住房试点

（三）4 天内 9 城出台房地产调控新政

9 月 22 日起，全国掀起新一轮“调控潮”。4 天内，包括重庆、南昌、西安、无锡在内的 9 个城市密集发布限购政策。而与以往不同的是，此次全国多地出台的调控内容多以“限售”为主。此外，全国公积金贷款政策或将有进一步收紧趋势。例如，南宁新政要求，购买第二套及以上新房和二手房限售 2 年；南昌新政要求，全市内新房和二手房限售 2 年。

（四）国土部召开利用集体建设用地建设租赁住房试点工作启动会

9 月 26 日，国土资源部在湖北省武汉市召集全国 13 个试点城市负责人，召开利用集体建设用地建设租赁住房试点工作启动会，会议提出要推动利用集体建设用地建设租赁住房的试点工作，构建租售并举的住房体系（图 7-9-3）。

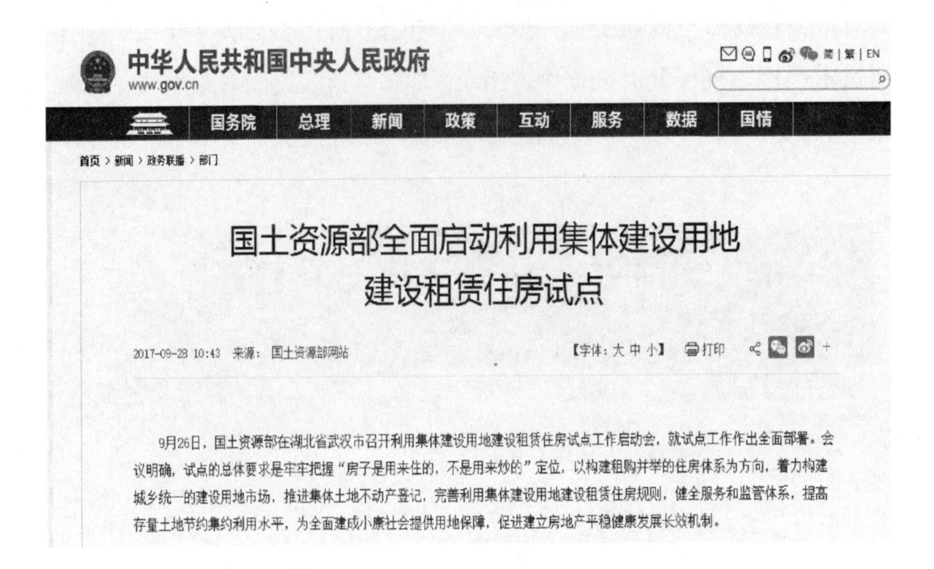

中华人民共和国中央人民政府
www.gov.cn

国务院 总理 新闻 政策 互动 服务 数据 国情

首页 > 新闻 > 政务联播 > 部门

国土资源部全面启动利用集体建设用地建设租赁住房试点

2017-09-28 10:43 来源：国土资源部网站 【字体：大 中 小】 打印

9月26日，国土资源部在湖北省武汉市召开利用集体建设用地建设租赁住房试点工作启动会，就试点工作作出全面部署。会议明确，试点的总体要求是牢牢把握“房子是用来住的，不是用来炒的”定位，以构建租购并举的住房体系为方向，着力构建城乡统一的建设用地市场，推进集体土地不动产登记，完善利用集体建设用地建设租赁住房规则，健全服务和监管体系，提高存量土地节约集约利用水平，为全面建成小康社会提供用地保障，促进建立房地产平稳健康发展长效机制。

图 7-9-3 试点工作启动

（五）新版北京城市总体规划获批，划定 2300 万人口红线

9 月 27 日，中共中央国务院关于对《北京城市总体规划（2016 年—2035 年）》的批复提出，严格控制城市规模，到 2020 年，常住人口规模控制在 2300 万人以内，2020 年以后长期稳定在这一水平；加强需求端管控，加大住宅供地力度，完善购租并举的住房体系，建立促进房地产市场平稳健康发展的长效机制。

二、陕西省内房地产重要资讯

（一）陕西省海绵城市建设工作现场会在铜川召开

9 月 22 日，陕西省海绵城市建设工作现场会在铜川举行，会议要求，各地要认真贯彻落实省委省政府的部署要求，结合实际情况全盘谋划，主动作为，全面推动海绵城市建设。目前陕西省 10 个设区市（除延安外）、杨凌示范区、西咸新区、韩城市规划建设海绵城市 370.19km²，已竣工项目 111 个，在建项目 184 个，累计完成投资 164.25 亿元（图 7-9-4）。

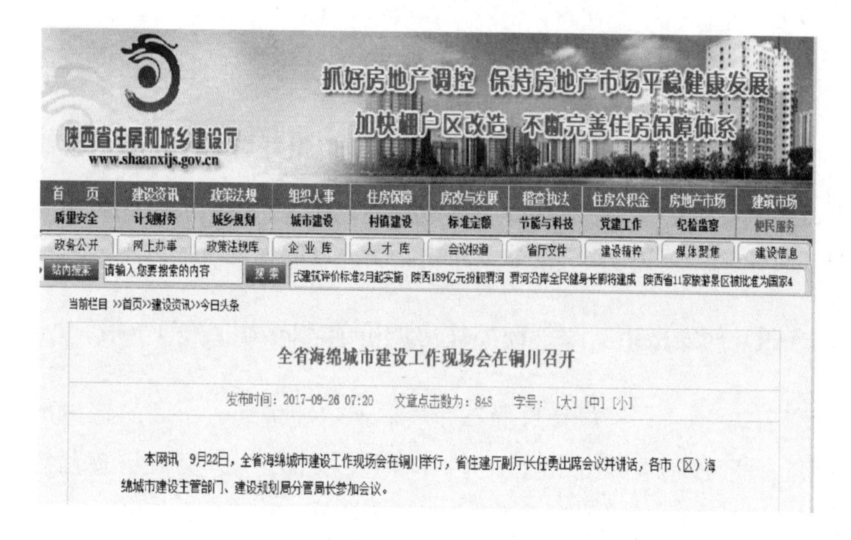
陕西省住房和城乡建设厅
www.shaanxijs.gov.cn
抓好房地产调控 保持房地产市场平稳健康发展
加快棚户区改造 不断完善住房保障体系

当前栏目 >>首页>>建设资讯>>今日头条

全省海绵城市建设工作现场会在铜川召开

发布时间：2017-09-26 07:20 文章点击数为：848 字号：[大] [中] [小]

本网讯 9月22日，全省海绵城市建设工作现场会在铜川举行，省住建厅副厅长任勇出席会议并讲话，各市（区）海绵城市建设主管部门、建设规划局分管局长参加会议。

图 7-9-4 海绵城市工作现场会

（二）西咸新区凡五证齐全楼盘即可申报公积金备案

9 月 4 日，西安住房公积金管理中心官方网站公示：进一步简化公积金贷款楼盘备案手续，提高工作效率，在《西安住房公积金管理中心楼盘备案管理办法》修订之前，在西咸新区先行试点个贷项目备案取消形象进度要求。凡“五证”齐全的，开发商可持相关资料向中心信贷管理处进行楼盘项目申报。

西安住房公积金管理中心
XI'AN HOUSING PROVIDENT FUND MANAGEMENT CENTER

通知公告 当前位置：首页>>新闻动态>>通知公告>>正文

中心关于在西咸新区试点个贷楼盘项目备案取消形象进度要求的通知

2017年09月04日 16:10 点击：[2512]

各分中心、管理部，机关各处室：

为认真贯彻落实陕西省住房和城乡建设厅《关于进一步规范住房公积金个人住房贷款业务的通知》（陕建发[2017]341号）要求，进一步简化公积金贷款楼盘备案手续，提高工作效率，经中心研究决定，在《西安住房公积金管理中心楼盘备案管理办法》修订之前，在西咸新区先行试点个贷项目备案取消形象进度要求。凡“五证”齐全的，开发商可持相关资料向中心信贷管理处进行楼盘项目申报。

图 7-9-5 公积金政策发布

（三）西安市再出限购政策，有2套房者将不能再买房

9月13日，西安市房管局发布2017年以来的第五个房地产限购政策。规定从即日起，将暂停向已拥有2套及以上住房的本市户籍居民家庭、拥有1套及以上住房的非本市户籍居民家庭售房。

（四）西安楼市新政：商品住房调价前需向物价部门申报

9月22日，西安市物价局发布《西安市物价局关于商品住房价格申报有关问题的通知》，指出9月25日起，商品住房项目在办理预售许可前，或已取得预售许可证但尚未售出的商品住房，在调整价格前，须向西安市物价局进行商品住房价格申报。

（五）绿地参与地方国资改革，控股西安建工集团

9月26日，绿地控股与西安市国资委就投资控股西安建工集团有限公司签署协议（图7-9-6），正式参与其混合所有制改革。绿地共计投资10.7亿元，以增资扩股方式收购西安建工66%的股权并实现控股。

图7-9-6　绿地集团控股西安建工集团

2017 年 10 月房地产市场资讯

一、全国房地产重要资讯盘点

（一）中共十九大隆重开幕

图 7-10-1　十九大开幕

10 月 18 日十九大隆重开幕，十九大报告中针对于房地产市场提到：

深化供给侧结构性改革。坚持去产能、去库存、去杠杆、降成本、补短板，优化存量资源配置，扩大优质增量供给，实现供需动态平衡。

加快完善社会主义市场经济体制。经济体制改革必须以完善产权制度和要素市场化配置为重点，实现产权有效激励、要素自由流动、价格反应灵活、竞争公平有序、企业优胜劣汰。

实施区域协调发展战略。以城市群为主体构建大中小城市和小城镇协调发展的城镇格局，加快农业转移人口市民化。以疏解北京非首都功能为“牛鼻子”推动京津冀协同发展，高起点规划、高标准建设雄安新区。

坚决打赢脱贫攻坚战，确保到 2020 年我国现行标准下农村贫困人口实现脱贫，贫困县全部摘帽，解决区域性整体贫困，做到脱真贫、真脱贫。

加强社会保障体系建设。坚持“房子是用来住的、不是用来炒的”定位，加快建立多主体供给、多渠道保障、租购并举的住房制度，让全体人民住有所居。住房城乡建设部部长王蒙徽表示要以满足新市民住房需求为主要出发点，以建立购租并举的住房制度为主要方向，以市场为主满足多层次需求，以政府为主提供基本保障，综合运用金融、土地、财税、投资等手段推进房地产市场建设。

（二）为减少建筑垃圾，成都市推进成品住宅

10 月 17 日，成都市人民政府办公厅发布《关于进一步加快推进成都市成品住宅发展的实施意见》，文件提出到 2022 年底，全市新开工商品住宅和保障性住房成品住宅面积比例达到 100%，全面实现成都市住宅产品结构从以清水房为主到以成品住宅为主的根本转变。

（三）国家发展改革委、住房城乡建设部联手开展商品房销售价格行为检查

10 月 25 日，国家发展改革委与住房城乡建设部联合发布“严查商品房销售价格行为的通知”。本次检查主要针对的是房地产开发企业在售楼盘和房地产中介机构，内容可分为两种：其一是对房价的把控，要严格执行“一套一标”制度，确保商品房售价不能高于备案价；其二是对销售过程的把控，严防捂盘惜售、炒卖房号不合法行为。

（四）多地对住房租赁采取新行动

10 月 13 日，青海省首个以“租房入院”为养老服务方式的养老院近日正式挂牌，探索通过“租金＋个人承担＋政府兜底”的方式，解决部分老人养老的后顾之忧。

10 月 17 日，武汉住房保障和房屋管理局与中国银联在武汉签署住房租赁服务平台合作协议，武汉将与中国银联、中国建设银行共同建设住房租赁金融综合服务平台，通过政府住房租赁平台“一点接入”，实现全部银行及各类金融机构的金融服务全覆盖。

10月23日，天津市国土房管局下发《关于加强我市房地产经纪机构和住房租赁企业备案管理有关问题的通知》（以下简称《通知》），《通知》特别新增住房租赁企业的备案内容，在全国率先将住房租赁企业纳入房地产管理部门的管理范围（图7-10-2）。

图7-10-2 天津文件通知

10月30日，广州颁布《关于广州市住房租赁标准有关问题的通知》，首次明确了广州市住房租赁标准，对于人均居住面积、安全居住、个人改造住房租赁等方面的标准作出界定，为保障承租人健康安全居住提供了制度保障（图7-10-3）。

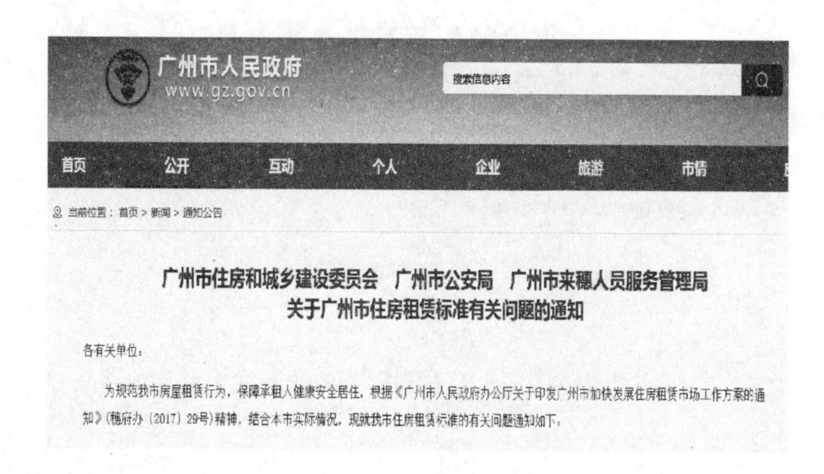

图7-10-3 广州新政发布

10 月 31 日，北京租房新政《关于加快发展和规范管理本市住房租赁市场的通知》开始实施，北京市住房租赁监管平台也正式上线。其中在“信用评价”功能上，如果房东或者中介存在隐瞒房源真实性等问题，租户就可以登录网络交易平台打“差评”。

二、陕西省内房地产重要资讯

（一）省住建厅宣贯海绵城市和地下综合管廊建设标准

10 月 26 日，省住房和城乡建设厅在西安举办陕西省工程建设标准宣贯培训班，就《陕西省海绵城市规划设计导则》和《陕西省城镇综合管廊设计标准》的编制背景、适用范围以及主要内容进行解读，目的在于使这 2 项标准能够科学、有效实施，进一步加快推进陕西省海绵城市、城市地下综合管廊建设再上新台阶（图 7-10-4）。

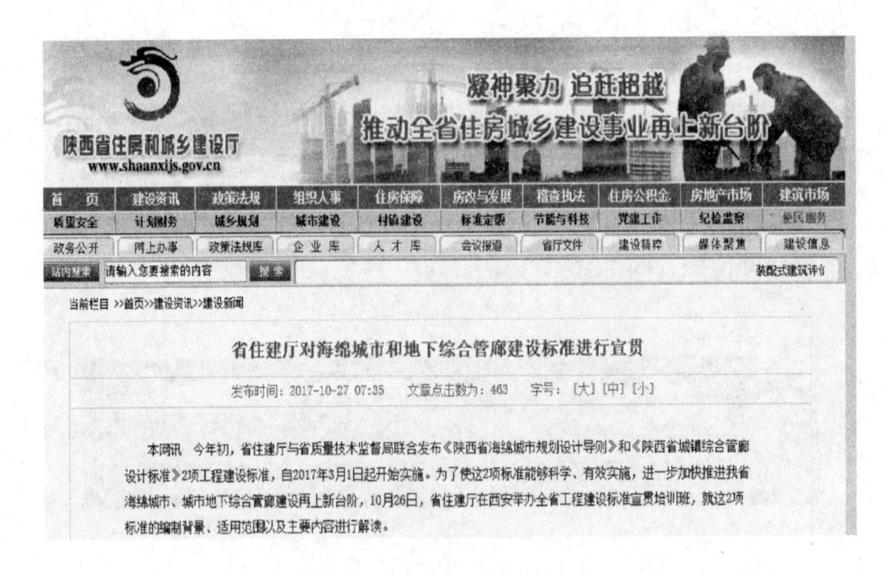

图 7-10-4 标准宣贯

（二）安康市住房公积金“双贯标”项目正式上线试运行

10 月 9 日，安康市住房公积金管理中心正式上线全新的业务系统，完成了住房城乡建设部基础数据和银行结算数据采集系统贯标，成为陕

西省第五个上线“双贯标”系统的公积金管理中心。

（三）10 月 10 日起租客可用支付宝在西安免押金租房

10 月 10 日起，西安、上海、北京、深圳等城市的超过 100 万间公寓将正式入驻支付宝。通过支付宝里的信用租房平台，这些城市的租客在租房时即可有效避免高押金、黑中介等问题。业内人士称，这是“信用＋租赁”的首次跨界合作，将给高信用的租客和房东带来更多红利，有利于建立多元、规范的住房租赁市场。

（四）西安新建小区要配套建设养老服务设施

10 月 26 日，西安市人民政府办公厅印发《破解“养老难”提升服务质量推进养老服务业创新发展的实施方案》，凡新建城区和新建居住区，要按每百户 15～20m^2 配套建设养老服务设施，并与住宅同步规划、同步建设、同步验收、同步交付使用。

2017 年 11 月房地产市场资讯

一、全国房地产重要资讯盘点

（一）首批装配式建筑示范城市和产业基地敲定

11 月 9 日，住房城乡建设部发文，认定北京市、杭州市、广安市等 30 个城市为第一批装配式建筑示范城市，北京住总集团有限责任公司、杭萧钢构股份有限公司、碧桂园控股有限公司等 195 个企业成为第一批装配式建筑产业基地（图 7-11-1）。

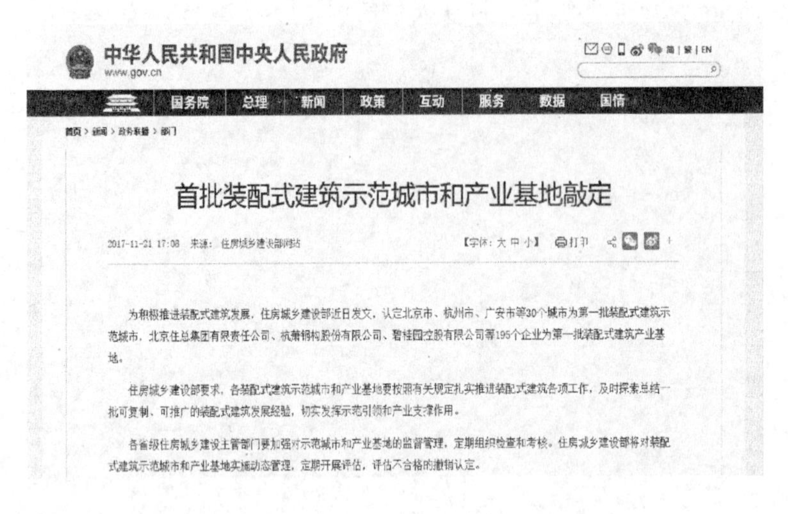

中华人民共和国中央人民政府
www.gov.cn

国务院 总理 新闻 政策 互动 服务 数据 国情

首页 > 新闻 > 政务联播 > 部门

首批装配式建筑示范城市和产业基地敲定

2017-11-21 17:08 来源：住房城乡建设部网站 【字体：大 中 小】 打印

为积极推进装配式建筑发展，住房城乡建设部近日发文，认定北京市、杭州市、广安市等30个城市为第一批装配式建筑示范城市，北京住总集团有限责任公司、杭萧钢构股份有限公司、碧桂园控股有限公司等195个企业为第一批装配式建筑产业基地。

住房城乡建设部要求，各装配式建筑示范城市和产业基地要按照有关规定扎实推进装配式建筑各项工作，及时探索总结一批可复制、可推广的装配式建筑发展经验，切实发挥示范引领和产业支撑作用。

各省级住房城乡建设主管部门要加强对示范城市和产业基地的监督管理，定期组织检查和考核。住房城乡建设部将对装配式建筑示范城市和产业基地实施动态管理，定期开展评估，评估不合格的撤销认定。

图 7-11-1　首批装配式建筑示范城市、产业基地敲定

（二）多省市调整住房公积金政策

11 月 1 日，广州住房公积金管理中心试行新政，对二手房公积金贷款购房交易实行资金监管；

11 月 1 日，南京住房公积金中心与南京市公安局联合印发《关于

联合防控骗提套取住房公积金违法行为的通知》，重拳打击骗提套取公积金的不法分子；

11 月 16 日，天津市国土房管局、市住房公积金管理中心联合下发《关于全面治理住房公积金套取的通知》，全面治理住房公积金套取行为；

11 月 28 日，海南省公积金管理局下发《关于停止执行装修提取住房公积金政策的通知》，明确从即日起海南省停止执行装修提取住房公积金政策，不再受理装修提取住房公积金业务（图 7-11-2）。

广州住房公积金管理中心文件

广州住房公积金管理中心关于试行存量房住房公积金贷款购房交易资金监管的通知

海南省人民政府

The People's Government Of Hainan Province

首页 省政府 新闻 政务 互动 服务 数据 省情

我省停止执行装修提取住房公积金政策

本报海口11月28日讯（记者孙慧 通讯员肖杰科）11月28日上午，省公积金管理局下发通知，即日起停止装修提取住房公积金业务。这是继11月1日暂停个人商业性住房按揭贷款转住房公积金贷款后的又一新规。随后，省公积金管理局对为何停止装修提取业务做了进一步解释。

省公积金管理局相关负责人介绍，停止装修提取业务，是为了贯彻落实住建部2017年全国住房公积金监管工作会议精神，“要管控好资金流动风险，规范提取，大病、上学、装修等以及各地为用足用好住房公积金而出台的政策要调整，要突出以贷款为主提取为辅”。

据了解，我省自2008年11月19日起开始执行装修提取住房公积金政策，主要依据来源于《海南省人民政府关于促进房地产业持续稳定健康发展的意见》(琼府〔2008〕74号)。2017年11月22日，省政府印发《海南省人民政府关于废止一批省政府文件的决定》，明确《海南省人民政府关于促进房地产业持续稳定健康发展的意见》废止，文中涉及装修提取住房公积金及其标准相应废止。

人民网 people.cn

天津市治理住房公积金套取行为 套取公积

副标题：套取公积金纳入失信管理

从天津市国土房管局获悉，市国土房管局、市住房公积金管理中心近日联合下发《关于全面治理住房公积金套取的通知》，在全市范围内开展住房公积金套取行为全面治理行动，保障缴存人合法权益。

根据该通知，天津市首先部署了住房公积金提取违法广告集中清理专项行动，对城镇街道、楼宇、商业区、居民区、出租车等各种渠道，悬挂、张贴、发布住房公积金提取违法广告开展地毯式排查，实行网格化管理。对于发现的违法广告及时留存证据并登记，并联合各区政府、街道、综合执法等部门，对公共设施载体上发现的违法广告立即清除。专项治理行动中，对违法发布公积金提取广告的房地产中介机构，以及组织清除或拒不清除违法广告的，联合区房管局、各区城市管理综合执法部门或街道办事处，采取相应措施进行处理。

图 7-11-2　多地调整公积金政策

（三）浙江开展省级住房租赁试点加快构建租售并举住房制度

11 月 14 日，浙江省住房和城乡建设厅联合 9 个省级部门发布《关于开展省级住房租赁市场培育试点工作的通知》（以下简称《通知》），确定温州市、绍兴市、嘉善县、义乌市为省级住房租赁试点城市，加快构建租售并举的住房制度。通知明确健全完善居住证量化管理制度，对租赁住房达到一定年限的，实行“租购同分”（图 7-11-3）。

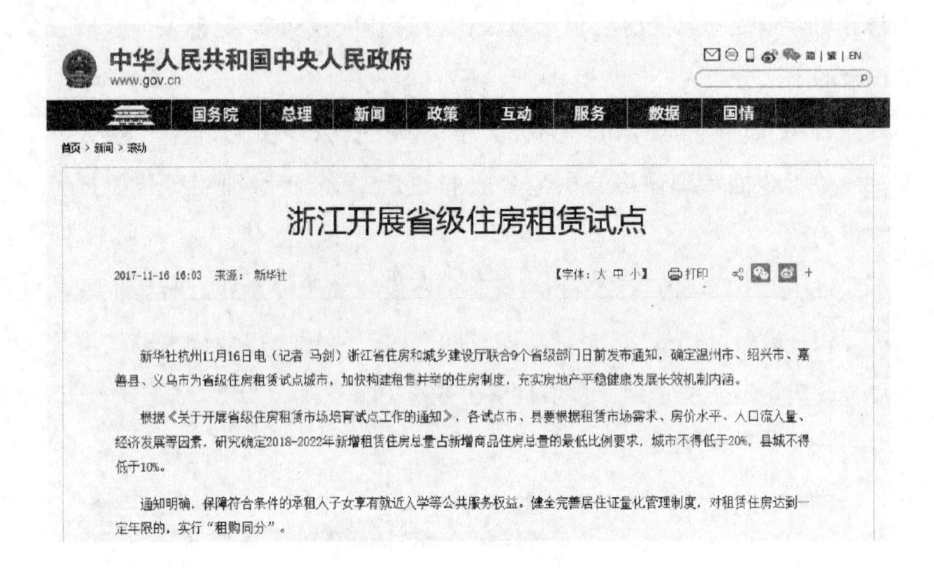

中华人民共和国中央人民政府
www.gov.cn

国务院 总理 新闻 政策 互动 服务 数据 国情

首页 > 新闻 > 滚动

浙江开展省级住房租赁试点

2017-11-16 16:03 来源：新华社 【字体：大 中 小】 打印

新华社杭州11月16日电（记者 马剑）浙江省住房和城乡建设厅联合9个省级部门日前发布通知，确定温州市、绍兴市、嘉善县、义乌市为省级住房租赁试点城市，加快构建租售并举的住房制度，充实房地产平稳健康发展长效机制内涵。

根据《关于开展省级住房租赁市场培育试点工作的通知》，各试点市、县要根据租赁市场需求、房价水平、人口流入量、经济发展等因素，研究确定2018-2022年新增租赁住房总量占新增商品住房总量的最低比例要求，城市不得低于20%，县城不得低于10%。

通知明确，保障符合条件的承租人子女享有就近入学等公共服务权益。健全完善居住证量化管理制度，对租赁住房达到一定年限的，实行“租购同分”。

图 7-11-3 省级住房租赁试点

（四）成都将进入摇号买房时代

11 月 16 日，成都市正式加入摇号售房行列，成为继上海、南京、长沙之后全国“公证摇号”第四城。当天，成都市城乡房产管理局与司法局发布《关于商品住房开盘销售采用公证摇号排序选房有关事宜的通知》，要求全市新取得预售许可或现售备案的商品住房，开盘销售全部采取公证摇号排序选房的销售方式。

二、陕西省内房地产重要资讯

（一）省住房和城乡建设厅与中国建设银行陕西省分行签订住房租赁市场发展战略合作协议

11 月 16 日，省住房和城乡建设厅与中国建设银行陕西省分行签订住房租赁市场发展战略合作协议。省住房和城乡建设厅将做好顶层制度设计，完善各类配套政策措施，中国建设银行陕西省分行也将在金融服务方面大力支持，未来 5 年给予住房租赁市场参与主体意向性授信支持金额不少于 500 亿元，共同推动住房租赁平台建设（图 7-11-4）。

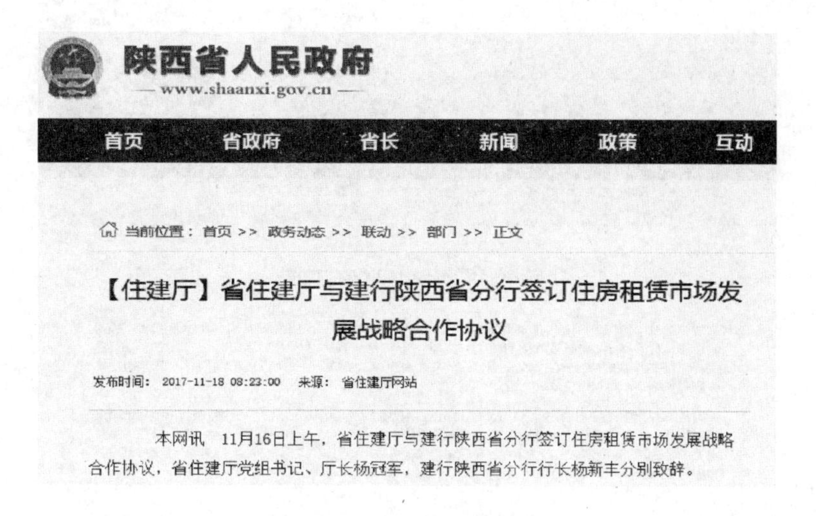

【住建厅】省住建厅与建行陕西省分行签订住房租赁市场发展战略合作协议

发布时间：2017-11-18 08:23:00 来源：省住建厅网站

本网讯 11月16日上午，省住建厅与建行陕西省分行签订住房租赁市场发展战略合作协议，省住建厅党组书记、厅长杨冠军，建行陕西省分行行长杨新丰分别致辞。

图 7-11-4 战略合作协议

（二）“陕西省建设行业大数据综合服务平台”项目启动

11 月 28 日，“陕西省建设行业大数据综合服务平台”项目建设启动会在省建设信息中心召开。会议强调，信息中心专项小组、开发公司参与人员、前期技术合作单位三方共同推进项目建设，确保项目按期完工，为陕西省住房和城乡建设行业信息管理工作提供服务。

（三）西安设立 50 亿元特色小镇专项基金的政策支持

11 月 6 日，西安市财政局制定了《西安市特色小镇财政政策实施办法》（以下简称《办法》），《办法》中针对市委市政府文件中涉及财政部门的“三免两减半”税收奖励及设立 50 亿元特色小镇专项子基金等两个方面的特色小镇政策给予支持（图 7-11-5）。

（四）西安揽才出大招

11 月 24 日，西安市发布《优化高层次人才服务工作的十三条措施》，对人才新政 23 条进行升级：A 类人才可免租入住 180m^2 左右的住房，在西安工作居住满 5 年并取得本市户籍，且在工作中作出突出贡献的，政府将房产证办理到 A 类人才本人名下后，产权赠予个人；B 类人才可申请领取总额 70 万元的购房补贴，5 年内按年度核发；C 类人才可

市财政印发《西安市特色小镇财政政策实施办法》

2017-11-17 09:36

为积极推进我市支持特色小镇建设财政政策落到实处，根据《西安市加快推进特色小镇建设指导意见》、《西安市特色小镇创建导则(试行)》及《西安市加快推进特色小镇建设若干政策》等文件精神，经与市特色小镇办沟通，针对市委市政府文件中涉及财政部门的“三免两减半”税收奖励及设立50亿元特色小镇专项子基金等两个方面的特色小镇支持政策，市财政局于日前制定并印发了《西安市特色小镇财政政策实施办法》（以下简称“办法”）。

“办法”从政策具体内容、支持对象、支持条件、支持流程、监督检查及附则等六个方面进行了进一步明确和细化，从而使财政政策更具可操作性。该“办法”自发布之日起执行至2021年12月31日。目前该“办法”已印发各区县、开发区及西咸新区执行。同时，总规模50亿元的特色小镇专项基金已完成设立工作，并与茯茶小镇在内的多个纳入2017年度创建名单的特色小镇进行了前期接洽，部分项目已达成基金投资意向。

图 7-11-5　财政扶持特色小镇

申请领取 3500 元/月的租房补贴，最高可补贴 5 年；D 类人才可申请领取 1000 元/月的租房补贴，最高可补贴 3 年；E 类人才纳入公租房保障范围，并优先予以保障。另外，高层次人才购买自用商品住房的，不受市内限购政策限制，优先办理房屋登记，还将研究制订购房优惠 20% 的具体条件和配套支持政策（图 7-11-6）。

关于印发《优化高层次人才服务工作的十三条措施》的通知

【录入者:admin | 时间:2018-01-29 16:23:01 | 作者:| 责任编辑:徐雪清 | 来源: |

中共西安市委人才工作领导小组

关于印发《优化高层次人才服务工作的十三条措施》的通知

各区、县委，市级各部门党组（党委）：

《优化高层次人才服务工作的十三条措施》已经中共西安市委人才工作领导小组研究同意，现印发给你们，请结合实际认真贯彻执行。

图 7-11-6　人才政策

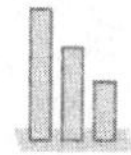

2017 年 12 月房地产市场资讯

一、全国房地产重要资讯盘点

（一）政治局会议划重点房地产市场迎变革

12 月 8 日，中共中央政治局召开 2018 年经济工作会议，此次会议与房地产相关的有三点：①加快住房制度改革和长效机制建设；②防范化解重大风险要使宏观杠杆率得到有效控制；③金融服务实体经济能力增强，防范风险工作取得积极成效（图 7-12-1）。

中华人民共和国中央人民政府
www.gov.cn
国务院 总理 新闻 政策 互动 服务 数据 国情
首页 > 新闻 > 滚动

中共中央政治局召开会议 分析研究2018年经济工作
中共中央总书记习近平主持会议

2017-12-08 17:32 来源：新华社 【字体：大 中 小】 打印

中共中央政治局召开会议
分析研究2018年经济工作
中共中央总书记习近平主持会议

新华社北京12月8日电 中共中央政治局12月8日召开会议，分析研究2018年经济工作。中共中央总书记习近平主持会议。

会议认为，党的十八大以来，党中央准确把握复杂局势，科学判断，正确决策，真抓实干，使我国经济发展取得历史性成

图 7-12-1　2018 年经济工作会议

（二）中央经济工作会议明确明年楼市方向

12 月 18～20 日，中央经济工作会议正式召开。会议指出：“要加快建立多主体供应、多渠道保障、租购并举的住房制度。要发展住房租赁市场特别是长期租赁，保护租赁利益相关方合法权益，支持专业化、

机构化住房租赁企业发展。完善促进房地产市场平稳健康发展的长效机制，保持房地产市场调控政策连续性和稳定性，分清中央和地方事权，实行差别化调控。”

（三）全国住房城乡建设工作会议在京召开

12月23日，全国住房城乡建设工作会议在京召开。住房城乡建设部党组书记、部长王蒙徽全面总结了5年来住房城乡建设工作成就，提出今后一个时期工作总体要求，对2018年工作任务作出部署。其中王蒙徽重点指出，要深化住房制度改革，加快建立多主体供给、多渠道保障、租购并举的住房制度（图7-12-2）。

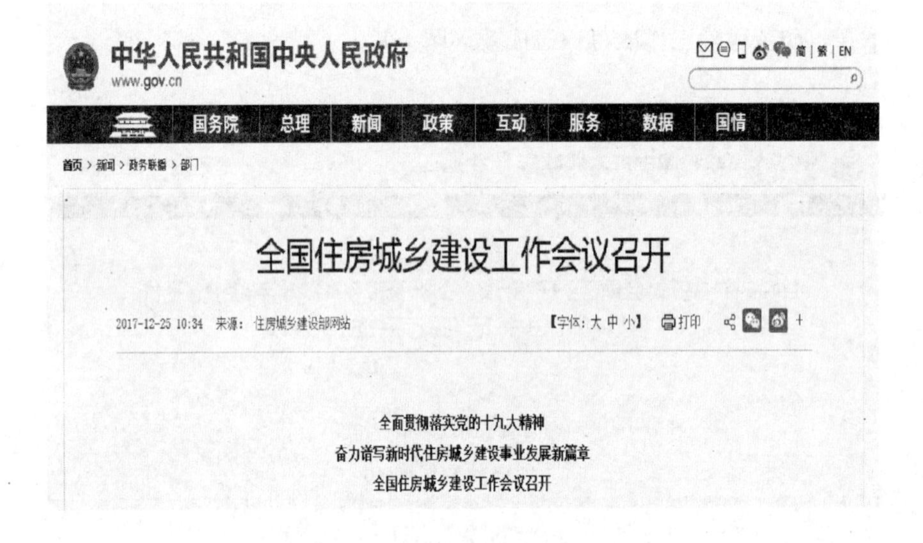

图7-12-2 全国住房城乡建设会议召开

（四）住房城乡建设部等四部委：开发商不得拒绝公积金贷款买房

12月26日，住房城乡建设部、财政部、中国人民银行、国土资源部等联合印发《关于维护住房公积金缴存职工购房贷款权益的通知》（以下简称《通知》），《通知》要求各地住房城乡建设部门和住房公积金管理中心，联合开展拒绝职工使用住房公积金贷款购房问题专

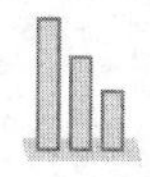

项整治行动，严厉打击房地产开发企业和房屋销售中介机构违规行为。

（五）兰州市出台《推进装配式建筑实施方案》

12 月 18 日，《兰州市大力推进装配式建筑试点工作实施方案》（以下简称《方案》）经市政府审核后正式印发。根据《方案》要求，到 2020 年，全市累计完成 40 万平方米装配式建筑示范项目建设任务（图 7-12-3）。

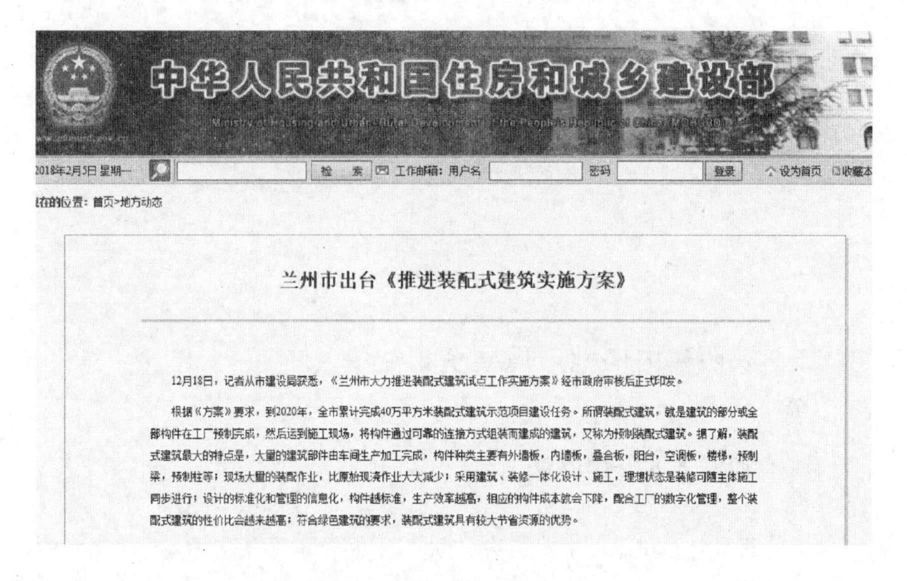

兰州市出台《推进装配式建筑实施方案》

12月18日，记者从市建设局获悉，《兰州市大力推进装配式建筑试点工作实施方案》经市政府审核后正式印发。

根据《方案》要求，到2020年，全市累计完成40万平方米装配式建筑示范项目建设任务。所谓装配式建筑，就是建筑的部分或全部构件在工厂预制完成，然后运到施工现场，将构件通过可靠的连接方式组装而建成的建筑，又称为预制装配式建筑。据了解，装配式建筑最大的特点是，大量的建筑部件由车间生产加工完成，构件种类主要有外墙板，内墙板，叠合板，阳台，空调板，楼梯，预制梁，预制柱等；现场大量的装配作业，比原始现浇作业大大减少；采用建筑、装修一体化设计、施工，理想状态是装修可随主体施工同步进行；设计的标准化和管理的信息化，构件越标准，生产效率越高，相应的构件成本就会下降，配合工厂的数字化管理，整个装配式建筑的性价比会越来越高；符合绿色建筑的要求，装配式建筑具有较大节省资源的优势。

图 7-12-3　兰州出台政策促进装配式建筑

（六）合肥市住房租赁交易服务监管平台上线运行

12 月 20 日，合肥市住房租赁交易服务监管平台正式上线运行，该平台功能丰富，具有网页版和手机 APP 版两种访问方式，具备实名认证、房源核验和发布、在线合同签订、电子签章、线上资金支付等功能，支持电话转接、分类查找、地图查房、整租分租，能实现全方位、全流程、全行业监管，构建高效便民的“互联网＋住房租赁”体系（图 7-12-4）。

首页 > 时事新闻 > 政务要闻

合肥市住房租赁交易服务监管平台上线运行

2017-12-21 08:08　来源：合肥日报

合肥市住房租赁交易服务监管平台上线运行

住房租赁试点建设迈出重要一步

12月20日，合肥市住房租赁交易服务监管平台上线运行暨合肥市与徽商银行签约活动在市政务中心举行。省住建厅厅长张天培、市长凌云共同按下平台上线运行启动球并见证签约。市委常委、常务副市长韩冰致辞，徽商银行副行长张友棣出席活动，市政府秘书长朱策、徽商银行合肥分行行长夏敏分别代表签约方签约。

图 7-12-4　监督平台

二、陕西省内房地产重要资讯

（一）西安人才安居办法出台

12 月 6 日，《西安人才安居办法》（以下简称《办法》）正式出台并实施。《办法》规定由市委人才办和市人社局认定的五类人才，可享受到人才安居政策。其中 A 类人才申请购房补贴的，最高可补贴 100 万元，5 年内按年度核发，申请租赁补贴的，补贴金额为 6500 元/月，最高补贴 5 年。此《办法》的出台，对西安吸纳人才将产生重要的影响（图 7-12-5）。

（二）西安试点推行二手房交易服务平台加强市场监管

12 月 6 日，据西安市房管局消息，为加强房地产市场监管，进一步规范房地产经纪机构及从业人员经营行为，西安市将按照“试点先行、逐步推广、全面覆盖”的总体思路，逐步建立起覆盖全市的二手房

图 7-12-5 人才安居

交易服务平台，前期在陕西玛雅房屋中介有限公司等 5 家经纪机构试点推行，其他各经纪机构在服务平台逐步完善后可申请开展试点工作（图 7-12-6）。

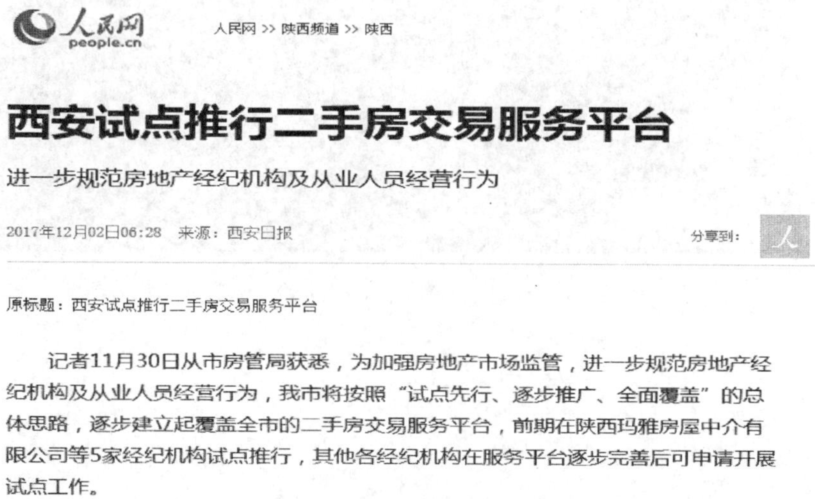

人民网 >> 陕西频道 >> 陕西

西安试点推行二手房交易服务平台

进一步规范房地产经纪机构及从业人员经营行为

2017年12月02日06:28 来源：西安日报 分享到：

原标题：西安试点推行二手房交易服务平台

记者11月30日从市房管局获悉，为加强房地产市场监管，进一步规范房地产经纪机构及从业人员经营行为，我市将按照“试点先行、逐步推广、全面覆盖”的总体思路，逐步建立起覆盖全市的二手房交易服务平台，前期在陕西玛雅房屋中介有限公司等5家经纪机构试点推行，其他各经纪机构在服务平台逐步完善后可申请开展试点工作。

图 7-12-6 交易服务平台

（三）铜川住房和城乡建设局与中国建设银行陕西分行洽谈住房租赁平台的建设

12 月，铜川市住房和城乡建设局邀请中国建设银行陕西分行来铜，就住房租赁服务平台建设工作进行洽谈。住房和城乡建设局强调主动加强对接，积极推动双方达成合作，加快推进铜川市住房租赁市场建设，完善住房供应体系。

（四）远洋牵手西安建长安漫古小镇

12 月 12 日，西安与远洋集团举行交流座谈会，双方将深化合作，共同打造长安漫古小镇。长安漫古小镇将以“文化+”为发展思路，融合旅游、教育、商务、体育、居住、制造业，形成特色文化空间。其中的文商部分将打造远洋太古里 2.0 版本——长安里，文旅方面，将结合西安的历史资源、文居部分，建成西安首个通过 WELL 认证的智慧健康社区。

图 7-12-7　交流座谈会